鄭欽仁・吳慧蓮
呂春盛・張繼昊　編著

魏晉南北朝史

（增訂本）

里仁書局　印行

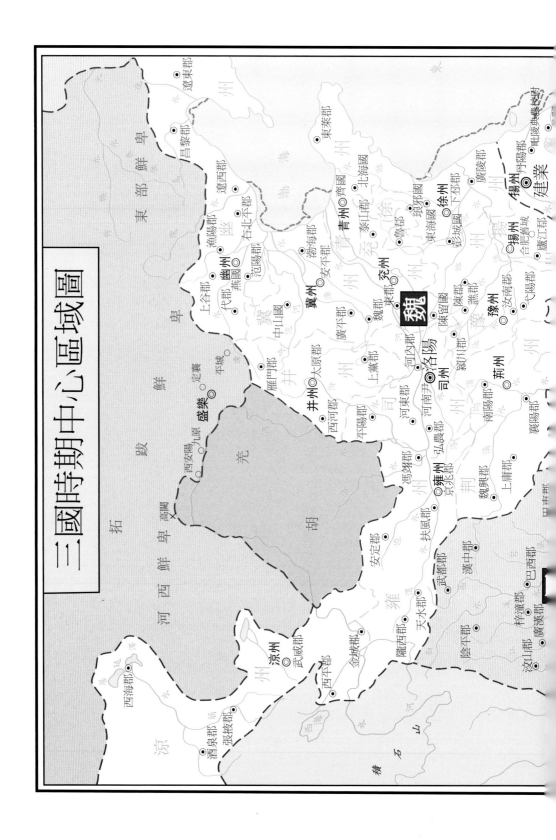

三國時期中心區域圖

夷

洲

會稽郡

臨海郡

新都郡

建安郡

鄱陽郡

豫章郡

臨川郡

侯官

揚

州

吳

長沙郡

廬陵郡

荊

南郡

武陵郡

衡陽郡

湘東郡

零陵郡

桂陽郡

臨賀郡

宜都郡

州

交州

南海郡

蒼梧郡

高涼郡

朱崖郡

合浦郡

鬱林郡

朱

崖

洲

南

（漲）

海

南

（漲）

海

涪陵郡

巴郡

江陽郡

牂柯郡

朱提郡

越嶲郡

漢

庲降都督

雲南郡

建寧郡

興古郡

州

交阯郡

九真郡

日南郡

南郡·建平等郡

江夏郡

南

圖　例

⊚ 都城
◎ 州級駐所
◉ 郡級駐所
○ 郡級駐所

—— 其他居民點
———— 政權部族界
———— 州級政區界
———— 今海岸
———— 少數部族名稱
———— 拓跋鮮卑

3

南海

吳

西晉時期形勢圖

昆
堅金呼
微得
奴燕
列
伊康
烏
居弋大宛
孫
赤谷
車師前部
高昌　白山
戊己校尉　府
龜茲
焉耆　史
疏勒　西　域　長　河　府
西
伽舍羅逝
莎車
西域長史府
海頭
敦煌郡
酒
阿
于闐
且末　鄯善
大
月
賓　髍遠山（昆　侖　山）
氏
芘
蔥雄
象
天
娘羌工
波工域
波窩
馬巴
發
丁
竺
永昌
剽

圖　例

- ◎ 都城
- ◉ 州級駐所
- ○ 郡級駐所
- ● 其他居民點
- ━━━ 政權部族界
- ----- 州級政區界
- 丁令　少數部族名稱

太康二年（281年）

4

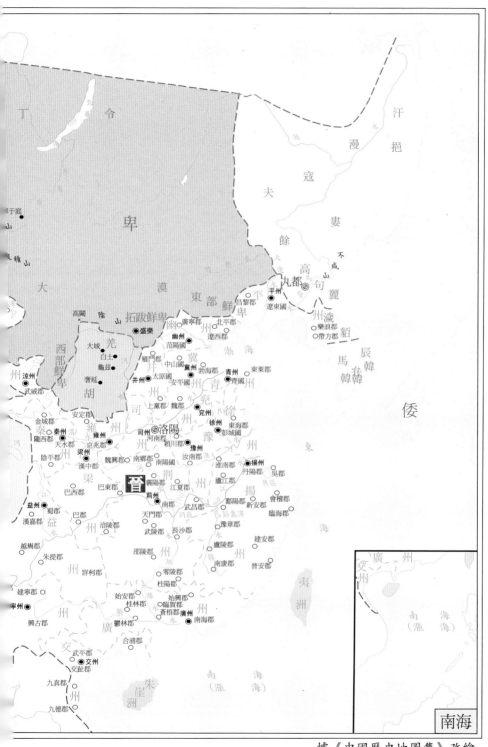

丁　令

于闐山

浚稽山

大　漠

卑

令

漢

汗挹

漫

寇

夫

餘

高句麗

九都

東部鮮卑

拓跋鮮卑

陰山

高闕

盛樂

大城

白土

龜茲

奢延

西部鮮卑

胡

羌

涼州

武威郡

安定郡

金城郡

秦州

隴西郡

天水郡

陰平郡

漢中郡

梁州

巴西郡

巴東郡

益州

蜀郡

漢嘉郡

巴郡

涪陵郡

越嶲郡

朱提郡

祥柯郡

建寧郡

寧州

興古郡

九真郡

九德郡

交州

武平郡

交趾郡

朱崖洲

南　海（漲海）

雁門郡

太原國

上黨郡

中山國

魏郡

并州

幽州

范陽國

廣寧郡

北平郡

遼西郡

平州

昌黎郡

遼東國

平州

遼東郡

樂浪郡

帶方郡

濊

貊

馬韓

辰韓

弁韓

倭

冀州

勃海郡

青州

東萊郡

齊國

兗州

司州

洛陽

河南郡

潁川郡

豫州

汝南郡

南陽國

魏興郡

南鄉郡

襄陽郡

晉

荊州

江夏郡

南郡

天門郡

武陵郡

邵陵郡

零陵郡

桂陽郡

始安郡

桂林郡

鬱林郡

合浦郡

武昌郡

長沙郡

豫章郡

廬陵郡

南康郡

建安郡

晉安郡

始興郡

臨賀郡

蒼梧郡

廣州

南海郡

廬江郡

揚州

丹陽郡

吳郡

會稽郡

新安郡

臨海郡

鄱陽郡

徐州

東海郡

彭城國

東

海

南　海（漲海）

夷洲

京兆郡

雍州

安平國

彭城國

廣州

交州

南　海（漲海）

南海

據《中國歷史地圖集》改繪

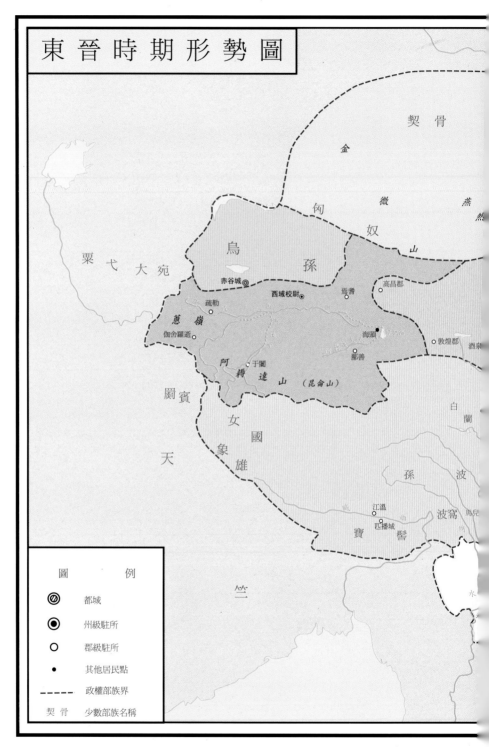

東晉時期形勢圖

契骨

金

微 蕺
然

匈
奴

烏 孫

山

粟弋大宛

赤谷城◎

西域校尉◎

鄯善 高昌郡○

疏勒

蔥嶺

鷰耆

海頭●

敦煌郡○ 酒泉

伽舍羅逝○

阿 于闐

黁 達

山 (昆侖山)

鄯善○

白
蘭

罽賓

女 國

孫 波

天

象 雄

波 窹 烏兒

江溫○

匹播城○

寶 髳

竺

晉太原七年、前秦建元十八年(382年)

據<<中國歷史地圖集>>改繪

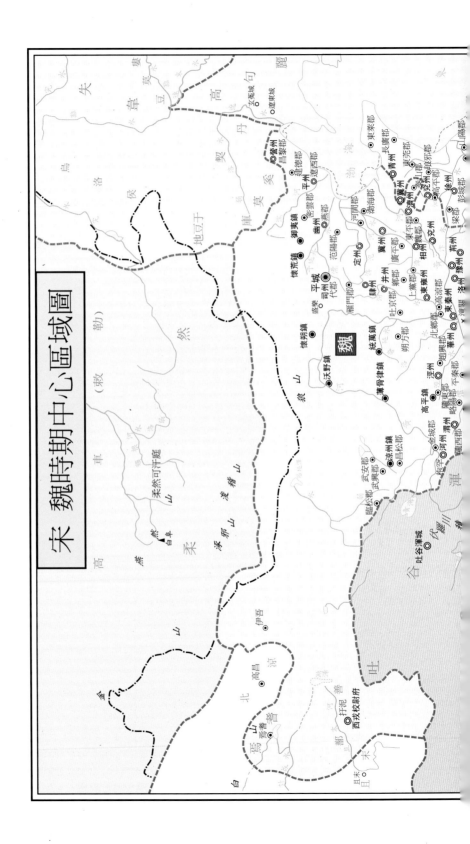

宋魏時期中心區域圖

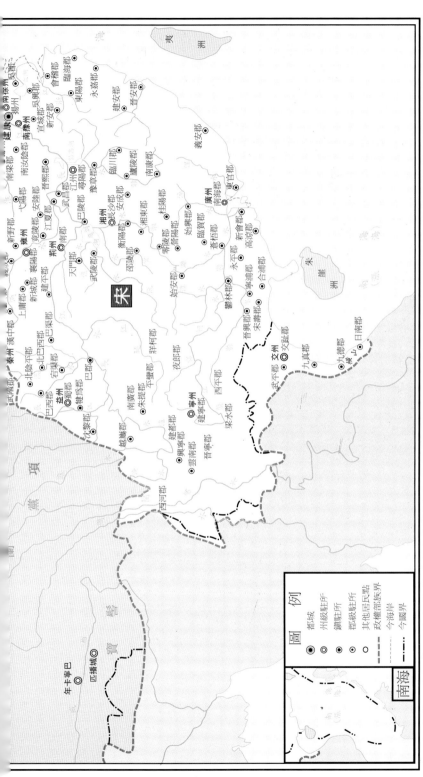

據《中國歷史地圖集》改繪

宋元嘉二十六年、魏太平真君十年（449年）

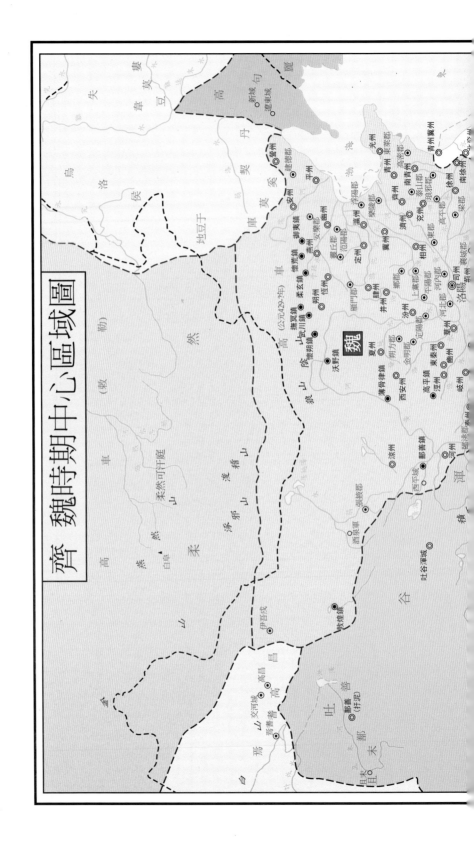

齊 魏時期中心區域圖

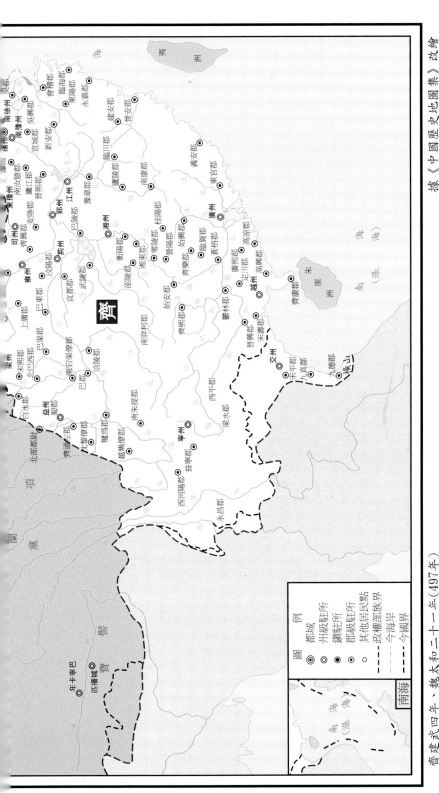

齊建武四年、魏太和二十一年（497年）

據《中國歷史地圖集》改繪

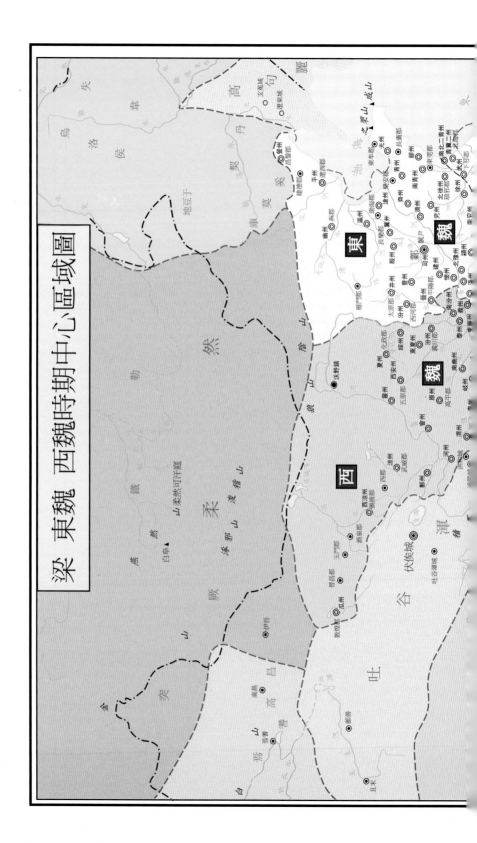

梁 東魏 西魏時期中心區域圖

高句麗

烏洛侯

失韋

契丹

庫莫奚

地豆于

玄菟城
遼東城

渤海

成山
之罘山

勒

敕勒

柔然

柔然可汗庭

陰山

狼山

白阜▲
燕然
溪邪山

凌稽山

金山

梁
山

白水

馬耆
焉耆

高昌
高昌郡

鄯善

且末

伊吾

敦煌郡
瓜州

晉昌郡

玉門郡

鄯善郡
西涼州

北涼州
張掖郡

武威郡
涼州

河州

渭州

秦州

沃野鎮
夏州

化政郡
綏州

東夏州
五原郡

鹽州
西安州

原州
高平郡

岐州

渭州

義川郡

汾州
延州

華州

西 魏

魏

東 魏

伏俟城
吐谷渾城

吐谷渾

渾

青海

平州
建德郡

昌黎郡
營州

安州

幽州

燕州

蔚州

雲州

朔州
馬邑郡

恆州

并州
太原郡

汾州

西河郡

建州

南汾州

晉州

澮州

光州
東萊郡

長廣郡

膠州

青州
北海郡

齊州
東魏郡

冀州

殷州

相州

司州
鄴郡

南青州

南兗州

青州二青州
青冀二州

徐州

南兗州

南豫州

下邳郡

梁

東魏

搭《中國歷史地圖集》改繪

梁中大同元年、東魏武定四年、西魏大統十二年（546年）

夷洲

海

南海（漲海）

梁

建康

夏口

龍涸城

巴丹軍年

亞撫城

寶

嶺山

項

蘭滄

圖例

◎ 都城
◉ 州級駐所
● 鎮級駐所
○ 郡級駐所
○ 其他居民點
---- 政權部族界
---- 今海岸
---- 今國界

南海

南海（漲海）

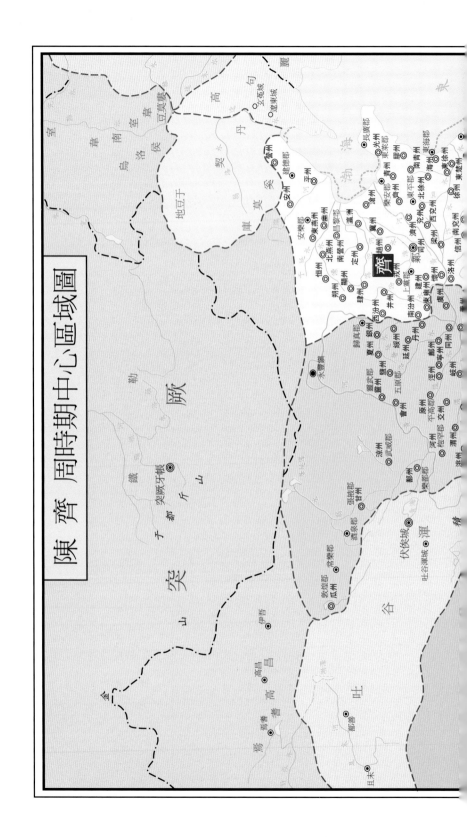

陳齊 周時期中心區域圖

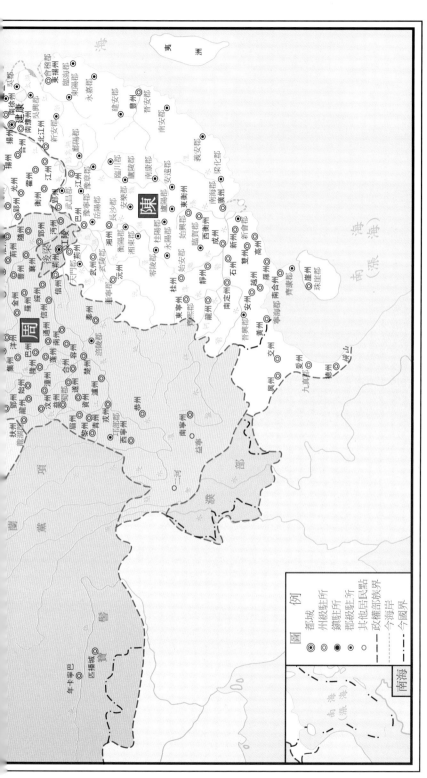

陳太建四年、齊武平三年、周德建元年(572年)

據《中國歷史地圖集》改繪

15

（上）傳曹操書跡「袞雪」

　　曹孟德對文學有很深的造詣和愛好，可惜他的遺物卻流傳很少，「袞雪」相傳是他的書跡，今藏漢中博物館。

　　（中）三國魏神獸紋銅鏡　（下）為銅鏡的局部特寫（圖片取材：中國歷史博物館編《華夏の道》（第二冊））。

東吳彩繪貴族生活圖漆盤

　　這是一幅反映三國時期貴族生活的典型圖畫，（下）為局部特寫。圖分三層，上層為宴飲圖，賓主都跽坐。中圖繪其他家人的生活場景。下圖為郊遊圖（圖片取材：梁白泉主編《吳越文化》）。

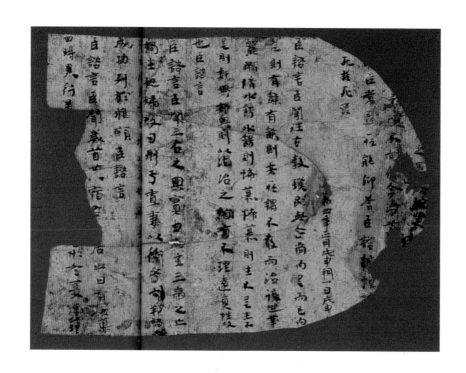

（上圖）十六國的西涼在涼州地區策試秀才試題和考生的答題殘卷

西涼實行與漢魏相同的選舉制度，也優待世家子弟。

（下圖）東晉王興之及其子閩之的墓志拓片

墓志列述其家族官職及淵源（黃色爲籍貫，藍色爲官職，紅色爲葬地），正是門閥政治一個典型、具體的表現（全頁圖片取材：劉煒主編，《中華文明傳真5 魏晉南北朝》）。

敦煌的西魏堂壁畫

此圖表現了北方戰爭的場面，最突出的是騎兵與騎馬都披上鎧甲。這種重裝甲騎兵盛行於南北朝，唯由於戰馬負擔過重，機動性不足，在隋唐唐已逐漸消失（圖片取材：Maurizio Scarpari 著《古老的中國－中國古代文明（至唐朝）》。

15 墓室北壁壁畫墓主宴坊圖

晉陽北齊徐顯秀墓室北壁壁畫墓主宴飲圖

徐顯秀墓最重要的收穫是出土約300餘平方公尺的彩畫壁畫，這些壁畫畫面物象與現實相如大而栩栩如生，完整的再現北齊顯貴的豪華生活場景，對於北齊歷史文化的研究，是相珍貴的形象史料。本圖為墓主人的宴飲圖，中坐者應為墓主夫婦（圖片取材：太原市文物考古研究所編《北齊徐顯秀墓》）。

晉陽北齊徐顯秀墓室東壁壁畫備車圖

徐顯秀墓的藝術價值是顯而易見的，這種講求整體效果的大佈局，是魏晉以前墓葬壁畫藝術所未見。尤其是這幅備車圖，牛雄健剽悍，昂首奮蹄，既誇張又不失寫實，很是討喜。北齊另有多件陶牛出土，形象與此頗似，均昂首豎角，頭身有飾（圖片取材：同前）。

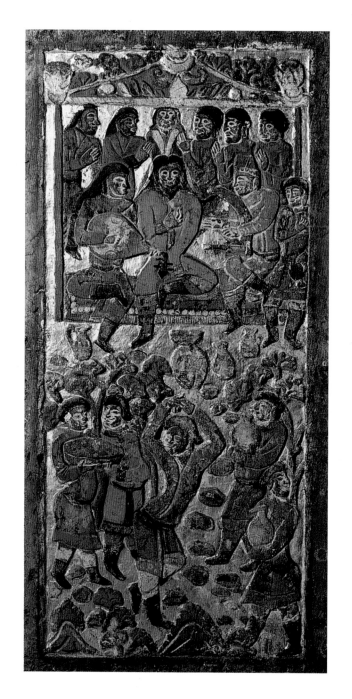

西安北周安伽墓正面屏風第一幅奏樂舞蹈圖

　　上半，後排六人爲合唱者；前排四人，左一彈曲項琵琶，左二咸信爲墓主，右二彈豎箜篌。下半，舞者在表演胡騰舞。這些「胡樂」、「胡舞」，經過文化交流，對中國樂舞的影響很大（圖片取材：陝西省考古研究所編著《西安北周安伽墓》）。

西安北周安伽墓門額、火壇

　　從門額圖案中心的火壇，以及左右角跪拜者都虔誠地面對火壇，都可見到明顯的祆
教特徵。祆教，約公元前1000年由雅利安人Zoroaster所創。可見北方諸族亦在文化大滲
透中（圖片取材：同前）。

甘肅嘉峪關魏晉六號墓中室西壁彩繪磚

這些彩繪磚有生產活動，有生活宴飲，有狩獵，有出遊，還有士兵的操練，卻版生動，再現西元三世紀初到五世紀中河西屯墾生活的場景，是魏晉歷史的重要實物史料（圖片取材：重慶出版社《甘肅嘉峪關 魏晉六號墓 彩繪磚》）。

顧愷之《洛神賦圖》（局部）

　　顧愷之的繪畫，成為一千多年來的典範。本長卷相傳是顧愷之的神筆真跡。從局部圖中，可見魏晉仕女的風韻與士大夫們受清談影響的那種衣袖寬博的風氣和灑脫的態度。

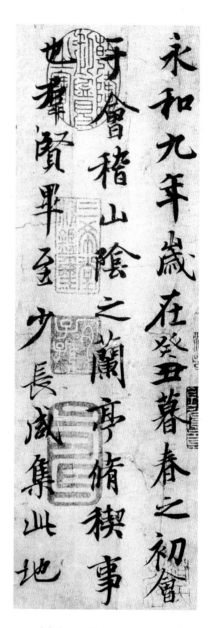

（左）梁蕭景墓前神道石柱

此神道石柱與希臘神廟石柱
裝飾、形象均極為相似。這種融
合佛教、西方造型與中國神話傳
說的特點，是六朝中西文化相互
涵化的實證（圖片取材：南京市
博物館《六朝風采》）。

（右）王羲之蘭亭序神龍本

王羲之為東晉文人書法的代
表，也成為後代文人書法追求的
理想境界。此件為當時修禊所作
詩集的序言，可惜原件已陪葬唐
昭陵，幸好有幾個摹本，這是馮
承素的摹本。

（上）北魏王阿善造老君石像　（下左）西晉青瓷鳥獸人物樓閣魂瓶　（下右）
西晉青瓷神獸尊

石像反映道教在北魏曾有一段興盛的時期，也反映當時道教人物的衣著服飾。

魏晉南北朝的瓷器，已部份取代漆器、陶器和銅器，成為當時的主要日用品和禮
器、明器。而江南瓷器工藝，一直獨步全中國。（圖片取材：（上）《中華文明傳真5　魏晉南
北朝》；（下左）（下右）《吳越文化》）。

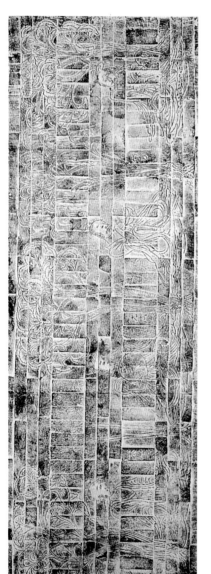

南京西善橋出土南朝竹林七賢磚刻壁畫

「竹林之遊」是否真有其事，曾為學者所質疑，唯此壁畫卻生動的反映了嵇康、阮籍、山濤、向秀、王戎、劉伶和阮咸諸人鮮明而特殊的時代特徵。他們形象清秀，舉止犖卓不群，也大致符合文獻中對他們的敘述。至畫中另一人物榮啟期見於魏晉間成書的《列子·天瑞篇》，東晉以後有很高的名聲。

雲岡第二十窟主佛及東立佛

十六國以來，佛教在動亂的北方廣泛傳播。北魏文成帝在平城開鑿五個巨型石窟，此即後世有名的「雲岡石窟曇曜五窟」。曇曜五窟外壁滿雕千佛，題材主要是三世佛。主佛雄偉高大，佛像反映了犍陀羅和中亞教區的色彩（圖片取材：《中華文明傳真5 魏晉南北朝》）。

青州七級寺出土北魏晚期一佛二協侍佛教造像

造像有著北魏孝文帝改制以來，具有南方風範的「秀骨清像」的風格，這種神氣靈逸而外表偏瘦，衣飾具「褒衣博帶」的藝術形象也常出現於北魏改制以來的其他佛教造像中（圖片來源：重慶出版社《中國石窟雕塑精華‧北方散點石窟》）。

青州龍興寺出土北齊立佛像

　　青州佛教雕像到東魏有了嬗變，到了北齊，佛的體態變得更壯
碩而渾圓，衣飾變爲薄衣貼身，姿態變爲更挺直，並且多爲尺寸較
大的單體像（圖片取材：同前）。

南朝梁觀音立像龕

　　南北朝時佛教弊端多有，現實生活不因信佛而見改善，於是信仰者逐漸興起
與釋迦、彌勒無緣的心理，轉而接受居於西方淨土的阿彌陀佛及其侍者之一、接
引人們前往淨土的觀世音菩薩。唐代以後，阿彌陀佛及觀世音菩薩就成了佛教造
像的主要內容了（圖片取材：郎天詠編著《秀骨傳神 —— 魏晉雕塑藝術》）。

目　　次

增訂版序

　　鄭欽仁教授在初版序中已由「承先啟後」的角度切入，強調了魏晉南北朝時代在中國歷史發展過程中的重要性、多采多姿及對當代的諸多啟示作用。的確，魏晉南北朝雖因其歷史曲折煩瑣，不似秦漢、隋唐受到史家矚目；但若深入探究，則往往更能貼近今日多元、多變的社會，而頗有值得借鏡、參考之處。

　　國立空中大學人文學系為提供學生適當教材，邀集鄭欽仁、吳慧蓮、呂春盛、張繼昊四位長期研習、教授魏晉南北朝史的學者，由鄭欽仁教授總其成，其餘三位各就所長分別執筆，於 1998 年 8 月初版發行本書。此次經由該校與作者同意，由里仁書局增訂出版，提供更多史學愛好者參閱、指正。

　　本增訂版，所有引文均儘量找到出處並加以核對；所有年代均以《資治通鑑》（北京，中華書局，1956 年 6 月第 1 版）查對；人名、地名以及其他專有名詞，兼用《中國歷代人名大辭典》（上海古籍出版社，1999 年 12 月第 1 版）、《中國古今地名大詞典》（上海辭書出版社，2005 年 7 月第 1 版）、《中國歷史地名大辭典》（廣東教育出版社，1995 年 5 月第 1 版），以及《辭海》（上海辭書出版社，1999 年版）查對；並增補歷代形勢彩圖與文物圖，相信可提供讀者更大的閱讀便利。但學無止境，舛誤之處，仍盼讀者不吝指正。

張 繼 昊

二〇〇七年八月二十三日

序

　　治中國史者，往往歌頌漢、唐盛世而忽略魏晉南北朝時代，因此對這時代「承先啟後」問題的瞭解，不免差池。所以有這種現象，與大學中列為必修科目之「中國通史」的教學有關；授業者往往因這時代多族群、多朝代（國家）而不易掌握，便將這時代的歷史簡化，甚至有意忽略而跳躍過去。如此一來，初學者對這時代的瞭解便倍感困難，不免對這時代的瞭解停留在「分裂時代」、「黑暗時代」的認知上，忽略了這是多采多姿的時代，而且對現代世界的多民族、多國家的瞭解最有啟示作用。

　　本書的作者都是學有專精的學者，擬將近一、二十年來學界或個人研究的成果納入本書之中。其章次分配大致如下：第一章導論及第二章漢王朝的崩潰，由筆者執筆；第三至第七章有關三國、兩晉、宋、齊、梁、陳各朝，由吳慧蓮博士撰寫；第八至第十章，即五胡十六國至北魏六鎮之亂，由張繼昊博士執筆；第十一、十二章論北魏分裂成東西到隋的吞併南朝，以及第十三、十四章論這時代之文化與宗教，由呂春盛博士負責。

　　以上是分擔執筆的情形。本書在各人教學繁忙之餘撰述成書，或有疏漏、欠周延之處，企盼各方指教。

鄭　欽　仁　謹識

一九九八年七月一日

作 者 簡 介

鄭欽仁

日本東京大學人文科學研究科東洋史專門課程文學博士

現任國立臺灣大學歷史學系名譽教授

（第一、二章）

吳慧蓮（1955～2005）

國立臺灣大學歷史學研究所博士

曾任淡江大學歷史系副教授

（第三～七章）

呂春盛

國立臺灣大學歷史學研究所博士

現任國立臺灣師範大學歷史學系教授

（第十一～十四章）

張繼昊

國立臺灣大學歷史學研究所博士

現任國立空中大學人文學系教授

（第八～十章）

第一章　導　論

學習目標

——詳細研讀本章以後，讀者應該能：

1. 綜合鳥瞰整個魏晉南北朝時代的政治、社會、文化的發展脈絡。

2. 瞭解王朝帝國的屬性，將此時代置於整個亞洲（包括東亞、北亞、中亞）的歷史世界的形成，以及後進地域之新興國家的成立，予以考察，並重視其互動關係與勢力均衡。

摘　　要

　　魏晉南北朝時代是介於秦漢帝國與隋唐帝國之間，常被形容為分裂或黑暗的時代，卻忽略了這時代是文化燦爛的時代，本章對此有所述明。

　　其次，通常將此時代認為分裂時代，卻忽略了中國「國家型態」的演變。本章對夏、商、周以來到近代國家型態的演變有初步介紹之外，特別指出王朝帝國的「屬性」及民族自覺導致「分裂」的原因。

　　又對於胡族所建立的政權，或國家的型態——即「征服王朝」與「滲透王朝」，有所說明之外，並指出北魏是征服王朝，修正魏復古教授的說法。

　　對於此時代的民族問題，有關「民族」及「少數民族」等用語與形成，以及民族與民族間的接觸所發生的各種文化現象（不只是「同化」），都是治史者應有的「基本知識」，卻為一般教科書所欠明者，讀者應多留意。

　　這時代的社會性格是門閥社會，與這時代的選舉制（九品官人法）、身分制與官僚制有密切的關係，本章第三節有綜合的敘述，對初學者或較困難，但為瞭解這時代，甚至瞭解與其他時代性格的差異，則此為不能不面對的問題。

第一節　時代的認識

一、年代與名稱

魏晉南北朝時代（西元 220 年～589 年）起自東漢建安二十五年獻帝遜位，受漢封為魏王的曹丕即皇帝位，國號仍稱魏，至南朝禎明二年隋師入建康，陳後主投降，計三六九年。

魏晉南北朝有時又稱為六朝，是指三國的吳、東晉、宋、齊、梁、陳，這六個王朝都奠都在建康（今日的南京市）。雖然自東吳滅亡到晉南遷建康之前，有將近四十年不在建康奠都，不能相續，但時間上大致也能涵蓋這個時代；廣義上也包括北方政權（五胡十六國及北朝）在內。但六朝的稱呼，與以南方政權為正統的意義是有關係的。

二、分裂的概念與帝國的屬性

史家常稱魏晉南北朝時代為「分裂的時代」，是處於秦漢帝國與隋唐帝國之間，將秦漢與隋唐帝國看作統一大帝國而予以比較。

其次，這時代政治上一元化的時間甚短；自西元二八〇年晉滅吳，到西元二九一年就發生八王之亂，西元三〇六年氐族的李雄更在四川盆地稱皇帝，建國號曰成，其間統一的時間甚短。

又，稱這時代為分裂的時代，實際上分裂不自曹魏建國開始：東漢末年不斷發生變亂，西元一八四年發生黃巾變亂，繼之以軍閥割據紛爭。所以長期變亂及其原因，與東漢後期的變亂因素相繫。故分裂的時代實不自曹魏開始。

論史者常過於強調秦漢與隋唐帝國的統一而忽略了「帝國」的屬性有直接統治、有間接統治，甚至羈縻，或只名分上附屬等不同

方式的統治。而以「統一大帝國」與這時代為「分裂的時代」比較，也忽略了大帝國很野心的將不同的民族或國家納入版圖；一旦帝國鬆綁，便因內憂與外患接踵而至。故歷史的考察，不能僅以統一與分裂的概念用來切割時代，而忽略了歷史因果關係的相連性。

三、「分合論」與國家型態的演變

以統一與分裂，做為中國數千年的歷史分期，實與演義小說家「天下大勢分久必合，合久必分」的史論有深切的關係；這種概念不但影響中國歷代的庶民社會，也影響歷史家。論者以為分之後合，合之後分，成為宿命的，故成為「歷史宿命論」；又分與合之交替循環，成為「歷史循環論」。如此，把複雜的歷史現象和因果關係單純化和幼稚化，為史家所不取。

不僅在歷史理論上的錯誤，對中國歷史認知上也歪曲了史實。論者以為夏、商、（西）周三代是統一時期，春秋戰國是分裂時期，秦漢是統一時期，六朝是分裂時期云云，形成分與合的循環發展，但忽略了中國歷史上的國家型態。

以國家型態來說，夏、商、西周與春秋時代是城制國家（或稱「邑制國家」），有許多國家林立。夏、商、周本身也是邑制國家，所謂商王朝或周王朝之有「天下」，只不過是以「共主」的地位領導國家群；當然，也有對立並存的邑制國家存在。到了戰國時代則逐漸兼併，各個強國也逐漸轉型為領土國家（territorial state）。其中之秦，侵併了其他國家，成為中國歷史上的「古代帝國」；但各國有其國民意識，不為秦所同化，這種國民的自覺，到漢初還存在。秦漢王朝帝國的型態，一直為以後兩千多年的國家型態，持續到清帝國滅亡為止。以後走向「近代國家」（modern state），即國民國家（national state）的型態。但讀者需留意的是，「前近代」與「近

代」的國家概念不同。在「前近代」的國家，嚴格上不能用 state，state 是指 modern state 而言，古代用 state 只是方便用語。漢文中雖有「古代國家」、「中古國家」的用語，但國家的概念與「近代國家」的概念不同，應存於方寸之中。

話再說回來，視夏、商、周為中國歷史上「統一」時期之不妥，由國家型態之考察已經看出來，且在五胡十六國與北朝之國家中，具有游牧王國性格的國家甚多，則不能單純以中國式的王朝視之，當在下文略有敘述。

四、「黑暗」的時代與亞洲的胎動

有以為魏晉南北朝時代是夾在秦漢帝國（西元前 221～西元 220 年）與隋唐帝國（589～907 年）兩個歷史盛世高峰的時代之中，故不僅以分裂的時代視之，還以為是「黑暗峽谷的時代」。以黑暗時代視之，不免是以中國中古史與西洋中古史之蠻族入侵相比況而提出的看法。但川勝義雄教授在他的魏晉南北朝史著作中以為論史者常引用孟子的「一治一亂」之說，來看這個時代（《中國の歷史 3 魏晉南北朝》）。誠然，由此一政治史的角度來看這個時代，會以為這個時代是一個衰落的時代。問題是，對中國的朝代祇是從「專制君主的國家體制」之盛衰去觀察是否妥當？若從專制君主的體制看這時代，的確有四百年長期的混亂和分裂，很容易把這個時代看作中國史上例外的時代而加以輕視，而忽略了它的多彩多姿和對當代的啟示作用。

好比孟子是處在周道衰的「一亂」的時代，但在那時代卻造成「百家爭鳴」，把中國的文明提到顛峰，創造出燦爛的中國「古典的黃金時代」。這是亂世激動的時代，人們的能量（energy）在爆發、沸騰，不允許有停滯的時代。同樣的，在魏晉南北朝時代也是

一樣。若不從專制君主的國家體制這樣的政治史角度來看的話，當時由東亞到北亞，甚至東南亞的若干後進民族，受到先進的漢、魏、晉王朝帝國的統治和刺激，逐漸自覺地要建立起新興的國家，則是符合歷史事實。如此，則這個時代不宜只是以黑暗的時代視之。

五、六朝燦爛的文化

另一方面，在這時代開啟了燦爛的貴族文化。兩漢是「經學時代」，但到了東漢末經學思想流於停滯、窒息的地步，「說五字之文，至於二、三萬言」（《漢書・藝文志》），極為煩瑣。魏晉時代，《老》、《莊》、《易》三部書受到重視，玄學興起，打破經學獨斷局面。

學問的進步，則會有分類的出現；這時學問分為文、史、玄、儒四類，宮中的圖書管理必也循此分類典藏。

道教受到佛教的刺激而成立，佛學的思維方法也傳到中國；翻譯不僅在佛教經典上，多族群間的接觸，也見於生活上。

王羲之的書法、顧愷之的繪畫，成為一千多年來的典範，書論、畫論也隨著藝術的發達而出現。

文學方面，王粲、曹操等人描述亂世生離死別的作品，讓時代的脈動彷彿傳送到眼前；有田園詩人之稱的陶淵明卻不是出自漢族。北齊時代漢譯的〈敕勒歌〉還保存土耳其語系的原歌韻律。中國的詩歌樂曲受到中亞、北亞民族詩歌樂曲形式的影響，唐代盛行的七絕便可能受到外來民歌的影響。

文章方面，顯現貴族文化的「駢儷體」文；文學批評方面出現梁代鍾嶸的《詩品》與劉勰的《文心雕龍》。家訓、譜學也隨著貴族社會的需要而發達。

　　北魏後期的洛陽和南方梁朝的建康，已成為國際都城，有不少商隊、藝人、僧侶穿梭於其間。南北朝後期由戰亂造成的自然經濟逐漸復甦，走向貨幣經濟，尤其是長江中下游更為發達。但隋滅陳的「統一」，江南燦爛的文化遭到破壞，江南的財富被掠奪，隋所建設的大運河是吸收江南財富的唧水筒，有計畫的剝削江南的財富。川勝義雄教授感嘆如果沒有三百年隋唐帝國的統治，說不定南方早已由「中世」（中古）進入「近世」而不必等到第十世紀了（《中國の歷史3 魏晉南北朝》）。

　　由以上經濟文化的發達看來，六朝豈能看作黑暗時代？

六、以國際關係「勢力均衡」的觀點看這時代

　　魏晉南北朝時代，有的國家的成立可以看作統一帝國的變亂而分裂形成的國家，如東漢滅亡後所形成的魏、（蜀）漢、吳等三國；有的則是被中國所征服或隸屬，因種族的自覺而建立自己的國家，如五胡國家中的前趙即是；有的是從北方陸續南下所建立的國家，如鮮卑族的前燕、後燕、北魏即是。

　　但政治上的競爭對立則有「國際的」現象發生，應有勢力均衡（balance of power）的觀點，而且應該留意列在中國史的朝代之外的勢力，即亞洲其他民族或國家，與中國境內的民族或國家的互動關係。換句話說，即以亞洲史，甚至世界史的觀點考察中國史中的魏晉南北朝時代的發展。

　　例如三國時期，論曹魏便不能不考慮境內的氐族與五部匈奴，以及東北的遼東公孫氏與東吳的連繫；而（蜀）漢不能不受西南民族的牽制；東吳的武力擴充，還不能一時制服東南自立自存的民族。

　　西晉時發生八王之亂，有的拉攏匈奴部、有的拉攏鮮卑部為奧

援。

南北朝的對立，北魏與塞北的柔然（南朝稱芮芮，北朝稱蠕蠕）對抗不斷，柔然與南朝曾經有共同挾制北魏的企圖：西元四七九年南朝的劉宋派驍騎將軍王洪軌出使柔然，約期共擊北魏。南朝齊武帝（蕭賾）時，柔然要求派醫生、錦工，學習漢人的生產技術，並要知道指南車與漏刻的造法，以便仿製。

北魏變亂，分裂成東魏、西魏對抗，政權分別在高歡、宇文泰手裡，東、西魏日後為北齊、北周所取代。自東、西魏到北齊、北周時代，競相拉攏突厥，企圖以婚媾關係的結合，達到軍事聯盟，以消滅敵對勢力。《周書‧異域下‧突厥傳》記載：

> 俟斤（木汗可汗）死，弟他鉢可汗立。自俟斤以來，其國富彊，有凌轢中夏志。朝廷既與和親，歲給繒絮錦綵十萬段。突厥在京師者，又待以優禮，衣錦食肉者，常以千數。齊人懼其寇掠，亦傾府藏以給之。

接著又說：

> 他鉢彌復驕傲，至乃率其徒屬曰：「但使我在南兩箇兒孝順，何憂無物邪。」

齊亡後，突厥還立高紹義為齊帝（實為受其控制的傀儡皇帝），以牽制北周。

由以上看來，則魏晉南北朝時代所牽動的範圍，不只是東亞，甚至牽動北亞之形勢，故應有以國際間宏觀的角度，注意勢力均衡的觀點加以考察。

七、「南北戰爭」與南北文化的競爭與交流

自東晉偏安，經宋、齊、梁、陳四朝，都曾與北方的五胡時代的國家和北魏發生「南北戰爭」。例如西元四五一年北魏太武帝率大軍南侵，到瓜步山，聲言要渡江，引起劉宋的震撼。

但一般多留意南北敵對關係，卻忽略雙方猶同「國際關係」，有和談，也有派使者的往來。譬如劉宋國祚六十年（420～479年），根據正史的記載加以粗略統計，宋聘魏有三十五次，魏聘宋有三十次；前後六十年的對立，平均每年都有一方遣使。雙方互指對方來「朝貢」，所派的使者都是有門第、才學、口辯者，互探對方之虛實。甚至在西元四三二、四五一年還提到和親之事。

使者的往來，對雙方的政治制度的改革也有深切的影響，可參考陳寅恪著《隋唐制度淵源略論稿》及鄭欽仁著《北魏官僚機構研究》及《續篇》。

南北之間也有文化交流，《隋書‧經籍志》記載：

> 後魏始都燕、代，南略中原，粗收經史，未能全具。孝文徙都洛邑，借書於齊，祕府之中，稍以充實。

這是北魏孝文帝向南齊借圖書的情形，南方朝臣贊同此事，有分化北方胡漢民族的企圖。但這交流，是以國家與國家間的關係進行，也是它的特色。

梁武帝時代重視文化，開啟了江南燦爛的貴族文化，對北方的漢族士大夫有深切的影響。所以東魏的高歡對杜弼說：「江東復有一吳兒老翁蕭衍者，專事衣冠禮樂，中原士大夫望之以為正朔所在。我若急作法網，不相饒借，恐督將盡投黑獺（按，指宇文泰），士子悉奔蕭衍，則人物流散，何以為國？」（《北齊書‧杜弼傳》）

總之，由以上諸例可見，政權的對立不只是武力的戰爭，也有政治、文化的對抗，充分顯示國際間錯綜複雜的關係，故宏觀這時

代，則可以發現這時代是引人入勝的時代！

第二節　民族問題

一、民族問題的發生

(一)這一時代的民族問題，不從永嘉變亂開始

秦漢大帝國崩潰之後，進入魏晉南北朝時代。後代史家認為這是分裂的時代，已見於上文之敘述。但分裂的因素著重於外族的入侵，對於歷史事實的掌握並不十分確切。

的確，兩漢帝國長期的統治，已建立了它的權威和震懾作用，但永興元（304）年匈奴族的劉淵自立，稱漢王，西元三〇八年稱皇帝，以漢的稱呼否定晉而對之挑戰。同時西元三〇四年，氐族李雄另在蜀地自稱成都王，旋即稱皇帝，國號大成。自此之後異民族紛紛蜂起。

永嘉五（311）年劉淵派遣的軍隊攻陷洛陽，晉懷帝被擄，史稱「永嘉之亂」，愍帝即位於長安；建興四（316）年劉曜續陷長安，愍帝投降。劉聰命懷帝青衣行酒，懷帝西元三一三年被害；愍帝於行酒之外，復為洗爵執蓋，劉聰打獵時還持戟為前導，愍帝於西元三一七年被殺。晉的帝國淪落到這個地步是一大震撼，史家常以羅馬帝國衰亡與蠻族入侵做比喻，是中國歷史上稱為「五胡亂華」的開始。從此之後，中國江北進入「五胡十六國時代」（304～439年），一直到西元四三九年北方纔為鮮卑族拓跋部所建立的魏（史稱北魏）所統一。西元五三四年北魏變亂，後來分裂為東、西魏，分別為（北）齊、（北）周所取代，後來隋篡北周政權。以上是北朝。南朝方面，（西）晉南遷，史稱東晉，以後有宋、齊、梁、陳

四朝。但魏晉南北朝時代的民族問題，並非起自「永嘉之亂」，而是與前代之東漢、三國皆有關連，成為永嘉變亂的遠因。

(二)「民族」的界說

然而在敘述民族問題之前，先說明什麼是民族。在漢文中 ethnicity，以及 nation 皆譯作民族，其實 nation 有國家、國民的涵意，是「近代」的產物，漢文中 nation 與 ethnicity 都譯成民族是不當的。外國學者以為在漢文中 ethnicity 譯作種族較為恰當，但因中國史上的討論皆已習慣用「民族」，故在此仍舊沿用，希望讀者留意其與近代的 nation 涵義不同。至於 ethnic group 譯作族群，尚不至感到困擾。

(三)民族問題，不止「五胡」

歷史上慣用五胡之稱呼，但史書上尚有「六夷」（《晉書‧劉聰載記》）、「七狄」（《南齊書‧曹虎傳》）之記載，所指不詳。但五胡指匈奴、羯、氐、羌、鮮卑，其實自動遷徙，或被漢族政權或其他民族政權強迫遷入帝國境內，甚至充當軍隊而捲入紛爭之民族，不計其數，例如烏桓、高句麗、丁零、高車、敕勒、突厥、山越、巴人（巴蠻）等。其餘間接或直接關係到這時代者甚多，甚至有一些民族或國家應視為國際關係中的互動關係。

(四)族系的分類

關於族系問題，其重要者簡述於後：

(1)**匈奴、羯、盧水胡**：皆以為是匈奴系民族，但匈奴究是蒙古系或土耳其系，則有不同說法，至今尚無定論。

至於羯族，一般以為是匈奴別部（羌渠種）。但最近的研究以

為非匈奴系，因羯族的特色是高鼻、深目、多髭，應是印歐系民族，因加入匈奴的部族連合體，故被認為是匈奴的別部。

(2)烏桓、鮮卑：中國史書列入「東胡」，烏桓被認為「蒙古＝通古斯系」，但近來學者有以為鮮卑非蒙古系，而是屬於土耳其系的民族。

(3)氐、羌、吐谷渾：藏系民族。

(4)柔然：北朝稱蠕蠕，南朝稱芮芮，是蒙古系民族。柔然在北魏北方，一直為北魏之宿敵。

(5)丁零、高車、勒勒、突厥：為土耳其系民族，不僅對北朝，與南朝也有互動性關係。

(6)其他：如嚈噠，或謂伊朗系，或謂蒙古系民族，至今說法不一。

(7)南方方面：漢代江南有百越，東漢在東南設揚州，揚州有吳郡、會稽郡、丹陽郡、九江郡、廬江郡、豫章郡。乍看起來，好似漢帝國「開疆闢土」已能控制的地方。東漢以來，漢族逐漸移民，長江下游是越族的地盤，三國的吳國以武力「開發」，與山越不斷戰爭，也牽制東吳北進，削弱與曹氏抗衡的力量。

在長江中游流域的湖北、湖南、安徽諸省，也有蠻的分布。東晉的名將陶侃原居鄱陽（江西省東北部），出於貧窮之家，被漢人溫嶠罵為「溪狗」；陶淵明是一個大詩人，著有〈桃花源記〉，他的身上流有「五溪蠻」的血。這是民族之間的接觸所產生的文化現象之一。隨著南朝政權之征服與漢民族的移民，也將原來不屬於中國王朝的民族和國家的領域「開拓」為己有。但這些南方民族也曾經牽制南朝與北朝等國家間之關係，故不能不以國際關係的觀點視之，如柔然、高車、突厥對北魏、北齊、北周之牽制，以及南朝受南方各族之掣肘；但因南方民族對漢族政權之抗拒力量較弱而被忽

視，以致影響到對整個國際關係互動情況的瞭解。

(五)政權逐鹿，不只十六國

北魏歷史家崔鴻著有《十六國春秋》列述十六個國家的歷史，包括五涼（前、後、南、北、西涼）、四燕（前、後、南、北燕）、三秦（前、後、西秦）、二趙（前趙初稱漢，後趙）、夏與成漢（初稱成，後改稱漢）。此等即西晉末以來所建立的政權。但崔鴻之書不列冉氏所建立的魏、慕容氏的西燕和北魏前身的代國。當然，在北魏未統一北方之前的「五胡十六國時代」，其實還有其他大小政治實力存在。但不論是崔鴻的《十六國春秋》之有漢族的北燕，或史稱「五胡十六國時代」之另有冉魏存在，其民族不僅只有「五胡」，則為讀史者所不能不留意者。也就是說，北方之逐鹿，漢族亦在其中。

然而這些漢族以外的民族所建立的國家是在漢、晉帝國領域內建立的，《晉書》無法輕易的將之列入「外國傳」，故特別另立「載記」的體例記述之。當然，《晉書》是記載晉代的歷史，以其後的北朝（北魏、北齊、北周）與五胡十六國時代的情形統觀之，則漢族以外的民族及其所建立的國家之歷史比重甚大，後此之隋唐帝國承襲其政治與制度甚多，則不能將隋唐認為是純漢族所建立的世界帝國而誇耀，是顯而易見的。

(六)亞洲「民族移動」及其原因

五胡諸族在晉王朝帝國建立國家，有一些是自長城外舉兵侵入者，但除鮮卑族之外，大體是在帝國之內要建立起自己的國家。但一般論史者多視五胡為「入侵」者，殆非史實。

大體說來，自兩漢到魏晉時代，中國的周邊民族有不少內徙居

住在中國郡縣內者。

以匈奴來說，後漢末南單于的王庭已移居西河郡離石（山西省呂梁市離石區），其部民散居山西省中部，甚至偏南，則不難想像。

羌族被征服者內徙，後漢時移居三輔（陝西），當是西漢首都要地；其分布是從甘肅省東部到陝西省諸郡，而與漢人「雜居」。

氐族在東漢末到曹魏時代，曾有過抵抗，多次被遷於接近關中之天水郡（甘肅省東部）與扶風郡等關中之地。

然而不在五胡之內的烏桓在後漢時也曾被遷徙到長城內，後漢末與袁紹、公孫瓚結合對抗曹操。

鮮卑在魏晉時已分布於蒙古地方，其在南者由遼寧省南部向西沿至山西省北部，長城內外。

由以上看來，諸族的內徙，其原因值得檢討，而「五胡」中尚在塞外者，應是鮮卑。

自秦漢到魏晉帝國勢力的擴充，自然地將漢族以外的異民族包攝在內。或為了容易掌控異民族，或因戰爭關係，或懼外族與外族之間的聯合，而採「徙民政策」。

其次，由於中古時期氣溫降低，引起北方民族的南下也是一個重要的原因。自東漢後半期以來，華北地方的災害不斷，或由於旱災，或由於國家不重視水利事業，或由於蝗災大作，生態上發生極大的變化。另一方面，東漢奠都洛陽以來，加上國勢偏東等之影響，漢族也逐漸南遷。到四世紀「永嘉之亂」，「晉室南渡」，漢族本身也發生民族大移動。

在永嘉變亂以前，西晉一朝各地發生旱災等問題，已造成漢族及其他民族之大規模「流民」。流民為覓食和覓求安頓不得結果，成為變亂的前奏。此不僅晉時如此，至今中國的變亂問題莫不與此有關。

　　田村實造教授在其《中國史上的民族移動期》（創元社，一九八五年出版）一書中指出：三世紀以來「五胡」遊牧民族潛居華北，四世紀的漢族移居江南——晉室南渡，都是遠勝過日耳曼民族在歐洲的大移動。他又指出：自四世紀到六世紀，約有一千萬人的匈奴、烏丸（桓）、鮮卑、氐、羌等等民族移動，潛居華北；其人口之多、規模之雄偉，在中國史以及「東亞世界」所具有的歷史意義之重要性，凌駕歐洲史上日耳曼民族的大移動。

二、胡族的國家型態與文化

（一）「少數民族」問題的成立與「徙戎論」

　　西晉初國勢興盛時，對於「內徙」的民族問題已經有大臣的關心。泰始四（268）年傅玄上疏：「臣以為胡夷獸心，不與華同，鮮卑最甚。……使鮮卑數萬散居人間，此必為害之勢也」。由此不但看出對鮮卑之警戒，種族間之隔閡問題也顯現出來。傅玄建議在秦州中新設置郡，以及在安定、武威二郡徙鮮卑安置之（《晉書・傅玄傳》）。

　　又晉惠帝時平氐帥齊萬年之亂，江統「深惟四夷亂華，宜杜其萌，乃作〈徙戎論〉」，文中提到「漢興而都長安，關中之郡號曰三輔，……夫關中土沃物豐，厥田上上，……未聞戎狄宜在此土也」。以為關中要地不應許戎狄居住，「且關中之人百餘萬口，率其少多，戎狄居半，處之與遷，必須口實」。由此可知關中戎狄佔大部分，其中應是氐、羌最多，次則匈奴。但種族問題之發生，與彼此敵視，或漢族欺凌少數民族有關。即不論是漢帝國或晉帝國之擴充領土與「徙民」（「滲透」、「潛入」），都不免促成「少數民族問題」之成立，而發生歧視、欺凌問題。故〈徙戎論〉中說：

「非我族類，其心必異，戎狄志態，不與華同。而因其衰弊，遷之畿服，士庶翫習，侮其輕弱，使其怨恨之氣毒於骨髓」。由此可見民族間之磨擦，事態嚴重，江統因此主張徙民，使「戎晉不雜，並得其所」（《晉書・江統傳》）。

（二）「原居地」建立的政權

帝國之內的各民族，如上文所說，有的是因帝國領域的擴大被編入郡縣之內，有一些則是由於徙民。但也有在邊郡被地方官或豪強掠奪，被賣為奴婢者，石勒就是受到這種不幸的遭遇者。

由上可知，在魏晉南北朝時代之變亂，其「政權」或「國家」有不同的類型。所言只稱「政權」者，是指或自稱地方官號或將軍名號，成為地方性政權而已，沒有建立國家者。茲舉例說明如下：

其一，有關建立政權而在原居地及其周圍活動者，如仇池氏族楊氏，在甘肅省東南地方居住。

又如四川省有巴人或稱作賨人者，秦漢時在郡縣治下，曹操移之於氐族集中的略陽、天水郡，與氐族李特起事有關。李特失敗後，李雄在西元三〇四年稱成都王，與氐族原來之分布地區有密切關係。此外，江南有與吳對抗之山越，長江流域有各種的「蠻」，他們的活動在當時也曾經進入官界（參考《世界歷史大系・中國史二》窪添慶文的著作部分）。

（三）征服王朝與滲透王朝

關於五胡十六國時代之胡族政權與北魏是為「滲透王朝」或「征服王朝」問題。

中國歷史上漢族以外的民族所建立的王朝曾經有「異民族王朝」之稱。然而，魏復古（Karl A. Wittfogel）與馮家昇在其《遼代社

會史》（History of Chinese Society, Liao）中，將秦漢以來之歷代中國
王朝分成兩大範疇：一是典型的中國王朝，即秦漢、「分裂期」的
中國諸王朝（三國、晉、南朝），以及隋、唐、宋、明等諸王朝。

　　另一類是征服王朝與滲透王朝。所謂征服王朝是指某一民族征
服另一民族居住地之一部或全部，所建立之王朝，即指遼（契丹）、
金（女真）、元（蒙古）、清（滿洲族）諸王朝。

　　滲透王朝是指諸王朝的創始者，在華北以半和平的滲透而獲得
政權所建立的王朝。依照魏復古等的解釋，是指北魏及其直接承續
的諸王朝。也就是說，「五胡十六國時代」及北魏、北齊、北周諸
王朝皆屬於滲透王朝。

　　然而通稱之「五胡十六國時代」，諸胡政權實不只十六國，而
其居地，或在長期歷史演變中已在漢、魏、晉帝國的境內，或自動
或被動被「徙民」（即「滲透」者），稱之為滲透王朝並無不當。如
匈奴、羯、氐、羌等諸族所建立的前趙、後趙、前秦、後秦等等屬
之。他們不能稱為「入侵」中國。但是鮮卑系的慕容部與拓跋部所
建立的諸燕與北魏王朝，是自塞外南遷建國者，堪稱為「塞外國
家」，應該屬於征服王朝。田村實造、谷川道雄兩教授大致也與筆
者持同樣看法。又關於征服王朝之稱呼，護雅夫教授以為：由征服
之異民族看來是為「征服王朝」，但由被征服者看來則是「被征服
王朝」。總之，征服王朝與滲透王朝，所指者皆為「胡族國家」。
又，魏復古持論的征服王朝，尚有類型之別，因篇幅所限，在此省
略。

(四)民族自覺與胡族的獨立建國

　　編入帝國之內的各民族，在漢人統治下成為帝國內的「少數民
族」，但民族習性的不同，在雜居中發生文化摩擦，或被欺凌而不

平，故有變亂發生。在秦、漢時代，匈奴是北亞的遊牧大帝國，到後漢時南匈奴的單于在每年正月、五月、九月集會，祭天地鬼神，也須祭後漢帝國的皇帝。漢派「使匈奴中郎將」監視並處理匈奴訴訟等事務。魏晉時，匈奴被分為五部，部帥成為都尉，也就是成為魏晉帝國屬下的官僚，並派漢人司馬監視其動靜，故成為帝國的附庸部族。

晉惠帝時發生宗室諸王變亂（八王之亂），各引五胡為後援，劉淵的從祖劉宣（右部都尉）反對劉淵幫助成都王穎，而與幫助王浚（幽州刺史）、司馬騰（東嬴公）的烏桓、鮮卑族敵對，劉宣說：「晉人奴隸御我，今其骨肉相殘，是天棄彼而使我復呼韓邪之業也。鮮卑、烏桓，我之氣類，可以為援，奈何擊之！」（《資治通鑑》卷八晉惠帝永興元年條）因此，劉淵在左國城（山西省呂梁市離石區東北）獨立，建立漢國。後來到劉曜時改國號為趙，說：「吾之先，興於北方。光文（劉淵）立漢宗廟以從民望。今宜改國號，以單于為祖」（同上，元帝太興二年條）。由此可見，原來利用「漢」之稱呼以「對抗」與「否定」晉，現在進一步恢復並建立自己的主體性，進而否定漢，在信仰上「以冒頓配天，光文配上帝」。

(五)胡族國家的主體性在胡族

以上是以匈奴為例，說明在漢人帝國控制下「少數民族」的獨立建國。然而胡族所建立的國家，當然主體性在建立國家的民族，他們有獨自的文化。被統治的漢族當然是配角，在華北的漢族也有與之協力或為官僚者。

當然，在民族與民族的接觸或地域的遷移，因生態環境的變化，征服民族之文化乃有所變遷，或由純粹遊牧民族轉變為以牧、

農為生產方式的民族，但中國史家喜歡以「漢化」論之。

　　(六)胡族國家的社會，民族甚為複雜

　　由某一民族構成的國家，其成員決非只有該民族。在匈奴部族聯盟的遊牧大帝國時代，鮮卑、烏桓、月氏等也都被編入其內。當北匈奴西走時，漠北成為鮮卑的勢力，留下來的匈奴也被稱作鮮卑。北魏的前身，即五胡時代的「代國」，其中也有匈奴系的部族參與部族聯盟。

　　匈奴加入鮮卑部族連合體時，其語言、風俗有可能鮮卑化。如建立北周的宇文氏原本是匈奴族，鮮卑化而成為鮮卑族之首長。但也有認為宇文氏是匈奴與鮮卑的雜種，與契丹同種（參考上引窪添慶文的著作）。北魏末到北齊、北周時代，顏之推曾指出：漢人士大夫教其兒子鮮卑語與琵琶，以便服侍公卿；顯示主體性在胡族政權，另一方面也顯出語言、文化的相互滲透，不是單純用漢化可以解釋。

　　又，通常強調漢族與諸民族的融合，但諸族之間的融合也是不能忽略的。在魏晉南北朝時代，華北、關中的民族複雜，這些地域的都市有各種民族進出，恐怕猶同人種博覽會，而彼此用來交通的語言也是多元的。早在東漢末、三國時代，許多氏族通漢語，在語言上被迫過著雙重語言生活；但同時的涼州部羌族與漢人言語不通，發生摩擦以至變亂（已見於上文），是為不同的情形。

　　(七)二元統治機構的出現

　　純遊牧民族或半牧半農的民族，其在中國境內所建立的征服王朝或滲透王朝，統治不同的民族；而其中的漢族是農耕民族。生態環境的不同、生產方式的不同，其由部族建立的國家，其管理機構

或官僚制，只能稱作「草昧的」官僚機構或官僚制，自然不足以統治複雜的社會。因此從「先進的」晉帝國的官僚機構模倣許多制度和官名，這種情形猶同今天的「近代化」。但中國史家以「同化論」的漢化解釋之，不見妥當。

然而胡族政權雖然導入漢族的官名，但政權的主體性及本身風俗並未輕易放棄，因此有胡漢二元統治的制度出現，在五胡時代匈奴所建立的漢（前趙）就是最好的例子（參考第八章）。後來的北魏「征服王朝」亦有胡漢二元官制的存在，直到孝文帝改制時纔趨向「一元化」。但魏末變亂，胡人勢力抬頭，又有變化。今因史文多闕，尚難見其完整的官制體系。

（八）文化涵化與同化的問題

過去論這個時代者，多採「夷狄觀」來看這個時代，所以有五胡「亂華」之說。中國到近代，受民族主義時潮的影響，論者以漢族的民族主義為出發點，強調「漢化」。又謂六朝時代種族融合，故有隋唐大帝國之形成。無疑是說，漢族因血緣遺傳上的衰落，故需要導入新血液，但這又與持有同化論（漢化）優越感的觀點相矛盾。目前中國大陸的學者，將「五胡」算入「中華民族」，五胡政權的迭起視同「輪流作莊」，如此將異族之征服與統治關係單純化，當然也無法自圓其說。

民族間的接觸會發生不同的現象，除了文化同化（cultural assimilation）之外，還有文化涵化（cultural acculturation）和文化傳播（cultural diffusion）現象，不能只以同化視之，以為「夷狄入中國則中國之」。若此，則不可能在目前的中國有那麼多民族。

同化論是建立在吸收理論（absorption theory）上，即征服民族經過數代，「完全」以及「經常」為中國文化所吸收，為中國人所同

化（見護雅夫教授〈再論征服王朝〉）。我們確實看到六朝時代的部族到隋唐時代還存在，他們和隋的統治家族楊氏、唐的統治家族李氏發生聯姻關係，編入統治集團中。但在這之前的北齊、北周時代確實也看到反漢族，甚至有「胡化」的政策出現，如何說是民族融合纔有隋唐大帝國的出現。

另外，涵化問題在這時代也應被考慮。兩種文化完全融合，只有在兩種社會「完全混交」時纔能產生（同化）；否則文化的差異繼續存在，而兩種文化因接觸而出現「諸特性之受容，同時也會出現抵抗」，在新的同性質的一種文化沒有產生之下，而相互適應的兩文化因「共生關係而併存」，或者有時產生與兩種母文化完全不同的所謂「第三文化」（同上，護雅夫教授文）。

由此看來，對六朝，甚至整個中國史的民族間之文化問題，不能不導入新時代的各種學理重新予以考察，重建對這時代的認識。

第三節　門閥社會

一、豪族的形成與村落結構的改變

漢代的社會由於逐漸分化，豪族逐漸形成，豪族是大土地所有者。東漢的開國君主劉秀是漢景帝的後裔，但在南陽郡已經豪族化。東漢的開國功臣與名族，和公族（帝室一族）的婚姻關係，也成為世家門第、外戚貴族（詳見第二章）。

但是一般來說，漢末社會主要構成者是豪族與小農，地方豪族是大土地所有者，同族集居，重視「宗族」與「鄉黨」的關係。豪族之下擁有佃農與奴婢等等。豪族因為社會上與經濟上的優勢，對農村有支配的傾向，或發生土地兼併，或債務關係，或發展為地主與佃農之間的關係等等。

　　但豪族與農民之間並非發展到階級敵對的關係，對於同宗或鄉里社會也有扶助救濟功能。例如劉備年幼時，母親靠織履蓆為生，同宗的劉元起為劉備出學費；又如前漢末南陽豪族樊重臨死之前，焚燬貸借給農民的書契，以為對鄉人的救濟。樊重擔任過縣的三老職務，開田土三百頃，也擁有許多「童隸」。

　　漢代的村落本來是「集村式」的村落。但豪族的大土地所有與經營，聚集佃農及奴婢從事開墾，離開原居住的城郭，另外在新開闢的空間形成「塢」與「村」，也就是「散村式」的村落之逐漸形成。這種傾向在漢末、三國與晉末變亂時，加速形成。

　　變亂發生，許多農民離開原籍之地而成為流民，有的尋找安全的山間等地，設置有防衛的集落──塢。漢末，田疇率領其族數百人避居幽州的徐無山中，後來流民集團依附者日多，被流民的統率者「父老」共推為主，成為「塢主」。漢代及六朝時代，在鄉黨社會中重視父老與子弟的關係（倫理）。塢之例，其顯著者尚有董卓與群雄決裂，在長安近郊郿縣，築起高、厚七丈的障壁為「萬歲塢」，屯糧可供三十年之用，並有軍事防衛設施，擬作長期抵抗。

　　塢有塢主，而流民集團的領導人稱作「行主」，如晉時變亂，范陽（今河北省涿州市）的祖逖散穀帛，救貧民，率鄉黨、宗族避難淮南，而為「行主」。

　　塢大體集中於華北，而以江南為中心遍布於全國者有村。塢與村之出現，是漢代鄉里社會居住結構的轉變，即由「集村式」的村落向「散村式」的村落發展，而後者即為六朝時代之村落形態。

二、選舉制度與門閥社會的形成

　　漢代的選舉之性格是「鄉舉里選」，重視地方的輿論──鄉論。鄉論重視父老與子弟的關係，也就是儒家倫理中的孝悌。東漢

末有許多名士，善於評斷人物，如許劭的〈月旦評〉為有名。鑑識人物在這時代也是一門專門的學問，劉劭有《人物志》一書，至今仍值得參考。

漢代人材任用方式有選舉（察舉）、徵召、辟召、任子、納貲等方式；地方豪族經此等方式，或為州郡縣之僚佐，或進入中央為官吏，世代為公職，也漸漸成為門第。

東漢重視教育，有的家族因累世為經學家，透過選舉制度而為官，因代代為官，所以有「累世經學」而成為「累世公卿」，清代學者趙翼著《廿二史劄記》論之甚詳。由此學問途徑，也成為世家門第，這就逐步演變成六朝的門閥社會。

如上文所說，東漢人士重視道德——名節——成為社會的價值觀。但豪族中的一派也有與宦官結託，有不法行為而侵害公權力，因此發生「清流」與「濁流」勢力的對抗。清流包括豪族、貧士、逸民等，有廣泛及深厚的社會層、知識層。東漢末清流士大夫的淨化政治與淨化社會運動，雖然受到黨錮之禍等的重大打擊（詳見第二章），但清、濁觀念一直到六朝時代還受重視，甚至影響到南北朝時代，故士、庶所任的官有清、濁之分。

曹魏設「九品官人法」取代漢代的任用制度，其原因一是由於漢代政治敗壞，破壞選舉制度；一是由於「漢魏革命」的動機，用意在淘汰親漢的官僚。

選舉辦法方面，郡設中正考核人物，到「魏晉革命」之際，州又設大中正以考核人物，意在淘汰親魏官僚。州郡設中正官，其下設清定、訪問為助手，以考核人物。

考核人物的資料，依據人物的狀（行狀）、輩（倫輩）、簿世（家世譜牒），然後給予「鄉品」，依「鄉品」而任用為官；官有官品（選舉辦法，詳見第四章，此處不予詳述）。但中正所品定的基

準，受鄉邑的「鄉論」影響，「鄉論」（輿論）與現實政治、社會不無關連。於是在蜀漢出身的陳壽，在魏晉系統的政治來說不免因故受「清議」之影響。品評的標準既以家世譜系（簿世）為審查標準，對於有政治、社會身分背景的人來說，自然有利，因此重視門閥往往勝過才學，以致原來屬於社會上的門第高下，也反映在政治上的官品。

鄉品二品以上的門第稱作「門地二品」，有特別的社會身分，被認定是士族。日本學者因門地二品者其聲望及於全國，所以稱之為貴族，而次一等之門第則稱作豪族，以示區別。

西晉時門閥社會已經形成。魏晉採九品官人法的選舉制度，對官僚、門閥有利，故有衛瓘與劉毅的批評。衛瓘批評「計資（父祖官職）定品」，可見任用、升遷與門第有關。劉毅批評該選舉制有「八損」，其中提到「上品無寒門，下品無勢族」，說明「寒門」之出身難；而下品無「勢族」，恐非只指世家，因司馬氏勾結大官僚行篡奪之事，故司馬氏之「寬政」，實縱容勢家官僚。但批評中有「高門華閥有世及之榮，庶姓寒人無寸進之路」（趙翼《廿二史劄記・晉書・九品中正》），不但說明有「高門華閥」與「庶姓寒人」的身分差別以及門閥社會成立，也說明其弊病是很清楚的。

一個制度固定化之後會有世襲的傾向，但「鄉品」的評定還是有修正的機會。其後的東晉南北朝仍順著門閥社會的潮流，隨著時代的需要而修正。

西晉有封建性格的一面，一是宗室的任用，有宗正卿掌「宗室選」，此大致上可以說是各朝代共同有的問題；其次，西晉的宗室有封邑及領兵的制度，稱之為「宗室封建制」。但不能因此就認為這是「封建社會」。

三、門閥社會中的身分秩序

西晉時門閥社會已經成立，其身分秩序大致可以分為三層，而嚴格的社會秩序之確立應是在東晉。其第一層是「甲族」，或稱「門地二品」；第二是「次門」（寒門）、寒士；第三是寒人、庶人。

關於寒門、寒士、寒人的用語，多見於南北朝時代，但要看史書是在何種情況下敘述，纔能把握它的真正意思。

首先關於次門、寒門、寒士的問題，宮崎市定博士在其《九品官人法的研究》一書說明他的用法：士而其門地寒的情形，他稱之為寒門、寒士（關於次門，以為是指次於士族者，雖非門地二品，但鄉品為三品至五品者，應是寒門）。

其次關於寒人、庶人。宮崎氏以為庶人升為士，或準士之地位者，反而使貴族形容之為寒，故宮崎氏稱之為寒人。

又以為東晉以後，對寒士、寒人等之實情要在史料上徹底弄清楚是困難的，因為寒士、寒人，有時用在自己的謙遜上，有時則是意在輕侮別人。

身分秩序逐漸在形成，但現實社會中有因大土地所有者的關係，即經濟基礎支持階層關係而獲高級門第者；但並非都是如此。門第重視教養與德行，在鄉黨社會中有「鄉論」影響決定身分秩序的鄉品，鄉品經三年重新核定一次（「三年一清定」）。

士、庶在門閥社會中差距最大，故有「士庶之別，如同天隔」的用語，表示在身分秩序中最大的分界；兩者受禮制之限制，不得通婚。南朝已有律法的規定，若與「非類」結婚，看作「雜婚」，要受法律制裁。但有這種現象發生，表示士人的末端與庶人中之上層、富裕者之區隔，有鬆動以致難於區別之情形。南朝也發生要取

得上層社會地位是需要士族認同的例子，皇帝的政治力量無法變更其社會性之身分秩序。

四、東晉南朝的發展

　　東晉是流寓政權，最高位的門閥是「北人」的流寓貴族：王、謝、袁、褚、江、蔡諸姓。其次是次門層：宋朝皇室劉氏，齊、梁皇室蕭氏，江南豪族有吳郡四姓（朱、張、顧、陸）與會稽四族（虞、魏、孔、謝）。

　　門閥貴族所當的官是清官，而不當濁官。濁官大致是庶務性或職務繁重的官。他們初任官職（即「起家官」，有時居喪去職而再任官時也稱作起家官），就選「清官」的路線。南北朝都以祕書郎、著作郎等等為士族門第的起家官（參考鄭欽仁著《北魏官僚機構研究》及《續篇》）。清官原本是清要官，但門閥貴族避免了繁重事務，而使所居官失去重要性而淪為純粹清官者有之。

　　門閥貴族制因時代變遷而逐漸變遷。南朝方面，一是由於士族喪失了其掌握的軍事權。當時的士族擔任某州刺史、某州都督諸軍事之頭銜，而掌握軍政、民政兩權，但隨著東晉末政局的混亂，掌握京口的北府軍團以武人出身的劉裕逐漸掌握政權，進而篡位，建國號曰宋。在地方，則有力的軍團由王室的諸王掌握。

　　其次是寒人的抬頭。永嘉之亂時，北方二流門第南遷，多置僑州郡縣以居之。原籍在彭城、東莞、蘭陵等地的人居住在僑置的南徐州之晉陵一帶；這一地帶有宋、齊、梁的皇家劉氏、蕭氏之外，因南朝的功臣武將輩出，北府軍團的根據地也在這個地區。寒門、寒人的抬頭與經濟的發達有關，這使為政者對士庶的混亂感到憂心。

　　總之，晉宋革命一方面強化皇帝權力，一方面起用寒門、寒

人，江南社會因此轉型。寒人有實力者，為皇帝所用，史書稱之為「恩倖」，他們在皇帝左右，對政治起很大作用。這樣的政治被稱作「側近政治」。宋孝武帝、明帝時，恩倖起用於天子側近。南齊時他們擔任中書通事舍人，權重當時，時人稱之為「四戶」（北朝也有同樣趨勢，北魏孝文帝以後有中書舍人，如宣武帝時之徐紇權重當時，能力亦甚強）。南齊末期，寒人進出政界尤為激烈，影響齊梁革命。梁時范雲、沈約等出於寒門層，學問、教養皆是上乘，其地位等同門閥貴族。梁武帝除重視門第外，也重視才學，設學館制度培養人才；其貴族子弟就讀國子學，為寒門教育另設五館，經考試任用為官吏。

梁武帝時重視貴族門閥政治，從事官制改革。梁武帝的「天監改革」，打破品制，基於清、濁，重編官位秩序：

一是十八班制。將原有六品以上官職分為十八班；以班大為大，即十八班最上位，一班最下位。將宋、齊時代發展以來的升進路線，落實於制度上。以前有官品低者，今加調整，列入高的班，如吏部郎、黃門侍郎、太子洗馬，此等為典型的清官。

其次，流內十八班之外，有㈠「流外七品」，下位的士人居之。㈡蘊位、勳位，為庶人居之。

再其次，則軍系另成一系統。

由此看來，梁武帝一方面重視門閥制，一方面則因歷史演變、社會變遷，擴大了任官的機會。但是梁末侯景之亂，貴族門閥社會受到重創。南朝最後王朝的陳，雖然傳統貴族仍存在，各地有實力之豪族將帥層已抬頭，陳霸先的政權即是屬於南人政權。

五、五胡諸國的情形

晉帝國的政府南遷，北方是胡族國家的林立。胡人本身也有其

貴族制。依宮崎市定博士的說法，胡族國家的主權者是宗族的代表者，國家非主權者的私有物，而是宗族全體所共有，宗族的發言力強。當然，也因此常造成君主權的弱化，使政權在世襲交替時常發生鬥爭。

話再說回來，在正史中也常提到胡族尊重「貴種」。同一民族內依照血緣有貴賤的差別存在；民族不同，例如氏族與鮮卑，也有互視對方為賤民而不相讓。

漢族在胡族政權底下也是異民族，是被征服民族。但是漢文化及其生產力不容忽視，因其人口多的優勢，也要其負擔租稅與軍役，故有必要利用漢民族之豪族、貴族來統治地方。漢族中有因對西晉王朝的權貴政爭持否定的態度，對輕佻浮薄的西晉王朝不再寄以希望，張賓為石勒所用不無這種想法。石勒稱趙王的元年，下令「不得侮易衣冠華族。號胡為國人」（《晉書‧石勒載記下》）。當然，也有在胡人政權當官感到可恥的，如士族出身的盧諶，《晉書‧盧諶傳》載：「諶名家子，……值中原喪亂，與清河崔悅、潁川荀綽、河東裴憲、北地傅暢並淪陷非所，雖俱顯於石氏，恒以為辱。諶每謂諸子曰：『吾身沒之後，但稱晉司空從事中郎爾』」，由此可見盧氏之心情。但與盧氏同仕之諸人都是有「郡望」的名族，被網羅在石勒政權之下。

另外，劉淵用士族太原王渾，而鮮卑慕容部的慕容廆政權，收容逃向東北的漢人流民，為流寓漢人設四郡以安置之，這與江南之置僑州郡是一樣的。慕容廆舉用士人、貴族；其他如前秦的苻堅，任用王猛等有才幹的漢人為幕僚。

六、代國與北魏時代

在五胡時代的拓跋部，永嘉之亂後拓跋猗盧受晉封為「代

公」，引用北邊代郡地方的許多漢人，如衛操、姬澹參畫軍、政之事，強化王權，引起北族的傾軋，政權崩潰。後來在什翼犍的「代王國」時代，用燕鳳為右長史、許謙為郎中令，採取許多晉朝的制度。又用諸部大人的子弟為「左右近侍之職」，另有「內侍長」、南北部的大人等胡制職官。故在制度上胡漢的官職滲雜在內（二元體制）。

淝水戰後，被苻堅滅的代國復國。西元三八六年，拓跋珪即「代王」位，年號登國。拓跋珪平定原來擁護他的賀蘭部的叛變，部分的「部落解散」，「分土定居」。西元三九八年，將核心的部落連盟之八國（八部）分置於首都（畿內）之外（畿外），成為特別行政區，設八部大夫統攝之（以後縮小為六部）（詳見第九章之論述）。

拓跋珪用張袞等漢人，西元三九六年消滅後燕慕容氏的主力之後稱皇帝，建立魏（史稱北魏或後魏）。引用山東地方的士族，如清河的崔宏。清河崔氏，代代仕後趙、前燕、後燕等胡族國家。另又用鄧淵與崔宏參議朝儀、律令等。但魏王朝的政權仍是在胡人手中。道武帝拓跋珪之後是明元帝，主要行北族的元勳政治，核心部族制改為六部制，到第三代的太武帝時改為四部。以此拓跋國家漸漸克服「部族國家」的問題，加強王權，即由塞外的部族連合國家體制走向中國式的王朝帝國體制；但其核心部族則以王朝的貴族參與政治。

太武帝神麚四（431）年大量引用山東士人，高允著有〈徵士頌〉列舉四十二人，皆一時之選。太武帝引用崔宏之子崔浩，足智多謀，故能統一北方（439年）。而浩以「清定人倫」，導入貴族制等種種因素得罪北人，終於以修國史事件而被殺，波及許多士族名門，事在西元四五〇年。

　　到了孝文帝時代，為了延續北魏的政權，著手國家體制的轉型，以門閥制與官僚制的相互配合，從事改革。太和中從事多次的官制改革，十七年公布「職員令」，將九品官中再分為五十四階。另外還有流外品、勳品屬庶人當的濁官，不在此九品之中，為後代胥吏的來源。

　　太和二十三年重新公布改制的「職品令」，為九品三十階，部分下級的成為流外，流外官有七等，與梁朝流外七班若合符節。但孝文帝之改制早南朝十年，兩者都導入貴族門閥思想從事官制的改革。如此則清、濁分明。但太和十七年制度中有胡制的職官，而二十三年之職品令已經刪除，可見存在於孝文帝以前約一百年之北魏王朝的胡漢二元體制，在孝文帝時的漢化政策下而一元化。但是在門閥政治盛行的當世，孝文帝以後的宣武帝、孝明帝時，猶同南朝一樣有「寒門政治」、「側近政治」的出現，則可見同一方向的政治導致同一方面的新問題。

　　另一方面，配合官僚制度的運作，有「姓、族分定」政策，以道武帝以來有特別勳功的穆、陸、賀、劉、樓、于、嵇、尉八姓與皇族元氏為第一等門第，漢族的崔、盧、鄭、王（後加入李氏）與之同列，胡漢通婚。其他北族各氏，或為部落大人後裔，或建國以來有官爵者列為「族」。而「姓」者高，略低者為「族」。

七、官僚門閥制的性格

　　然而這種身分制本來應是社會性的，也就是由社會發展自然形成的，現在則由皇帝權力（即這時代的國家權力）介入，故職官與姓族分定的門閥制互相配合、互為因果。故由門閥制的立場看來，受官僚制的影響，其性格可以稱為「官僚（的）門閥制」；若由官僚制的立場看，受門閥制的影響，其性格應是「門閥（的）官僚制」。

職是之故，魏收撰《魏書》將職官志與氏族志合起來，撰成〈官氏志〉，就是這樣的道理。

孝文帝改變北族，並使胡漢依照身分階層而通婚，欲融合成一新的統治階級，但畢竟真正能漢化的是少數。而魏末至隋期間，種族摩擦甚為激烈，與北族仍欲維持政權的主流地位是有關係的。

但南北朝在制度及統治思想之發展能走向同一方向，與門閥貴族間政治逃亡造成的作用是有關的，在鄭欽仁所著論集《中國政治制度與政治史》，以及《北魏官僚機構研究》及《續篇》已有論列，不擬多述。

八、科舉制度的萌芽與北齊北周的改變

孝文帝時代的改革，有兩點值得留意的：一是重視秀才、孝廉制度，一是重視資蔭。關於秀、孝之推薦原來是出於州郡長官，北魏的中正似乎是參與推薦。這種制度，在後來的北齊時代，也有秀、孝、廉良之科。至於北周方面，其政治大綱「六條詔書」的第四條「擢賢良」，就是標示賢才主義。另外，南朝梁武帝時也有學館考試制度。南北朝後期同樣的這種趨勢，就成為隋唐時代科舉制的萌芽。

孝文帝時另一趨勢是重視資蔭，即門第起家。孝文帝本人能夠擢用人才，雖是寒門仍能起用。但其重視門閥主義，曾經與韓顯宗等人有很大的辯論；漢人官僚是重視「賢才主義」的。由於重視門第的人事關係，在孝明帝時代曾引起武人的憤怒，羽林、虎賁暴動；後來吏部尚書用人，就用「停年格」，依順序升進。

但這暴動已是日後六鎮變亂的先聲。孝文帝遷都洛陽後，少數上流階級的北族（以鮮卑族為主）華化，與漢的貴族官僚被視為中央的統治集團。但多數鮮卑下層民眾鎮守北邊，他們原本是勳貴，卻

因遠離中央而被疏遠，婚宦失時，感到不滿，因此發生六鎮變亂。鮮卑族原來是統治民族，他們現在反撲，反漢化政策。

自五胡時代以來，華北兩大政治中心是鄴與長安，前者位偏東方，人數以漢人較多；後者長安，北族較多，漢化及貴族化的色彩較少。北魏以此二者為中心分裂成東西，以後成為北齊、北周政權。

北周用漢人蘇綽的政策，以周官改制，標榜周代的古制以否定魏晉以來的政治趨勢。

北周官制，改九品為九命；正一品改為正九命，從一品為九命。「九命」有十八階，流外改為「九秩」，有九階；總計二十七階。

北周設勳官制度，官界重視武勳，武勳之效果可以澤及子孫。有功勳的官僚，其子孫也被認為是貴族而有特權，故門閥制與官僚制是相結合的。北周有八柱國、十二大將軍的名家，如隋的楊氏出自十二大將軍之一，唐的李氏為八柱國之一。構成北周的統治集團「關隴集團」（見陳寅恪著《隋唐制度淵源略論稿》、《唐代政治史述論稿》），其勢力延伸到隋代、唐初。也就是說，隋唐的統治集團出於北周系統。但經唐代氏族志的重編，帝室之家列為第一等門第，加上科舉制度的成立，門閥制的性格有了重大的變化，但官僚門閥制的性格依舊存在。

關 鍵 詞 彙

六朝	歷史循環論
邑制國家	領土國家
近代國家	十六國春秋
徙戎論	同化論

塢　　　　　　　月旦評

人物志　　　　　鄉品

狀‧輩‧簿世　　　清官與濁官

僑姓　　　　　　官僚門閥制

姓族分定

自 我 評 量 題 目

一、試述中國之國家型態的演變。

二、略述六朝燦爛的文化。

三、試述南朝與北朝之間的關係。

四、請指出中國史上「前近代」的「民族」相當於英文中的哪個詞彙。

五、匈奴、羯、盧水胡、烏桓、鮮卑、氐、羌、吐谷渾、柔然、丁零、
　　高車、勑勒、突厥是什麼系統的民族？

六、何謂「征服王朝」與「滲透王朝」？

七、民族與民族之間的接觸，會發生那些文化現象？請一一論述之。

八、試述從古代到中古，村落型態的演變。

九、六朝時代的選舉制度，稱作「九品中正」或「九品官人法」較妥當？
　　試述其理由。

十、試述門閥社會中的身分秩序。

第二章　漢王朝的崩潰

學習目標

——詳細研讀本章以後，讀者應該能：

1.瞭解兩漢政權性格的差異。

2.瞭解東漢內朝與外朝的勢力。

3.瞭解公權力的「私權化」、「私有化」在東漢所顯現的
　具體事實，並檢討這個理論是否可以作為探討其他朝代
　的興衰因素。

4.瞭解外戚、宦官的勢力形成原因。

5.瞭解兩次黨錮之禍，以及其後的政治迫害與思想轉向，
　何以為以後魏晉時代思想之濫觴。

6.瞭解王朝帝國內「民族問題」的形成。

摘　　要

東漢與西漢的政權性格不同：東漢是豪族政權，與魏晉南北朝的門閥社會性格較為接近。換句話說，介於秦、（兩）漢與魏、晉之間，故講魏晉南北朝時代，勢必由東漢政權性格及其崩潰說起。

本章分別說明帝室、外戚、宦官等諸問題的形成。

接著敘述儒教的成立，以及東漢社會有深厚的知識階層之形成。東漢的官僚，不論文武，多由此階層出身；而成為官僚，是透過「鄉舉里選」性格的選舉制度。

選舉由鄉舉里選，故重視鄉里的輿論（清議），批評時政是理所當然的。但王朝權力「私有化」之後，造成黨錮之禍。

「黨錮之禍」之後，政治迫害仍持續不斷，此點為一般教科書所忽略。本篇除對此特別給予指出之外，對選舉用人制度的變質、清議的轉向清談，以及造成此時期思想的分頭發展，開啟了六朝時代的思想方向，亦有所陳述。

其次敘述帝國境內所形成的「少數民族」變亂，以及中國歷史上首度出現的宗教變亂（黃巾變亂）。這又導致軍閥興起、帝國瓦解，終於出現三國之局，為魏晉南北朝時代的開始。

　　秦征服了許多古代國家而成為王朝帝國，僅僅維持了十五年，就因秦之暴政及各國之復國運動而滅亡。經過豪傑亡秦與楚漢之爭兩個時段之後，終於又建立了漢王朝帝國。漢經過了一段相當長的時間，纔統合了內部。

　　西漢統治二百一十四年，長期的統治建立了它的權威。但元帝、成帝時期，漢人感到氣運已衰，成帝、平帝、哀帝三代沒有子嗣，班固謂之國統三絕。漢人有了天命已改的不安。

　　王莽以外戚身分之便，養成實力，奪得政權，但政治、經濟及對外關係的失敗，使庶民淪落痛苦深淵。庶民開始眷戀舊王朝，民變發生，多自稱是漢王室的後代，王莽的新王朝僅僅十五年即告瓦解。變亂之後重新建立起漢王朝帝國者，是劉氏宗室的旁支，已經在南陽地方土著化、豪族化的劉秀，史稱光武帝。漢又重建了它的權威。

　　西漢武帝時開始重視儒家，之後不論選舉制度或刑法制度逐漸導入儒家的精神。到了王莽時代，儒家「國教化」的完成，成了儒教。光武帝建國，因為是漢王室的後代，所以有「復國」的思想。他看到王莽時代的阿諛附會，以致失去漢的天下，即位之後便重視儒教，表彰氣節，藉此鞏固劉氏的政權。東漢的政權也因此維持了一百九十六年。

　　兩漢合起來有四百年，長期的統治似乎使人民感到漢的威靈所在。人生苦短，兩漢的人民一生中似乎只能活在漢的權威之下。漢似乎是統一、安定的代名詞。實際上在東漢的統治之下，有不斷的飢荒、疫病，以及水災、地震、蝗災等情形發生，人民也有因為對外戰爭所發生之征服與流離失所的情形。從這裡也可以看到東漢帝國的內聚力和離心力交互在作用，不時存在著的兩種力量在不同的時段顯現出來，而終於在名目上維持將近兩個世紀後，走向崩潰。

第一節　朝政的腐化──帝室問題

一、繼統問題

東漢的衰亡，首先與皇室的繼統問題有密切的關係。上文曾經提到西漢後期發生皇統屢絕的現象。東漢帝室是景帝後代的旁支，即：漢景帝生長沙定王發，發生買，受封舂陵侯（湖南省寧遠縣東北）。後代因舂陵之地低濕，多惡疫，移居南陽郡白水鄉（湖北省棗陽市南），仍稱舂陵侯。王莽即位之後，其與前漢諸侯一樣，爵位被奪，但劉氏世居南陽郡，已經豪族化。

劉氏起兵，深獲南陽郡的豪族樊、鄧、來、李、朱、陰氏等的支持，其建國功臣大體可以說是以南陽豪族為主幹的豪族集團。這一點與西漢劉邦起兵的情形大為不同，西漢初的功臣多是布衣成為將相，而東漢政權則為豪族政權。兩漢的政權不同，當然由於西漢是比較平等的社會，但發展到末期，大土地所有制逐漸形成，豪族社會也逐漸形成，故東漢社會與西漢迥異，而東漢社會反較接近魏晉南北朝的門閥（門第）社會；也因豪族社會的逐漸形成，故有東漢豪族政權之成立。

東漢帝室是西漢的旁支，但光武、明帝、章帝、和帝之後，一如西漢之情形，皇帝之年壽短，多夭折，引起皇統屢絕之現象。皇帝的直系沒有人可以繼承皇位，只有從旁系的宗室中覓人，因此外藩入繼者有安帝、少帝、質帝、桓帝和靈帝，共計五人（參考表 2-1「東漢帝王年壽‧繼承與太后臨朝表」）。

皇統屢絕的原因，由兩漢劉氏看來，可能是血統上遺傳的問題，也可能是家族的疾病，或時代流傳的疾病造成，這仍待日後之探討。但昔日史家也有認為是特殊化、貴族化的家庭與大自然隔

離，不免走上墮落衰敗的命運。自西漢中葉以後，帝室之後宮編制愈來愈龐大，是否影響帝王之生活，仍待商榷。

皇帝年幼即位或外藩入繼，則引起女主（太后臨朝）、外戚、宦官，甚至乳母問題。自和帝起，這些勢力不斷發生鬥爭而走向衰亡的過程，擬在下文討論。但統觀東漢一朝大致可以分為四期：㈠光武、明帝、章帝時期：大致是東漢興盛期，約一甲子的六十年。㈡和帝到質帝七代：有宦官、外戚、乳母問題。㈢桓、靈兩帝：桓帝時外戚勢力被消滅，宦官跋扈，仍有乳母問題。此時期發生黨錮之禍、西羌變亂、黃巾及其他種種變亂。㈣廢帝辯、獻帝時期：變亂未平，成為軍閥混爭時期。

以上為舉其大略而言。外戚、宦官、乳母問題是屬於宮中（內朝）所引起的；但到桓、靈兩帝時，則顯然出現暴君。論史者以為西漢自元帝起走向衰微，但無暴君，這是兩漢不同的地方。

二、桓帝與靈帝

專制世襲君主的王朝帝國體制之下，君主個人的條件，為天下安危之所繫。君主個人之才德、能力、鑑識問題，關係繼承之得人與否。

其次，君主個人是以什麼理念治理國家，則又繫天下之安危。當然，在專制世襲的時代，國家是君主的國家；若是將天下視同私囊物，則公權力勢必導向「私有化」。君主在法理上不得將國家視同私有物，這從君主的稱號可見一端。君主有兩個稱號：一是皇帝，一是天子。即君權來自神授，取得法統地位。若君主德衰，天命已去，則應改朝換代。至少漢代的君主與臣民相信這個道理。

皇帝處在什麼立場（公的立場或私的立場）則影響其權力行使，可以用兩種圖式表示之：

圖式①即皇帝超然於內朝、外朝，即超然於宮中、府中之上，為官僚制度上理想的方式；圖式②有兩種情形，即皇帝成為內朝（宮廷）勢力之一，或與宮廷勢力之中的一派掛勾，這顯示皇權私有化的傾向。桓、靈兩帝與宦官之關係，即是這種傾向，留待下文敘述。

第三，東漢皇帝以外藩入繼，是否因此而不信任政府成員而自樹親信，因樹立親信而派閥色彩濃厚，這也應是考察的對象。

我們不妨在思考中意識以上問題，觀察桓、靈兩帝之情形。

三、桓帝時情形

以桓帝個人之條件而言，《後漢書・皇后紀下》記其奢侈情形：「帝多內幸，博採宮女至五六千人，及駐役從使，復兼倍於此」，由此不難想像，單是宮女與使役之生活費與脂粉費便須支付龐大之經費。

桓帝初即位，梁太后臨朝，常因天災下詔各級官吏各言得失；但自和平元（150）年梁太后歸政後，就不見《後漢書・桓帝紀》記載聽言得失之事。

表 2-1　東漢帝王年壽・繼承與太后臨朝表

帝　號	享年	即位年齡	在位年數	子嗣	外藩入繼	太后臨朝	附　　註
光武帝	62	31	33	10			
明　帝	48	30	18	9			
章　帝	33	19	13	8			皇后竇氏
和　帝	27	10	17	2		竇太后（非帝之母后）	和帝為梁貴人所生，竇后養為己子，貴人為竇后所害。和帝即位，竇為太后稱制。
殤　帝	2	百餘日	1	0		鄧太后（非帝之母后）	和帝崩，皇后鄧氏為太后。和帝長子有疾，不得立，殤帝非太后所生。
安　帝	32	13	19	1	外立	仝上（非帝之母后）	殤帝死，鄧太后立章帝孫，清河孝王慶子，名祜，即安帝。鄧太后仍臨朝稱制。
少　帝			7個月		外立	閻太后（非帝之母后）	安帝崩，皇后閻氏為太后臨朝，立章帝孫，濟北惠王壽子北鄉侯懿，即少帝。
順　帝	30	11	19	1		帝為宦官所立，太后歸政	順帝，安帝少子。母李氏為閻后所害。安帝始立為太子，被搆陷，廢。少帝崩，閻后集團秘不發喪，欲立諸國王子，宦者孫程等擁立之，即順帝。
沖　帝	3	2	1	0		梁太后（非帝之母后）	順帝崩，皇后梁氏為太后臨朝。帝為順帝子，非梁氏所生。
質　帝	9	8	1	0	外立	仝上（非帝之母后）	質帝為章帝玄孫，梁太后與梁冀立之。梁冀弒帝。
桓　帝	36	15	21	0	外立	梁太后（非帝之母后），數年歸政	章帝曾孫。梁太后與梁冀立之。桓帝皇后梁氏。和平元年太后歸政，二月崩。延熹二年七月梁后死，八月誅梁冀。延熹八年立竇氏為后。
靈　帝	34	12	22	2	外立	竇太后（非帝之母后）	靈帝為章帝玄孫。桓帝竇后以太后臨朝，與竇武立章帝玄孫解瀆亭侯劉宏，即靈帝。建寧元年竇武除宦官失敗，被殺，竇太后被遷於南宮。
廢帝辯	17	17	五個多月			何太后	靈帝之何貴人所生，何氏立為后。靈帝崩，后以太后臨朝，辯即位。董卓廢帝為弘農王。
獻　帝	54	9	31				靈帝之王美人所生，董卓立之，卓弒何太后。

　　延熹三（160）年白馬令李雲見災變頻頻，「憂國將危，心不能忍」，上書極諫，批評桓帝「帝欲不諦乎」而下獄。為救李雲而上書之杜眾（弘農五官掾）與李雲同死獄中，陳蕃（大鴻臚）、楊秉（太常）免官，沐茂（洛陽市長）、上官資（郎中）貶秩二等。反觀西漢成帝時，谷永上書，將成帝比作幽王而未之罪。

　　不僅如此，桓帝治世凡上書言事者，多難保全，如杜喬、李固以及被宦者誣害的皇甫規等等；而延熹九（166）年的黨錮之禍，李膺等兩百多人被捕，更是令人駭然。

　　桓帝在位前後二十一年，日蝕、地震、蝗災、黃河氾濫、民飢、疫疾都發生過。民變之發生，則有稱皇帝、天子、太上皇帝、太上皇等稱號，以否定漢的統治。種族變亂方面，在西元一五〇年代、西元一六〇年代日熾，有南匈奴、鮮卑、羌、九真、武陵蠻、烏桓等等。

　　其政治敗壞，在西元一六一年竟有賣「關內侯」以下官之事。

　　桓帝於西元一四七年即位，西元一五〇年梁太后歸政，但外戚梁冀有權，延熹二（159）年皇后梁氏死，帝以宦者除梁冀，立后鄧氏。西元一六五年廢鄧后，立竇后，外戚竇武被起用。西元一六七年桓帝歿，竇皇后為太后臨朝，有外戚、宦者問題，詳見下文。

　　唯其政治敗壞卻粉飾太平，《後漢書‧桓帝紀》載永康元（167）年，「秋八月，魏郡言嘉禾生，甘露降。巴郡言黃龍見」，由此可見禾生、露降，都是美化。又龍之出現代表「祥瑞」，中國歷史上為粉飾太平，常有龍的出現之記載，其究竟如何，見《後漢書》之註引《續漢志》便可知曉：

　　　　時人欲就沱浴，見沱水濁，因戲相恐：「此中有黃龍。」語
　　　　遂行人（間），郡聞，欲以為美，故上言之，時史以書帝

紀。桓帝政化衰缺，而多言瑞應，皆此類也。先儒言瑞興非時，則為妖孽，而人言生龍，皆龍孽也。

我們從這一段話可以瞭解桓帝時的統治理念，專制政府的腐敗常用欺瞞性的神話來彌蓋。不但中國歷史上常有不存在的龍之記載，二十一世紀的現在尚有自稱龍的傳人，或以龍為圖騰，皆與歷史上之虛構無別。

四、靈帝時情形

靈帝（168～189 年）時有宦者中常侍呂強「為人清忠奉公」，他上奏說：「臣又聞後宮綵女數千餘人，衣食之費，日數百金。……宮女無用，填積後庭，天下雖復盡力耕桑，猶不能供」（《後漢書‧宦者‧呂強傳》）。

其次，對於稅賦重，人民以賤價糴米用來納稅，致使「比穀雖賤，而戶有飢色。案法當貴而今更賤者，由賦發繁數，以解縣官，寒不敢衣，飢不敢食。民有斯戹（按，戹同厄），而莫之卹」（同上引）。

靈帝又好營造，在他以前的藩國河間之地建解瀆之館，呂強說：「陛下龍飛即位，雖從藩國，然處九天之高，豈宜有顧戀之意。且河間疏遠，解瀆邈絕，而當勞民單力，未見其便」（同上引）。從這裡也可以看出天子欠缺其身為天子應有之理念。

整個奢華風氣極為敗壞，故呂強接著指出公族、外戚、宦官都競起豪華第宅：「又今外戚四姓貴倖之家，及中官公族無功德者，造起館舍，凡有萬數，樓閣連接，丹青素堊，雕刻之飾，不可單言」（同上引）。

另外，喪葬踰制，奢麗過禮，競相傚效。

　　呂強又指出當時議郎蔡邕問對，靈帝洩露他的話，得罪「貴臣」、「豎宦」，造成「飛條」的黑函攻擊，靈帝還以為蔡邕誹謗，「至邕刑罪，室家徙放，老幼流離」，呂強感嘆「豈不負忠臣哉」！這一件事造成的影響是：「今群臣皆以邕為戒，上畏不測之難，下懼劍客之害，臣知朝廷不復得聞忠言矣」（同上引）。

　　呂強指出文臣因忠言受害如此，接著敘述武臣段熲之悽慘：「故太尉段熲，武勇冠世，習於邊事，垂髮服戎，功成皓首，⋯⋯而為司隸校尉陽球所見誣脅，一身既斃，而妻子遠播。天下惆悵，功臣失望」（同上引）。

　　靈帝以皇帝之尊侵奪政府的財貨。原來西漢自武帝時，帝室的財政與政府的財政逐漸劃分，前者歸少府，後者歸大農（後改稱大司農）管理。〈呂強傳〉記載：「時帝多稸私臧，收天下之珍，每郡國貢獻，先輸中署，名為『導行費』」。因此，呂強上疏諫曰：

> 天下之財，莫不生之陰陽，歸之陛下。歸之陛下，豈有公私？而今中尚方斂諸郡之寶，中御府積天下之繒，西園引司農之臧，中廄聚太僕之馬，而所輸之府，輒有導行之財。調廣民困，費多獻少，姦吏因其利，百姓受其敝。⋯⋯

文中之中署、中尚方、中御府、中廄都屬於內朝，而西園是靈帝的宅園，這些內朝的機構斂取中央政府及地方政府的財貨。

　　《後漢書・靈帝紀》記熹平四（175）年「改平準為中準，使宦者為令，列於內署。自是諸署悉以閹人為丞、令」。漢武帝時設平準法，其目的是調整物價，以及政府收購或販賣物質，以增加國家財政收益。這些事務歸平準署管理，其長官稱平準令。到靈帝時歸內朝，故平準署改稱中準署，由宦者任中準令，掌握這個機構。由此可見，皇帝以私人侵公權，而原有內朝、外朝分職的官僚制度被

破壞。

　　又上文所言「西園引司農之臧」，而司農府為政府的財政機構，究竟從中索刮什麼？《後漢書・宦者・張讓、趙忠傳》說，「又造萬金堂於西園，引司農金錢繒帛，仞積其中」，也就是索刮了金錢繒帛。

　　中平元（184）年黃巾變亂發生，但在次年宦者張讓、趙忠建議「斂天下田畝稅十錢，以修宮室」。而木材與文石由太原、河東、狄道諸郡運來，但強加賤買，只付十分之一的價錢。又要州、郡增收私調，百姓怨嘆。「凡詔所徵求，皆令西園騶（按，騶即養馬的人）密約勑，號曰『中使』，恐動州郡，多受賕賂」。

　　又以「助軍修宮殿」的名義公然賣官位，大郡的刺史議價二、三千萬，餘各有差，都強迫到西園談好價錢，有納不起而自殺的。河內郡人司馬直授鉅鹿太守，「以有清名，減責三百萬」，但司馬直不願搜刮百姓而服毒自殺。

　　漢帝國出現這樣荒唐的皇帝，川勝義雄與谷川道雄兩教授提出後漢王朝到後期「私權化」的傾向。由以上之舉證可見，不僅財貨斂為私有，甚至連國家政府之機構也被侵蝕或乾脆由外朝改隸內朝，則為私權化最具體之證據。

　　但靈帝的這種作為，其心理狀態究竟如何？〈張讓・趙忠傳〉說：

> 帝本侯家，宿貧，每歎桓帝不能作家居，故聚為私臧，復（臧）寄小黃門常侍錢各數千萬。常云：「張常侍是我公，趙常侍是我母」。宦官得志，無所憚畏，並起第宅，擬則宮室。

由此可見，靈帝無帝王之風度與條件，而身為君主不能凌駕內朝、

外朝及各黨派之上，而儼然為宦者黨，其政府猶如「宦官政府」。而宦官政府實自桓帝在延熹二（159）年與宦者連手除掉梁冀的外戚勢力起，至靈帝中平六（189）年四月，靈帝死，廢帝辯即位，八月司隸校尉袁紹盡誅宦官而結束。

第二節　外戚與宦官

一、外戚的社會政治背景

　　光武帝一族雖是前漢的宗室，但已經久居南陽郡而成為當地的豪族，他的起兵也多獲南陽豪族及其他地方豪族的支持。劉氏的外戚也多是功臣出身的家族，如陰氏、馬氏、竇氏、鄧氏、梁氏、耿氏等等。

　　他們本身已是中產之家，成為與帝室聯姻的門第，這些特殊的家庭在東漢已經貴族化，自然有其權勢和特權。他們諸多不法，早在開國時已經看到。

　　光武帝的皇后陰氏外家之不法，當時廣漢太守蔡茂因「時陰氏賓客在郡界多犯吏禁」，常加糾彈，上書說：「然頃者貴戚椒房之家，數因恩埶（勢），干犯吏禁，殺人不死，傷人不論」。又說：「今者，外戚憍逸，賓客放濫，宜敕有司案理姦罪，使執平之吏永申其用，以厭遠近不緝之情」（《後漢書‧蔡茂傳》）。

表 2-2　扶風茂陵　耿氏系圖

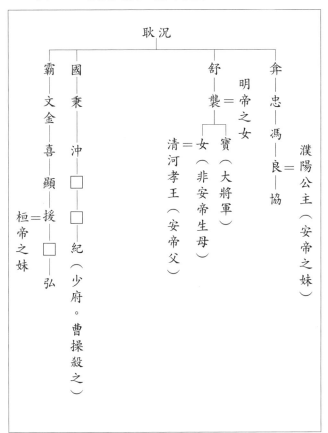

安帝父慶，母左姬。慶之妃即耿寶妹。安帝即位，尊父慶為孝王，妃為甘園大貴人，生母左姬為孝德皇后。安帝仍尊耿寶為元舅。寶後與宦者中常侍樊豐、帝乳母王聖等譖廢皇太子保為濟陰王，及排陷太尉楊震。安帝崩，閻太后以寶等「阿附蹙倖」，貶爵為亭侯，遣就國，遂自殺。（見『後漢書』卷十九耿弇附傳）

表 2-3　後漢帝室外戚圖

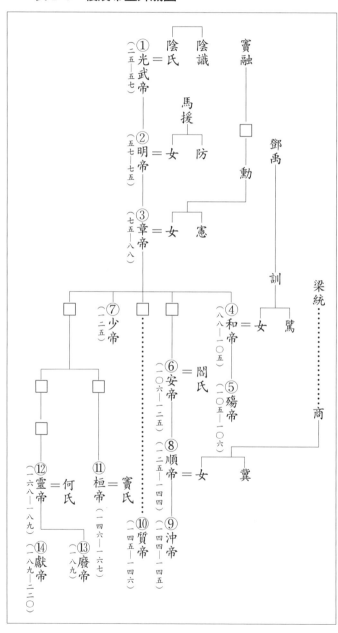

扶風・茂陵人馬援是開國功臣，他的女兒是明帝皇后，章帝時為太后，以賢夫人著稱，常抑制本家，已見於《後漢書・皇后紀》之記載。但他的兄長馬防等，史書記：「防兄弟貴盛，奴婢各千人已上，資產巨億，皆買京師膏腴美田，又大起第觀，連閣臨道，彌亙街路，多聚聲樂，曲度比諸郊廟。賓客奔湊，四方畢至，京兆杜篤之徒數百人，常為食客，居門下。刺史、守、令多出其家。歲時賑給鄉閭，故人莫不周洽。防又多牧馬畜，賦斂羌胡。帝不喜之，數加譴勅，所以禁遏甚備，由是權埶稍損，賓客亦衰。（建初）八（83）年，因兄子豫怨謗事，有司奏防、光兄弟奢侈踰僭，濁亂聖化，悉免就國」（《後漢書・馬援附防傳》）。由此可見馬氏一方面有地方豪強性格，而當時鄉里社會有共同體性格，故對鄉閭社會有救濟行為。唯貴戚之家，已顯出六朝門閥性格，因東漢社會分化愈來愈深，外戚尤為強宗豪族之一。話再說回來，由上文看來，外戚經常侵奪公權力，但到第三代章帝時尚能抑制外戚。

和帝即位，竇太后臨朝，后兄竇憲等專橫。憲的弟弟衛尉竇篤、執金吾竇景，「各專威權，公於京師使客遮道奪人財物。景又擅使乘驛施檄緣邊諸郡，發突騎及善騎射有才力者，漁陽、鴈門、上谷三郡各遣吏將送詣景第。……憲、景等日益橫，盡樹其親黨賓客於名都大郡，皆賦斂吏人，更相賂遺，其餘州郡，亦復望風從之」。由此看來，竇氏及其賓客與強梁無異，且私自抽稅、發兵，侵奪帝權。正義派的大臣袁安每抑制竇氏的不法：「安以天子幼弱，外戚擅權，每朝會進見，及與公卿言國家事，未嘗不噫嗚流涕。自天子及大臣皆恃賴之」（《後漢書・袁安傳》）。

以上詳舉東漢初以來，外戚陰、馬、竇氏為例，說明外戚之勢盛，多出功臣之後，而為特殊門第家族出身，已在地方成為豪族、豪強。而殤帝、安帝時，鄧太后臨朝，外家鄧騭能謹飭，但不免被

誣譖而禍敗。

安帝元舅耿氏（非安帝親舅家）也出於功臣，皇后閻氏、兄閻顯貴盛，而沖、質及桓帝時梁冀也都是功臣世家，但都有豪族性格。

然帝室、外戚家、姻戚家，也都成為王朝貴族群。《後漢書·鄧禹傳》記鄧氏一族貴盛，凡侯二十九人，公二人，大將軍以下一十三人，中二千石一十四人，列侯二十二人，州牧、郡守四十八人，其餘侍中、將、大夫、郎、謁者不可勝數，東京（東漢）莫與為比。

耿氏為建國功臣，又是外戚，已如上述，其在東漢一朝有大將軍二人，將軍九人，卿一十三人，尚公主三人，列侯一十九人，中郎將、護羌校尉及刺史、二千石數十百人，與漢同興衰（〈耿弇傳〉）。

但是東漢后家，唯光武帝郭皇后（後被廢后）、陰皇后家以及明帝的馬皇后家得以保全。后家之敗，大體因太后臨朝，外戚輔政，捲入政爭之漩渦中，而其賢者遭忌，不肖者縱恣不軌，以致禍敗。唯獻帝之伏皇后為曹操所忌，不關母家輔政，已見趙翼著〈兩漢外戚之禍〉（《廿二史劄記》）。

二、外戚預政

東漢皇位之繼統問題，已在上文談過，即皇統屢絕之情形。東漢除光武、明帝、章帝三朝較為平順之外，其他多年少即位，享年不久，子嗣問題尤為嚴重（已見表2-1「東漢帝王年壽·繼承與太后臨朝表」）。旁支外立者有安帝、少帝、質帝、桓帝與靈帝五人，由太后臨朝聽政，但太后並非母后；非外立者，如和帝、殤帝、沖帝時之臨朝太后，也非母后。所以太后臨朝非母后者，九人之中佔了八位。只有廢帝辯時，由母親何太后臨朝（至於獻帝，九歲即位，但

在位三十一年間為傀儡皇帝，也沒有太后問題；其享年五十四歲，卻有十四年是遜位後的歲月）。不是母后的太后臨朝，則外戚與皇帝無直系舅甥之情，只為疏遠之親而已。此影響所及，為皇帝援用宦者與外戚鬥爭的情形發生。

太后臨朝之步驟，先是以后妃宣布「太后臨朝」，若所欲立之皇帝是「外立」之宗室而無「侯」之爵位者，先晉為侯，然後即位為皇帝。

女主臨朝時，因係女性，行事有所不便，其時能行走於內朝者主要有兩種人：一是宦者，一是外戚（當然，其他還有女官）。宦者的人數因女主聽政而不斷在增加。另一方面則引用其父兄以寄腹心，並探知外朝及社會情況。所以以其父兄為大將軍或侍中輔政，或寄外戚以宿衛之任，如城門校尉、屯騎校尉、越騎步兵校尉、虎賁中郎將、衛尉、執金吾等職。東漢時，侍中屬少府，即內朝官（《通典》卷二十一侍中條），故可以進入禁中。另外，漢時將軍皆屬內朝。

任大將軍者，和帝時有竇憲，安帝時有鄧騭，順帝時有梁商，沖帝、質帝、桓帝時有梁冀，靈帝時有竇武，廢帝辯時有何進。竇憲、鄧騭在擔任大將軍之前也都當過車騎將軍。

外戚中，鄧騭、梁商、竇武都有賢者之稱，但如上文所說，外戚也多有不法，勢凌天子。

宦者、外戚而外，又有乳母介入政爭。

三、宦官掌政軍

閹人的使用，在歷史上不限於中國，古代的希臘、羅馬、西亞諸國、印度王朝、回教國家，甚至黑契丹（西遼）都有閹人的使用。

古代將犯罪者或被征服者「去勢」，做為奴隸使用。中國自殷

商時代就有將羌人去勢；明朝、清朝時代甚至有自願者，稱為「自宮」、「私白」；另也有掠奪邊疆民族或由海外販賣奴隸而來的。明、清法律中有「閹割火者」之語，據說「火者」是印度語中的Khojah之音譯。宋、明時代，民間也有閹者使用，為的是內室裡的男女之防，這與宮廷中不用普通的士人有同樣的用意。

中國歷史上宦者之為害，以東漢、唐、明三朝最嚴重。西漢時中常侍曾經用士人，但因漢武帝時發生事故，不得不有男女之防，使宦者在宮中成為「必要的惡」。

東漢初，「宦官悉用閹人，不復雜調它士」。明帝永平年間，在編制上始有定員：中常侍四人，小黃門十人。《後漢書‧宦者列傳》又說：「自明帝以後，迄乎延平（按：殤帝年號），委用漸大，而其員稍增，中常侍至有十人，小黃門二十人，改以金璫右貂，兼領卿署之職」。也就是女主臨朝時代，後宮的組織逐漸龐大，所使用的人數逐漸增加，甚至在職權上也兼領卿署之職。

女主臨朝，不接公卿，唯藉宦者以和外朝交通，無形中也逐漸增長宦者的權勢，故《後漢書》卷四十三〈朱樂附穆傳〉記載桓帝時朱穆奏請廢宦官云：「自和熹太后（按即和帝之鄧皇后）以女主稱制，不接公卿，乃以閹人為常侍，小黃門通命兩宮。自此以來，權傾人主，窮困天下。宜皆罷遣，博選耆儒宿德，與參政事」。由此可見女主不接公卿而委諸宦者辦事，宦者權力膨脹，超過管理掖廷署、永巷署之事，並干預國家大政，故〈宦者列傳〉說：

> 鄧后以女主臨政，而萬機殷遠，朝臣國議，無由參斷帷幄，稱制下令，不出房闈之間，不得不委用刑人，寄之國命。手握王爵，口含天憲。非復掖廷、永巷之職，閨牖房闈之任也。

由此看來，太后臨朝聽政而對宦者「寄之國命」，使宦者因此權勢膨脹，參預宮廷政爭，甚至干預廢立君主之事。

另一方面，也因女主聽政，外戚勢力高漲，皇帝不能忍受外戚之強橫而想引宦者除之。但要除掉外戚不便與外朝大臣謀議，或因外戚控制局面使內外隔絕交通（如梁冀專橫時之情形），或怕事洩而自危，故與自幼在左右差遣之側近謀議較為可靠（何況宦者的身分即使在政治上獲得高官，也不可能篡奪皇位）。因此，皇帝引為腹心，假以權力，但在政變過程要其絕對効忠，桓帝與宦者單超等甚至歃血為盟，故〈宦者‧單超傳〉說：「帝齧超臂，出血為盟」。兩者共經患難之後，更為親信，故桓、靈兩帝時的政府已形同「宦官政府」，已在前節中提過。

政變成功後，論功行賞，賞賜金錢之外，或封侯，或授以宦者最高地位之中常侍，但也有給將軍之號者。有以為漢、唐宦官為害之不同，在於給予軍權與否，以為漢代沒有假以軍職，實際不然。

順帝時，孫程以擁立之功，經歷騎都尉、奉車都尉等職；桓帝除梁冀，單超任車騎將軍；曹節在「桓帝時，遷中常侍，奉車都尉。建寧元（168）年，持節將中黃門、虎賁、羽林千人，北迎靈帝，陪乘入宮」（〈宦者‧曹節傳〉）；由這些事例看來，皆與統領軍隊有關。

西元一八四年黃巾變亂發生，靈帝在中平五（188）年八月組織新軍，稱作「西園八校尉」，其中以小黃門蹇碩為首要，任上軍校尉，而蹇碩是宦者；曹操是宦者的後代，任典軍校尉；「凡八校尉皆統於蹇碩」（《後漢書‧靈帝紀》引樂資〈山陽公載記〉）。故宦者得勢，與軍權並非無關。

總之，宦者勢力之增加，與太后臨朝、帝王信任與掌握政治、軍事之職務有關。茲簡要敘述皇帝、外戚與宦者之爭。

四、外戚的失敗

和帝即位，竇太后秉政，后兄大將軍竇憲專權，隔絕內外，群臣無由得接。和帝用宦者鄭眾計策，誅憲黨羽，逼憲自殺，事在永元四（92）年。宦者在內朝的權力膨脹，史稱「於是中官始盛焉」；又稱鄭眾「常與議事，中官用權，自眾始焉」。永元十四（102）年鄭眾受封鄛鄉侯，開漢代宦者封侯之例。此是宦官與外戚第一次火拼。

和帝之後，殤帝、安帝時鄧太后臨朝，不得不用宦者而徒增宦者勢力。外戚鄧騭性謹慎。安帝乳母王聖與宦者李閏、江京譖害太后兄執金吾鄧悝，有廢立之謀。鄧太后死後，鄧氏遂被誅除。

又宦者李閏、江京、樊豐、劉安、陳達，與安帝乳母王聖、聖的女兒伯榮，以及帝舅耿寶、皇后兄閻顯等勾結成黨，枉殺太尉楊震，廢皇太子保為濟陰王。

明年，安帝崩，立北鄉侯為天子，即少帝。閻太后臨朝，閻顯等專朝爭權，「乃諷有司奏誅樊豐，廢耿寶、王聖，及黨與皆見死徙」。

少帝在位不久，崩，閻太后、閻顯祕不發喪，徵王子為帝嗣。宦者孫程、王康、王國等十九人發動政變，立廢太子保，即順帝。太后遷離宮，閻顯與宦者江京、劉安、陳達等被殺，孫程等十九人封侯。孫程歿，陽嘉四（135）年，宦官的養子可以襲爵，在法制上取得合法地位（〈宦者孫程傳〉）。這是宦者與外戚第二次火拼。但宦者與外戚之間的關係不得以二分法視之，在政爭之中，外戚、宦官、乳母、朝臣的派系縱橫結合，並不能單純視作宦者與外戚之對立。

順帝之後，沖、質、桓帝時期梁太后臨朝。太后是順帝的皇

后，梁商的女兒。梁商在順帝時為大將軍，後讓給其子梁冀。梁冀
跋扈，鴆殺質帝，立桓帝。冀有兩妹，一為順帝皇后，另一為桓帝
皇后，故在桓帝時，一為太后，一為皇后。

　　桓帝即位之年，梁冀誣正義派大臣李固、杜喬，下獄死。延熹
二（159）年梁皇后死，桓帝纔敢與宦者唐衡在廁所密商，遂進一步
與單超、左悺、徐璜、具瑗議定，「帝齧超臂出血為盟。於是詔收
冀及宗親黨與悉誅之」，已在上文討論宦者與皇帝間能夠緊密結合
時提過。然而因為此事件，唐衡等五個宦官同日受封，世謂之「五
侯」。這是宦者與外戚第三次火拼。自此之後，政權不出外戚而在
宦官。

　　和帝以後內朝的歷史，實是外戚與宦官爭權的歷史。當然，其
中還有乳母等勢力滲雜其間。但自延熹二（159）年到中平六（189）
年袁紹盡誅宦官，其間是宦官專權的時代。

第三節　士人、官僚與黨錮之禍

一、儒教深入鄉里社會

　　西漢後半期對儒家的提倡，到西漢末、王莽的新王朝，儒教已
經成立。但王莽、更始皇帝之際，天下散亂，四方學士抱著圖書典
籍，「遁逃林藪」。到了光武帝即位，愛好經術，學者與典籍「繼
踵而集」（《後漢書‧儒林傳》）。

　　儒學的提倡已經滲透鄉里社會，尤其漢代的選舉除了拔用人才
之外，尤重道德德目，《後漢書‧左周黃傳‧論》說：「漢初詔舉
賢良、方正，州郡察孝廉、秀才，斯亦貢士之方也。中興以後，復
增敦朴、有道、賢能、直言、獨行、高節、質直、清白、敦厚之
屬」云云。由此可見東漢承襲西漢之外，更增加道德德目，以德性

為重，故儒家思想也藉著選舉之力滲透到鄉里社會。

　　由於鄉里社會之秩序，重視父老與子弟之關係，也就是儒家倫理中的孝悌。漢代之選舉，重視鄉里社會中之「鄉論」，也就是輿論對人物的評斷，故儒家思想除了教育之外，更透過選舉制度融入鄉里社會。

二、漢代社會中深厚的知識層

　　東漢由於教育的普及，讀書人在社會上成為深厚的士人層。光武帝建武五（29）年修起太學，中元元（56）年建三雍。明帝親自講經於辟雍，與諸儒論辯，「冠帶縉紳之人」在辟雍四門外的圜橋門上觀聽者不計其數。明帝又為「功臣子孫、四姓末屬別立校舍」，可以看作皇族貴戚的宮邸之學。另外，「自期門羽林之士，悉令通孝經章句」，也就是禁衛軍也都得懂《孝經》。殤帝、安帝時鄧太后臨朝，對學術疏忽，但質帝本初元（146）年，梁太后下詔，「大將軍下至六百石，悉遣子就學」。這是東漢獎勵興學的情形。

　　學舍除上文所舉太學、宮邸之學之外，「順帝感翟酺之言，乃更脩黌宇，凡所造構二百四十房，千八百五十室」。東漢末在首都遊學者多達三萬多人。

　　中央政府的情形如此，諒地方政府也獎勵興學，班固著〈東都賦〉就曾經描述四海之內，學校如林的情形。

　　官學之外，私學也發達，稱作「精舍」，或「精廬」。學問講究師承，「各以家法教授」。學生有不遠千里，負笈尋名師的情形。

　　教育的普及，使漢代社會中有深厚的知識層，其中包括太學生（生徒）與處士，以及由詩禮世家而成為儒學官僚的，例如桓榮一

族與張霸一族。也有儒學的軍人將領，如皇甫軌以及關隴地方的張
奐、段熲、皇甫嵩等人。

三、知識官僚與貴族化

　　東漢社會之知識層深厚已如上述，大儒鄭玄可謂佃農出身，學
生跟從他的由數百人到千人。但要治學，還是有經濟條件者較為從
容。在這時代，不論是私學或官學，都講門規、門禮，學問重師
承，守家法，有教養與家學淵源者容易成為累世經學家，「累世經
學」容易成為「累世公卿」，如東漢末袁紹一家足為「累世公卿」
的代表。有關這一點，可參考清代學者趙翼著〈累世經學〉與〈四
世三公〉兩節（趙翼著《廿二史劄記》）。

　　話再說回來，「士人階層」中有一些人由「累世經學」的因素
而代代成為官僚，甚至是累世居公卿之位，因官僚的貴族化而成為
世族門第，這就是門閥社會形成的一種現象，到了魏晉時代更進入
典型的階段。有關此問題，可參考鄭欽仁著〈鄉舉里選〉一文（鄭
著《中國政治制度與政治史》）。

四、士風尚氣節，劾治外戚

　　東漢之士風，因重道德而尚氣節，有為長官服喪三年者；有兄
弟互相推讓不襲父親爵位者；有為人報仇、出於輕生、尚義氣者；
此等卓特之行雖可感，但也常有踰越法制者。趙翼著作中有〈東漢
尚名節〉一節，列舉東漢時故事有二十一件之多，讀者可以參閱。
唯東漢官吏與學者多勇於諫諍，指出時弊，常因此而下獄，或因此
而死者，翻閱范曄撰《後漢書》，比比皆是。此時之漢人有挽狂瀾
於即倒之慨勢，也為此時代之特性。

　　職是之故，在外戚擅權時，他們劾治外戚，嗣後宦官不法時，

劾治宦官。光武帝時皇后陰氏的外戚之賓客不法，廣漢太守蔡茂加以糾彈；和帝時竇太后的外家不法，袁安加以糾彈；皆見於上文。桓帝時，大將軍梁冀跋扈，張綱彈劾其兄弟十五條，「時冀妹為皇后，內寵方盛，諸梁姻族滿朝，帝雖知綱言直，終不忍用」（《後漢書‧張皓附子綱傳》）。又早在沖帝、質帝之間，梁太后臨朝，皇甫規參加賢良方正對策，以為梁冀兄弟行為應該收斂，遭梁冀所害，幾乎陷於死地者再三（〈皇甫規傳〉）。以上是清流之士大夫勇敢糾彈外戚之不法，但到桓、靈兩帝時為宦者專橫時代，以此他們的氣節就得面對宦者。

五、宦者的不法與禍國殃民

順帝由宦者孫程十九人兵變擁立為皇帝，除掉閻顯等人。趙翼著〈宦官亦有賢者〉一文，曾列孫程為賢者。

順帝陽嘉元（132）年立梁皇后，后父梁商在四（135）年為大將軍，「商自以戚屬居大位，每存謙柔，虛己進賢」，辟用李固等多人，「於是京師翕然，稱為良輔，帝委重焉」。此時期天災與邊族變亂不斷，也都努力處置。但永和四（139）年中常侍張逵、蘧政等一批人共譖梁商與中常侍曹騰、孟賁，幸順帝明理而誅張逵等（〈梁統附梁商傳〉），趙翼稱宦者曹騰也是賢者。由此事件看來，宮中之外戚與宦者之間的關係，也不能以二分法視之為善或為惡。上文提起張綱彈劾梁商子梁冀，是在梁商死後之事，商死於永和六（141）年。嗣後梁冀跋扈，終在桓帝時招來梁家滅門之禍。但順帝時張綱見「順帝委縱宦官」，而上奏諫諍，或是指張逵等亦非所知，但可見政情複雜（〈張綱傳〉）。

桓、靈兩帝時代宦官多不法。宦者之不法並非只在其個人弄權而已，而是其親族、子弟（養子）、賓客在地方成為勢力，侵暴百

姓。與桓帝同謀政變、除掉梁冀的宦官單超、徐璜、具瑗、左悺、
唐衡五人同日封侯，世稱「五侯」。他們的不法，〈宦者列傳〉指
出單超死後，其餘四人更加橫行：

> 其後四侯轉橫，天下為之語曰：「左回天，具獨坐，徐臥
> 虎，唐兩墮。」皆競起第宅，樓觀壯麗，窮極伎巧。金銀罽
> 耗，施於犬馬。多取良人美女以為姬妾，皆珍飾華侈，擬則
> 宮人。其僕從皆乘牛車而從列騎。又養其疏屬，或乞嗣異
> 姓，或買蒼頭為子，並以傳國襲封。兄弟姻戚皆宰州臨郡，
> 辜較百姓，與盜賊無異。
>
> （徐）璜兄子宣為下邳令，暴虐尤甚。先是求故汝南太守下
> 邳李暠女不能得，及到縣，遂將吏卒至暠家，載其女歸，戲
> 射殺之，埋著寺內。……五侯宗族賓客虐徧天下，民不堪
> 命，起為寇賊。
>
> （延熹八年）司隸校尉韓演因奏（左）悺罪惡，及其兄太僕南
> 鄉侯（左）稱請託州郡，聚斂為姦，賓客放縱，侵犯吏民。
> 悺、稱皆自殺。

以上是有關「五侯」的不法情形。又有侯覽兄弟：

> 桓帝初（侯覽）為中常侍，以佞猾進，倚埶（勢）貪放，受
> 納貨遺以巨萬計。
>
> 小黃門段珪家在濟陰，與（侯）覽並立田業，近濟北界，僕
> 從賓客侵犯百姓，劫掠行旅。
>
> （侯）覽兄參為益州刺史，民有豐富者，輒誣以大逆，皆誅
> 滅之，沒入財物，前後累億計。
>
> （靈帝）建寧二年，（侯覽）喪母還家，大起塋冢。督郵張儉

因舉奏覽貪侈奢縱，前後請奪人宅三百八十一所，田百一十
八頃。起立第宅十有六區，皆有高樓池苑，堂閣相望，飾以
綺畫丹漆之屬，制度重深，僭類宮省。又豫作壽冢，石椁雙
闕，高廡百尺，破人居室，發掘墳墓。虜奪良人，妻略婦
子，及諸罪釁，請誅之。而覽伺候遮截，章竟不上。儉遂破
覽冢宅，藉沒資財，具言罪狀。

大體控訴宦者不法，或治之以罪之中央官或地方官，很少保全身家
性命，這是皇帝偏祖宦者使然。張儉後來為侯覽所誣為「鉤黨」，
並累及李膺、杜密等，「皆夷滅之」。專制時代，人民所希望者大
體兩件事，一是稅賦輕，一是刑法公平。在中國歷史上民法不發
達，但至少期待刑法之公平。若以上兩件事差強人意，便可以慶
幸。

宦者之為害，不僅是魚肉百姓，還干亂選舉。河南尹田歆舉六
孝廉，只能勉強拔取一個真正的人才報效國家，便感滿足，其餘多
為貴戚宦者所左右。東漢的士風特別崇尚名節，對於宦者的干亂選
舉，不論是其道德的信仰或是為其利益，都不能忍受。但這個政權
為昏君及閹豎所把持，若是有一開明君主能明辨是非，任何不法的
勢力還是可以抑制。但事與願違，「清議」批判宦者主控的政府，
但這政府的最高君主却與宦者合流，故《後漢書・黨錮列傳》說：

逮桓靈之閒，主荒政繆，國命委於閹寺，士子羞與為伍，故
匹夫抗憤，處士橫議，遂乃激揚名聲，互相題拂，品覈公
卿，裁量執政，婞直之風，於斯行矣。

這是范曄的見解。為合理的政治，終非匹夫抗憤、處士橫議不可，
但最大的災禍卻等著他們。原來沒有組織的清流產生共同意識，仍

舊是以沒有組織的「清流」共同批判「濁流」。

六、清議的力量

原來漢代的鄉里社會允許「鄉論」存在，輿論力量對社會的風氣與政治上的選舉都有正面作用。鄉論以政權的污穢、貪縱、暴力為污濁，而維護儒家的道德理念則有相對的「清」的概念，這「清議」的意識超越鄉里的範圍而推廣為全國的輿論。所以在第一次黨錮之禍，李膺被免職回鄉里，居陽城山中，「天下士大夫皆高尚其道，而汙穢朝廷」（〈黨錮‧李膺傳〉）。即以朝廷淪為「汙穢」，而與「清」或「清流」兩相對照。故如上引〈黨錮列傳〉所說的，「國命委於閹寺，士子羞與為伍，故匹夫抗憤，處士橫議」。但也有互相標榜者，起於曾經當過桓帝老師的周福，及其同鄉的房植，為此鄉人為之謠曰：「天下規矩房伯武，因師獲印周仲進」。周、房兩家的賓客互相對抗，「由是甘陵有南北部，黨人之議，自此始矣」（〈黨錮列傳〉）。史書如此之記載，以為是有「黨人」的開始，但這評斷未必是如此，所以趙翼說，「非一朝一夕之故也」（趙翼〈黨禁之起〉）。

話再說回來，太學有學生三萬人，為輿論的中心，郭泰（林宗）、賈彪（偉節）為學生的領袖，當時輿論對抵抗宦官勢力的硬骨高官李膺、陳蕃、王暢加以推崇：「天下模楷李元禮（膺），不畏強禦陳仲舉（蕃），天下俊秀王叔茂（暢）」。這種詞句成為當時推崇人物的方式，如對許慎，時人語曰：「五經無雙許叔重」（〈許慎傳〉）。輿論之「品覈公卿，裁量執政」，也有它的功效，故「自公卿以下，莫不畏其貶議，屣履到門」。但這種推崇人物及清流的同儕意識，卻成為誣告為「黨人」的藉口，而釀成黨錮之禍。

七、第一次黨錮之禍

第一次黨錮之禍發生於桓帝延熹九（166）年。當時有占師張成者預言國家會有大赦，教其子殺人。李膺當時為河南尹收捕之，而後真有赦免，李膺愈懷憤疾，按罪殺之。本來張成與宦官有交往，桓帝也曾問過占事（或許張成早已從宮中知道會有赦免之事，但史無明文）。

張成弟子牢脩上書誣告李膺等養太學遊士，交結諸郡生徒，共為「部黨」，誹訕朝廷，疑亂風俗。於是桓帝下令全國，逮捕「黨人」，其所牽連者有陳寔等二百餘人，若有逃遁，則懸賞捉拿。次年尚書霍諝、城門校尉竇武上書申理此案，當時李膺等被置於黃門北寺獄，又因「膺等頗引宦官子弟，宦官多懼，請帝以天時宜赦，於是大赦天下。膺免歸鄉里」。

在專制政治下，對於「黨人」、「部黨」是很忌諱的，因為集團威脅到專制政治（皇權），但實際上，此時之生徒、處士與士大夫（官僚）是有同類意識而無組織。但從史傳之種種記載，可以看出桓帝是昵於側近，對正身律己的朝士則敬而遠之。桓帝與其後的靈帝，皇權還是很有權威的，只是不能用在正義上，故無法抑制宦官。

黨人被「赦歸田里」，仍舊是「禁錮終身。而黨人之名，猶書王府」，也就是在政府中仍列入黑名單。

八、三君、八俊、八顧、八及、八廚與竇武之失敗

黨錮事件之後，「正直廢放，邪枉熾結」，抵抗意識隨之增高，遂共相標榜，將天下名士給予各種稱號，最上者有「三君」，次者有「八俊」，然後依次而下，有「八顧」、「八及」與「八

廚」。

　　竇武、劉淑、陳蕃為三君。君者，言一世之所宗也。

　　李膺、荀翌、杜密、王暢、劉祐、魏朗、趙典、朱寓為八

　　俊。俊者，言人之英也。

　　郭林宗、宗慈、巴肅、夏馥、范滂、尹勳、蔡衍、羊陟為八

　　顧。顧者，言能以德行引人者也。

　　張儉、岑晊、劉表、陳翔、孔昱、苑康、檀敷、翟超為八

　　及。及者，言其能導人追宗者也。

　　度尚、張邈、王考、劉儒、胡母班、秦周、蕃嚮、王章為八

　　廚。廚者，言能以財救人者也。

　　以上所見，三君中有竇武，是桓帝的竇皇后之父親，任官城門校尉、槐里侯，在桓帝末年上書申理李膺等案，疏文中甚至說「天下寒心，海內失望」。靈帝即位，竇太后臨朝，竇武以立君之功，任大將軍，與太傅陳蕃共秉朝政，引用天下名士如李膺等人。

　　竇武引用天下名士及氣節之朝士，意圖除掉宦官。以外戚之所以能與清流結合，代表其在鄉里社會中與之有相同的清流社會基礎。《後漢書・竇武傳》稱：「武少以經行著稱，常教授於大澤中，不交時事，名顯關西」。延熹九年拜城門校尉，「在位多辟名士，清身疾惡，禮賂不通，妻子衣食裁充足而已。是時羌蠻寇難，歲儉民飢，武得兩宮賞賜，悉散與太學諸生，及載肴糧於路，勻施貧民」。可見竇武在鄉里社會的共同體中能夠互助，顯現清流的角色。

　　竇武與陳蕃等共同除宦官之事洩漏，宦官擁靈帝兵變而武等失敗自殺，東漢末朝政振作之機會從此喪失。事在靈帝初年的建寧元（168）年。

九、第二次黨錮之禍

第二次黨錮之禍，發生在靈帝建寧二（169）年。早在桓帝的延熹八年，張儉為山陽郡的東部督郵，因彈劾中常侍侯覽在地方殘暴百姓，奏章都被侯覽攬下，因此結仇。此時侯覽用張儉的鄉人告儉與同郡二十四人為黨，加以通緝。張儉逃亡，民間冒險加以收容，「其所經歷，伏重誅者以十數，宗親並皆殄滅，郡縣為之殘破」（〈黨錮‧張儉傳〉）。夏馥被指為「黨魁」被捕，但嘆張儉逃亡，「禍及萬家，何以生為！」（〈黨錮‧夏馥傳〉）

〈靈帝紀〉載建寧二年十月，中常侍侯覽諷有司奏虞放、杜密、李膺、朱㝢、巴肅、荀昱、魏朗、翟超皆為「鉤黨」（按，鉤謂相牽引也），下獄，死者百餘人，「妻子徙邊，諸附從者錮及五屬（按，五屬即五服內親）。制詔州郡大舉鉤黨，於是天下豪桀及儒學行義者，一切結為黨人」。

建寧四（171）年正月大赦天下，唯黨人不赦。

十、黨錮事件後繼續政治迫害

但是兩次黨錮之後，對知識分子的政治迫害仍舊持續不斷，卻為一般史家所忽略。

熹平元（172）年，「宦官諷司隸校尉段熲捕繫太學諸生千餘人」。當時因有人在朱雀闕上寫著：「天下大亂，公卿皆尸祿」，所以藉故捕太學生。

熹平五（176）年，永昌太守曹鸞上書為黨人申訴，靈帝怒，以檻車送槐里獄掠殺之，「詔黨人門生故吏父兄子弟在位者，皆免官禁錮」。到光和二（179）年有上祿縣長和海上言黨人錮及五族，有乖典訓，這時纔允許「諸黨人禁錮小功以下皆除之」（〈靈帝

紀〉）。

一直到中平元（184）年黃巾變亂發生，中常侍呂彊（強）對靈帝說：「黨錮久積，人情多怨。若久不赦宥，輕與張角合謀，為變滋大，悔之無救」，靈帝害怕，乃大赦黨人，誅徙之家皆歸故郡。《後漢書・黨錮列傳》感慨的說：

> 其後黃巾遂盛，朝野崩離，綱紀文章蕩然矣。凡黨事始自甘陵（按指房植、周福）、汝南（按指范滂），成於李膺、張儉，海內塗炭，二十餘年，諸所蔓衍，皆天下善士。

正當天下善士都被牽連而被指為黨人而終身不錄用（禁錮）之際，黃巾變亂及其他變亂蜂起，最後漢帝國所能運用的卻也是這一批人。

十一、價值觀的轉向

皇權的腐敗與宦官集團的為害社會，對於黨錮之禍的迫害，社會上的回響面應該是近乎全面性的。反宦官集團的人士包括接受儒學的中央和地方官僚、接受儒學的軍人、生徒和處士，也獲得一般庶民的同情（參考上舉張儉逃亡之例）。

但是這些受難者的信念與價值觀究竟如何，是否也反映了漢代社會的特性？第二次黨錮之禍發生，收捕黨人，鄉人勸李膺逃避，但李膺說：「事不辭難，罪不逃刑，臣之節也。……」，乃詣詔獄。這情形反映了李膺信奉的道德標準，但問題是李膺是否真正犯罪，但在「一人專制政治體制」之下，只要君主認定其有罪，就被拷死，妻子徙邊，門生、故吏及其父兄均被牽連。

又巴肅也將受捕，親自到縣衙門報到，縣令也要解印綬與之一起逃亡，但肅說：「為人臣者，有謀不敢隱，有罪不逃刑。既不隱

其謀矣，又敢逃其刑乎？」終於被害死。

建寧二年大誅黨人，督郵吳導接到詔書要捕范滂，因此伏牀而泣；縣令郭揖則出解印綬，要與范滂一起逃亡，滂不肯。范滂母與之訣別，卻說：「汝今得與李、杜齊名，死亦何恨！既有令名，復求壽考，可兼得乎？」滂跪受教，再拜而辭。

范曄論曰：「李膺振拔汙險之中，蘊義生風，以鼓動流俗，激素行以恥威權，立廉尚以振貴埶，使天下之士奮迅感槩，波蕩而從之，幽深牢破室族而不顧，至于子伏其死而母歡其義。壯矣哉！子曰：『道之將廢也與？命也！』」

漢人尚氣節，為公義而奮身，不顧安危，蓋漢以儒教立國使然。但敗在「一人專制政治體制」之弊害──權力集中在獨夫之手，以天下為其私財，如君主愚黯，用人不當，則帝國危傾。漢帝國肅清清流，是中國歷史上繼秦始皇焚書坑儒以來第二次的思想彈壓。漢以儒教為國教，肅清信奉儒教之道德者，等於是帝國的自殺行為。

但這又是中國專制王朝下第一次類似的學生運動，失敗之後自然也會產生被分化、軟化、屈就、墮落的人（參考前引〈鄉舉里選〉一文）。

政治的迫害，也逼使知識份子在思想上自求安頓和出路，有的充滿絕望感，避世或鍛冶為生，如申屠蟠、袁閎和夏馥，尤其夏馥如魏晉時代「竹林七賢」中的一種類型；其次，也有走向隱逸世界者，故《後漢書》特為之立〈逸民列傳〉；再其次，則思想上有由清議走向清談之趨勢，如郭泰、徐穉、黃憲、荀淑、陳寔、周勰等等人物，可謂由漢代過渡到魏晉清談的橋樑人物，他們多出現於東漢魚爛土崩之時。總之，由思想之轉變，已看到另一時代的曙光。

第四節　變亂與帝國之崩潰

東漢帝國之腐敗，由於宦官亂政，最後亡於內憂外患。內憂起於民變，後以道教組織的黃巾變亂引起軍閥內戰；外患則由於種族變亂，尤其以羌亂消耗帝國的元氣最為嚴重。所謂「外患」，實際上是由於東漢帝國的膨脹，一度控制到東土耳其斯坦（新疆）的「西域」，而成為「世界帝國」。種族問題，是帝國境內，或邊緣地帶的「少數民族」問題，在東漢王朝無力控制時，就成為帝國的負擔。

一、羌等「少數民族」之變亂，帝國元氣大傷

東漢光武帝時，北方的匈奴為患，後來匈奴分裂成南北匈奴，南匈奴臣服於漢。北匈奴因和帝時竇憲遠征，破之，班超等又在西域立功，西域五十多國悉納質內屬。

西北地方的氐、羌也在東漢帝國的控制下，但到安帝時，西域脫離漢帝國，又一度為北匈奴所控制，雖在順帝時班勇定西域，服從者十七國，但蔥嶺以西已不能制御。以後漢愈衰，東西交通因此中斷。北方之匈奴衰後，鮮卑崛起，屢犯邊境。

自安帝時開始，羌族的變亂更為猖獗。羌族的種類極為繁雜，種類之下又有「別種」，如先零羌中又有「先零別種滇零」。

羌族的分布，王莽時代漸入居塞內，金城屬縣多為所有，自東漢初以來就常有變亂，只是自安帝起轉為激烈。羌族中之降服者，散居金城、隴西、漢陽諸郡，即在今甘肅、陝西地方。

羌族變亂的原因，是由文化不同的摩擦、吏治不好，或徵兵等等因素所引起。此從光武帝建武九（33）年司徒掾班彪上言可以看出：「今涼州部皆有降羌，羌胡被髮左衽，而與漢人雜處，習俗既

異，言語不通，數為小吏黠人所見侵奪，窮恚無聊，故致反叛。夫蠻夷寇亂，皆為此也」（《後漢書・西羌傳》）。

又安帝永初元（107）年之記載：「時諸降羌布在郡縣，皆為吏人豪右所徭役，積以愁怨」，則又看出另一原因。

又同在永初元年，因徵兵西域的事情而引起大的變亂，史云：「騎都尉王弘發金城、隴西、漢陽羌數百千騎征西域，弘迫促發遣。群羌懼遠屯不還，行到酒泉，多有散叛。諸郡各發兵傲遮，或覆其廬落」。由此可知叛羌分布的地方及變亂原因，但諸郡兵破壞其「廬落」（即帳蓬式住屋的邑落）亦非人道。羌亂，遂「斷隴道」，即這時通往西域的河西走廊被遮斷交通。

羌族變亂，起先並無武裝能力。王符撰《潛夫論・邊議篇》說：「羌始反時，計謀未善，黨與未成，人眾未合，兵器未備，或持竹木枝，或空手相附，草食散亂，未有都督，甚易破也。然太守令長，皆奴怯畏愞不敢擊。故令虜遂乘勝上彊，破州滅郡，日長炎炎，殘破三輔，覃及鬼方。若此已積十歲矣。百姓被害，迄今不止」。王符是安定郡（甘肅）人，熟悉邊事，由此段可以看出當時重要的三輔地方也殘破。又關於羌亂本無武裝實力之事，王符在其〈實邊篇〉也指出：

> 前羌始叛，草創新起，器械未備，虜或持銅鏡以象兵，或負板案以類楯，惶懼擾攘，未能相持。一城易制爾，郡縣皆大熾。

由此看出被逼反的羌民，一時無所措，用鏡子反射，使遠遠望去像手持兵器，或以木板之類看起來像楯一樣。當時若善於安撫，當不致大亂。羌族變亂發生，羌族以外的庶民也受災害，故王符接著指出：

及百姓暴被殃禍，亡失財貨，人哀奮怒，各欲報讎，

但將帥懦弱，不可恃，且邀功：

> 而將帥皆怯劣軟弱，不敢討擊，但坐調文書，以欺朝廷。實
> 殺民百則言一，殺虜一則言百。或虜實多而謂之少，或實少
> 而謂之多。傾側巧文，要取便身利己，而非獨憂國之大計，
> 哀民之死亡也。

且官兵之為害，甚於羌變：

> 又放散錢穀，殫盡府庫，乃復從民假貸，彊奪時貨。千萬之
> 家，削身無餘，萬民匱竭，因隨以死亡者，皆吏所餓殺也。
> 其為酷痛，甚於逢虜。寇鈔賊虜，忽然而過，未必死傷。至
> 吏所搜索剽奪，游踵塗地，或覆宗滅族，絕無種類；或孤婦
> 女，為人奴婢，遠見販賣，至令不能自活者，不可勝數也。
> 此之感天致災，尤逆陰陽。

由此可見人民遭官兵之殘害尤勝於盜賊，這時感受不到漢統一大帝
國的威光！王符之描述，栩栩如生，故以上文字多為日後史家所採
錄。

羌民受徵兵，一時變亂，本身也不知所措，故「惶懼擾攘，未
能相持」（王符撰〈實邊篇〉），這就說明是官逼民反的性質。官逼
民反若善於治理，則止於「治安問題」而得以解決。何以見得？如
章帝、和帝時，護羌校尉鄧訓善於安撫，他死時羌人感念，為之立
祠。由此亦可見，羌族已淪為帝國境內的「少數民族」問題了。但
羌變，則是少數民族的種族變亂，當時的人用「族禍」來形容，而
「百姓晝夜望朝廷救己」（王符撰〈邊議篇〉）。

　　但帝國之不能安撫、安頓，則會出現種族自覺，要求自建政權，拒絕被編入漢王朝的世界帝國之行列，故有先零羌別種的滇零自稱「天子」，在北地地方聯合武都、上郡、西河郡的「諸雜種羌，斷隴道，寇鈔三輔，南入益州，……」（參考《通鑑》安帝永初二年十一月條）。如果成功，則可能列入魏復古所說的「滲透王朝」。

　　由於變亂劇烈，安帝永初四（110）年遂有棄涼州、守三輔的主張，但虞詡以為不可，因漢代「烈士武臣，多出涼州」，為漢帝國所依恃（參考《通鑑》安帝永初四年二月條）。而王符著〈救邊篇〉則指出不可沒有邊境防守，不然，「失涼州，則三輔為邊；三輔內入，則弘農為邊；弘農內入，則洛陽為邊。推此以相況，則盡東海猶有邊也」。這是說，沒有以邊地為前線，最後將無地可守！

　　由上文看出滇零在永初二年由甘肅向陝西、四川進攻，寇略三輔，使長安危急。到永初五年，先零羌攻河東郡（山西），到河內郡（河南）。河內郡位首都洛陽的黃河北岸，「百姓相驚，多南奔度河」。這時急派五營的軍隊屯駐在黃河渡口要地孟津，又在魏郡、趙郡、常山、中山築六百一十六所「塢候」（參考《通鑑》安帝永初五年正月條）。更慘的是漢帝國遷隴西、安定、北地、上郡地方的人民，在這些地方實施焦土政策。

　　羌亂一直持續下去，對東漢財政損耗甚鉅。自安帝永初元（107）年到元初四（117）年，花費軍費二百四十餘億錢；順帝永和三（138）年，經七年到沖帝永嘉元（145）年，用軍費八十多億錢。史書在靈帝建寧二（169）年總計護羌校尉段熲的功績，凡一百八十戰，斬三萬八千餘級，獲雜畜四十二萬七千餘頭，用費四十四億（《後漢書‧段熲傳》）。

　　自安帝到靈帝間，很少沒有戰事之年。羌變雖平，帝國之國力

疲困，人口耗減，元氣大傷。平羌亂有功之將領為段潁、皇甫規、虞詡等，但皇甫規不賄賂中常侍徐璜、左悺，有功不得賞，反而坐罪。又羌亂，不只中國西北方面受害，經濟中心的黃河中游流域也被捲入，達四十年之久，不僅國家軍費的開支加在庶民身上，被徵調當兵的農民之損害，和地區之蹂躪帶來的農村之荒廢，其損失更不可勝計。

二、黃巾變亂前之民困與民變

西漢末的社會，豪族逐漸形成，樊重有田三百餘頃，曾經將所借貸的契約焚燬以為社會救濟，而東漢皇室也是南陽的豪族。在兩漢帝國長久的統治之下，農耕技術逐漸進步，灌溉設施也逐漸完備，農業生產隨之提高，富農也愈來愈多。但階級分化的現象愈來愈深，富農與貧農的分化形成以後，由於天災或其他意外，貧農轉為佃農，或成為流民，富農兼併貧農的土地，愈走向大土地所有制。

豪族利用流民、佃農與奴婢（家內奴隸）從事未開墾地的開發，新的聚落於焉逐漸形成。尤其是東漢後期，在集村式的村落之外，又逐漸形成新的聚落，即散村式的村落的形成，也就是逐漸走向六朝社會村落的型態。

豪族的形成，由於家族的發達，與同宗的家族結集在一起，協力互助，以同族的財力為背景，在鄉村社會形成很大的影響力。漢代的史料，表現豪族的記載甚多，有豪姓、豪族、豪右、豪宗、豪彊、豪、大姓、郡（縣）大姓、彊宗、大族、姓族、著姓、郡姓、郡著姓、族姓、郡族姓等稱呼。到了後漢，尤其對代代出任官吏者，常用家世名族、家世衣冠、世為二千石等表示之。又有豪民、豪人、豪傑、兼併之家等稱呼，這決非指單一個人或家族，有許多

情形應解釋作豪族。

　　依附在豪族的有客、賓客，為主家做事。客之稱呼包括佃農、劍客、家內奴隸的奴婢在內。前漢時，有王褒著〈僮約〉一文，雖以詼諧的筆法書寫，但顯示奴婢生活的情形。

　　仲長統著〈理亂篇〉描述當時社會的情形：「豪人之室，連棟數百，膏田滿野，奴婢千群，徒附萬計。船車賈販，周於四方，廢居積貯，滿於都城。琦珞寶貨，巨室不能容；馬牛羊豬，山谷不能受。……」，又〈損益篇〉說：「豪人貨殖，館舍布於州郡，田畝連於方國。身……不為編戶一伍之長，而有千室名邑之役」。由此不難看出貧富懸殊，為動亂的原因之一。

　　加上東漢自然災害愈來愈厲害，尤其安帝以後更加頻繁，而變亂也隨之增加。也因此，順帝時期起，農民的窮困更為普遍化，外戚或宦官主政的政府，並無有效的對策，也無心去解決。安帝時有「萬民飢流」、「百姓飢荒，更相噉食」的記載。上文第一節也提到在桓帝時後宮奢侈、災變不斷、邊族變亂，以及靈帝時後宮綵女數千人，而人民因賦稅重，「寒不敢衣、飢不敢食」的情形；又為增修宮殿，增收田賦與賣官爵等事。又為平羌亂，而有官兵之害甚於盜賊之事。此皆說明東漢政府之搜刮，使人民更為困苦，人民飢荒而相食的記載，經常可見，如西元一四七、一五一、一五三、一五五、一六六年。

　　史家對於變亂之多難於一一陳述，常有統計數字以表示之：如王仲犖統計安帝至靈帝時黃巾變亂前，有四十一條；范文瀾則以為有六十七次之多；但尚有重新分類考察之必要。今簡附「後漢時代災害變亂次數表」（如表 2-4）以供參考，表中顯示變亂與水、旱災之數字有因果關係。

　　變亂地域最初以關東地區為中心，順帝時起，淮水以南到長江

下游地域，頻頻發生。大致說來，由河北省南部到山東省邊緣地帶，以及淮水到長江中、下游地域，與以後黃巾變亂之地區大致重疊。

變亂之首領除第一節所列稱皇帝、天子、太上皇（帝）等之外，也有黃帝、黑帝、太初或太上皇帝、天王、大將軍等。官方則有妖巫、妖賊等之稱，可見宗教性的變亂也發生了。

農民窮困到「裸行草食」（《後漢書・王望傳》）仍無救濟時，則轉為盜賊。再無救濟時，盜賊由小股逐漸變為大股，逐漸揚棄劉氏的政權。故西漢末或王莽時代之變亂多稱劉氏之後，但東漢末則稱黃帝、黑帝等，表示天命已改，不要再有劉氏政權。

這時的地方豪強有他們的塢壁，又有部曲，可防止流民及變亂的竄入。流民與變亂由於中央與地方官軍的圍勦，事變終歸失敗。最後以宗教為號召，成為有組織、有信仰的變亂發生，此即黃巾之亂。黃巾之亂發生摧朽拉枯的作用，東漢帝國於是乎導向滅亡。

表 2-4 後漢時代災害變亂次數表

年代	20	30	40	50	60	70	80	90	100	110	120	130	140	150	160	170	180	190
水災	1	2		2	2		1	1	5	2	4	1	3	2	1	4	2	1
旱災	3	2	2	1	2	2			4	8	4	6	2	2	1	2	2	2
變亂									3	2		6	14	3	9	2	2	

（註：此表據五井直弘著〈後漢王朝之豪族〉，載《岩波講座世界歷史 4》。表中所記災害、變亂次數僅供參考，諒不止此次數。）

三、黃巾變亂與軍閥興起

黃巾的變亂起於中平元（184）年二月，鉅鹿人張角自稱「黃天」，其部分為三十六方，皆著黃巾，同日反叛。

　　黃巾之亂是以道教之「太平道」為宗教結社，聲稱以咒水為人治病，在其叛亂之十數年前，就已派遣弟子到各地傳教，其信徒分布青、徐、幽、冀、荊、揚、兗、豫八州，即以黃河下游為中心，由淮水到長江之中、下游流域為其活動地區。而這些州縣的人民紛紛響應，或棄賣財產奔赴之。

　　漢代有見識的官僚對此勢力的發展並非不關心。漢代對於國家所不承認的祭祀是禁止的，對於三人以上無故群飲也會受罰，故對於這樣有組織的教團當然認為違法。在變亂之幾年以前，司徒楊賜奏令刺史簡別流民，使歸本籍，令其黨羽孤弱後，再誅其首領。後來又有侍御史劉陶上書提到謠傳張角入京過問朝政，地方官姑息不敢將實情上聞，應懸賞捉拿張角，若地方官有敢迴避者，處以同罪。但這些奏聞，靈帝與宦官不以為事態嚴重。

　　張角將他的信徒編為三十六方。史書上說：方，猶將軍也，當是相當大教區、軍管區的軍事組織的單位。大方有萬餘人，小方六、七千人。張角倡言「蒼天已死，黃天當立」，自己為天公將軍，以其弟寶和梁分別為地公將軍、人公將軍，並與宮中上層的宦官勾結。荊揚的大方馬元義數次往來京師，擬在甲子之歲的中平元（184）年三月五日舉事，中常侍封諝、徐奉等為內應，但張角弟子唐周告密，馬元義被捕，車裂洛陽，並捕與之交通的宦官、官吏千餘人，殺之，並下令捕張角。

　　張角之所以選在甲子之歲，乃因甲子是干支之首，為王者舉事之日。歷史上的典故，如周武王伐紂，就是在甲子之日。黃巾的徒眾，在首都及各地方的政府機構寫上「甲子」的文字以動搖民心。

　　張角因事情敗露，故提早在二月舉事，七州二十八郡同時俱起。之所以能夠一時採幾個州郡「蜂起」的形式，表示其組織嚴密。舉事之徒，以黃巾為頭巾。在張角變亂之前，也有稱「黃帝」

之變亂，而此時張角自稱「黃天」，即有以五行之土德取代漢之天下之用意。

　　靈帝以外戚何進為大將軍，統領首都洛陽之諸軍，並在函谷關等樞要之地設八關都尉，相當於要塞司令官。並大赦黨人，解除黨錮禁令，意在利用有力之士與政府協力對付黃巾軍。

　　討伐黃巾軍有功的將領有皇甫嵩、朱雋、盧植諸人。盧植有功，因不賄賂宦官而受中傷，朝廷以董卓代之，董卓反而戰敗，被召回。到當年的年末，黃巾軍的主力大體上全面潰滅，十二月改元為中平。

　　中平二年，在河北、河南省境及山谷之間有群賊盤據，多者二、三萬人，少則六、七千人。其中最有勢力的張飛（通稱張飛燕）所率領的黑山賊，統合太行山邊緣的諸賊，號稱一百萬。這時政府已經沒有能力討伐，只有給將軍之號以敷衍之。另外，在西方有羌族變亂，北方有鮮卑入侵。

　　中平三年有武陵蠻的變亂。四年，漁陽人張純、張舉反；張舉稱天子，寇幽、冀二州。

　　中平五（188）年，靈帝在他的西園置八校尉，以宦官蹇碩為首，統領其他七校尉。其中之中軍校尉是袁紹，典軍校尉曹操為宦官的後代。由此可見宦官掌有軍權勢力。西園八校尉可以看作東漢末年無法平亂時所成立的新軍，而這些有的成為日後的軍閥。

　　東漢末無法平亂時，地方尤賴豪族維持治安或平亂。地方的名望世家，或曾為官，或為鄉村所信賴者，也組成自衛的力量。在獻帝時代軍閥紛爭時，也被收編了。

　　中平五（188）年，黃巾的餘黨或自稱為黃巾者再復燃，其中有山西省的白波軍與徐州、青州的黃巾。白波軍號稱十萬，初平元（190）年為董卓所破，被收編的楊奉改名李傕，董卓死後（192年）

生變。徐州、青州的黃巾，從來投降曹操，降卒三十多萬，男女一百萬餘口，成為曹操軍閥之重要武力。

東漢中葉以後因地方不安，加重刺史權力，黃巾變亂以後又設州牧之制，也助成割據勢力。

中平六（189）年四月，靈帝死，由其子辯（即後來的廢帝）即位，母何氏為太后臨朝，以袁隗為太傅，與大將軍何進參錄尚書事。

在靈帝死，辯未即位時，宦官出身的上軍校尉蹇碩謀立皇子協，並想除掉何進。何進擁兵自衛，立太子辯，蹇碩下獄死。

何進當政，援用名士何顒、鄭泰、荀攸，與袁紹等交往，紹出身於數代為三公之名家。袁紹建議何進誅除宦官，稟太后，太后不同意。何進招董卓入京，但事情洩露，宦官張讓、段圭發動軍隊政變，何進被殺。司隸校尉袁紹與袁術誅宦官二千多人。

董卓入京，廢了皇帝辯，立皇子協，即獻帝。董卓以落後的涼州兵團入京，軍紀敗壞，又行廢立，為不義行為。獻帝本非太子而為宦官所欲立之人，因此，卓雖拉攏清流，不能成事。關東推袁紹為領袖，成為關東軍集團與涼州兵團之對抗，而獻帝時代終於成為軍閥混爭的時代。

關 鍵 詞 彙

內朝・外朝　　　　西園八校尉
清議　　　　　　　黨錮

自 我 評 量 題 目

一、試比較兩漢政權性格的差異。

二、略述東漢政治史的分期。

三、中國歷史上有否信仰性的變亂，試舉所學略論其興起的背景。

四、試檢視王朝帝國中何以會發生「少數民族」問題。

五、綜合鳥瞰有兩百年歷史的東漢帝國崩潰的原因。

第三章　三國鼎立

學習目標

——詳細研讀本章以後，讀者應該能：

1. 瞭解各個政權與地方勢力的關係，蜀漢與益州豪族、孫吳與江南豪族、曹魏與世家大族的衝突與妥協，反映出來豪族在這個時代中具有舉足輕重的分量，使得各個政權必須與他們妥協，否則敗亡。

2. 瞭解「三分天下」的時代意義，三分天下除了顯示三個政權鼎立外，也顯示四川盆地與江南的經濟逐漸發展，已經可以抗衡華北。這種形勢與秦漢初期華北獨重的局面有所不同。

3. 比較蜀漢與孫吳的立國方針。蜀漢重外，以興復漢室為發展目標；孫吳重內，以立足江東為主要方向。兩者優劣得失為何？

摘　　要

本章是敘述三國分立的原因及其發展演變。

漢末群雄並起，袁紹勢力最為龐大也最被看好，但是官渡之戰，袁紹被曹操打敗，形成曹操統一華北的局面。

赤壁之戰，是另外一場具有決定性的戰役。孫權與劉備聯軍打敗曹軍，粉碎曹操統一天下的美夢，也奠定三分天下的形勢。而孫劉聯軍抗曹，一般都過分誇大諸葛亮的力量，卻忽略了魯肅的作用。查證史傳，魯肅才是真正具有影響性的人物。

蜀漢在內政上有劉備荊州舊部與東州集團、益州豪族的衝突問題，因此調和內部各派勢力是劉備、諸葛亮的施政重心。對外則以北伐中原、興復漢室為主。為了北伐，諸葛亮首先征服南中，聯合孫吳，隨後展開六次的北伐行動。北伐對於蜀漢政權的發展帶來什麼樣的影響？是值得我們思考的問題。

孫吳政權面臨是江南豪族的敵對，與山越的叛服無常的問題。對於江南豪族，孫權採取籠絡妥協的辦法。因此孫吳在對外方面採取「限江自保」，對內則「施德緩刑」，以符合江南大族的政治利益。對於山越則採取征伐的策略。征服山越，使得孫吳的國力增強，對於江南的統治也更加徹底。

曹丕在西元二二〇年稱帝。稱帝前尚書陳群為曹魏推動一連串的改革，包括調整官制、確立尚書體制，以及制定新的選舉辦法──九品官人法。九品官人

法實施之後，造成擔任中正的世族壟斷選舉，選舉不公的情形。魏明帝及曹爽意圖改革，希望削弱中正權力，加強吏部部分。曹爽的改革，受到世家大族的反對，而司馬懿趁機提出設立州大中正的方案，拉攏世族，造成魏晉禪替。

第一節　三國分立

西元一八九年，何進調派董卓入京，企圖誅除宦官，結果兩敗俱傷，朝政大權反而落入董卓手中。董卓當政之後，廢少帝改立獻帝，東漢政權已經名存實亡。此後，群雄並起割裂天下，到建安二十五（220）年終於確立三國鼎峙的局勢，本節即敘述這段時期的歷史演變並分析其演變的關鍵因素。

一、群雄割據

董卓擅行廢立，誅殺少帝、太后，引起士大夫的不滿，山東、河北、河南地區的牧守，在袁紹的號召下，紛紛舉兵聲討。董卓在強大的壓力下，挾持漢獻帝自洛陽退回長安，隨後在長安被王允、呂布所殺，而董卓部將李傕、郭汜等又攻破長安誅殺王允，並縱兵劫掠，長安、洛陽原本富庶之地，幾乎成為空城。

在這混亂之際，各地群雄紛紛崛起，割據勢力，其佔有地域為：袁紹和他的兒子袁譚、外甥高幹佔據冀、并、青三州，公孫瓚據幽州，公孫度據平州，曹操在兗、豫二州，呂布、劉備分據徐州，袁術佔揚州，劉表據荊州，張繡在宛城，劉璋據益州，張魯在漢中，韓遂、馬騰佔涼州，士燮據交州。其中袁紹與曹操勢力最強，因此二人爭雄華北，是漢末變局中的首要事件。

二、袁、曹爭雄

袁紹，出身汝南世族，父祖先輩四代當上三公，門生故吏遍天下，是名門之後。董卓亂後，他以冀州為根據地，平定青州、并州一帶的黃巾餘黨，並擊敗公孫瓚，佔據幽州，控制華北大半地區。興平二（195）年漢獻帝自長安逃出，袁紹的謀士沮授勸他迎立天子

定都鄴城，但是郭圖、淳于瓊反對，認為「今迎天子，動輒表聞，從之則權輕，違之則拒命」（《後漢書・袁紹傳》），因此袁紹並未採納沮授意見。由此可見，漢末群雄並沒有真心奉戴漢室，而有逐鹿天下之心。

曹操，是沛國譙人（安徽省亳州市）。他的祖父曹騰是桓帝時的宦官，相當有權勢，父親曹嵩是曹騰養子，靈帝時，出錢買官擔任太尉。曹操出身權勢之家，社會地位不如袁紹，但是曹操為人機警有權術，年少時，人物評鑑大家許劭說他「治世之能臣，亂世之奸雄」，太尉橋玄也曾稱讚曹操有「命世之才」，可見他的才幹受到相當的矚目。

靈帝時，曹操在洛陽擔任典軍校尉，為「西園八校尉」之一。他雖是宦官之後，卻與士人多有往來，並與袁紹、何進共謀誅除宦官。董卓亂政，曹操在陳留（河南省開封市東南陳留城）糾集宗族、賓客部曲五千人，與袁紹共同討伐董卓。隨後，青州、兗州地區黃巾黨徒為亂，袁紹任曹操為東郡太守，與兗州刺史劉岱等共同征討黃巾賊。戰爭中，劉岱陣亡，曹操於是代理劉岱為兗州刺史，隨即以兗州為據點，聚集部眾討平兗州、青州地區黃巾，俘虜黃巾黨徒三十多萬，收編其精銳，號稱「青州兵」。這支部隊成為日後曹操轉戰華北的主力軍。

曹操佔據兗州之後，一方面吸納地方豪族，如中牟任峻、李典，和譙人許褚，他們都擁有眾多的宗族部曲。同時也攏絡士族，如穎川荀彧、荀攸、郭嘉、戲志才、鍾繇、陳群，以及河內司馬懿、京兆杜畿等，他們都是中原地區知名人士，擁有相當的名望與才幹。此外，建安元（196）年，漢獻帝自長安逃到洛陽，曹操採納荀彧的策略「奉迎天子都許」，迎接獻帝遷都於許（河南省許昌市東）。從此，曹操「挾天子以令諸侯」，關中、河南地區的地方勢

力都一一歸順，一時聲勢大振。

　　此外，當時群雄面臨最嚴重的問題是糧食問題。漢末衰亂以來，人民流亡，土地荒蕪，各個方鎮早已面臨無兵可募，無糧可徵的窘境。如袁紹軍隊仰食桑椹，袁術部眾取給蚌蛤。因此，如何解決糧食，以及安撫境內的流民，是各個方鎮州牧首要面臨的問題。為了解決上述問題，建安元（196）年，曹操採納棗祇、韓浩、任峻的建議，在許都募民屯田，一年收成百萬斛的稻穀，隨後，推廣至其他地域，數年之後「所在積穀，倉稟皆滿」。屯田的成功，解決了軍糧問題，也安定了境內的流民，這是曹操日後殲滅群雄、統一華北的重要因素。

　　建安初年，曹操的勢力遠不如袁紹。袁紹當時控制了冀、幽、并、青四州，也就是今天河北、山東、山西、河南省的大部分。其中冀州一州就有民戶百萬家，假如徵發全部及齡壯丁，可得精兵三十萬人。而曹操只佔據了黃河南岸的兗州、豫州一帶，人力、物力都不如袁紹，而且四周環伺不少強敵如呂布、劉備、張繡、袁術、劉表等。因此，在與袁紹對決之前，曹操必須擴大勢力，消除一些可能的後患。建安三（198）年，曹操遠交荊州劉表和揚州的孫策，曲意攏絡袁紹、韓遂、馬騰等群雄，而以全力攻擊呂布、張繡、袁術等勢力。隨後，建安五（200）年因為劉備佔據徐州，曹操又進軍東征徐州，擊潰劉備，鞏固了後方。

　　建安五（200）年，袁紹與曹操兩大集團終於正面對決，爆發激烈的「官渡之戰」。在官渡之戰前，袁紹一直有意藉助呂布、張繡、袁術之力牽制曹操，而曹操也洞察自己容易腹背受敵的不利形勢，因此趁著袁紹正在全力解決北方的公孫瓚時，掃除了有關不利因素，這是在戰略上曹操取得了局部的優勢。建安五年二月，袁紹出動精兵十萬南下進攻許都。袁紹兵強馬壯資源充足，而曹軍只有

萬餘人，糧食有限，依據沮授的分析「南利在於急戰，北利在於緩搏」（《魏書・袁紹傳》），主張袁紹採取持久消耗戰。但是開戰之後，袁紹沒有採納沮授意見，在曹軍的誘敵策略下，深入黃河南岸，七月推進到陽武（河南省原陽縣東南），八月又進至官渡（河南省中牟縣東北），袁紹大軍深入，補給供輸極為困難，局勢逐漸不利。十月，曹操獲知袁紹將軍糧屯積於官渡北面四十里的烏巢，遂出動騎兵襲擊烏巢，燒毀袁軍糧車萬餘車，袁軍崩潰，袁紹狼狽北逃。這一役袁軍損失七萬多人，元氣大傷，二年後，袁紹便病死了。這一戰是曹袁興亡的關鍵，也是曹操統一北方過程中最重要的一戰，而曹軍以少勝多，是歷史上著名的戰役。

袁紹死後，兩個兒子袁譚、袁尚因繼位問題而發生內鬥，曹操於是趁機渡河北伐，消滅袁氏勢力，占據冀、青、幽、并四州，控制了華北大部分地區。於是曹操就將自己的大本營移到河北鄴城，並以漢帝名義封自己為魏公，其後又進爵為魏王。曹操雖然終其一生沒有篡位稱帝，但是魏國所在鄴城，一直擁有類似中央的小朝廷，號令施政都出於此，是具有實權的「霸府」，而許都的漢獻帝只是一個政治傀儡而已。

三、赤壁之戰

建安十二（207）年，華北地區除了遼東半島的公孫康（公孫度之子）外，幾乎都被曹操所統一；而曹操亦被獻帝晉升為丞相，獨專漢政，於是曹操便積極準備南伐，打算統一天下，這便爆發了著名的「赤壁之戰」。

當時，南方主要的勢力是荊州的劉表、劉備與江南的孫權。劉表是漢末名士「八及」之一，有相當的名望，出任荊州牧之後，禮賢下士，各地人才群集，文風鼎盛，在漢末形成著名的「荊州學

派」。荊州地處要衝，境內漢水流域是南北交通的孔道，物產豐富、人口眾多，擁有甲兵十餘萬，各地群雄無不覬覦，都認為取得荊州，即是爭勝天下的根本。基本上，劉表是一個缺乏遠略的領導者，當曹、袁官渡對決，劉表有左右大局的力量，他卻嚴守中立，坐視曹勝袁敗。建安六（201）年劉備前來投奔，他知道劉備有才卻不能用，而讓他駐守樊城（湖北省襄樊市樊城），拱衛襄陽。

　　孫權，是吳郡富春人（浙江省富陽市）。父親孫堅，出身小吏，由於征討黃巾有功而被任命為長沙太守，獻帝初平三（192）年，奉袁術命令攻打劉表，被劉表部將黃祖的軍士射死。孫堅長子孫策承繼領導孫堅部曲，興平二（195）年奉袁術命渡江，向江東發展，不久在江東建立了根據地，有兵兩萬餘人，馬千餘匹。建安四（199）年袁術稱帝，孫策便和袁術決裂，隨後，袁術病死，孫策吞併袁術殘部，佔據了江東大部分地區。建安五（200）年孫策遇刺身死，孫權繼位，當時江南人心浮動，局勢十分不穩，孫權於是親任賢能，以張昭、周瑜、程普、魯肅等謀略之士輔政，才轉危為安。當時，劉表部將黃祖為江夏郡守，鎮守長江中游的戰略要地樊口（湖北省鄂城市西）、夏口（湖北省武漢市武昌）、江陵（湖北省江陵縣）等地。孫權穩定內部之後，即派兵西征黃祖，一方面報殺父之仇，同時也有意爭奪長江中游的戰略要地。建安十三（208）年的春天，終於殺死黃祖，控制了夏口以東地區。

　　建安十三年七月，曹操親率大軍南伐劉表。八月，劉表憂急病死，次子琮繼位。九月，曹軍進抵新野（河南省新野縣），劉琮遂棄戰投降。當時，劉備屯駐樊城，全然不知道投降事情，直到曹軍逼進，才倉皇南逃。原想退到江陵，因為江陵是荊州重要軍事基地，貯積不少軍事物資，可以做為根據地。而曹操聽說劉備要取江陵，就親率精兵五千追擊，在當陽長坂坡（湖北省當陽市西）攔截劉備，

劉備兵敗四散，不得已只好轉向夏口投奔劉表的長子劉琦。

　　當魯肅聽到劉表病逝，即建議孫權聯合荊州劉琮、劉琦、劉備勢力共同對抗曹操，孫權立即派魯肅北上聯繫。魯肅才剛上路就聽到劉琮投降、劉備南逃的消息，急急忙忙趕到當陽追到劉備。當時劉備兵敗惶然無計，魯肅分析形勢主張劉備退往夏口與劉琦會合，並以此聯合孫權勢力共同對抗曹軍，於是劉備派諸葛亮隨從魯肅晉見孫權，共商抗曹策略。

　　孫劉聯軍以周瑜、程普統率的三萬水軍為主，加上劉備、劉琦軍力，總共五萬人左右。曹操大軍號稱八十萬，實際上只有二十四、五萬，其中尚有七、八萬人是剛從劉琮那裏接收過來的。新接收士兵「尚懷狐疑」，不怎麼穩固，而曹軍原有十五、六萬人，又大多「遠來疲敝」，再加上軍中流行疫疾，使得曹軍戰力大受影響。北軍的優勢為騎兵，不擅於水戰，來到江南不得不「舍鞍馬，仗舟楫」，捨己之長，用己之短，軍事上化優勢為劣勢，這也是曹軍不利的因素之一。同時，曹操在荊州急速推進，離開根據地太遠，糧食補給困難，不利持久作戰，而關隴地區又有馬騰、韓遂勢力威脅，也使得曹操有後顧之憂，無法專心應戰。十月，兩軍相遇於赤壁（湖北省赤壁市區西北），曹軍初戰即失利，因而退回江北。隨後，周瑜部將黃蓋詐降，乘機實施火攻，火烈風猛，把曹軍船艦、岸上營落全部燒毀，曹軍潰敗，士卒損失大半。曹操不得不撤退，命大將曹仁駐守江陵，自己回到北方。隨後，因為孫劉聯軍繼續圍攻江陵，就命曹仁放棄江陵向北撤退，以襄陽、樊城一帶作為防線。這場戰役，是曹操前所未有的大挫敗，也是孫、劉二氏興亡的關鍵。赤壁之戰，粉碎了曹操統一天下的夢想，也開創了三分天下的形勢。

四、三分天下

戰後，劉備先是推戴劉琦為荊州刺史，自己退到沅水流域開拓經營，第二年劉琦病死，劉備即承繼武陵、長沙、桂陽、零陵四郡的統治權，控制了荊州南部。漢末荊州統屬八郡，戰後江北的南陽、章陵屬於曹操，江南四郡由劉備統治，長江流域的江夏、南郡則隸屬於孫權。建安十五（210）年，魯肅勸孫權將南郡（治江陵）撥歸劉備節制。這是基於整個戰略上的考量，因為曹軍聚集二十萬大軍於合肥，有隨時進攻的危險，孫吳如果獨立承擔長江中、下游的防衛，十分吃力，不如把江陵交給劉備，可以鞏固孫、劉聯盟強化國防，對於曹操的南進有相當的遏止作用。

赤壁戰後，曹操暫時放棄併吞江南的企圖，轉而經營西方，建安十六（211）年，曹操擊殺馬騰，平定關中，十九（214）年又平定涼州，二十（215）年再擊敗漢中張魯，張魯投降，至此曹操統一了整個華北地區。十九年，劉備在法正、張松的引導下進入益州，取代劉璋；二十四（219）年則自曹操手中奪下漢中，控制了長江上游的四川盆地及漢中地區。劉備勢力壯大之後，孫權感到威脅，遂決定收回荊州南郡，二十四年發動襲擊，鎮守江陵的關羽兵敗被殺。孫權控制了長江中、下游以南的江南地區。至此，「三分天下」的形勢大體上已經確立。

在這之後，二十五（220）年正月，曹操病逝，他的兒子曹丕繼位，十月獻帝禪讓，曹丕稱帝，改元黃初，國號魏，是為魏文帝。而第二年三月劉備也稱帝，他以繼承漢室自命，故國號仍用漢，改元章武，史書上稱之為昭烈帝。魏太和三（229）年，最後孫權也稱帝，改元黃龍，被稱為吳大帝。正式展開三國分立的時期。

第二節 蜀漢政權

一、「隆中對」的藍圖

　　劉備，是涿郡涿縣（河北省涿州市）人，漢景帝子中山靖王劉勝的後裔。他雖是皇族之後，但家境早已沒落，年少時和母親以販鞋織席為生。群雄之中，他崛起較晚，勢力也最弱。靈帝末年，黃巾亂起，劉備受地方推戴自組武裝部隊，平息亂事，因功而被任命為高唐縣令。隨後，群雄爭鬥中，他依違於公孫瓚、曹操、袁紹陣營，最後，因為結合袁紹對抗曹操失敗，不得不南奔荊州投靠劉表。

　　劉備在荊州前後八年（201～208 年），由於受到劉表猜忌，並沒有多大發展。但是在困境中，他廣結地方人士，在名士徐庶、司馬徽的推介下，他訪求諸葛亮做為他的謀士，隨後，龐統、廖立、馬良、陳震、魏延、向朗、蔣琬等才智之士紛紛投效，加上原有的班底關羽、張飛、趙雲、簡雍等，成為他日後創業的中堅力量。

　　諸葛亮，字孔明，是瑯邪陽都（山東省沂南縣）的世族，漢末中原戰亂，他和叔父南遷至荊州避難。建安十二（207）年劉備「三顧茅廬」才見到諸葛亮，兩人初次相見，諸葛亮即向劉備分析天下大勢及日後的發展策略，這就是歷史上有名的「隆中對」。他認為：㈠曹操在華北擁有相當的政治、軍事優勢，在江南孫權也有相當的基礎，已經無法抗奪；只有荊州和益州尚有可乘之機，如果能「跨有荊、益，保其巖阻，西和諸戎，南撫夷越，外結好孫權，內脩政理」（《蜀書・諸葛亮傳》），則能造成鼎足之勢。㈡等待時機，一旦機會來臨，「則命一上將將荊州之軍以向宛、洛；將軍身率益州之眾出於秦川」（《同上引》），兩面鉗擊洛陽，則霸業可成。赤

壁之戰前，諸葛亮已經洞識出蜀漢政權的立足點以及三國鼎峙的局面，可以說是一位具有遠見的政治人物。但是，事實上，日後的發展也有若干無法完全控制，如荊州失去掌握，即使得蜀漢政權的發展受到相當的限制。而孫、劉聯盟雖然倡始於諸葛亮，但實際上真正促成這種形勢的則是魯肅；過去由於《三國演義》的影響，一般人都過分誇大了諸葛亮的力量，而忽略了魯肅的作用。

二、劉備入蜀與猇亭之敗

赤壁戰後，劉備在孫權同意之下，佔有荊州四郡，但是荊州乃四戰之地，北有強敵曹操，東受孫權威脅，劉備遂決心向益州發展。

漢末，宗室劉焉受命為益州牧，劉焉入川時，不少親戚故舊跟隨，此外也有不少南陽三輔地區流民投效。劉焉將這些南來北人加以收編，稱之為「東州兵」。東州集團成為劉焉的核心集團，劉焉以此壓制益州土著豪強，雙方產生激烈的衝突。劉焉去逝，子劉璋繼位，闇弱無能，東州集團更加恃強蠻橫，雙方的矛盾更加深刻。建安十六（211）年，由於張魯的五斗米道勢力在漢中相當活躍，威脅到益州，土豪張松建議請劉備入蜀平魯，實際上則有意藉機顛覆劉璋政權。劉璋不明，採納張松意見，派法正迎請劉備入蜀。結果，劉備入蜀，首先奪取劉璋地盤，收攏益州舊部，穩定益州政局。隨後，再北上與曹操爭奪漢中，然而正當劉備全力奪取漢中，無暇南顧之際，孫權卻趁機出兵奪回荊州，造成蜀漢政權的危機。

荊州地區，如上所述，長江流域及南岸的六郡，是赤壁之戰孫劉聯盟的戰利品。當時，孫權為了培植劉備勢力，以共拒強敵曹操，所以將荊州交給劉備。到劉備奪取益州，勢力坐大，孫權深感威脅，即要求劉備交還荊州。建安二十（215）年，孫權出兵奪取長

沙、桂陽、零陵三郡；建安二十二（217）年，劉備進兵漢中，和曹操爭奪漢中，而鎮守江陵的關羽也配合劉備北進，於二十四年於江陵北伐，與曹軍大戰於襄、樊，威震曹軍。而孫權即乘機派將襲取江陵，關羽回兵救援，兵敗被殺。失去荊州，劉備被閉鎖於四川盆地，對蜀漢政權的發展十分不利，而且結拜兄弟關羽被殺，更是讓他感到憤怒。於是，奪回荊州就成為他稱帝後最首要的行動目標。

　　魏黃初二（221）年四月，劉備稱帝，隨即準備伐吳。對於劉備的決定，諸葛亮、趙雲等都表示反對，認為如此一來勢必破壞吳蜀聯盟，但是劉備執意不聽。七月，劉備親率大軍東進，到猇亭（湖北省宜都市北古老背）與吳軍對峙。蜀軍深入吳境六七百里，沿途設柵結營，將戰線拉得極長，分散了戰鬥力；而吳軍統帥陸遜則據險不戰，消耗蜀力，直到蜀軍兵疲意沮才突然發動火攻，劉備大敗，狼狽而逃，至白帝城（重慶市奉節縣東）發病而死。

三、諸葛亮治蜀

　　蜀漢章武三（223）年四月，劉備子劉禪繼位，是為後主。諸葛亮受命以丞相輔政，首先恢復吳蜀的和好關係，其次調和內部各派勢力，穩定內政。劉備初入益州，對於劉璋舊部十分禮遇，朝中要職除了原本追隨的荊州班底外，多由董和、黃權、李嚴、吳懿、費觀、費禕、劉巴等東州集團出任。至於益州土著，則軟硬兼施，對於不馴者加以壓制，如彭羕、張裕；順服有才者加以拉攏，如楊洪、何祗。諸葛亮輔政，持續這樣的人事政策，但是特意攏絡更多益州人士進入統治系統，調和內部勢力。基本上，蜀漢政權的結構，在劉備執政時（211～223 年），中央地方要職多由荊州、東州集團掌握；諸葛亮輔政時（223～234 年），中央朝官仍然以外來者居多，但是丞相府掾屬則增加不少益州人士，地方郡守更是除了少

數如巴郡、巴西、漢中等郡外，多由益州豪族出任；到了蔣琬、費禕主政時代（235～253 年），中央也有不少益州人任職，如平尚書事的馬忠，尚書馬齊、張裔，及多位尚書郎等。而馬忠、張裔等都起於諸葛亮時期，可見諸葛亮的人事政策。

此外，也積極獎勵農商，提升經濟力。四川盆地，自秦李冰開鑿都江堰以來，即農業發達。諸葛亮輔政後，徵調民丁修護都江堰，使成都平原更為豐實。同時也在漢中屯田，解決軍糧民食問題。四川織錦相當著名，諸葛亮也鼓勵蜀民紡織，販售於吳、魏，手工業、商業因此十分繁盛。諸葛亮穩定內政、經濟之後，即展開「興復漢室」的計畫，亦即北伐曹魏，而北伐之前須先解決內部的南中問題。

南中，是泛指益州南部。漢代的益州包括今日的四川、雲南、貴州省境。雲貴地區，由於地形、族群複雜，交通不便，秦漢以來中央政府雖在這裡設官置郡，實際上控制力十分薄弱。劉備初入蜀境，由於內政不安，對於南中地區亦無暇經營，只是設立庲降都督羈縻而已。劉備病逝，南中酋帥紛紛起兵叛亂，造成內部的不安。蜀漢建興三（225）年春天，諸葛亮親自率軍南征，兵分三路，經歷半年，終於平定益州南部各個部族。南中平定之後，諸葛亮採取安撫的政策，選任各地渠帥為地方郡守，同時還徵引少數上層份子，如爨習、孟獲、朱提等至中央任官。平定南中，不僅使蜀漢政權後方安定，更使蜀漢充實不少兵力及物力，如《華陽國志・南中志》即載諸葛亮「移南中勁卒、青羌萬餘家於蜀，為五部」，而且「出其金銀、丹漆、耕牛、戰馬，給軍國之用」。因此蜀漢「軍資所出，國以富饒」（《蜀書・諸葛亮傳》）。

建興五（227）年春天，諸葛亮率軍北駐漢中，上表北伐。第二年初，出祈山（甘肅省禮縣東），從此展開一連六次的伐魏行動。對

於諸葛亮的攻擊，魏明帝派遣曹真、司馬懿鎮守關中險要，堅壁清野，以靜制動，採取消耗戰的策略。而諸葛亮幾次出兵都無功而返，最後，在西元二三四年八月，因為積勞成疾，病逝於五丈原。基本上，蜀軍北伐原本存在許多不利的因素，一方面是地形的限制，從蜀地出兵北上，必須翻過崎嶇的山區，交通困難，糧食補給不易，因此蜀軍常因糧盡而退。二是國力懸殊，益州雖富，畢竟人力物力有限，與中原對抗仍有相當的差距。而孫吳又沒有密切配合，採取兩軍齊發分散魏軍的方式。再加上，諸葛亮指揮作戰，過於持重，不敢出奇制勝，致而每次出兵，魏人早已有所準備；而魏軍將領曹真、司馬懿都是優秀的軍事人才，採取堅守的戰略，使蜀軍無機可乘。

　　蜀漢的北伐具有相當的劣勢，諸葛亮可以說是知其不可為而為之。如是，諸葛亮為什麼要北伐？北伐對蜀漢政權帶來什麼樣的影響？這是值得我們思考的一個問題。劉備稱帝，立國號漢，以漢的繼承人自居，為了維護政權的正當性，蜀漢政權自始就有一個使命，必須消滅其他政權，興復漢室，而諸葛亮北伐就是在執行這項使命。此外，劉備死後，劉禪繼位，劉禪能力薄弱又耽於享樂，是「扶不起的阿斗」。諸葛亮衡量局勢，認為「惟坐待亡，孰與伐之」（《蜀書・諸葛亮傳》注引《漢晉春秋》），採取以攻為守的戰略，希望藉此拓展蜀漢版圖，將國防線推進到渭水流域。再者，蜀漢政權內部充滿荊州集團、東州集團、土著豪族、酋帥等各種勢力，立足點不同，政治地位權力也有所不同，難免有所衝突，而北伐正可以讓全國動員一致對外，具有轉移內部衝突的作用。

　　諸葛亮北伐，採取穩紮穩打的戰法，如此雖然不能佔到先機，卻也沒有帶來太大的損傷。再加上每次軍事行動時間都不長，因此也沒有對國力造成太大的負擔。但是，諸葛亮死後，內政漸漸不

穩，姜維仍然持續北伐，北伐就成為蜀漢滅亡的因素之一。

　　諸葛亮治蜀，史傳上讚譽道：「開誠心，布公道；盡忠益時者雖讎必賞，犯法怠慢者雖親必罰，服罪輸情者雖重必釋，游辭巧飾者雖輕必戮；善無微而不賞，惡無纖而不貶；庶事精練，物理其本，循名責實，虛偽不齒；終於邦域之內，咸畏而愛之，刑政雖峻而無怨者，以其用心平而勸戒明也。可謂識治之良才，管、蕭之亞匹矣」（《蜀書‧諸葛亮傳》）。因此給蜀漢帶來二、三十年的安定，而他「鞠躬盡瘁，死而後已」的忠貞精神，更是獲得世人的敬仰，益州人士為了追念他，更為他立祠祭祀。

四、蜀漢的衰亡

　　諸葛亮死後，接替諸葛亮主政的是蔣琬。蔣琬，零陵湘鄉（湖南省湘鄉市）人，跟隨劉備從荊州入蜀。諸葛亮北伐時，他擔任丞相府長史，留守成都。每次諸葛亮出兵，「琬常足食足兵，以相供給」。諸葛亮病死前，上表後主，推薦蔣琬為他的後續人選。蔣琬執政十二年（234～245），在他的任內，蜀漢沒有北伐。蔣琬雖有自漢中乘漢水東下襲擊曹魏的打算，但是由於朝野反對而作罷。蔣琬之後，費禕輔政。費禕，是江夏（湖北省新洲縣西）人，與劉璋有親戚關係。蔣琬、費禕主政，都「承諸葛之成規，因循而不革」（《蜀書‧蔣琬、費禕傳》），因此蜀漢還能維持相當的安定。

　　蜀漢延熙十六（253）年，費禕為魏降人所刺殺，蜀漢缺乏適當的領導者，朝政陷入混亂。費禕死後，姜維以大將軍掌握蜀漢的兵權。姜維，天水冀縣（甘肅省甘谷縣東）人，曾為曹魏天水參軍，諸葛亮第一次北出祁山時，歸附蜀漢，屢立戰功，官至大將軍。姜維在蜀漢政權中，孤立無援，在朝政上很難施展。而後主又寵信宦官黃皓，蜀景耀元（258）年以後，黃皓弄權專政，企圖罷黜姜維，收

回兵權。姜維危懼，於是領兵在外，不敢返回成都。姜維時期，連年出兵與曹魏爭奪隴西地區，規模雖然不大，但是由於朝政混亂，後方無法支援前方，征戰不但沒有成效，反而使國力更加疲弱。

西元二六三年，魏大將軍司馬昭派鍾會、鄧艾統率大軍共十八萬人分道伐蜀。鍾會由斜谷入漢中，姜維退守劍閣。鄧艾以奇軍從陰平（甘肅省文縣）間道取江油，攻佔涪縣（四川省綿陽市東），殺蜀將諸葛瞻（諸葛亮子）於綿竹（四川省德陽市北黃許鎮），直逼成都。劉禪召集群臣會商，有人主張投奔東吳，有人主張南遷，眾議紛紜，而以譙周為首的益州世族卻主張投降。益州人士不支持蜀漢政權繼續作戰，後主只好投降。蜀亡，立國共四十三年。

第三節　孫吳建國與江南的開發

一、淮泗集團與江東世族

建安五（200）年，孫策被刺，孫權受命繼位，當時孫氏「惟有會稽、吳郡、丹楊、豫章、廬陵，然深險之地猶未盡從，而天下英豪布在州郡，賓旅寄寓之士以安危去就為意，未有君臣之固」（《吳書·吳主權傳》），可見孫氏的領導並不穩固。而孫權面臨最大的危機，一是州郡英豪的敵對態度，其次是偏遠山區的「山越」歸順問題。而面對這些問題，孫權能否加以克服？立足於江東？一些跟隨孫氏南下的部屬賓客都感到懷疑，因而採取觀望態度。

所謂州郡英豪，是指江東的一些名士大族。這些人有些是江南土著豪族，有些是漢末流寓江南的名士，在社會上都有相當高的名望與影響力，卻在孫氏渡江拓展基地時，產生不少的矛盾與衝突。孫氏父子雖是江南富春人，但是社會地位不高，在江南沒有什麼名望。孫堅崛起之後，南征北討，多在江北轉戰，所領部曲多江北

人。孫策由於父親關係，年少時徙居於廬江郡舒縣（安徽省廬江縣西南），往來皆是江北士人。因此，興平二（195）年孫策受袁術命南渡攻打揚州刺史劉繇時，就江南人的立場，這是外力的入侵。孫策渡江開拓基地，所憑藉的是江北的將帥部卒，所擊殺的則是江東豪族、名士，如吳郡陸康、句容許貢、會稽盛憲、會稽周昕兄弟等都死於孫策之手。因此，江南大族對於孫氏深懷怨憤，不願意支持孫氏政權。

　　孫權繼位以後，積極安撫內部，羅致人才，江北士人除了原有的周瑜、張昭、程普、呂範等文武將帥外，又延攬魯肅、諸葛瑾、步騭、張紘等才異之士，形成「淮泗集團」。周瑜，是舒縣世家大族，也是孫權同年好友，孫策渡江經營江東，周瑜即南渡為策得力助手。隨後，曹操取荊州，意圖乘勢兼併江南，周瑜和魯肅堅決主張抗擊曹操，孫權遂命周瑜率精兵三萬，於赤壁大敗曹軍。魯肅，是臨淮東城（安徽省定遠縣）的豪族，漢末淮泗混亂，魯肅率領鄉人三百多人渡江南下。魯肅對於孫權初期的重大決策有相當大的影響，如孫、劉聯盟合力抗曹即是源於他的推動。周瑜死後，魯肅代瑜領兵駐守荊州。呂蒙，汝南富陂（安徽省阜南縣）人，行伍出身。魯肅死後，呂蒙接替領兵駐守荊州，當時劉備已經入蜀，勢力坐大，因此，他主張奪回江陵「全據長江」，結果造成關羽被殺，吳蜀聯盟破裂。諸葛瑾，是諸葛亮的胞兄，漢末移居江東，受到孫權禮遇，官至大將軍，是周瑜、魯肅之後，最受倚重的北方人士。周瑜、魯肅等淮泗人士，除了個人與孫權意氣相投外，更因為亂世之際，他們避亂南下，迫切需要避難的庇護所，孫策、孫權兄弟的江東政權如果可以穩固，江東將是一個理想的避難所，因此，淮泗集團支持孫氏政權，是基於彼此具有共同的政治利益、經濟利益，而孫氏即倚賴他們開疆拓土，奠立穩固的基礎。

　　淮泗集團以外，對於江東的世家大族，孫權也是曲意攏絡。他把孫策的女兒嫁給顧邵和陸遜，藉婚姻拉進彼此的距離。稱吳王以後，又拜顧雍老母於庭前，這些措施，終於漸漸改進雙方關係。黃武四（225）年以顧雍為丞相，雍擔任相職前後十九年。顧氏以外，陸遜、朱桓則是重要的將領。陸遜，接替呂蒙駐守荊州，孫權將長江上游防務全權委託陸遜，對於吳蜀之間的交涉聯盟更是處處尊重陸遜意見，史載：「時事所宜，權輒令遜語（諸葛）亮，并刻權印，以置遜所。權每與（劉）禪、（諸葛）亮書，常過示遜，輕重可否，有所不安，便令改定，以印封行之」（《三國志・吳書・陸遜傳》），由此可見陸遜在孫吳政權中的重要性。黃武年間（222～229 年）以後，淮泗集團相繼凋零，江東世族的重要性更加顯著，顧、陸、朱、張等吳郡世族子弟，遂成為孫吳政權的主要支柱。

二、征服山越和開發江南

　　山越，是指居住在江南山區的越人和避亂漢人。江南地區，有許多非漢族人，如蠻、俚等，一般又泛稱為越，越民多「依阻山險而居者」。但是住在險峻山地的，除了越人外，也有不少避亂的漢人。他們多半聚族而居，因此又稱之為「宗部」、「宗賊」，首領則被稱之為「宗帥」。漢末時期，因為戰亂，許多人避難聚集於山地，他們自成一個個武裝集團，而孫策渡江，他們不願依附孫氏，對孫氏政權造成威脅。

　　孫權繼位，由於山越問題造成內部不安，對外不得不採取結好蜀漢、屈事曹魏的政策。對內則分派將領征討山越，征討的範圍遍及揚州、荊州、交州各郡山區。征討的工作，從建安五（200）年到嘉禾六（237）年，前後長達三十八年之久。征服的山民「揀其精健為兵，次為縣戶」（《吳書・賀齊傳》），充任兵員者多為征討將領

的私兵部曲，如諸葛恪討伐丹陽山越，俘虜十萬士民，其中精壯者四萬多人，他「自領萬人，餘分給諸將」。而征服的山區，則分設郡縣，派官治理，使中央的統治權能夠貫徹到偏遠山地。

　　征服山越，虜獲的人口除了部分賞賜給功臣將帥作為私兵部曲和佃客外，也有部分歸屬國家，擔任軍士或屯田客。而孫權對於新增的軍民，採取亦兵亦農的管理政策，即實施軍屯和民屯。軍屯的佃兵，又稱之為「作士」，是指士兵戰時打仗平時屯田耕作。佃兵是純粹的軍事編制，因此軍屯所在的地方，設置典農校尉或典農都尉取代縣令，管理軍士的日常生活。民屯，則是一般縣民耕作國家土地，屯田客只需耕種，不需要服役參戰。而佃兵或佃民除了耕種外，有時也參加地方建設的工作，如建糧倉、開道路、修河堤等，對於江南的開發有相當的貢獻。

　　孫權時期，推動幾項重大的水利工程，對江南的交通、經濟有相當大的助益。黃龍二（230）年築東興堤以遏堵巢湖，赤烏十三（250）年修堂邑（江蘇省南京市六合區北）的涂塘，這些堤堰可以防止水患，又可充分利用水力資源，灌溉農田。赤烏四（241）年，則鑿東渠以宣洩玄武湖的湖水，使它傾注到秦淮河。東渠，從青溪而西，抵雞籠山東南，而與長江潮汐相通，因此又稱之為潮溝。青溪、潮溝，南接秦淮，西通運瀆，北達長江，形成建業（南京市）城外的水運網。赤烏八（245）年又「使校尉陳勳作屯田，發屯兵三萬鑿句容中道，至雲陽西城，以通吳會船艦，號破崗瀆」（《建康實錄》卷二）。破岡瀆，東始曲阿（江蘇省丹陽市）大湖水系，西至句容（江蘇省句容市華陽鎮）與秦淮河相通，這是聯結三吳與建康城的人工漕運，其目的是避免長江因為風浪或者其他因素（如與曹魏爭戰時）無法通航，可以代替長江的水道。之後，又開鑿了從雲陽（江蘇省丹陽市）到達長江的運河，江南運河的雛形大致上已經具

備。

江南是水鄉之區，交通以舟船為主。孫權在建安的侯官（福建省福州市）、臨海的橫嶼（浙江省溫州市平陽縣）、廣州的番禺（廣州市）設置船塢，修建船隻。西晉滅吳時，接收吳國船舶達到五千艘以上，其中小的尚能載馬八十匹，可以想見造船業的發達。交通改善，船隻往來繁忙，商業因而日益繁盛。吳都城建業即有二個市集，稱之為建業大市、建業東市，而市中「富中之甿，貨殖之選。乘時射利，財豐巨萬」（《文選‧吳都賦》），可見商業之發展。手工業方面，也有很大的發展，孫權時期在武昌採銅鐵，「作千口劍，萬口刀」（陶弘景《刀劍錄》）。紡織則以絲、麻、葛為主，其中尤以葛布質地輕薄，涼爽舒適，是夏衫的最佳衣料，據載魏文帝曹丕即曾經派遣使者到吳國「求細葛。君臣以為非禮，欲不與。孫權敕付使」（《太平御覽》卷八一九〈布帛部六〉引《江表傳》）。紡織、冶鐵，除了私人生產外，還有官府作坊，孫吳末年，後宮有織工千人，相當奢侈。

由此可見，征服山越，不僅使孫吳解決內部的威脅，而且增加許多人力。這些人力，改編成軍士、屯田客，強化了軍備也增加了生產。孫吳的農業、手工業、造船業、水利工程因此都有相當的發展，奠定了穩固的經濟基礎。

三、孫吳的立國方針與政策

孫吳政權立足於江東，必須仰賴地方大族的支持，因此孫吳的治國方針，始終是站在維護江東大族利益的立場，在這個方針下，對外採取「限江自保」，對內則是「施德緩刑」，而同時並行的則是「復客制」與「世襲領兵制」，這些都是孫吳政權與大族共治下的特有現象。

　　漢末，江南地區一如華北也有許多強宗大族。江南的名宗大族以吳郡地區的顧、陸、朱、張四姓最為著名，除此之外，還有會稽四族（孔、魏、虞、謝），吳縣八族（陳、桓、呂、竇、公孫、司馬、徐、傅）。這些家族，有龐大的人力、物力，「阻兵杖勢，足以建命」（《魏書・鄧艾傳》）。而孫策渡江，雖然與江東大族有過衝突，但是臨終之際仍然殷殷囑咐孫權「舉賢任能，各盡其心，以保江東」（《吳書・孫策傳》）。

　　孫權繼位，極力籠絡江東大族，不論對內對外都以大族利益做為優先考量，因此，對外即發展出「限江自保」的原則。赤壁戰後，孫權以鞏固內部統治做為首要工作，隨後征服山越、奪取荊州、打敗蜀漢，孫氏勢力發展到頂峰，但是孫吳始終沒有像蜀漢一樣出兵北伐。孫吳「限江自保」的原則確立於陸遜，陸遜於夷陵打敗劉備之後，孫吳軍力可以趁勢直攻蜀漢，但是陸遜以確保江東為要，立即收兵。此後，也有人建議北伐，但都因陸遜反對而作罷。陸遜之所以採取保守立場，是因為江東大族希望確保江南的安定與穩固，不願意把私人部曲、物力消耗在無謂的戰場上。

　　對內則採取「施德緩刑」的政策。施德緩刑，是針對大族而言，而不是惠及全民，因為法網太密、刑罰太重勢必會影響世家大族的利益。因此，孫權時期，輔政的張昭、顧雍、陸遜都主張施德緩刑。在這樣的政策下，少數違反這個原則的官吏如暨艷、張溫、呂壹、秦博都被黜廢、治罪。暨艷、張溫因為主張整頓吏治，在吏部尚書任內嚴加考核，「其居位貪鄙，志節污卑者，皆以為軍吏，置營府以處之」（《吳書・張溫傳》），結果觸犯了世族官僚利益，因而被貶黜，暨艷更是因此自殺。呂壹、秦博則是擔任中書職內，典校中央及地方官府文書，「舉罪糾奸，纖介必聞」，連顧雍也被糾舉，最後在官僚的壓力下，孫權只好將呂壹、秦博交給廷尉治

罪。

　　為了維護江東大族的政治、經濟利益，孫吳也實施復客制與世襲領兵制。「復客」是免除大地主名下佃客的一切稅役負擔，也就是承認這些佃客或客戶完全為大族所私有，不須向國家納稅或服役。孫權時期，常常以「復客」做為對文武百官的一種賞賜，如呂蒙之子呂霸襲爵為呂蒙守冢，孫權「與守冢三百家，復田五十頃」（《吳書・呂蒙傳》），這三百家即是復客。又如潘璋妻子住在建業，孫權賞賜給她「田宅、復客五十家」（《吳書・潘璋傳》）。復客的來源，有的是新俘虜的山越，有的是屯田客，有的則是從地方縣民中撥給。

　　孫吳的將領多來自世家大族，他們多擁有私兵部曲。他們以此為國家打仗、征討山越，征伐勝利，俘虜敵兵，即以部分俘虜做為賞賜，成為將領的私從部隊。將領死後就由兒子或兄弟承繼，這就是世襲領兵制。如魯肅死後，子魯淑繼嗣；魯淑死，子魯睦「襲爵，領兵馬」（《吳書・魯肅傳》）。又如蔣欽死，子蔣壹領兵；蔣壹戰死無子，由弟蔣體領兵（《吳書・蔣欽傳》）。在這樣的制度下，世族武將多半擁有龐大的私兵部曲，而孫吳政權也就愈是不能得罪他們，造成與大族共治的局面。

四、孫吳政權的滅亡

　　孫權晚年，因為繼承問題，內政開始陷入混亂。孫權立長子登為太子，登早死，改立登弟和為太子，和弟霸為魯王。孫權寵愛孫霸，霸意圖謀取太子地位，於是朝臣分成兩派，陸遜、諸葛恪、顧譚、朱據、滕胤、施績、丁密等擁護孫和；步騭、呂岱、全琮、呂據、孫弘等支持孫霸。孫權為了避免釀成大亂，就廢除太子和，並命令孫霸自殺，改立少子孫亮為太子。西元二五二年，孫權病死，

孫亮即位，年僅九歲，由大將軍諸葛恪輔政。

　　諸葛恪，是諸葛瑾的長子，陸遜死後，成為孫吳最具權力的大將。諸葛恪輔政，由於和姜維聯合出兵北伐，造成朝野士民的不滿，宗室孫峻即藉機殺恪奪取政權。西元二五五年，孫峻病逝，從弟綝代峻執政。西元二五八年，孫綝廢亮，改立孫休（孫亮兄）為帝。同年，孫休殺孫綝，奪回政治權。

　　孫休在位六年，西元二六四年病死。這時由於蜀漢已被司馬昭所滅，三國鼎立的形勢，變成魏、吳兩國對峙的局面，曹魏的威脅更加強大。孫吳大臣認為國家面臨危機，須立長君，因此擁立故太子和的兒子孫皓為帝。孫皓是三國時期著名的暴君，東吳的宗室、臣子動輒得咎被處酷刑，甚至被殺，東吳因而人心背離。西元二七九年十一月，晉武帝司馬炎大舉伐吳，司馬伷、王渾、王戎、胡奮等從淮水南下攻建康、武昌，杜預從襄陽順漢水南下攻江陵，益州刺史王濬從巴蜀順流而下，六路軍隊共二十多萬人。孫吳雖然在長江險要之處放置許多鐵鎖鏈來橫截江路，但是仍然無法阻擋晉軍，西元二八○年三月，孫皓投降。

第四節　曹魏的政治與經濟

一、官制與選舉制的革新

　　漢獻帝建安二十五（220）年元月，魏王曹操去世，太子曹丕繼位，漢朝因此改年號延康。由此可見，魏王雖然只是霸主，並未具有真正皇帝身分，但是獻帝及朝臣都已承認曹氏的統治權。這年十月，獻帝遜位，曹丕正式即皇帝位，並改年號黃初，這一年中三易年號，終於完成漢魏政權的禪替。而曹丕在登基稱帝之前，為了讓新王朝更具號召力，他提出一連串除舊佈新的計畫，改革漢代的官

制與選舉制。受命推動改革者，是魏國尚書陳群。

　　陳群所推動的改革，一是建立九品官制。漢代官吏是以萬石、二千石、千石等來表示階秩。萬石等官秩原是指一年所能得到俸祿的穀物重量，但是秦以後，石數早已虛名化，成為純粹的官秩品階。東漢的官吏從萬石到斗食、佐史，可以概分為十七級，陳群將此改為九品。從十七等級到官品九品，不僅是新品階制度的建立，更調整了東漢以來官僚制中一些不合理的現象。

　　東漢長期以來，官職與秩位不相稱的情形相當嚴重。如西漢尚書原只是處理天子文書的宮中雜使，由於武帝的重用，漸漸干預政事，東漢光武帝時已經發展成為行政官署，並取代三公，成為中央樞機機構。但是尚書令秩千石，尚書秩六百石；相對的三公則秩萬石，三公長史秩千石。陳群改制之後，魏尚書令、尚書僕射為第三品，尚書左右丞、尚書郎則為第六品；而三公雖然受到尊崇，品秩第一，三公長史則為六品。新的品階制度，明顯的具有確立尚書地位的意義。又漢魏刺史在官制上亦具有相當大的轉變。西漢刺史，秩六百石，為監察官；東漢刺史變成地方行政首長，與郡守相同都是二千石；曹魏以後，刺史多帶將軍號領兵，如是刺史中又分化為領兵或不領兵刺史，領兵刺史為四品，不領兵（單車）刺史、郡守則為五品。可見新的品階制度，具有反映時代變革的精神。

　　此外，陳群又改革漢代的選舉制，創立新的選舉辦法，稱之為九品官人法。陳群之所以制定新的選舉制，一方面因為漢末戰亂，士人流徙，使得漢代的察舉制度無法實施。察舉制，是由中央大臣或地方首長察納鄉黨輿論（鄉論），將已入仕或未入仕的優秀士人，推薦到中央的選舉制度。察舉，又分詔舉（特舉）和常舉（歲舉），詔舉的科目有「賢良方正」、「直言極諫」、「敦厚有行」等，常舉的科目有孝廉與茂才（秀才）。察舉制的精神，是以士人平日在

地方或官府的表現為主，是以鄉里父老的意見做為依據，因此，其
先決條件是必須具備穩定的政治社會環境。漢末戰亂，使得這些基
礎條件喪失，因此陳群必須另立新制。

　　其次，漢末察舉制把持鄉論，使得選舉不實。這種情形到東漢
末年更加惡化，外戚、宦官擅自干預，「州牧郡守承順風旨，辟召
選舉，釋賢取愚」（《後漢書・宦者・曹節傳》），因此造成「舉秀
才，不知書；察孝廉，父別居。寒素清白濁如泥，高第良將怯如
雞」的情形（《抱朴子・審舉篇》）。選舉不實，使得鄉論的客觀公
正性受到懷疑，人們於是轉向一、二清正之士，自行品鑑人物，稱
之為清議，清議橫行，對政府的威信造成相當大的打擊。針對這些
問題，陳群必須擬定新的選舉辦法，使選舉能夠較為客觀公平，如
此，政府不但可以引進真正的人才，且可消除民怨，使即將上台的
魏王朝能夠獲得士人的支持。

　　再次，是曹魏想強化中央的人事權。漢末清議多由名士主持，
而名士多為地方上的大族，因此，清議便成為大族擴大勢力的工
具，對中央政府的統治帶來不利的影響。如何削弱名士的影響力，
使清議納入政府統治，是新的選舉制必須改革的方向。此外，漢代
中央或地方首長具有相當大的人事任用權和薦舉權。各級首長除了
可以辟召自己的僚佐，更可以定期或不定期的向中央推薦人才。東
漢士人十分崇尚氣節德行，長官和部屬、推薦者和被推薦者常形成
私人恩義關係，致而影響國家法紀，削弱皇帝的統治權。

　　陳群制定新的選舉辦法，是以中央朝官擔任各郡中正，士人不
論移徙何處，都由本籍地中正品鑑。中正考核士人的家世（父祖的
官爵，又稱之為簿世）、才德（行狀），排比在鄉里的高下（倫
輩），給予一到九等的等第（鄉品）；送到司徒府審核，再轉送吏
部做為銓選官吏的依據。吏部選用官吏，必須根據中正、司徒府所

提供的資料，授予適當的官品、官職。鄉品四品者，多半授予八品官；三品者多為七品官；二品者多為六品官；官品與鄉品有一定的對應關係，換句話說，吏部的選用不能背離中正、司徒府的品鑑。

　　總之，陳群制立的九品官人法，大致上是沿襲漢代鄉舉里選的傳統，也就是以鄉里輿論做為銓選士人的依據，而品評士人的簿世、行狀，排比倫輩、品第，也是漢末名士清議人物的準則。因此新制中仍含有不少與世家大族妥協的意味，考慮士人的簿世，以中央官擔任中正代表鄉論，對於世家大族仍有不少的保障。但是，也有不少創新之處，如以郡中正取代中央、地方首長推薦士人，可削弱各級行政首長的人事權；以郡中正取代名士品鑑人物，且郡中正多由中央官兼任，使政府易於控制輿論；兩者都具有強化中央的作用。

二、農耕經濟的發展

　　曹丕稱帝之後，原想完成曹操生前未完成的全國統一事業，因而與謀臣賈詡商議，先攻吳呢？還是先平蜀？賈詡認為吳蜀形勢險要，一時無法攻取，不如先整頓內部，蓄積力量，等待吳蜀內部亂亡，再出兵攻取二國。因此，曹丕，以及以後的明帝曹叡都採取這樣的戰略，以穩定內部、發展經濟為主，不做大規模的軍事行動。

　　曹魏的經濟以農業生產為主，而農業生產是採取屯田的方式。建安年間曹操在許昌、潁川推動屯田，屯田的成功，使他得以統一中原。從此，屯田的規模繼續擴大；如司州的洛陽、榮陽、原武、弘農、河東、河內、野王、汲郡，豫州的襄城、汝南、梁國、沛國、譙郡，荊州的南陽，冀州的魏郡、鉅鹿，并州的上黨等郡國都立屯田。此外西北的長安、上邽，南方的芍陂、皖城一帶是防禦蜀漢、孫吳的軍事重鎮，駐守的士兵，也是「且佃且守」。屯田，分

民屯和兵屯。民屯，中央由大司農掌管，地方上於郡設典農中郎將，縣設屯農都尉，之下有屯司馬，屯司馬管轄屯田客五十人。屯田客多半全家聚居，他們雖然沒有在前線打仗，但是從典農中郎將、典農都尉、屯司馬等稱謂看來，可見民屯的軍事色彩還是相當濃厚。兵屯，除了由各軍將吏自行勸課耕作外，又由大司農派司農度支校尉、度支都尉至軍中管理。兵屯以營為單位，每營有佃兵六十人。屯田客與佃兵多是父子相襲，他們無法隨意移徙，因此身分日益低落。

　　曹魏為了配合大規模的屯田，也興辦水利灌溉事業，提高生產。如建安七（202）年整治睢陽渠；黃初六（225）年通討虜渠。此外，在安徽合肥附近「興治芍陂及茹陂、七門、吳塘諸堨以溉稻田」（《魏書·劉馥傳》），溉田數萬頃。在司州（河南省洛陽市東北）「遏鄢、汝，造新陂，又斷山溜長谿水，造小弋陽陂，又通運渠二百餘里，所謂賈侯渠者也」（《魏志·賈逵傳》）；又「大治諸陂於潁南、潁北，穿渠三百餘里，溉田二萬頃」（《晉書·食貨志》）；在今河北境內開車箱渠，溉田萬餘頃（《水經·鮑丘水注》）；在陝西開成國渠、臨晉陂，引汧水、洛水灌溉田地三千餘頃（《晉書·食貨志》）；在河南、湖北交界處「又修邵信臣遺跡，激用滍淯諸水以浸原田萬餘頃」（《晉書·杜預傳》）；可見曹魏投入相當多的人力，經營華北地區的水利工程，水利興修自然提高農業生產。

　　三國時期，各國為了競爭，無不鼓勵農耕、提高生產。屯田、興修水利是各國普遍採行的政策，其中又以曹魏、孫吳的成效最好。而孫吳屯田多為將領私有，曹魏屯田則屬於國家所有，因此曹魏國力日強，最後終於消滅蜀漢，到西晉則併吞孫吳，統一全國。

三、政爭與選舉制的變革

景初三（239）年元月，明帝病逝，齊王芳繼位，年僅八歲，由曹爽與司馬懿共受遺詔輔政。曹爽為宗室之後，司馬懿則是仕宦三代的元老重臣。最初曹爽以司馬懿年高德劭，對他十分敬重，常相諮訪，不敢專行。隨後，由於曹爽親信何晏、鄧颺等人建議，認為曹氏政權不可委之於人，曹爽遂將司馬懿由侍中、持節、都督中外諸軍事、錄尚書事，轉升為閒散的太傅，如此明尊暗降的做法，使曹爽得以掌握朝中軍政的大權。司馬懿權力被架空之後，外託疾困安於閒散，內則交結朝臣，並令二子司馬師、司馬昭陰養死士，謀圖舉事。正始十（249）年正月趁著皇帝曹芳和大將軍曹爽離開洛陽到高平陵（明帝曹叡墓）掃墓的時候，發動政變，控制洛陽，誅除曹爽兄弟及其黨羽，掌握軍政大權。同年四月，因此改年號為嘉平。

在曹爽與司馬懿的政爭中，支持曹爽政權的曹羲、何晏、鄧颺、丁謐、畢軌、李勝、桓範、夏侯玄、諸葛誕、文欽、李豐等，多半具有曹氏姻親、宗室，或同鄉的背景，是曹氏政權的新貴，在政治上傾向於集權中央、以法為治。而擁戴司馬懿者，如傅嘏、鍾會、高柔、蔣濟、盧毓等多為世家大族之後，在政治上主張教化人治。兩者的出身背景不同，導致政治理念不同，表現在具體事務上的分歧，則是選舉制的改革。

漢魏禪替之際，陳群制定九品官人法，雖然有強化中央的作用，但是也不無籠絡世族的目的。因此，選舉制中處處禮遇世族，保障大族的政治利益，如以中央官（多為大族出身）擔任中正，中正品評士人的簿世、行狀等。如是，九品官人法實施後，憑藉中正特權壟斷選舉，世家大族的政治勢力更加坐大。此外，中正品評沒有

具體的標準，簿世以士人的鄉里、父祖官爵為主，較為具體無爭議性；行狀，也就是士人的德性才能，沒有客觀的準則，中正往往挾怨報復，無法公正無私，引起不少的爭議。而中正品評又往往取決於「風聞」，因此造成年青人士聚集京城，互相標榜，「趨勢游利」，以博取名聲的「浮華」風氣。

　　明帝即位（227）對於九品官人法的流弊相當重視，太和六（232）年斥免諸葛誕、鄧颺等權貴子弟，壓制「浮華」風氣；景初元（237）年又下令劉劭擬制考課法，想要改革選舉制。明帝認為：「選舉莫取有名，名如畫地作餅，不可啖也」（《魏書・盧毓傳》），對於九品官人法以中正品評士人、取決於鄉論（虛名）的方式大為不滿，希望以一個更具體的考課標準，做為選舉的依據。明帝的改革，一方面固然希望選舉制確實能達到選才目的，同時也不無削奪大族（中正）的人事權、強化中央的作用。而劉劭受命之後，參考漢代京房的考課法，擬制一套考課制度。草案完成，明帝將它交付大臣討論，受到杜恕、傅嘏等人的批評反對，隨後，明帝病逝。

　　西元二三九年，曹爽主政之後，對於九品官人法的弊端，採取類似明帝的做法，加強考課，以考績、中正品狀做為吏部銓敘的依據。如此一來，削弱了中正的影響力，而把選舉權轉移到吏部，吏部成為專責的選舉機構。曹爽將人事權集中於吏部，主掌吏部的尚書何晏因此成為眾人的焦點，由於何晏多選拔和他有關係的，被人批評「選舉不得人」，引起反對者相當的不滿（《魏書・何晏傳》）。基本上，在人事選舉上要能夠公正無私，真正的鑑識人才十分困難，郡中正無法擺脫私心、人情壓力，吏部尚書也是如此。因此，晉人袁準批評曹魏以吏部尚書專選天下百官的流弊，袁準說：「使治亂之柄，制在一人之手，權重而人才難得，居此職稱此

才者未有一二也，是百亂而一治者矣」（《北堂書鈔·吏部尚書》條引《袁子》）。

　　相對於曹爽強化吏部（中央）、壓制中正（世族）的做法，司馬懿採取攏絡地方望族的政策。他認為郡中正既然無法客觀公正選拔人才，與其削弱中正職權，不如在郡中正之上加置州大中正，多一層監督審核，可強化中正功能，使九品官人法確實達到選才目的。加設州大中正，強化中正功能，基本上認為選舉人才必須基於地方輿論，也就是必須尊重地方望族的意見。因此，州大中正的設置，也是保障世家大族在人事選舉上的發言權與主導權。

　　司馬懿出身河內大族，深切瞭解世族與曹爽集團之間的矛盾與衝突，因此提出制立州大中正、強化中正功能的政策，藉以攏絡地方望族。如此，果然獲得世族的支持，西元二四九年，遂成功地發動高平陵政變，剷除曹爽及其黨人，掌握軍政大權。司馬懿之後，子司馬師、司馬昭繼續執政，到西元二六五年，司馬炎即篡位稱帝，改國號為晉。魏晉政權的禪替，和曹爽意圖削奪世家大族的選舉權有關。由此可見，世族在當時具有相當大的影響力，執政者如果不考慮他們的權益，即會帶來覆亡的命運。而司馬懿設州大中正之後，世族的政治利益獲得明確保障，他們的勢力更加穩固，門閥社會因此日益定形。

關　鍵　詞　彙

官渡之戰	山越
赤壁之戰	復客制
隆中對	九品官人法
東州集團	中正官
淮泗集團	世襲領兵制

自 我 評 量 題 目

一、赤壁之戰，曹操為什麼失敗？曹操戰敗對於當時的局勢，帶來什麼
樣的影響？

二、什麼是「隆中對」？「隆中對」中諸葛亮給劉備什麼樣的建議？日
後蜀漢政權的發展與「隆中對」的規劃有何異同？

三、試討論北伐與蜀漢政權興亡的關係。

四、如果說「限江自保」與「施德緩刑」是孫吳的立國方針，請問這樣
的政策是在什麼樣的條件下制定出來的？這樣的政策對孫吳政權的
發展帶來什麼樣的影響？

五、什麼是山越？山越問題對孫吳政權的發展有何不良影響？孫吳如何
處理山越問題？結果如何？

六、陳群為什麼要制定九品官人法？九品官人法如何選用官吏？

七、在曹爽與司馬懿的政爭中，試分析雙方支持者的身分背景與政治主
張，並說明司馬懿政變成功的主要原因。

第四章　西晉的政治與社會

學習目標

——詳細研讀本章以後，讀者應該能：

1. 瞭解「八王之亂」的原因及其影響。

2. 瞭解門閥政治與九品官人法的關係，同時也知道西晉門閥與漢代世族有何不同，為什麼西晉以後我們可以稱之為門閥政治？

3. 西晉以後，如何區分士（貴）、庶（賤）？士族有那些特權？

4. 九品官人法實施後，產生流弊，造成「上品無寒門，下品無勢族」，這裡是指「勢族」，不是「世族」。因此西晉以後門閥都源於兩晉時期的權貴。

摘　要

　　本章主要是從西晉的政局與政風，討論西晉滅亡的原因；同時也探討西晉的門閥，瞭解西晉以後形成門閥政治的原因，以及門閥政治的特質。

　　西晉的敗亡一是源於奢侈和貪污的風氣，再者是與諸王領兵有關。諸王握有軍權，主要是源於西晉以宗室出鎮地方的政策，而晉武帝將諸侯封國與軍鎮合而為一，更加擴大諸王力量，這是八王之亂的主要原因。此外，晉武帝因為私心，選立白癡兒子司馬衷繼承帝位，致使賈后亂政，也是西晉滅亡的因素之一。八王之亂，使得邊境的族群紛紛起兵稱王，造成永嘉之禍。永嘉之禍不僅帶來西晉的滅亡，也造成民族的大遷徙，是中國歷史上的重大事件。

　　西晉的門閥源於東漢的世家大族，而東漢世族發展成為魏晉南北朝的門閥，其中的關鍵是魏晉時期的九品官人法。尤其司馬懿設置州大中正以後，擔任州大中正、郡中正的權貴，往往藉著九品官人法的保障，使得家族享有政治特權，因此成為門閥。而西晉時期，門閥世族除了在選舉上享有特權，更在稅役上、學校制度上享有種種的保障與優惠。西晉在法制上正式承認世族的地位，並且給予種種的優免，開啓了門閥政治的時代。

西晉政權，從司馬炎稱帝到愍帝被擄，前後只維持五十二年
（265～317），如果再加上前面司馬懿、司馬昭時期，則有六十幾
年。在這段時期，司馬氏併吞了蜀漢（263）、孫吳（280），統一
了中國。但是，隨後發生八王之亂、永嘉之禍，懷帝、愍帝被擄，
華北被北方遊牧族群所佔，司馬氏不得不南遷江南，形成南北分立
的局面。從西元三一七年到五八九年，南方先後成立東晉、宋、
齊、梁、陳等政權，北方則經歷五胡十六國，而後是北魏、北齊、
北周等政權。短暫的統一，隨後帶來更大的混亂，顯示統一只是軍
事上的征服，政治社會結構並沒有太大的變化，因而問題層出不
窮。

第一節　西晉的政局與政風

一、奢侈和貪污的風氣

西晉政權，是得自於政變陰謀，因此一開始就充滿妥協苟且，
缺乏一種開國氣象，晉武帝司馬炎是承繼父祖餘蔭當上開國之君，
因而缺乏宏圖大志，在政治上沒有什麼作為，只繫念著如何確保子
嗣政權，他的私心葬送了西晉政權。

司馬懿為了拉攏世族，奪取政權，設立了州大中正，確保支持
者的政治特權。到司馬炎篡位，魏晉禪替，又賦予他們占田、蔭戶
和免稅等經濟特權。主政者正式承認他們的地位，並且給予種種制
度上的保障，使得世族的勢力日趨強固。

世族政治下最敗壞的風氣就是奢侈和貪污。司馬炎平吳之後，
「頗事遊宴，怠於政事」，後宮美女將近萬人（《通鑑》 武帝太康
二年春三月條）。上行下效的結果，貴戚公卿無不競相誇耀，崇尚
奢侈，其中尤以王愷、石崇二人為最。石崇，有姬妾百餘人，僮僕

八百人，在金谷（河南省洛陽市東北）建別館，極盡花木園池之盛，經常與朋友遊宴通宵。他與外戚王愷常常鬥富；愷做紫絲布障四十里，他便做錦布障五十里；愷以香椒塗屋，他就以赤石脂塗飾。武帝不但沒有斥責遏止，反而暗助王愷。此外勳臣外戚如何曾、王濬、王濟、羊琇、賈謐等也都奢侈無度，何曾日日山珍海味，花費萬錢，還說「無下箸處」，他的兒子更加奢侈，每天窮盡珍異，花錢二萬。

　　奢侈風尚必然帶來貪污，武帝時期，上自皇帝下至百官，公然賣官鬻爵。武帝曾問劉毅，如以漢帝來論，他相當於何人？劉毅說：「桓、靈。」武帝說：「何至於此？」劉毅回答：「桓、靈賣官錢入官庫，陛下賣官錢入私門，以此言之，殆不如也」（《晉書‧劉毅傳》）。在公卿貴戚都收賄聚財的情況下，一般大臣都抱著「夫犯上干主，其罪可救，乖忤貴臣，禍在不測」的心態，名賢如杜預，也不得不賄賂朝中權貴，以免受禍（《晉書‧杜預傳》）。

二、封建宗室與諸王領兵

　　此外，晉武帝分封宗室以及移封就鎮的政策，也是造成西晉亂亡的根源。曹魏沿襲漢制，封建同姓王侯，但是均為虛封，「皆使寄地空名，而無其實。王國使有老兵百餘人，以衛其國。雖有王侯之號，而乃儕為匹夫。縣隔千里之外，無朝聘之儀，鄰國無會同之制。諸侯游獵，不得過三十里，又為設防輔監國之官以伺察之。王侯皆思為布衣而不能得」（《魏書‧武文世王公傳》注引《袁子》）。因此，宗室毫無屏衛中央的力量，一旦中央落入權臣之手（如司馬懿政變），政權也隨之轉移。晉武帝鑑於曹魏的敗亡，泰始元（265）年，大封宗室二十七人為王，使互相維制。以郡為國，邑二萬戶為國，置三軍，兵五千人；邑萬戶為次國，置二軍，兵三千

人；邑五千戶為小國，置一軍，兵一千五百人。以後「更制戶邑」，凡是不滿萬戶的小國，皆置滿萬戶；大國增為四萬戶，而汝南王亮、秦王柬食邑至八萬戶，成都王穎食邑至十萬戶。西晉封國都置相（品秩如同郡守，由中央選任），掌管行政、財政事務，諸侯王「徒享封土，而不治吏民」，而且所謂食邑戶數，也只是將編戶租稅的一部分（戶調絹一匹，田租戶二斛），作為諸侯的租秩。但是，與曹魏諸侯比較，西晉宗室的經濟力、軍事力都壯大許多。

　　然而，如果說八王之亂是源於晉武帝分封諸王，這麼說的話，並不完全正確。諸王所以坐大為亂，除了封國之外，還外加出鎮地方都督軍事，擁有龐大的軍權所致。都督，是「都督諸軍事」的簡稱，西漢末期為了協調統一軍權，戰時多派御史督軍，戰後即罷，是臨時派遣的使職。建安年間，曹操為應付各方外患、寇亂，乃使親信將領督軍，駐守地方，逐漸發展成為定制，成為地方上的最高軍事首長（如果兼領刺史則為軍政首長）。司馬懿政變後，賦予世族許多特權，但是地方軍政大權始終掌握在司馬氏手中，重要的軍鎮如冀州鄴城、淮北壽春、豫州許昌、雍涼地區的長安，依例都由宗室出鎮。而宗室出鎮都督即無法親臨封國，因此，晉武帝初行分封，諸王或留京師，或是鎮守地方，並未返回封國，落實封國制。咸寧三（277）年，基於繼位者司馬衷無能，為了進一步護衛中央，武帝派遣諸王之國，而諸王為都督者，則「移封就鎮」，使軍鎮與封國合而為一。如徙扶風王亮為汝南王，出為鎮南大將軍，都督豫州諸軍事；瑯邪王倫為趙王，督鄴城守事；勃海王輔為太原王，監并州諸軍事；汝陰王駿為扶風王，督關中諸軍事。諸王出鎮，開設軍府，擁有許多幕僚軍隊，而軍鎮封國合而為一，使得都督幾乎成為終身職，在地方上自然形成龐大的勢力。

　　此外，晉武帝平吳之後，「罷州郡兵」，更是把地方武力聚集

於都督，使地方上缺乏制衡的力量。魏晉之際，除了中央擁有數十萬大軍，以守衛邊境、防備吳蜀以外，地方州郡也都駐有兵戶，由州刺史統領。晉武帝平吳之後，認為天下一統，可以「息役弭兵」，「乃詔罷州郡兵」。罷州郡兵，並非廢除地方武備，而是實施軍民分治。也就是州刺史、太守還原為監察、民政的範圍，不再帶將軍號領兵；而地方武力由都督統領，下設校尉。裁撤州郡兵，把地方武力集中於軍鎮、都督手中，都督又多由宗室諸王出任，因此，一旦諸王為亂、內鬥，引發劉淵、石勒、王彌等異族起兵，「郡國多以無備，不能制」。郡國首長在亂事中不能發揮制衡的力量，這是武帝裁撤州郡兵，集中兵力於諸王的結果。

三、賈后干政與八王之亂

晉武帝最大的失策，是選立司馬衷為繼承人。司馬衷愚闇無能，幾近白癡，武帝屢次有意改立齊王司馬攸。司馬攸，是司馬炎的弟弟，由於司馬師無子，過繼給司馬師。司馬師為司馬懿的嫡長子，死後無嗣，遂由司馬昭繼位執政。司馬昭在位時，認為天下應該是司馬師這一房的，終將還給司馬攸，臨死還執司馬攸之手交給司馬炎。司馬攸仁孝慧敏，大臣衛瓘、和嶠都主張廢衷立攸，而賈充、荀顗、馮紞等則極力反對。後來武帝終究不能捨子立弟，將齊王攸遣離京城，司馬攸怨憤發病而死。而司馬衷繼位為惠帝，無力處理政事，大權旁落外戚楊駿、賈后手中，賈后干政，終於釀成八王之亂。

惠帝初即位，由太后父楊駿以太傅輔政。楊駿，是名門望族之後，輔政之後，獨攬大權，多樹親黨，弟珧、濟都任顯職，招致宗室諸王的不滿。賈后（名南風，賈充女）即利用宗室與楊氏的矛盾，唆使楚王瑋勒兵入京，誅殺楊駿及其黨羽，死者多達數千人。此為

元康元（291）年三月。駿死後，由汝南王亮和元老大臣衛瓘共同輔
政。六月，賈后又以惠帝手詔，令楚王瑋殺司馬亮、衛瓘，隨後又
否認有這道詔書，而以「矯詔擅殺」的罪名殺司馬瑋，朝政遂落入
賈后手中。

　　賈后執政，除了依靠親黨賈模、賈謐、郭彰外，也起用名士張
華、裴頠、裴楷等共同輔政。張華等都有相當的名望與政治經驗，
賈模等也能和他們共體時艱、同心輔政，朝政大致上還算穩定。直
到元康九（299）年，發生了廢殺太子遹的慘劇。太子遹是惠帝妃謝
氏所生，自幼即以聰慧聞名，甚得武帝寵愛，對他寄予厚望，甚至
因而打消廢立司馬衷的念頭。太子和賈謐有矛盾，賈氏親黨怕太子
得政後，對賈氏不利，所以勸賈后廢太子，「更立慈順者以自防
衛」。賈后於是誣陷太子謀反，元康九年廢為庶人，隨後將他毒
殺。太子無罪被廢殺，朝野憤怒，永康元（300）年四月，趙王倫即
藉口為太子報仇，派遣齊王冏率兵入宮殺賈后、張華、裴頠等人，
控制朝政，從此展開「八王之亂」。

　　所謂八王是指汝南王亮、楚王瑋、趙王倫、齊王冏、長沙王
乂、成都王穎、河間王顒、東海王越等人，由於領有重兵而干預朝
政。永寧元（301）年正月，趙王倫廢晉惠帝，自立為帝，鎮守許昌
的齊王冏、鎮守鄴城的成都王穎、鎮守長安的河間王顒即起兵申討
趙王倫，倫戰敗被殺，惠帝復位，齊王冏入朝專政。冏擅權驕奢，
中外失望，太安元（302）年，成都王與河間王密謀討冏，即遣部將
張方、李含等進軍洛陽，長沙王乂在洛陽響應，冏敗被殺。從此朝
中政權表面上是由司馬乂輔政，實際上則由司馬穎以大將軍名義在
鄴城遙控。不久，司馬乂與司馬穎的矛盾日深，雙方絕裂，太安二
（303）年八月，穎與河間王顒聯合，調動將近三十萬大軍逼迫洛
陽；司馬乂則與東海王越據守京師，雙方在洛陽城外對峙數月，是

八王之亂以來最大規模的戰役。司馬穎的軍隊逐漸收縮對洛陽的包圍，洛陽情勢緊急，東海王越遂勾結禁軍，拘禁司馬乂，開門求和，乂則被司馬顒部將張方活活烤死。

司馬穎進入洛陽，擔任丞相，自立為皇太弟，不久率軍回鄴，政治中心也隨之北移，洛陽的惠帝只是徒有其名。然而，司馬穎「恃功驕奢，百度廢弛」（《晉書·成都王穎傳》），政治更加惡化，因此大失人心。永興元（304）年七月，東海王越遂挾惠帝統領禁衛軍討伐司馬穎，結果在蕩陰（河南省湯陰縣）兵敗，惠帝被俘，司馬越逃回自己的封國東海（山東省郯城縣北）。但是與司馬越共同起兵的幽州刺史王浚、并州刺史東瀛公騰（越弟）卻攻破鄴城，司馬穎挾惠帝南奔洛陽，這時洛陽已落入司馬顒手中，司馬穎到洛陽無法掌握政權。不久，司馬顒強迫惠帝、穎西遷長安，政治中心又隨之西移。

永興二（305）年七月，東海王越與范陽王虓等集兵進攻長安，司馬顒戰敗。第二年六月，越迎惠帝回洛陽，十一月，越毒殺惠帝，改立司馬熾，是為懷帝。而穎、顒也相繼被害，八王之亂至此暫告一段落。

當西晉政權搖盪、諸王兵鋒相向時，中國境內的一些少數族群也乘機而起。尤其諸王在混戰過程中，曾利用若干遊牧民族助戰，更使局勢愈加混亂。如成都王穎引匈奴族劉淵為外援，東瀛公騰引烏桓兵為助，幽州刺史王浚引遼西鮮卑為助，東海王越部眾中更有鮮卑兵三萬人。這些族群投入中原戰場，眼見西晉政權腐化無力，不久即紛紛起兵自立。關於邊疆族群的遷徙與起兵，請參閱第八章第一節。西元三〇四年，匈奴酋長劉淵於左國城（山西省呂梁市離石區東北）自立，稱漢王；氐人李雄則據蜀，稱成都王。而戰亂、兵災引發大規模的疾疫、糧荒，人民紛紛流徙避難。帝國無力應付這

些問題，因此，一旦匈奴族劉淵、石勒、王彌入侵，隨即崩潰滅亡，這就是歷史上，著名的「永嘉之禍」。

西晉帝系及八王世系表

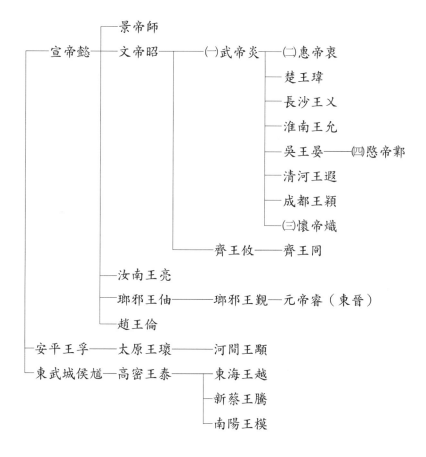

第二節　門閥政治的形成

西晉時期的門閥源於東漢的世家大族，但是東漢的世族大姓不必然成為魏晉門閥，而西晉門閥的特質也與東漢時期的世族不同，

他們在政治上、經濟上、教育上具有特權，這些特權被國家所承認且立法保障，因此可以稱之為門閥政治。門閥政治形成於魏晉時期，東晉時期發展到最高峰，南北朝以後逐漸衰微，而有各種的演化。本節特以西晉時期為主，先就門閥的形成與門閥政治的特質稍做闡述。

一、門閥的形成

西晉的門閥源於東漢的世家大族。東漢的世族有的是基於政治途徑，如開國功勳或外戚姻親，政治的因素雖然不太穩定，但是如果子孫昌明，便能綿延為大族。其次是憑藉雄厚的資財，東漢有許多地方豪族，擁有龐大的田地與佃客，在地方上深具影響力，一旦有機會（如透過選舉）即躍上中央，成為仕宦之家。再者是累世經學之家，漢代崇尚儒術，以儒學取士，因而經學昌盛。當時的若干名師巨儒，對於經學有各自不同的解釋，稱之為家法。漢代經學注重家法，各有師承，而傳經者又把經學視做家傳之秘不肯輕易授人，因此某家之學累世相傳，成為儒學之家。壟斷經學自然就壟斷仕宦機會，累世經學遂成為累世公卿，如孔氏自孔霸（昭宣時人）至七世孫孔昱，一家任卿相牧守者五十三人，列侯七人；桓氏自桓榮（明帝時人）起，一家三代為五帝師；又如弘農楊氏自楊震起，四世為太尉；汝南袁氏自袁安起，四世有五人為三公。一般說來，不論是憑藉政治力、經濟力、社會力，或知識力崛起的家族，興起之後，多能利用其在朝為官的資源，進一步擴大家族力量。更何況漢代的「任子制度」（二千石以上官吏可以蔭任子弟一人為郎官）、教育制度（官吏子弟可以優先入太學），對於世族的發展更有相當大的助益。因此，東漢末期世族勢力已經相當雄厚，各個政權都必須與他們合作，否則即遭致敗亡命運，這在曹爽、司馬懿的政爭中已

經顯露無遺。

　　然而，西晉時期的門閥雖然是源於東漢的世族，但是東漢的世族不盡然都發展為門閥。從東漢到魏晉，造成門閥的發展關鍵，是魏晉時期的九品官人法。

　　陳群制定九品官人法，除了解決漢末選舉流弊外，也多少具有籠絡世家大族的用意。因此九品官人法以中央官擔任各郡中正，郡中正根據德、才、家世三項標準品第士人。其中才、德二項沒有一定的標準，容易引起爭議，家世（簿世）是唯一可以公論的標的，所佔的份量就愈來愈重，甚至成為唯一的標準。魏明帝時期，已經出現選舉不公，士人「趨勢赴利」的問題，明帝、曹爽有意改革九品官人法，結果失敗。司馬懿則提出加設州大中正的改革辦法。州大中正設立之後，選舉便為少數擔任州大中正、郡中正的權貴所壟斷，因此九品官人法遂為保障少數權貴之家的辦法。

　　西晉時期，已經有不少人批評中正品第不公，專重家世，賢者每因地寒不得陞遷，愚者卻因門高而被拔擢，其中最有名的就是劉毅的「九品八損」疏（《晉書‧劉毅傳》），他提到中正不公平的原因：

> 今之中正，不精才實，務依黨利；不均稱尺，務隨愛憎。所欲與者，獲虛以成譽；所欲下者，吹毛以求疵。高下逐強弱，是非由愛憎。隨世興衰，不顧才實，衰則削下，興則扶上，一人之身，旬日異狀。或以貨賂自通，或以計協登進，附託者必達，守道者困悴。無報於身，必見割奪；有私於己，必得其欲。是以上品無寒門，下品無勢族。……。

可見中正之所以不公，除了個人愛憎私欲、貪受賄賂之外，最主要的是趨炎附勢，因此造成「上品無寒門，下品無勢族」。值得注意

的，他說的是「勢族」，並不是「世族」，是指當朝的權貴家族，而不是漢末的塚中枯骨。同樣的，段灼上表指責中正品第不公時，也說「故據上品者，非公侯之子孫，則當塗之昆弟也」（《晉書‧段灼傳》）。所謂「公侯之子孫」、「當塗之昆弟」也就是劉毅所謂的「勢族」。由此可見，九品官人法產生流弊，造成以門第取人，而門第高低是取決於有沒有在朝為官，尤其是在魏晉之際，有沒有依附司馬氏，攀附上政治高位，藉助九品官人法，保障家族政治特權，如此躍上高門，從此代代相襲，遂成為門閥。

兩晉的門閥世族有些源於漢代，如潁川荀氏、陳氏，瑯琊王氏，滎陽鄭氏，也有不少起於魏晉之際，如東晉時期相當顯赫的家族潁川庾氏，其先世在漢末時相當卑微，在太學裏「為諸生傭」，曹魏時當上太僕，西晉時為尚書、侍中、河南尹，到東晉時更與司馬氏聯姻，而成為「盛門」。此外如陽翟褚氏也是如此，褚氏是始於西晉初期，由於褚翜相當有才幹立下軍功而崛起，東晉時又與皇室聯姻而躍上高門。反之，即使在東漢時期已經相當顯赫，如「四世五公」的袁氏，公卿將軍滿家的梁、竇、耿、鄧諸氏，由於政治的因素，魏晉時期已經趨於沈寂，在後世更是見不到這些家族的蹤跡。

二、門閥政治

司馬懿制定州大中正制，確立州郡中正在選舉上的主導權，也等於確立在朝的著姓世族在任官上有優先權。世族在政治上享有特權，代代世襲，變成門閥政治。除此之外，西晉政府在賦役制度、學校制度上，也給予世族種種保障與特權，這種在法制上正式承認世族的地位，並且給予種種優免，可說正式開啟門閥政治的時代。

晉武帝在征服東吳，統一天下以後，制定新的稅役制度「戶調

式」。戶調式採取按官品占田、蔭族、蔭客的原則,基本精神是保障當代各級官僚貴族的經濟特權,甚至還涵括未任官的「士族」在內,也給予相當的優免。占田制規定:「男子一人占田七十畝,女子三十畝」(《晉書‧食貨志》),這是一般平民可合法向政府申報擁有的田地;但是官吏則按官品高低占田,一品官占田五十頃,每品遞減五頃,至九品官可占田十頃。此外,各級官吏也可以蔭族及蔭客,根據《晉書‧食貨志》的記載為:

> 而又各以品之高卑蔭其親屬,多者及九族,少者三世。宗室、國賓、先賢之後及士人子孫亦如之。而又得蔭人以為衣食客及佃客,品第六已上得衣食客三人,第七、第八品二人,第九品……一人。其應有佃客者,官品第一第二者佃客無過五十(十五?)戶,第三品十戶,第四品七戶,第五品五戶,第六品三戶,第七品二戶,第八品第九品一戶。

蔭是庇蔭,一般說來中國歷代皆有官吏免稅免役的規定,但是西晉時期除了官吏本身之外,可以庇蔭附屬者為衣食客及佃客,這些官吏的蔭客可以免除稅役,此外也可以庇蔭親屬,使他們不用納稅服役。除了優待官吏家族之外,戶調式中又加上「宗室、國賓、先賢之後及士人子孫亦如之」。宗室不用說,國賓是指漢室之後山陽公及魏室之後陳留王;先賢之後可能包括孔子等受人崇敬的賢哲子孫;而「士人子孫」則是特指一些沒有在朝為官的士人及其子孫。戶調式中給予「士人子孫」稅役的優免,可見西晉政府已經承認某些家族為「士人」,並且予以免役特權。而各級官吏可以占田、蔭族、蔭客,自然更加壯大家族的經濟力,這也是西晉權貴多發展為門閥的原因之一。

　　此外,西晉時期中央太學也分立為國子學與太學,國子學是官

品五品以上的子弟就讀的學校，太學則收納六品以下官吏子弟，這種區分是為了「殊其士庶，異其貴賤耳」（《南齊書‧禮志上》）。把六品官以上看做士，也屬於貴；六品官以下則為庶，也相當於賤。這是西晉九品官人法門閥化以後，政治為門閥所壟斷，一般庶民任官最多只能上升到六品官，因此出現士庶、貴賤的界線，而學校教育也因此產生變革。

三、門閥社會

西晉時期，門閥世族多半擁有廣大的莊園，莊園內種有各種農作、果樹，也飼養各類家畜，如石崇的金谷園「有清泉茂林，眾果竹柏藥草之屬，金田十頃，羊二百口，雞豬鵝鴨之類，莫不畢備。又有水碓、魚池、土窟」（石崇《金谷詩序》）。而石崇的好友潘岳在洛水旁也「築室種樹」，他的莊園裏，櫻桃、葡萄、石榴、蘋果、梨、柿、棗、李、桃、杏、梅樹「靡不畢殖」，蔬菜方面則種有蔥、韭、蒜、芋、薑、薺、筍、薑等（潘岳《閑居賦》）。所生產的作物不一定自給自足，有些也營利銷售，如王戎「性好興利，廣收八方園田水碓，周徧天下。積實聚錢，不知紀極，每自執牙籌，晝夜算計，恆若不足⋯⋯家有好李，常出貨之，恐人得種，恆鑽其核」（《晉書‧王戎傳》）。可見西晉世族相當注重營利。有的甚至採取非法手段，如石崇在荆州「劫遠使商客，致富不貲」（《晉書‧石崇傳》）。

世族的莊園，多半擁有大批的奴僕與佃客。奴僕是賤民，多來自於買賣或擄掠，他們多半從事家內勞役或者一些生產工作。佃客多為自動投附，亂世之際，許多農民生活無著遂依附在世族之下佃耕土地。依附的佃客，藉助門閥世族勢力，多半未向國家繳稅服役，稱之為蔭戶。西晉時期，面對不斷擴大的蔭戶問題，晉武帝在

戶調式中制定一定的規範，給予合法的蔭族、蔭戶範圍，但是事實上不法侵占田地、庇蔭民戶的情形還是很多，如《晉書‧王恂傳》載武帝時河南地區「貴勢之門，動有百數」，「又太原諸部亦以匈奴胡人為田客，多者數千」。而西晉政府雖然屢下禁令，嚴加懲罰，但是實際成效還是相當有限。

西晉的世族在政治上享有高位，在經濟生活上又多優渥，他們在日常生活上則喜歡聚會「清談」。清談是西晉門閥世族相當重要的學術社交活動，在他們的認知裏，士人之所以為士為貴，除了有一定的門地背景外，也要有相當的知識教養，清談正是展現他們知識風度的地方。關於清談請參看第十三章。

關 鍵 詞 彙

州大中正　　　　九品八損
都督　　　　　　蔭客制
移封就鎮　　　　士庶
八王之亂　　　　國子學
永嘉之亂

自 我 評 量 題 目

一、西晉諸王為什麼擁有龐大軍權，試從西晉的封國制與都督制分析諸王擁兵的原因。

二、試述八王之亂時，邊境各個族群的立場與反應。而此對西晉政權帶來什麼樣的影響？

三、司馬懿設立州大中正之後，九品官人法為什麼無法達到選才的目的？為什麼造成「上品無寒門，下品無勢族」的流弊？

四、西晉時期士、庶如何區分？士人在政治上、經濟上享有那些特權？

第五章　東晉的政治與社會

第五章　東晉的政治與社會

學 習 目 標

——詳細研讀本章以後，讀者應該能：

1.從東晉初期的立國形勢，瞭解到流徙政權如何與在地勢力妥協合作。也認識到東晉名相王導的政治能力，並思考領導的技巧。

2.從僑州郡、黃白籍到土斷，瞭解東晉政府如何從暫時偏安江南到長久發展。東晉的情形是否可與台灣目前情勢比較，兩者有何異同？

3.政治的安定與軍權的穩固有相當密切的關係。從荊、揚之爭到北府兵的興起，思考國家應該如何掌握軍事控制權，才不會受制於野心武將。

摘　　要

　　永嘉之亂，司馬睿在南北世族的支持下建立東晉政權。北方世族中，尤其是瑯琊王氏，王導在內輔政，王敦在外主軍，因此有「王與馬共天下」之說。

　　南方世族對於東晉政權有相當矛盾的感情，在北方遊牧政權的威脅下，不得不採取合作立場。東晉政府對於江南世族一方面籠絡，一方面打壓，終於穩定政局。

　　東晉由於仰賴南北世族，因此對於世族更加禮遇，凡是世族子弟皆能獲得鄉品二品，然後以六品、七品清官起家。世族的政治特權在東晉時期更加穩固，形成「門地二品」階層。

　　東晉的都督具有相當龐大的軍事力、經濟力，因此常常威逼中央，造成政局的動盪。其中又以荊州都督為甚。東晉時期荊州都督王敦、桓溫先後宰制中央，影響朝政。為了輔佐中央、制衡荊州，謝安授命謝玄於京口組織北府軍，北府軍遂成為東晉後期的主導力量。

第一節　東晉政權的建立

一、王與馬共天下

永嘉之亂，懷愍二帝先後被俘之後，鎮守建業（江蘇省南京市）的晉皇族瑯琊王司馬睿在部屬的擁立下稱帝，是為元帝。從此晉室偏安江左，北方則為遊牧民族所據，建立所謂的「五胡十六國」。

司馬睿，是司馬懿子瑯琊王伷的孫子，在八王之亂時，是司馬越的黨羽。司馬越北上爭霸時，以司馬睿為平東將軍鎮守下邳（江蘇省睢寧縣西北），隨後北方局勢日益惡化，司馬睿請求移鎮建業。建業是孫吳的帝都，江南財富民豐，司馬越正有意鞏固江南的統治，遂於永嘉元（307）年七月命司馬睿為揚州都督，移鎮建業。同年十一月命王澄為荊州刺史、王敦為青州刺史。在司馬睿駐鎮下邳、建業時，王導為軍府司馬，「軍謀密策，知無不為」，司馬睿之南下建業，建立東晉政權，即得力於王導的輔佐策劃。

王導為瑯琊的世族，瑯琊王氏由於居地的關係，與東海王越有相當密切的合作關係，王衍支持司馬越北上爭霸，王敦、王澄領軍駐守青州、荊州，王導則「傾心推奉」司馬睿。東晉政權建立，王導居中主政輔佐司馬睿，王敦則駐守江陵，都督江、揚、荊、湘、交、廣六州軍事。東晉初期，司馬睿雖名為皇帝，但是軍政大權都掌握在王氏手中，「王與馬共天下」之說，是相當切合實情的一句話。

二、南北世族的合作與矛盾

司馬睿移鎮建業之後，除了繼續拉攏北方南徙的世族，不斷「收其賢人君子」外，也接受王導的建議，極力籠絡江南世族，爭

取他們的支持。

　　江南的世族，在東吳滅亡之後，仍然保有相當的經濟基礎與地方勢力。在西晉時期，江南的世族並沒有受到中央政府的重視與禮遇，他們的心中也有若干的不平。八王之亂時，負責督運江南漕米的廣陵度支陳敏曾經起兵自立，自稱都督江東軍事、大司馬、楚公。陳敏佔據吳越之地，任命「江東首望」顧榮等四十餘人為將軍、郡守，意圖建立新政權。但是這些江東世族們，卻以陳敏出身寒微，為「七第頑冗，六品下才」（《晉書・陳敏傳》），不願擁戴他。當西晉政府派兵討伐陳敏時，江東大族如周玘、顧榮、甘卓等紛紛起兵響應政府，攻殺陳敏。可見世族的身分觀念相當強烈。

　　司馬睿初鎮江南，江東的世家大族對他十分冷淡，不願意有所往來。王導意識到問題的嚴重性，遂在三月三日上巳那天，讓司馬睿乘肩輿出遊，王敦、王導以及北方流亡南下的世族皆騎馬隨從，隆重的儀仗，威嚴的行列，使南方世族感受司馬睿的領導權威，於是紀瞻、顧榮等「江南之望」就相繼拜伏於路旁。而王導又向司馬睿建議：「顧榮、賀循，此土之望，未若引之以接人心。二子既至，則無不來矣」（《晉書・王導傳》）。司馬睿便請王導代表他去拜訪顧榮、賀循，在王導的拉攏下，顧榮、賀循接受司馬睿的禮聘進入瑯琊王府，於是「吳會風靡，百姓歸心」。西元三一七年，司馬睿得到愍帝被俘的消息，先稱晉王，第二年，改稱皇帝，建立東晉政權。

　　江南世族之所以支持司馬睿，一方面基於身分階級，江南世族對於北方世族有一種羨慕與欽佩的心理，如《抱朴子・譏惑篇》中即講到吳地世族喜歡仿效洛陽士人的書法、語言，甚至不守喪禮等。此外，永嘉之亂北方遊牧政權的勢力直逼江南，在混亂的狀況下，南方是否有足夠的力量抵擋石勒、石虎的南侵，也是有問題

的，為了江南以及自身的利害，江南世族不得不與北方世族同心協
力，阻擋胡騎。而居中協調、聯合各方勢力共同抗敵的主要人物就
是王導。

　　王導對於南方世族極盡籠絡之能事，如他曾向陸玩請婚希望結
為親家，結果被陸玩拒絕（《世說新語‧方正篇》）。他也喜歡學吳
語、說吳語（《世說新語‧排調篇、政事篇》），以拉近雙方的距
離。但是，江南世族仍有不少的怨憤與不滿。基本上，江南世族中
如吳郡的顧氏、陸氏、朱氏、張氏，會稽的孔氏、賀氏是屬於較為
崇尚儒雅的文化世族，在東晉政權中也較受禮遇；但是義興的周
氏、沈氏、錢氏則是屬於地方強宗，具有雄厚的武力與經濟力，受
到中央的疑憚，因而有所抑制。建興元（313）年周玘意圖起兵政
變，事洩，憂憤而死。臨死對他的兒子周勰說：「殺我者諸傖（吳
人謂中州人曰「傖」）子，能復之，乃我子也」（《晉書‧周處附周
玘傳》）。周勰秉承遺命，於第二年糾集徒眾起兵討王導、刁協，
最後還是失敗。但是，司馬睿以「周氏豪望，吳人所宗」，不敢窮
治，仍然禮遇周勰。

　　周玘、周勰的不馴，讓司馬睿和北人世族感到緊張，因此他們
遂採取分化離間的辦法削奪強宗豪族的力量。王敦首先透過錢鳳拉
攏沈充，再藉口周札叔侄等圖謀叛亂，派沈充率兵襲殺周氏，周氏
因而被滅。而沈充由於依附王敦，在王敦政變失敗後，沈充也受累
被殺。江東二大豪族周氏、沈氏，就在內訌中同歸於盡。

　　基本上，東晉政權是南北世族相互合作妥協才建立起來的，少
數豪霸世族受到打擊，但是多數江南世族仍然受到尊重。王導在施
政上總是儘量避免與東吳世族衝突。如僑州郡的設立，其目的不僅
在安插流人，也是有意識的區分南徙北人與吳人的居住區，避免雙
方的衝突。而北人世族在江南地區設置莊園，也多避開吳人世族聚

集的太湖流域，多選擇在江南世族勢力較為微弱的會稽、溫、台一帶，兩者之間的妥協由此可見一斑。

三、「門地二品」階層的確立

司馬睿流寓江南建立東晉政權，得力於世族的支持，如瑯琊王氏、太原王氏、潁川荀氏、鄢陵庾氏、陽夏謝氏等北方世族，以及東吳地區的陸氏、顧氏、張氏、賀氏等大族。對於這些擁戴功臣，東晉政府賦予許多政治、經濟上的特權，如州郡中正多由上述家族出任，使他們輕易地取得中正二品的等第，並多半出任六品以上的清官。這種以門地為主，不重才德的選舉風氣，終於塑造出「門地二品」的社會階層。

魏末晉初，除了少數宗室、公侯子弟外，一般世族子弟即使極為優秀，多半只能獲得鄉品三品，初任官（起家官）則多為公府的掾屬。鄉品二品，只有少數特例者獲得，如貴公子司馬炎，以及為了陪襯司馬炎而被推舉的滎陽望族鄭默。東晉時，不論是南徙的北方世族如王、謝之家，抑或當地的吳姓世族子弟如顧氏、陸氏，幾乎都是鄉品二品，起家官則為六品的秘書郎、佐著作郎、奉朝請等清。所謂「清官」，是指具有位望而職閒，或者名譽高升遷快的職官。如三品以上的尚書僕射、尚書令、中書監、中書令、侍中等三省長官，由於是政務官可參與國家決策，自然是受矚目的清官；此外如五品的中書侍郎、散騎侍郎、給事黃門侍郎、太子中庶子，六品的秘書郎、著作郎，七品的太子洗馬、太子舍人，由於職在近侍，或掌文翰，易於獲得皇帝或太子賞識，經此職者在仕途上往往升遷快速，因此深受士人喜愛，屬於清官範圍。相對的，如四品的御史中丞、五品的給事中、六品的尚書台郎（吏部郎除外）、治書侍御史等，由於職務繁重，或者職屬監察易於招怨，都是屬於吃力

不討好的工作,在此職者不易有所表現,因而升遷不易,屬於濁官範圍。

曹魏西晉時期,門閥世族勢力雖然已經成型,但是官制上還沒有明顯的清濁官的分野,而職官清濁與門地高下也沒有必然的關係。東晉以後,一流名家子弟多從著作郎、秘書郎起家,隨後即一路循清官系統遷轉,濁官則為下層士人的出路。而一流名家子弟對於與身分不符的職務多半採取拒絕的態度,如王坦之為瑯琊王氏之後,吏部選任以他為尚書郎,他說:「自過江來,尚書郎正用第二人,何得以此見擬」!拒絕了這項任命(《晉書・王坦之傳》)。由此可見東晉時期的門地意識,以及門地與官制的緊密結合。從此以後,中正品第只取決於門地,不再考量士人的才德,因此中正的功能遂日漸衰微,選用的權力因而集中於吏部。而吏部選用必須有所依據,「譜籍學」即應之而起,優秀的吏部職官必須精於譜籍,熟悉士人的鄉里地望、父祖名位。

東晉南朝的世族,南徙北人世族(僑姓世族)以王、謝、袁、蕭為大,南人世族(吳姓世族)則以朱、張、顧、陸為高。門閥世族的形成與家族的名望有關,而名望往往奠立於世族子弟在政治、社會上種種的表現。因此,南遷的僑姓世族,如瑯琊王氏在東晉初年因輔佐之功而躍升為第一高門。陳郡陽夏謝氏則因為淝水之戰立下大功,確保江南的安全,而成為高門。蘭陵蕭氏則因為建立齊、梁政權,身列皇族,允文允武,才與王、謝並列。相對的,有些世族在西晉時期雖然有很高的地位,如弘農楊氏、范陽盧氏因為渡江較晚,未能擠入東晉核心統治集團,在政治上不易有所表現,於是淪為次等世族。東晉「門地二品」階層確立之後,次等世族受到壓抑,上升不易,自然感到憤怒與不滿,而此往往形成東晉時期動亂的根源。

四、僑州郡與黃白籍

　　永嘉亂後，北方陷入混亂，不少人民為了避難移徙到江南。移徙的浪潮以東晉劉宋時期最多，前後有七次較大的移民潮。第一期是永嘉元（307）年，司馬睿移鎮江東，北方流民相率過江。第二期是太興四（321）年祖逖北伐失敗，東晉勢力撤退到淮南，流民亦隨之渡淮。第三期是永和五（349）年，北方由於後趙政權崩潰，桓溫趁機出兵關中，關中地區流民多隨晉軍南下至樊、沔、漢中一帶。第四期是太元八（383）年，淝水之戰，苻堅敗亡，前秦崩潰，北方再度陷入混亂，中原流民相率渡江。第五期是義熙十二（416）年，劉裕北伐，收復關中、河南地區，隨後復失，又再度吸引北方人民南下。第六期是宋元嘉二十七（450）年，北魏勢力擴張，南侵至瓜步，淮北流民南下。第七期是宋泰始二（466）年，南方再度受挫，喪失淮北四州及豫州淮西之地，原屬漢人也隨之渡淮。移徙的路線，今山東、河北地區流民多移徙至蘇北，再南下至江蘇、浙江一帶；河南地區則多移至皖南、江西九江附近；山西、河南西北地區則多沿漢水流域進入湖北、湖南境內，甘肅、陝西一帶則南移至四川、漢中盆地。

　　對於一波波的移民，東晉政府採取設置僑州郡的辦法安置他們。所謂「僑州郡」是在江南地區設置北方州郡安置南徙的僑民，如元帝在太興三（320）年於建康僑立懷德縣，安置琅邪僑民，隨後成帝咸康元（335）年在江乘縣（江蘇省句容市北）境內僑立琅邪郡，為了和北方的琅邪郡區別起見，稱之為南琅邪郡。從此開啟僑州郡的創置。如兗州、青州、徐州北部南下僑民很多，即在京口（江蘇省鎮江市）界內僑立南徐州和南兗州（南兗州初設於京口，後遷至江北廣陵），在廣陵（江蘇省揚州市西北蜀崗）僑立南青州，在蕪湖（安

徽省蕪湖市東）僑立南豫州。至於僑民較少的州郡如幽州、冀州，則不設州，只設郡級或縣級的機構，併附於南徐、南兗、南青等州郡下。這樣隨便僑置郡縣、分合地方行政機關的結果，造成地方制度大亂。如今天江蘇常州地區，在當時即設了十五、六個郡級和六十多個縣級的流寓郡縣。

　　國家設置僑州郡，原有暫時安置流民的意味，是一個過渡階段，並非長久打算。時間久了，終究必須對流民實施編戶，納入國家統治，於是實施「土斷」。土斷，是把南徙流民就地編列，納入新的地方行政體系，如陳霸先（陳政權的建立者東南）原籍潁川，永嘉時陳氏南渡居於吳興，遂土斷為吳興長城（浙江省長興縣東南）人。東晉時期先後實施過幾次土斷，第一次在成帝咸和中（326～334）年，史書上沒有詳細的記載。第二次在成帝咸康七（341）年，主要是把流民納入編戶，不過仍然是一種臨時編置，因此採取白籍，有別於正式的戶籍──黃籍（依照當時的行政慣例，凡是以白色紙張書寫，都表示非正式，正式公文須用黃紙）。白籍者不需要納稅服役，對北人仍然是一種相當優惠的措施。

　　第三次在東晉哀帝興寧二（364）年三月庚戌日（初一）公布實施，因此又稱為庚戌土斷。庚戌土斷，是由桓溫主持，取消白籍，全面改成黃籍，流民不再獲得免稅免役的優惠。庚戌土斷執行得相當徹底，許多藏匿於公卿大族的隱戶都被清查出來，如晉宗室彭城王司馬玄藏匿五戶，被檢舉交付廷尉治罪；而會稽地區也清查出來蔭戶三萬多人。土斷使得「財阜國豐」，桓溫就在這樣的基礎下再度北伐。

　　第四次是在安帝義熙八、九（412～413）年，這是劉裕主政的時期。在三吳、會稽一帶雷厲風行，會稽世族虞亮因為「藏匿亡命千餘人」，被劉裕處以死刑，於是「豪強肅然，遠近知禁」。因

此，土斷將流民納入編戶，除了增加稅收外，也打擊豪強世族，對於強化中央有直接的幫助。這樣的土斷，在劉宋之後仍然持續進行，是東晉南朝鞏固國家統治相當重要的工作。

第二節　荊揚之爭

東晉南朝的經濟重心，集中於荊、揚二州，二州的戶口、物產佔了江南的一大半。司馬睿過江後，立都建康，以揚州為京畿，荊州為長江上游重鎮，則以王敦等領兵鎮守。而荊州由於具有雄厚的軍事力、經濟力，常常挾其優越的軍事優勢，威逼中央，造成東晉南朝政局的變動。所謂「荊、揚之爭」──中央與方鎮的矛盾，是東晉南朝相當普遍的課題，本節先以東晉時期為主，看看東晉的方鎮勢力及其對政局的影響。

一、東晉的方鎮

在前面的章節中（參見第四章第一節）我們已經談過曹魏西晉的都督制，東晉承襲西晉的體制，但是在都督的權責、都督區的規劃上更趨於穩定，可說是都督制的成熟期。

西晉時的都督多督一州或二州，其區域多隨原先之州域而定，因此，在制度上難免與舊有的州制疊架。東晉以後，都督多督二至數州，在範圍上擴大許多，而所督的郡縣常踰越州境界限，而自成一個獨立的都督區。如揚州的晉陵郡，常屬於徐兗都督區；荊州的竟陵郡，則多納入江州都督區。這樣的區劃不僅打破原有州郡的轄屬關係，而且其固定性常常踰越州郡。如東晉以後，常分荊州置湘州，分荊州、益州設巴州，但是州郡不管怎樣調整，仍然屬於荊州都督區；分揚州置東揚州，也仍由揚州都督。由此可見，東晉時期，都督區已逐漸成為一個獨立的軍政單位。

　　東晉的都督，在職權上也比西晉時期擴大許多。一般說來，東晉的都督多兼領治所所在的州刺史，而都督軍府的僚佐又多帶要郡太守，因此都督區內，可以說軍政合一，擁有絕對的控制權。即使未親自統領，對於督統的屬州，都督也有指揮督察權，可徵聚兵戎，可調用財物，可自行任命郡守，可上言黜陟刺史。可見都督的權限相當龐大。

　　東晉的都督，以荊州都督實力最為雄厚。荊州都督多半督統荊州、江州、湘州、交州、廣州五州諸軍事，可說江南地區，揚州以外都在他的督統範圍。荊州都督所領多為實土實郡，不是虛設的僑州郡，物產豐饒，而且因為位居長江上游，軍事地位重要，常常設有重兵。因此荊州都督是江南地區數一數二的軍政首長，他的權勢幾乎可與建康的中央分庭抗禮。

　　此外，駐守京口的徐兗都督、駐守歷陽（安徽省和縣）的豫州都督也有相當的影響力。徐兗都督區，在建康城東北，東晉時期多以征北、鎮北將軍或北中郎將鎮守此地，因此又被稱做「北府」。北府都督，多半兼領徐州刺史，都督徐、兗、青三州及揚州之晉陵郡諸軍事。東晉時期，淮北地區已經失陷，因此北府都督實際上只有統屬淮南地區的徐州以及江南的晉陵郡，青、兗二州只是僑州並無實土。北府都督，就都督區域的面積而言，遠不如荊州都督，人力、物力自然難以比擬，但是北府由於距離建康很近，又控制江南的經濟重心──三吳地區，因此也有相當的重要性。豫州都督與北府情形相似，歷陽在建康城西南長江北岸，直接捍衛建康城，因此豫州雖然也多僑郡沒有多少實土，但是也不可忽視它的重要性。

二、王敦之反

　　元帝初鎮江東時，南方人士依附者甚少，多賴王導、王敦的輔

佐擁戴，才拓展偏安江南的局面。王敦為王導的從兄，少時即以雄豪著稱。元帝南遷後，以敦總統諸軍事討平華軼、杜弢之亂。隨後，又以他鎮守武昌，都督江、揚、荊、湘、交、廣六州諸軍事。王敦掌握軍政大權，遂企圖專制朝廷，有問鼎之心。元帝對他甚為畏忌，遂使譙王丞出鎮湘州，戴淵出鎮豫州，劉隗鎮守青州（淮陰）以防備敦。王敦對於元帝的猜防甚為不滿，兩者的嫌隙日益顯著。

劉隗，是漢室的後裔，以富於文翰著稱，並無軍事實力。元帝為了加強中央的軍力，太興四（321）年，乃發揚州奴為兵充任隗軍，使他出鎮淮陰。此舉招致江南世族的不滿（發奴為兵妨礙世族的經濟利益）。永昌元（322）年，王敦以誅劉隗、刁協等元帝側近為名，自武昌舉兵，元帝召隗、淵入衛京師，但是周札（義興世族）開石頭門納敦，致使建康為敦所制。劉隗北奔投附石勒，元帝也憂憤而死，建康政權落入王敦之手。

王敦當權後，即以族人王邃都督青、徐、幽、平四州諸軍事，鎮守淮陰；王含為征東將軍、都督揚州江西諸軍事；王舒為荊州刺史、都督荊州沔南諸軍事；王彬為江州刺史；藉此削弱帝室。明帝畏王敦之逼，亦引江北的塢主郗鑒、劉遐、蘇峻、祖約等人為援。

永嘉之亂，晉室潰敗，黃淮地區民眾為了自保多聚集形成一個個塢堡。塢堡多半是同鄉或同族之人據險自守，他們擁戴有能者出來領導，是一個地方性的自衛團體。東晉初期，政府力量只能控制江南，江北則為一個個獨立的塢堡，東晉政府採取因勢利導的政策，授予塢主郡守、刺史的稱號，使他們支持中央，鞏衛邊防。而郗鑒、劉遐、蘇峻即是江北塢主中勢力較為龐大，深受朝廷重視者。

太寧二（324）年，王敦病重，明帝下令郗鑒、劉遐、蘇峻等領兵征討王敦。敦以部屬王含（王敦兄）、錢鳳領兵相抗，卻因軍令

不一，王敦病死，而被郗鑒等打敗，王含等西奔荊州，被荊州刺史王舒所殺，王敦之亂平息。王敦起兵過程中，王導與他雖然有兄弟之誼，但是王導始終支持中央，因此亂後瑯琊王氏仍能維持一流家族的位望。

三、蘇峻之亂

王敦死後，陶侃坐鎮荊楚，都督荊、江、雍、交、廣、寧、梁、益八州。陶侃據上游，「潛有窺窬之志」（《晉書‧陶侃傳》），但是終究沒有為亂，亂事起自歷陽內史蘇峻。

蘇峻，長廣掖人（山東省萊州市），父親蘇模西晉時擔任安樂相。中原戰亂，「百姓流亡，所在屯聚，峻糾合得數千家，結壘於本縣」（《晉書‧蘇峻傳》），成為塢主。後來率領鄉人數百家泛海南奔，寄居江北歷陽一帶。王敦之亂，蘇峻協助中央平亂，亂平被任命為歷陽內史，威望漸著，於是「有銳卒萬人，器械甚精」，朝廷委以江北的防禦重任。

太寧三（325）年明帝去世，成帝繼位，王導、卞壺、郗鑒、庾亮、陸曄、溫嶠共同受命輔政，而庾亮因為明穆皇后的關係（亮為后兄），更是位居核心。亮以蘇峻日漸驕恣，欲奪峻兵，於是內調蘇峻為大司農。咸和二（327）年，蘇峻與豫州刺史祖約（祖逖弟，逖死，約領逖部眾）以討伐庾亮為名，舉兵南渡長江，攻破建康，庾亮等逃奔江州尋陽。

建康淪陷後，溫嶠、庾亮於尋陽，郗鑒於廣陵（江蘇省揚州市西北蜀崗）共同發兵討伐蘇峻。同時又以荊州兵強欲引為助力，遂推荊州刺史陶侃為盟主，總統諸鎮之兵。聯軍採取圍剿的方式，一方面防範蘇峻竄逸，同時也阻絕三吳糧道，斷絕糧運。最後，叛軍由於缺糧，終於潰敗。在蘇峻之亂中，揚州雖然被蘇峻佔據，但是

在荊州、江州與北府（郗鑒為北府都督）合力之下，終於平復亂事。

四、桓溫之逼

陶侃之後，庾亮、庾翼先後出鎮荊州，由於身為外戚，和中央關係良好。永和元（345）年，庾翼去世，何充舉徐州刺史桓溫出鎮荊州。桓溫西鎮之後，以成漢主李勢無道，軍民離心，舉兵伐漢收復巴蜀之地。溫滅蜀後，威勢日振，朝廷對此深為忌憚，遂引揚州刺史殷浩為心膂以抗溫，荊揚之間再度出現緊張對立的局面。

桓溫，譙國龍亢（安徽省懷遠縣西北龍亢）人。父彝，為散騎常侍、宣城內史，死於蘇峻之亂。溫娶明帝女南康公主，是晉室駙馬。桓溫有雄才大志，企圖以軍事上的勝利，提高個人威望，以便代晉稱帝。西元三四九年四月，後趙石虎病死，北方陷入混亂，桓溫幾次上表請求北伐，但是被朝廷中央所抑。東晉朝廷深恐桓溫北伐成功，助長聲勢，更加無法控制。因此一方面抑制桓溫，一方面令褚裒、殷浩北伐，然而褚、殷缺乏軍事能力，屢戰屢敗，桓溫即藉此奏廢殷浩，奪取朝中領導權。

桓溫專政之後，立即領軍北伐，永和十（354）年，自江陵取道襄陽，進攻關中，於嶢柳（陝西省商洛市西北牧護關）連敗前秦主苻健軍隊，直逼長安東面的霸上。隨後因為運輸困難，糧食不繼，只好撤退。永和十二（356）年，桓溫又自江陵北伐，打敗羌酋姚襄，收復洛陽。桓溫在收復洛陽之後，建議政府遷都洛陽，並主張把永嘉以來播流江南的北人，全部北徙河南，此議讓北人世族甚為驚恐，紛紛提出異議，最後作罷。

桓溫挾北伐之功，興寧二（364）年被任命為大司馬，都督中外諸軍事，次年又加揚州牧，太和四（369）年兼徐、兗二州刺史，統領北府，集內外軍政大權於一身。為了建立更高的威望，太和四年

四月，桓溫北伐前燕慕容暐。桓溫自姑熟（安徽省當塗縣）出發，順淮、泗，經濟水入黃河，大軍攻至枋頭（河南省浚縣西東、西枋城），眼看即將攻下前燕國都鄴城，但是因為濟水枯旱，糧運不濟，只好退兵。撤退途中，前燕慕容垂趁勢追擊，晉軍大敗，損失三萬多人。

枋頭敗後，桓溫為了挽救自身的威望，太和六（371）年廢皇帝司馬奕，改立司馬昱為帝，是為簡文帝。這時桓溫已經六十歲，垂垂老矣。第二年，司馬昱病死，司馬曜繼位為孝武帝。桓溫罹病，要求加九錫，為篡位做進一步的準備，謝安、王坦之等朝中大臣故意拖延，九個月後，桓溫病逝，政權的危機暫時解除。

桓溫死後，弟桓沖繼位，與謝安、王坦之共同輔政。沖較為謙退無心攬權，先解揚州予謝安，復解徐州予王蘊，重返荊、江上游地區。相對於沖之退讓，謝安則積極地建立直屬武力，以擺脫桓氏的挾制。太元二（377）年，以兄子玄為兗州刺史，出鎮廣陵。玄出任後，隨即招募京口、廣陵一帶流民，組成「北府兵」。太元八（383）年前秦苻堅大軍南侵，直逼淮陰，桓沖有意坐視不願出兵禦敵，謝安令謝石（安弟）為征討大都督，統率謝玄、謝琰（安子）以及豫州刺史桓伊等軍應戰，謝安則坐鎮建康。謝玄等於淝水大敗秦軍，阻止秦軍南下，使江南免於覆亡。桓氏坐失立功良機，從此聲勢日挫，而謝氏一門有功於國，獲得南北士人的尊敬，之後雖然被迫讓出相權與軍權，但是陽夏謝氏從此躍升一流門地。

第三節　北府軍與劉裕的崛起

東晉政權，在門閥世族交互執政下，延續一百餘年，最後落入寒門武人劉裕手中，元熙二（420）年晉宋禪替，正式結束司馬氏與門閥共治的局面，開啟武人將領主導的南朝時代。劉裕出身北府

兵，在東晉南朝政權交替的過程中，北府兵產生關鍵性的作用。本
節針對北府兵的背景與特性稍作分析，以此瞭解劉裕崛起的原因與
過程。

一、北府兵的背景與特性

北府兵的所在地——徐、兗二州，是南徙流民聚集之處。東晉
初期，中央政府力量微弱，徐兗地區到處充斥一個個獨立的塢堡，
政府也只能因勢利導，以塢主為州郡首長、都督，負責地方軍政。
北府初期的將領劉遐、郗鑒都是出身於塢主，而北府兵即是私屬的
塢眾。

塢主與塢眾之間多有相當緊密的結合關係，他們之所以凝聚多
源於領導者的能力或德性感召。如郗鑒是兗州高平金鄉的世族，永
嘉之亂，青兗地區受到戰火波及，士民流離，郗鑒雖然困厄仍然竭
力周全鄉里宗族，因而深受鄉民愛戴，遂被擁戴為領導者，率領鄉
親族人一千多家南下避難。這樣的軍隊，上下一心，向心力強作戰
力也高，東晉初期，郗鑒以北府兵之力平定王敦、蘇峻之亂，穩固
中央，對東晉政權有相當的貢獻。而特有的私屬性，也使得其他勢
力很難進入北府。郗鑒之後，北府都督都與郗氏有相當淵源，如褚
裒曾為郗鑒參軍，荀羨則先後為何充、褚裒時的僚佐，郗曇、郗愔
則為鑒子，郗氏的影響力一直延續到太和四（369）年，由於郗超
（郗愔子）依附桓溫，而使郗愔自解徐、兗二州于溫，郗氏退出北
府。

桓溫之後，謝玄受命為徐、兗二州刺史，出鎮廣陵。當時，北
府兵多是東晉初年延續下來的塢眾兵戶，這些兵戶由於連年征戰，
服役年限過長，缺乏適當的休息與輪替，致使軍士多為老弱殘兵，
戰鬥力已大不如前。謝玄於是召募新軍，重組北府兵，施予嚴格的

訓練，經過十年，終於在淝水之戰立下輝煌的戰績。

新召募的北府兵所以勇猛善戰，一方面因為應募者多為流寓江淮的流民。流民由於烽火的洗禮、播徙生活的歷練，多半具有武勇強悍的個性，平日也注重武術，喜歡鬥力之戲。如京口，流民聚居之地，每年端午節即舉行比武大會，成為特有的民俗。此外，應募者多半具有同鄉同宗的關係，他們有些原本即是武將世家，如彭城劉牢之、樂安高衡，在流民社會中原本即有相當的影響，是地方的領導者。宗族鄉黨的關係使他們容易團結。

基本上，在東晉門閥政治的潮流裏，不論是具有個人武藝的豪強，或是具有宗族鄉黨力量的豪族，由於門地不高，在仕途上毫無發展機會。謝玄的召募，給予他們晉身的機會，因此紛紛投入正規軍的行列。他們的加入，使北府軍憑添一批具有實力的中堅幹部，配合原有的武力基礎，遂使北府軍所向披靡。然而，重組的北府新軍，既然是由一批實力武將組合而成，不再是郗鑒時期的塢主、塢眾的關係，因此北府都督必須具有相當的領導力，否則即無法駕御。

二、北府兵與晉末政爭

淝水戰後，謝安聲望達到頂峰，受到王室的猜嫌，不久謝安即請求北征，出鎮廣陵，讓出相權，朝政落入會稽王司馬道子（孝武帝的弟弟）的手中。而謝安隨後即病死於廣陵。

孝武帝與司馬道子聯手擴張皇權，但是主相之間仍然存在若干摩擦，司馬道子日漸專政，凌越孝武帝，孝武帝遂任命王恭為南兗州刺史，鎮北府，又以殷仲堪為荊州刺史，出鎮武昌，企圖以方鎮力量來牽制道子，結果引發更大的動亂。

太元二十一（396）年孝武帝暴崩，子司馬德宗繼位，是為安

帝。安帝是一個沒有行為能力的白痴，司馬道子以太傅輔政，掌握
朝中內外大權。道子寵信王國寶（太原王氏）、王緒兄弟，任其賣
官鬻爵，混亂朝紀。而國寶又主張裁損方鎮兵權，強化中央，此舉
引發王恭、殷仲堪與朝廷對立。隆安元（397）年王恭、殷仲堪與豫
州刺史庾楷聯兵，聲討王國寶，司馬道子迫於兵威，只好把國寶、
緒殺死，讓王恭等退兵。

　　隆安二（398）年，王恭第二次舉兵，荊州刺史殷仲堪、雍州刺
史楊佺期、廣州刺史桓玄（桓溫子）等起兵響應，沿江東下，會攻
建康。司馬道子以子司馬元顯為征討都督，領兵相抗。王恭，是太
原王氏之後，自恃門地甚為傲物，對於劉牢之等武將不甚禮遇，牢
之等深懷怨恨。元顯探知兩者間的矛盾，乃派人游說劉牢之支持中
央，答應事成之後以牢之為南兗州刺史，於是劉牢之倒戈襲擊王
恭，王恭兵敗而死。西軍方面，道子亦利用殷仲堪、桓玄、楊佺期
等人的矛盾，化解了攻勢。

　　殷仲堪為世族之後，出任荊州刺史，缺乏實質的武力背景。桓
玄是荊州地區最具影響力的人物，桓氏世掌荊州，門生故吏遍佈荊
江，但是朝廷深懼桓氏勢力復起，一直壓抑桓玄，無所任命，而桓
玄在荊州甚為豪縱，殷仲堪對他甚為猜忌。楊佺期，是漢太尉楊震
之後，因為渡江較晚淪為寒士，常懷忿恨。楊佺期甚有將略，殷仲
堪引為府司馬，並出為雍州南郡相。隆安三（399）年桓玄舉兵襲擊
楊佺期、殷仲堪，據有荊雍之地。四年，朝廷以玄為荊、江二州刺
史，都督荊、司、雍、益、梁、寧、秦、江八州及揚、豫八郡諸軍
事，桓氏勢力再度凌逼建康。元興元（402）年，司馬元顯趁桓玄基
礎未固，欲先發制人，乃以劉牢之為前鋒都督，領兵討玄。桓玄師
法元顯，派人游說劉牢之，牢之背叛，倒向桓玄，玄順利進入建
康，掌握政權。

三、孫恩、盧循之亂

在東晉中央與方鎮混戰中，野心份子孫恩、盧循趁機而起，暴發了大規模的內亂。

孫恩，是瑯邪人，世奉五斗米道（道教的一支）。東晉時期，上至皇室、士族，下至平民多信仰佛教或道教，甚至兩者皆信，相當普遍。孝武帝時，三吳地區的道教法師是杜子恭，而孫恩叔父孫泰即師事杜子恭，子恭死，孫泰繼之成為道首。太元末年，孫泰成為司馬道子、元顯的上賓，元顯常常召見孫泰，求訪秘術。王恭舉兵，孫泰以討恭為名，私合兵眾，得數千人，隨後密謀反晉，事洩被殺。孫恩即率眾逃入海島。

隆安三（399）年司馬元顯為了擴充兵力，下令徵發三吳地區「免奴為客者」（私屬蔭客）充兵役，引起三吳世族平民的不滿，孫恩即趁機從海上登陸，攻下上虞、會稽，於是「會稽謝鍼、吳郡陸瓛、吳興丘尪、義興許允之、臨海周冑、永嘉張永及東陽、新安等八郡」士民紛紛響應，不過十幾天時間，即發展到數十萬人。東晉政府任命謝琰為會稽內史督吳興、義興軍事，領兵平亂。北府軍將領、徐兗二州刺史也發兵前往浙東，官軍攻破山陰，殺吳郡太守陸瓛、吳興太守丘尪、餘姚令劉穆夫，孫恩率眾逃入海島。

第二年（400）五月，孫恩又從浹口（浙江省寧波市甬江河口）登陸，入餘姚，破上虞，在山陰打敗謝琰軍，謝琰及其二子被殺，震驚朝野。東晉政府只好緊急任命劉牢之都督會稽、臨海、東陽、永嘉、新安五郡諸軍事，統兵進擊孫恩。孫恩再度退至海外。次年（401）二月，孫恩又自浹口上岸進攻句章、海鹽，都被劉牢之部將劉裕擊破。六月，孫恩率領十餘萬的戰士，分乘樓船千餘艘從海道進攻丹徒（江蘇省鎮江市東丹徒鎮），聲勢壯大，建康震懼，內外戒

嚴，幸賴北府軍堅守，才擊退亂軍。

　　孫恩屢次進犯，無法得逞，在北府軍嚴密的防備下，發展空間日益縮小，補給不繼，而剛好又遇上疾疫，「死者大半」。元興元（402）年三月，孫恩進攻臨海失敗，在官軍逼迫下，孫恩及其家屬、部下一百多人，投海而死。孫恩餘黨推舉盧循（恩妹夫）為首，盧循在敗亂之後企圖喘息，遂接受政府的招降，被任命為永嘉太守。

　　孫恩、盧循之亂，摧毀了江南的經濟，打擊了僑姓、吳姓世族，不少世族在亂事中被殺，如謝琰、謝肇、謝峻、謝邈、謝沖、謝明慧、王凝之等，其中謝琰因為受命領軍征討，故陽夏謝氏受到最嚴重的傷害。而孫恩、盧循之亂，再度顯現世族在門閥政治的保護下，多半位居中央，脫離鄉里，缺乏地方武裝力量。因此三吳內亂，必須仰賴江北的北府軍南下平亂，北府軍的重要性日益顯著，終於顛覆東晉政權。

四、劉裕的崛起

　　北府軍的實力，讓桓玄驚懼，因此孫恩、盧循之亂告一段落，桓玄即展開翦除北府將領的工作。元興元（402）年，桓玄轉劉牢之為會稽太守，收奪北府軍權。牢之不滿想舉兵反抗，但是由於劉牢之屢次反覆，部屬不滿，不願支持而失敗，牢之自殺。不久桓玄又殺北府將領吳興太守高素、輔國將軍竺謙之、高平相竺朗之、輔國將軍劉襲、彭城內史劉季武（襲弟）、冠軍將軍孫無終等，而劉軌、劉敬宣、高雅之、袁虔之、劉壽、高長慶、郭恭等北府將領則奔逃於南燕或後秦。北府上層將領或被殺或奔逃，賦予下層武將劉裕竄升的機會。

　　劉裕，原籍徐州彭城（江蘇省徐州市），曾祖混，渡江僑居京

口，為武原令（僑縣，無實土）；祖靖，東安太守；父翹，郡功曹；是屬於寒門士人。在北府中，先後為冠軍將軍孫無終司馬，前軍將軍劉牢之的參軍，隨牢之征討孫恩黨徒，立下戰功，累官至建武將軍、下邳太守。桓玄誅殺北府將領，劉裕由於名位低微，逃過一劫。事後，南徐、南兗二州刺史桓脩（桓玄堂兄）以劉裕為參軍。

　　元興二（403）年十二月，桓玄逼安帝退位，自立為帝，國號楚。第二年二月，劉裕與北府兵中下級軍官何無忌（劉牢之甥）、魏詠之、檀憑之、劉毅、孟昶、劉道規（劉裕弟）等二百餘人，分別在京口、廣陵同時起事，斬桓脩及桓弘（桓脩弟，任青州刺史），控制北府，進攻建康。桓玄派兵攔截，兵敗，退回荊州江陵。隨後大聚兵馬與北府兵對決，結果在崢嶸洲（湖北省鄂州市）被劉毅擊潰，桓玄敗退江陵，不久被殺。

　　劉裕起兵成功，以侍中、車騎將軍、都督中外諸軍事，領南徐、南青二州刺史，鎮京口；隨後又受命解除南青州，加領南兗州刺史；於是北府重兵，掌握在劉裕一人手中。義熙四（408）年劉裕入為揚州刺史錄尚書事，實際掌握東晉政權。五年（409）四月，劉裕率軍北伐南燕慕容超，攻下廣固，擒斬慕容超，收復青、兗廣大地區。而盧循、徐道覆趁劉裕大軍北伐，江南防務空虛，再度起兵為亂，佔據江州尋陽，進逼建康。劉裕回軍南討亂黨，擊退盧循、徐道覆。隨後，展開大規模的征討工作，海陸兩道襲擊盧循的根據地廣州番禺（廣東省廣州市），殲滅亂黨，徹底平息為患多年的寇亂。劉裕的功勳，已經無人能比，即位稱帝已經是遲早的事，建立於門閥世族的東晉政權，終究轉到寒門武將的手中。

東晉帝系表

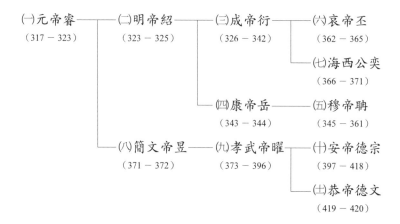

(一)元帝睿 ── (二)明帝紹 ── (三)成帝衍 ── (六)哀帝丕
（317－323）　　　（323－325）　　　（326－342）　　　（362－365）

　　　　　　　　　　　　　　　　　　　　　　　── (七)海西公奕
　　　　　　　　　　　　　　　　　　　　　　　　（366－371）

　　　　　　　　　　　　　　　　　── (四)康帝岳 ── (五)穆帝聃
　　　　　　　　　　　　　　　　　　（343－344）　　　（345－361）

　　　　　── (八)簡文帝昱 ── (九)孝武帝曜 ── (十)安帝德宗
　　　　　　（371－372）　　　（373－396）　　　（397－418）

　　　　　　　　　　　　　　　　　　　　　　　── (土)恭帝德文
　　　　　　　　　　　　　　　　　　　　　　　　（419－420）

關 鍵 詞 彙

王導	土斷
謝安	北府兵
門地二品	五斗米道
僑州郡	劉裕
黃白籍	清官、濁官

自 我 評 量 題 目

一、從「王與馬共天下」的說法，說明東晉政權建立的過程中，王導、
　　王敦的作用及影響力。

二、江南世族何以和東晉政府合作？面對江南世族的不滿，東晉政府採
　　取什麼樣的對策？

三、為什麼有「門地二品」階層的出現？「門地二品」的子弟在任官上
　　有何特權？

四、什麼是土斷？東晉政府為什麼要實施土斷？土斷對東晉政權的發展有何影響？

五、東晉的方鎮擁有龐大的人力、物力，請以荊州都督為例，說明方鎮勢力的來源，及其對政局的影響。

六、試述劉裕的出身背景，並論劉裕崛起建立劉宋政權的主要原因。

第六章　南朝的政治與社會

學習目標

——詳細研讀本章以後，讀者應該能：

1. 瞭解劉宋的州鎮政策，與劉宋政權興衰的關係，以及蕭道成崛起的原因。

2. 在門閥政治下，南朝君主如何削奪世族的權力，強化君權。

3. 南朝時期，寒人在政治上多半擔任那些職務，他們發展的途徑有那些？

4. 僵化的門閥政治與門閥社會，對於南朝政治帶來那些負面的影響？梁武帝的改革代表什麼樣的時代趨勢？

5. 侯景的出身，以及侯景亂梁的經過及影響。

6. 梁末陳初寒人武將與土豪酋帥興起的背景，以及土豪酋帥興起的政治、社會意義。

摘　　要

　　劉裕崛起於北府，稱帝後，對於州鎮軍權十分注意，臨終遺命以宗室子弟出鎮荊州與北府。此舉帶來劉宋政治的不安，造成骨肉相殘的悲劇，也使得劉宋政權落入異姓武人蕭道成的手中。

　　南朝時期，門閥世族仍然享有政治、社會特權與地位。而南朝君主為了削奪門閥權力，即以寒人典掌機要，中書舍人、制局監等寒微官吏權力往往超越尚書令、中書監。尚書令等清要官變成了清閒官。

　　梁武帝即位以後，從事官制、選舉制的改革。官制上，是將東晉宋齊以來門閥制的事實，加以整理，將原有的九品官改為流內十八班與流外七班。選舉制上，則提倡學校教育，以教育輔助選舉，開啟科舉制的先聲。

　　梁武帝晚年崇信佛教，怠忽政事，又因為接納侯景，造成侯景之亂。侯景之亂，以及隨後的江陵陷落，南朝受到前所未有的破壞，經濟殘破，士庶流亡。最後只好仰賴江南的土豪酋帥及寒人武將陳霸先起來平亂。

　　陳政權的建立，是奠基於土豪酋帥，而土豪酋帥是南朝時期的地方勢力。宋、齊、梁政權對於土豪酋帥採取籠絡、打壓並重的策略。這樣的統治方式，並沒有完全消除地方勢力，一旦中央衰微，他們即趁機而起。

第一節　劉宋的州鎮政策與內政

劉裕崛起於北府，稱帝之後，對於州鎮軍權十分注意，臨終遺命以宗室子弟出鎮要州。此舉帶來政治的不安，造成骨肉相殘的悲劇，也使劉宋喪失淮北之地。而劉氏兄弟相爭，最後政權反而落入異姓武將蕭道成手中。

一、宋武帝的州鎮政策

西元四二〇年，劉裕稱帝，改國號為宋。劉裕在稱帝前，在東晉義熙十二（416）年八月，曾再度北伐，攻入洛陽、長安，消滅後秦。隨後，雖然因為夏主赫連勃勃的爭奪，關中之地得而復失，但是潼關以東、黃河以南的廣大地區，都在劉裕的控制之下。南朝的疆土比起東晉初期拓展了許多。

劉裕以北府取得政權，對於東晉方鎮跋扈，挾制中央的流弊十分注意，即位後積極加強中央對地方的控制，於是以皇子、宗室出任要州刺史、都督，其中尤其是荊州「上流形勝，地廣兵強」，臨終遺詔必須由直系子孫出任；而京口要鎮，也因為「去都邑密邇」，必須由宗室近戚鎮守。此外，也分化地方軍權，如徐、兗二州，東晉時多合併為一個都督區，由都督兼領二州刺史，統轄地方軍政。劉宋以後，將北府都督區，分設南徐、南兗、（北）徐、（北）兗四州，各有州刺史，不得兼領；且分立為南徐、南兗、徐兗三個都督區。南徐州多由皇子為刺史、都督、鎮京口；南兗則以宗室為州刺、都督，鎮廣陵；徐兗二州則由異姓武人出任，鎮彭城。

劉宋採取由皇子或宗室出鎮地方的政策，實際上產生許多問題，一是皇子或宗室的能力操守問題，如劉裕的弟弟劉道憐，以愚

鄙貪縱著稱，族弟遵考「為政嚴暴，聚斂無節」（《宋書・宗室長沙景王道憐傳》），以此臨鎮，難免騷擾地方，造成民生不安。而皇子年幼出鎮，如義熙十三（417）年劉義隆十一歲為北徐州刺史，都督北徐、北兗、青、冀四州諸軍事；元嘉三（426）年劉義恭十四歲為南徐州刺史，監南徐、南兗二州，及揚州之晉陵郡諸軍事。十一、二歲的年齡自然無法處理政事，因此必須另派有能力的士人出任軍府長史，輔佐這些皇子宗室們。但是，另一方面，如果皇子宗室的年齡較大、有相當的行政能力，軍鎮兵權使他們有足夠的力量問鼎中央，便會造成劉宋內政的動盪，也醞釀骨肉相殘的悲劇。

二、骨肉相殘

永初三（422）年，劉裕即位不到三年便病逝，太子義符繼位為少帝，由謝誨、徐羨之、傅亮、檀道濟輔政。徐羨之和傅亮二人均出身寒微，長於吏事；謝誨，是陳郡謝氏之後，以練達著稱；檀道濟是從龍功臣，具有將略；諸人皆是追隨劉裕多年的將佐。不久，徐羨之等藉口少帝「遊戲無度，不親政事」，便廢少帝迎立荊州刺史劉義隆（裕第三子）為帝；同時又由謝誨出鎮荊州，掌握重兵，企圖宰制朝政。文帝即位以後，面對權臣廢立，隱忍不發，暗中佈署，籠絡檀道濟（兗州刺史，鎮廣陵），以道濟之兵誅除徐羨之、傅亮、謝誨等人，重新鞏固皇權。

文帝在位三十年，早年勵精圖治，政治相當穩定，民生富庶，是南朝史上的治世。同時鑒於謝誨、傅亮等逼主前例，更加積極擴張宗室兄弟的力量，重要的軍鎮如京口、廣陵、彭城、合肥、江陵幾乎都派兄弟子侄出鎮。然而兄弟子侄力量過於壯大，卻反過來威脅中央。元嘉六（429）年文帝命彭城王義康（文帝弟）為司徒、錄尚書事，都督揚、南徐、南兗三州諸軍事，隨後又因為自己多病，

讓義康進位大將軍，都督中外諸軍事，專總朝政。義康專政，結合大臣，企圖承繼帝位，與文帝產生嫌隙，元嘉十七（440）年，文帝收殺擁戴義康的大臣劉湛等十多人，外放義康為江州刺史，出鎮豫章（江西省南昌市）。元嘉二十八（451）年，北魏主拓跋燾率大軍抵達瓜步（江蘇省南京市六合區東南瓜步山下），隔江威脅建康。文帝怕義康在後方趁機作亂，下令殺死義康。開啟宋齊時期骨肉相殘的序幕。

元嘉六年，文帝立長子劭為太子，「以宗室強盛，慮有內難，特加東宮兵，使與羽林相若，至有實甲萬人」（《資治通鑑》宋文帝元嘉三十年春正月條）。不久，劉劭與劉濬（文帝第二子）諸多不法，文帝大怒欲廢劭，另立太子。劉劭與劉濬遂先發制人，於元嘉三十（453）年二月，率東宮兵入宮殺文帝及宰相江湛、徐湛之、王僧綽等，自立為帝。當時沈慶之（吳興武康人，地今浙江省德清縣西千秋北）正統領荊、豫、雍、江四州的軍隊在江州討伐巴水蠻，遂擁戴江州刺史劉駿（文帝第三子），總統諸軍，聲討劉劭。劉駿傳檄州郡，獲得荊州刺史南譙王義宣（劉裕第六子）、雍州刺史臧質等人的響應。討伐軍很快的推進到新亭（江蘇省南京市西南），依山修築營壘。劉劭出兵迎戰失利，退守台城（建康城中的一個小城），束手無措。大將軍、江夏王義恭（劉裕第五子）棄家逃奔劉駿，劉劭殺義恭十二子及宗室劉瑾、劉曄等多人。不久，台城被討伐軍攻破，劉駿殺劉劭、劉濬及其諸子。王室間子殺父、弟殺兄的悲劇不斷演出。當時民間流傳一首歌謠：「遙望建康城，小江逆流縈，前見子殺父，後見弟殺兄」（《魏書‧島夷劉裕傳》）。

劉駿即位，是為孝武帝，孝武帝即位後，仍然繼續誅殺宗室兄弟。首先，因為劉義宣久任荊州刺史，財富兵強，孝武帝內調義宣為丞相、揚州刺史，義宣不願被調，舉兵向中央，水軍十萬「舳艫

數百里」，沿江而下。江州刺史臧質、南豫州刺史魯爽等舉兵響應。孝武帝派沈慶之、柳元景率軍對抗，叛軍兵敗，義宣逃回江陵，被朱脩之殺害。隨後，為了徹底杜絕後患，孝武帝又殺了他的弟弟南平王劉鑠、武昌王劉渾、海陵王劉休茂，及竟陵王劉誕。

孝武帝死，子劉子業繼位（前廢帝）。子業即位又繼續殘殺宗室骨肉，劉義恭及其諸子、劉子鸞、劉子師（子業弟）相繼被害。子業十分殘暴，大臣名將動輒得罪被殺，如前朝勳臣沈慶之、柳元景、尚書左僕射顏師伯等先後被殺，搞得「舉朝惶惶，人人危怖」，最後宮中宿衛聯合叛變，殺了劉子業，擁立劉彧（文帝第十一子）為帝，是為明帝。

劉子業未死前，曾派人拿毒藥去毒殺江州刺史、晉安王劉子勛（孝武帝第三子）。子勛年才十歲，由長史鄧琬輔政，鄧琬遂擁立劉子勛起兵反抗。明帝即位，江州兵仍然不肯罷軍，荊州刺史、臨海王劉子頊（孝武帝第七子），會稽太守、尋陽王劉子房（孝武帝第六子）也在長史支持下起兵響應，再度爆發大規模的內戰。明帝一方面遣將，在晉陵、義興一帶，擊敗會稽北上的軍隊；一方面派兵對付沿江而下的江州軍。西軍的糧米在貴口（安徽省池州市西北池口）被明帝將領張興世所襲，西軍缺糧，十萬士兵不戰自潰。中央軍攻下尋陽，殺死年僅十一歲的劉子勛；接著又攻下江陵，殺劉子頊。孝武帝其餘十二子，也先後被殺。

三、孝武帝的州鎮政策

孝武帝對於宗室諸王十分猜忌，除了大誅諸王以絕後患外，同時也削弱宗室軍權。削弱宗室軍權的辦法，一方面是以典籤監視、挾制諸王。武帝、文帝時期，宗室皇子年幼無能，中央多以長史、司馬代行府州事，輔佐諸王。然而，長史、司馬多出身世族，不容

易聽命於中央。因此，孝武帝又以寒微出身的典籤監視、挾制諸王。典籤，又稱之為籤帥，在軍府中代替諸王批閱公文，甚至照管諸王的起居飲食。典籤具有隨時向君主報告軍府動向的任務，否則受到重罰，而典籤的報告也成為君主進退黜陟刺史、郡守和州內僚佐的依據，因此典籤職位雖低，卻是「威行州郡，權重藩君」。這種以典籤監視諸王，強化中央的做法，成為宋齊時期一大特色，也是宋武帝以宗室諸王出鎮下的一種變制。

此外，孝武帝也削減宗室諸王出鎮的比例，而以異姓武人或庶族出任。如武帝、文帝時，南徐州刺史、都督（鎮京口）都以宗室近戚出鎮。孝武帝即位以後，鑒於南徐州刺史竟陵王誕（文帝第六子）於劉劭及義宣之亂中有大功，深感畏忌，不願意讓他駐守京口，就將他遷到廣陵，改派疏族劉延孫為南徐州刺史，不久就派兵屠殺劉誕及其軍民。又如南兗州刺史、都督（鎮廣陵），宋初以來，除了檀道濟之外，歷代刺史、都督都從宗室中選派，孝武帝時則派任沈慶之、蕭道成等異姓武人。

總之，孝武帝、明帝既對宗室年長而有能者深相猜忌，且大加殺戮，遂不得不委軍國大事於異姓武將。如此一來，就給蕭道成崛起的機會，最後甚至造成劉宋政權的滅亡。

四、蕭道成的崛起

蕭道成，為南蘭陵蘭陵人（時僑置於晉陵郡武進縣），是劉氏外戚蕭氏之後。明帝泰始三（467）年，道成為行徐州事，鎮守淮陰（江蘇省淮安市淮陰區西南）。東晉末年，劉裕北伐南燕，將南朝的疆域拓展到黃河流域。劉裕死後，南方漸漸喪失原有的優勢，少帝時，司州淪陷；文帝元嘉二十七（450）年，北魏拓跋燾率領大軍南侵，兵臨瓜步，南方奮戰之後，勉強控制住淮北淮南地區。泰始元

（465）年劉彧誅廢帝劉子業，自立為明帝，江州刺史晉安王子勛亦
自立稱帝，當時徐州刺史薛安都、冀州刺史崔道固、青州刺史沈文
秀、兗州刺史畢眾敬等皆舉兵響應晉安王。第二年，子勛兵敗被
誅，薛安都等請降，明帝以南方已平，欲示威淮北，乃命張永、蕭
道成率大軍迎之。薛安都等疑懼不安，遂投靠北魏。魏軍迎納薛安
都等人，並襲擊張永、蕭道成軍，張永等大敗而退，淮北之地於是
淪喪。

　　國防線的南移，使江南直接暴露於胡騎兵鋒之下，對於南朝來
說，是相當不利的事情。淮陰由於位處前線，在國防上有相當的重
要性，遂不得不慎重考慮駐鎮人選。蕭道成雖是外戚之後，但是屬
於蕭氏疏族，社會地位並不高。父承之以武勇見稱，道成自幼隨父
在軍中，受到父親的薰陶，頗有將才。元嘉以後，屢次立功於邊
疆，平定蠻亂。淮北淪陷，淮南孤危，明帝即以道成行徐州事，督
南兗、北徐二州諸軍事，鎮廣陵，隨後出鎮淮陰。道成於淮陰多招
納亡命，培植自己的勢力，朝廷雖有疑懼之心，但是因為大敵當
前，對他莫可奈何。蕭道成的勢力就在這樣的形勢下逐漸茁壯。

　　泰豫元（472）年明帝病逝，子劉昱繼位，道成被任命為右衛將
軍，與尚書令袁粲、護軍褚淵、領軍劉勔共同輔政。劉宋元徽二
（474）年江州刺史桂陽王休範（明帝弟）反，舉朝惶懼不知所為，
幸賴道成指揮若定，平定寇亂。建康之危消解後，道成聲名大振，
於是逐漸逾越其他執政，專掌軍政。

　　道成得政，與左右陰謀廢立，元徽五（477）年七月，道成殺劉
昱，立劉昱弟劉準為帝（順帝）。同年十二月，袁粲、沈攸之等各
於石頭、江陵二處起兵聲討道成，但是道成羽翼已豐，二人發兵已
無濟於事，隨即為道成部將所平。順帝昇明二（478）年，道成受宋
禪，即位為高帝，建立齊政權。

宋帝系表

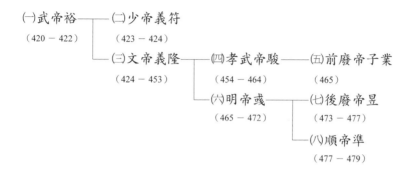

第二節　門閥的衰微與寒人興起

南朝的門閥世族，沿續東晉時期的特權，在政治上、社會上享有高位；但是南朝的君主多半是具有實力者，他們不願意與門閥共治，因此紛紛採取削奪門閥權力、強化君權的做法，如此便造成門閥的衰微，而寒人也趁機興起。

一、清要官變成清閒官

南朝時期，門閥世族仍然享有政治特權，依恃門地，他們依然可以獲得鄉品六品，以秘書郎（六品）、著作郎（七品）起家，以後出任尚書僕射、尚書令、中書監、中書令、侍中等清要官。尚書僕射、尚書令是尚書省的首長，曹魏以來中央政制採取尚書制，尚書令、僕射統領各曹尚書，針對各項法案、重大事項草擬初步意見，上奏皇帝，做為決策的參考。中書監、令是中書省的長官，中書在曹魏初期只是呈遞朝臣章奏，擬寫詔令文書的秘書人員，魏中葉以後，逐漸參預政事，成為宮中機要。侍中是門下省的長官，門下在漢代是屬於皇帝身邊的近侍，供皇帝使喚，負責一些雜役。魏晉以

後，門下省的散騎常侍、散騎侍郎、黃門侍郎、侍中常受命「平尚書奏事」，針對尚書省所提意見，提出看法給皇帝參考。中書、門下二省由於接近皇帝，如果君主專政，二省的權位即超越尚書；反之，如果君主年幼無能，權臣執政，尚書省長官，尤其是錄尚書事的權力則無人能比。

錄尚書事的「錄」是總領的意思，東漢以後常以太傅或太尉等元老重臣錄尚書事。魏晉時期，錄尚書事者即是朝中宰相，曹魏時的曹爽、司馬師，西晉的楊駿、汝南王亮、成都王穎、東海王越都以錄尚書事專政。東晉時期，主弱臣強，執政的權臣如王導、庾冰、何充、桓玄、劉裕等皆為錄尚書事、領中書監，集尚書、中書大權於一身。這樣的形勢一直沿續到宋初，如劉裕死後，徐羨之為司空、錄尚書事、揚州刺史，與傅亮、謝誨共同輔政，結果造成廢少帝立文帝的專擅事情。文帝時彭城王義康錄尚書事，也造成君相之間的衝突摩擦，最後終於兄弟相殘。

宋孝武帝即位以後，對於宗室、門閥專擅的問題十分防範，首先省置錄尚書事，將錄尚書事、尚書令的事權下移於尚書僕射，由僕射總理尚書省事。同時落實尚書曹司的職掌，使尚書事權分散到各曹。如此一來，即使再設錄尚書事一職，也趨於閒散，不再具有大權。

然而，兩晉以來的門閥政治，使得三省長官、諸曹尚書等重要職務，都被少數門閥世族所壟斷，再怎麼分化事權，仍然難以擺脫門閥的挾制。同時，世家大族由於憑藉身分特權，即可以「平流進取，坐至公卿」，多半不願留心庶務，將一般行政事務交給熟悉吏事的舍人、令史、主書的小吏去辦。因此，孝武帝即採取釜底抽薪的辦法，仍然優容世族，任其霸佔高官重位，同時則引用寒人典掌機要，將朝中要政委寄於卑微小吏，藉此削奪世族勢力，強化君

權。

孝武帝以後，中書舍人（七品官）受到重用，成為最具權力的朝臣，這樣的體制一直延續到陳，是南朝門閥政治下的一種變制。中書省，在中書監、令（三品）下設中書侍郎（五品）、中書通事舍人（簡稱中書舍人）。東晉時，由中書侍郎負責草擬詔命文書，且在宮中輪值。劉宋時，中書侍郎多由世族子弟出任，清華貴重不耐庶務，遂由中書舍人職掌文書、入值宮中。

> 夫人君南面，九重奧絕，陪奉朝夕，義隔卿士，階闥之任，宜有司存。既而恩以倖生，信由恩固，無可憚之姿，有易親之色。孝建、泰始，主威獨運，官置百司，權不外假，而刑政糾雜，理難徧通，耳目所寄，事歸近習。賞罰之要，是謂國權，出內王命，由其掌握，於是方塗結軌，輻湊同奔。

這是沈約在《宋書・恩倖傳》中論述孝武帝、明帝重用近侍，中書舍人參政的原因。可見，皇帝意欲專政，但是身在宮中不得不倚重近習，而中書舍人位卑身寒，沒有奪權的威脅，所以受到君主的寵信。

孝武帝時，中書舍人戴法興、巢尚之、戴明寶，受到皇帝的寵信，參預詔敕，專斷尚書政事。孝武帝逝世，前廢帝即位，廢帝不親政事，所有詔敕施政都由法興決策，民間謠傳「法興為真天子，帝為贗天子」（《宋書・恩倖戴法興傳》）。當時的錄尚書事江夏王義恭、尚書僕射顏師伯，只是徒具虛名，沒有任何作用。

孝武帝以後，宋明帝、齊高帝、武帝、明帝都是強勢君主，而中書舍人的權勢也有增無減。齊武帝時，以中書舍人四人各住一省，掌四省（尚書、中書、門下、散騎四省）章奏詔命，稱之為「四戶」。同時，也將天下文簿板籍副本送往舍人省，則舍人除了參預

文書作業外，更直接處理行政事務，尚書省的事權已被中書舍人侵
奪。因此，尚書省長官，如王儉（齊建武、永明年間擔任尚書僕射、
尚書令）相當有才幹，「諳究朝儀，每博議，證引先儒，罕有其例。
八坐丞郎，無能異者。令史諮事，賓客滿席，儉應接銓序，傍無留
滯」，武帝「深委仗之」。（《南齊書・王儉傳》）但是，武帝時期
最具權勢的是中書舍人茹法亮，王儉即常常感嘆：「我雖有大位，
權寄豈及茹公」（《南史・恩倖・茹法亮傳》）。

　　梁陳時期，沿承宋代「四戶」的政體，仍然以中書舍人主管政
事。到陳宣帝時，更擴大中書舍人的編置，成為中書二十一局，
「各當尚書諸曹，並為上司，總國內機要，而尚書唯聽受而已」
（《隋書・百官志上》）。中書舍人正式取代尚書諸曹，成為中央政
務性機關，尚書諸曹淪為事務性機構。而尚書、中書、門下三省長
官在權力下移下，自然趨於閒散，成為有名無實的清閒官。

　　南朝的世族趨於閒散，對於政權的轉移或衝突，多半採取旁觀
態度，不願介入，以免妨害家族門地利益。如宋齊交替之際，蕭道
成輔政，「朝野之情，人懷彼此」，王延之為尚書左僕射與尚書令
王僧虔「中立無所去就」（《南齊書・王延之傳》）。又如齊鬱林王
時，宗室蕭鸞輔政，意圖篡位，謝朓為侍中，為了避禍，自請出京
為吳郡太守。謝朓到達吳郡，送了幾斛酒給他的弟弟謝瀹（擔任吏
部尚書），並寫信告訴他：「可力飲此，勿豫人事」（《梁書・謝朓
傳》），可見世族自保的態度。然而，世族雖然不願捲入政治漩渦，
但是世族的地位還是不容易被忽視，歷代政權建立，必須獲得世族
表態支持。因此政權禪替之際，世族受禪奉璽變成不可少的戲碼。
如宋受晉禪，謝澹（謝安孫）授璽，王弘（王導曾孫）、王曇首（弘
弟）、王華（王導曾孫）均為佐命元勳；南齊代宋，褚淵（褚裒五世
孫）授璽；蕭梁代齊，王亮（王導六世孫）、王志（王導五世孫）授

璽；陳氏代梁，王通（王導九世孫）、王瑒（王弘六世孫）授璽。只要不損害自己家族的利益，從這個政權換到另一個政權，似乎沒有多大的關係。對於這樣的態度，當代的史家批評道：「殉國之感無因，保家之念宜切。市朝亟革，寵貴方來，陵闕雖殊，顧眄如一」（《南齊書·褚淵王儉傳》論）。南朝的世族，家族利益超越國家利益，使他們可以安於閒散，不問世事。而歷代君主在某種程度上，也儘量優容他們，給予崇高的政治地位。

二、士庶天隔

南朝的世族，在社會上也有相當優越的地位，他們有嚴格的身分階層觀念，門地不相當者，不相往來，不同坐。一般寒人庶族，即使致位通顯，成為貴戚近臣，也無法與世族同列，更不可能與世族有所往來。如路瓊之是宋孝武帝母路太后的外甥孫，和王僧達（瑯琊王氏）比鄰而居。有一天，瓊之「盛車服詣僧達」，「僧達了不與語，謂曰：『身昔門下騶人路慶之者，是君何親？』」，於是叫左右把路瓊之趕出去，把瓊之坐過的床拿去燒掉，搞得路瓊之下不了台（《南史·王弘附子僧達傳》）。宋吳郡張敷為中書侍郎，秋當、周糾則為中書舍人，秋當和周糾商量想要去拜訪張敷，周糾說：「他倘若不招待我們，我們會很難堪，不如不去。」秋當說：「我們也已經有相當的地位了，都是同事，隨便坐坐有何不可。」於是他們決定去拜訪張敷。張敷讓客人坐下後，即呼喚左右曰：「移我遠客」，表示不願意和寒人共坐。秋當、周糾很窘，只好退出（《南史·張邵附子敷傳》）。齊武帝時，中書舍人紀僧真請求武帝將他列入士族，武帝說：「由江斅、謝瀹，我不得措此意，可自詣之」。僧真挾著帝命前往拜訪江斅，登榻坐下，斅就命左右說：「移吾床讓客」，僧真垂頭喪氣的退出，對武帝說：「士大夫故非

天子所命」（《南史・江夷附曾孫斅傳》）。可見南朝的世族，在政治力量日漸窘蹙的時候，對於門地身分特別誇耀，渺視寒人，自抬身價，無非是日薄黃昏時的自我陶醉。

南朝世族標示身分，對於門地不相當者，不可以通婚，以免混淆門地階層。對於皇室，礙於政治現實，雖然不得不妥協連姻，但是也不覺得有什麼光榮。如果「婚宦失類」，就會受到同一階層人士的非難和排斥，他們的政治、社會地位因此下滑，甚至喪失士族的身分。這樣的婚配原則，不僅存在於世族的觀念中，也存在於國家的律法中，「婚宦失類」者會受到御史中丞的糾彈，受到國法的處分。如南齊時，東海王源將女兒嫁給富陽滿氏。滿氏是新興的寒門與王源門地不當，御史中丞沈約上表彈劾，認為王源曾祖位至尚書右僕射，王源本人及其父祖也都位列清顯，而滿璋之只任王國侍郎，子滿鸞任吳郡主簿，可見滿氏「士庶莫辨」，「王、滿聯姻，實駭物聽」，故請政府革去王源官職，去除士族身分，終身不可以錄用（沈約《奏彈王源》，收入《昭明文選》）。

社會上既然嚴格區分士庶，標榜門地，為了確保門地家系，於是興起譜牒之學。南朝時期，最著名的譜學名家是賈淵，賈淵的祖父弼之，在東晉太元年間撰寫《十八州士族譜》，使得賈家子弟個個精於譜牒。宋劉湛、齊王儉、梁王僧孺也曾先後撰定《百家譜》，做為吏部銓敘之用。南朝時期，選舉官吏，不再藉助中正品評，只須依靠譜牒，考辨士人的姓族真偽。因此，宋齊以下，擔任吏部郎、吏部尚書的首要條件，即是熟悉譜學，精於辨識姓族。

三、寒人的興起

在門閥政治的體制下，寒門庶族在仕途上缺乏發展的機會，他們如果入仕，多半只能從事武職，或者寒微小吏。因此軍勳或者典

掌機要遂成為寒人崛起的兩大途徑。

南朝的世族，一方面因為選舉制的保障，可以「平流進取，坐至公卿」，多半不肯「屈志戎旅」；而崇尚清談文雅，也使他們鄙薄武事；再者世族家大勢大，如果擁有武力，很容易受到君主的猜忌，一不小心可能遭到滅門危險，因此世族多半「不樂武位」。而擔任武職的寒門庶族，便以軍功做為晉身之階。南朝政權的創建者，如劉裕、蕭道成、蕭衍、陳霸先都是寒門出身，都是憑藉個人武力建立王朝，可見門閥政治下，武力是寒門或者寒人突破門地界限的主要力量。此外，南朝的將帥功臣，也多出自寒人。如蒯恩，在劉裕平孫恩之亂時，「縣差為征民，充乙士，使伐馬芻」（《宋書‧蒯恩傳》），其後累功至輔國將軍、淮陵太守。到彥之「初以擔糞自給」，後因軍功累官至護軍將軍（《南史‧到彥之傳》）。沈慶之，出身農民，「手不知書，眼不識字」，因為軍功，官至太尉（《宋書‧沈慶之傳》）。沈攸之，少孤貧，元嘉二十七年徵調三吳民丁，攸之被征，從最卑微的軍士做起，立下戰功，官至征西將軍、荊州刺史（《宋書‧沈攸之傳》）。齊代的將帥如王敬則，「母為女巫」，年輕時「屠狗商販，偏於三吳」，其後官至大司馬，封尋陽郡公（《南史‧王敬則傳》）。陳顯達以寒賤，因功官至征南大將軍、江州刺史，封鄱陽郡公，「自以人微位重，每遷官，常有愧懼之色」（《南齊書‧陳顯達傳》）。梁世將帥如呂僧珍「起自微賤」，事蕭衍父蕭順之為門下書佐，後至領軍將軍（《梁書‧呂僧珍傳》）。陳慶之「本非將種，又非豪家」，幼為蕭衍隨從，甚見親賞，後以軍功累官至南北司二州刺史、都督南北司西豫豫四州諸軍事（《梁書‧陳慶之傳》）。可見南朝世族放棄武職，正是寒門武人晉身的機會。

軍勳之外，典掌機要是寒人崛起的另外一個途徑。南朝的的皇

帝，為了削奪世族權力，強化君權，多以寒人典掌機要，如前述中書舍人是一例。中書舍人，是七品小吏，多為寒人之職。如宋孝帝時的巢尚之，是「人士之末」；戴法興「少賣葛於山陰市」，是商販出身。明帝時阮佃夫「出身為台小史」；王道隆出身於主書書吏；楊運長出身宣城郡吏。寒微士人多半擔任刀筆小吏，由於中書舍人位處樞要，獲得皇帝信任，致而勢燄逼人。

　　中書舍人之外，制局監則逾越領軍將軍、護軍將軍，掌管武官的人事、刑法。宋承晉制，以領軍將軍、護軍將軍總管內外軍，典選武官。齊以後，制局監、外監等小吏受到皇帝寵信，逾越領軍、護軍，舉凡兵器出納、武官人事、軍功賞罰都取決於制局監。如齊東昏侯時，茹法珍、梅虫兒並為制局監，受到愛幸，權奪人主。梁武帝時的周石珍為制局監，陳時施文慶也以制局監用事。而領軍將軍，在近倖弄權下，如果正直不阿，極易受到制局監的攻擊，不得在位。如梁武帝時蕭景為左驍騎將軍兼領軍將軍，「領軍管天下兵要，監局官僚，舊多驕侈，景在職峻切，官曹蕭然。制局監皆近倖，頗不堪命，以是不得久留中」（《梁書・蕭景傳》）。

　　此外，前述典籤也是寒人典掌機要的例子。典籤，在地方督府中掌管文書，在東晉原是五品的職官，宋初改為七品小吏。宋孝武帝為了監視諸王，多派側近寒人擔任典籤，時時報告軍府的動向。因此孝武帝以後，地方藩鎮不論是宗室諸王，或是庶族武將，都由典籤「出內教命」，都督、刺史無法專權臨鎮。

第三節　梁武帝的改革與敗亡

　　西元五○二年四月，蕭衍稱帝，為梁武帝。梁武帝在位四十八年，在位期間江南社會安定、經濟繁榮，是江南的盛世。梁武帝針對宋齊以來近倖用事的問題加以改革，重新確立門閥制，但是也擴

大次門層士人參政的空間，提倡教育、革新選舉，使門閥子弟能夠
人（才德）、地（家世）皆美，開創隋唐科舉考試的先聲。梁武帝晚
年信奉佛法，政治日漸腐化，刑典廢弛，紀綱不立，而接納東魏叛
將侯景，更為南朝帶來前所未有的災難。侯景亂後，江南經濟殘
破，梁元帝在江陵延續蕭梁政權，不久西魏南侵，江陵陷落，俘虜
君臣士民十餘萬人，江南的盛世一去不回。

一、梁政權的建立

　　蕭衍的父親蕭順之，是蕭道成的族弟。西元四七九年，蕭道成
稱帝（高帝），在位四年即去世，由長子賾繼位（武帝）。高帝、武
帝時政治還算安定，有治世之稱。但是永明十一（493）年武帝病
逝，太孫蕭昭業繼位（鬱林王），政治即陷入混亂。昭業行跡放蕩，
受命輔政的蕭鸞（蕭道成侄）即結合內外大臣，殺昭業立昭文（昭業
弟），隨後又殺昭文自立，是為明帝。明帝即位後，大事屠殺宗室
諸王，齊高帝十九子、武帝二十三子幾乎無人倖免。在蕭鸞陰謀篡
位之際，蕭順之、蕭懿（蕭衍長兄）都幫明帝出了不少力氣，如蕭
順之即奉命率兵進攻江陵，殺武帝子子晌。

　　永泰元（498）年，明帝死，太子寶卷繼位（東昏侯）。寶卷狎
暱群小，荒嬉無度，政治十分混亂。奉命輔政的蕭遙光、江祐等人
意圖廢立，反而被蕭寶卷所殺。而江州刺史陳顯達自尋陽，豫州刺
史裴叔業自壽陽先後舉兵。顯達不久兵敗被殺，裴叔業則投降北
魏。蕭寶卷命平西將軍崔慧景率眾北討裴叔業。崔慧景至廣陵，擁
立南徐、南兗二州刺史江夏王寶玄（明帝第三子），兵向建康。豫
州刺史蕭懿舉兵護衛中央，殺寶玄、慧景，以功進位尚書令。

　　蕭懿立下大功，深受寶卷猜忌，左右家人都勸蕭懿西奔襄陽
（蕭衍為雍州刺史，駐襄陽）避禍，蕭懿不聽，不久即被寶卷所殺。

蕭衍聽到兄長遇害消息，即聯合荊州長史蕭穎胄（齊宗室），奉荊州刺史蕭寶融為主，舉兵聲討蕭寶卷。

永元三（501）年蕭衍舉兵時，為雍州刺史，都督雍梁南北秦四州，及郢州之竟陵郡、司州之隨郡諸軍事，南康王寶融為荊州刺史、都督荊雍益寧梁南北秦七州諸軍事，可見雍州是荊州都督的「屬州」，必須受到荊州都督的指揮調度。然而，由於雍州位處前線，為南北交兵之處，雍州兵力充實，而且勇猛善戰。因此，當蕭衍聯絡荊州長史蕭穎胄（寶融年少，荊州軍政由長史主持），穎胄惶惑不定，遂召集部屬席闡文等共同商議，闡文曰：「蕭雍州蓄養士馬，非復一日，江陵素畏襄陽人，人眾又不敵，……，今若殺山陽（巴西太守），與雍州舉事，立天子以立諸侯，則霸業成矣」（《梁書·蕭穎達傳》），乃決議附從蕭衍起事。

此外，雍州地區由於位處邊境，是中央統制薄弱、豪族活躍的地方。蕭衍出鎮雍州，即拉攏地方豪族，如河東柳惔、柳忱，京兆韋叡、韋愛，襄陽康絢（西域康居人，宋初率族人鄉黨三千多家南遷襄陽）。這些地方豪族在門閥政治下缺乏發展的機會，齊末的亂政，正好使他們可以開創新機，因此擁戴蕭衍建立新政權。

齊帝系表

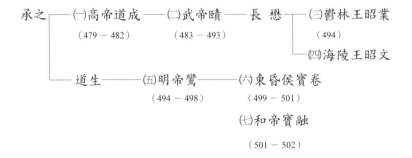

二、梁武帝的改革

　　梁武帝是一位文武兼備的君主，年輕時，齊竟陵王子良開府招文學之士，蕭衍與沈約、謝朓、王融、蕭琛、范雲、任昉、陸倕等當時名士在子良府共游，號稱八友。梁武帝對於宋齊諸帝競用寒人混亂朝政的情形十分不滿，認為政治的安定必須仰賴穩定的政治、社會秩序，因此即位以後，革除寒人當道的流弊，從新確定門閥政治，於是開啟了天監年間的官制、選舉制的改革。

　　天監七（508）年，徐勉為吏部尚書，改革選舉制與官制，將原先的九品官改為流內十八班與流外七班，同時又設內號將軍二十四班，做為榮寵文官的班位。梁武帝的改革，是將東晉宋齊以來門閥制的事實加以整理，反映在新的品階制度上。東晉宋齊以來，選官、任官以門地為主，門閥世族獲得鄉品二品，從六品秘書郎或者七品著作郎起家，擔任六品以上的清官，寒門士人，鄉品多為四品、五品，任官也多半是九品到六品的濁官，庶民則只能擔任六品以下的吏職。這種清、濁觀念，並不是以品階來論，而是以職官的性質來定。如尚書曹郎職務繁重，一般士人不太喜歡，被看成濁官；吏部郎因為主管選任，相當受人重視，則是名家子弟求之不得的清官。此外，如秘書省主管文書，省內的秘書郎（六品）、秘書丞（五品）是清官，但是秘書省的長官秘書監（三品），沒有實權卻須負責秘書省所有大大小小的俗務，被看成濁官。清、濁之分，使得一流名家與寒門世族產生對立，一旦落入濁官範圍，門地即矮人一等，政治、社會地位也大不如人。梁武帝一方面要維持門閥官僚制的原則，選任官吏必須以門地做為考量，但是也必須調整一流名家把持少數清官的情形。因此擴大清官的範圍，把原本九品官制中，六品以上都納入清官範圍，改制為九品十八班。把六品以下劃

為濁官，設流外七班。另外再設三品蘊位（實際上是二品，但是不稱之為二品，是為了避免與門地二品混淆）、三品勳位（三品到六品，習慣上稱之為三品勳位）為庶民出仕的管道。如此一來，寒門世族也納入清官範圍，如此可緩和寒門與名家的對立，也可以擴大清官的選才範圍，使清官不會在少數家族把持下，人才枯窘，無法任事，致而事權淪落，由下層小吏當道弄權。

梁武帝另外制定內號將軍二十四班，與九品十八班對應。宋齊以來，將軍有內號將軍與外號將軍之分。內號將軍是指任職中央、指揮中央直屬軍隊的將軍，如司隸校尉指揮京城軍隊，或者是授給文官的加官，加官多半是虛銜沒有實質的軍隊。外號將軍是指地方都督、刺史所帶的將軍號，多半有直屬的軍府與軍隊。加官性質的虛號將軍，是因應門閥制之下，門閥世族年紀輕輕即擔任達官顯職，以後的遷轉賞罰即以二十四班的將軍號做為對應，可以靈活運用，梁代的內號將軍有十品、二十四班、一百二十五號，這是授給中央武官或文官的軍號。授給外國君主，做為榮寵手段的軍號，則有十品、二十四班、一百零九號。

此外，梁武帝也提倡學校教育，確立試經制度，使世族子弟或寒門庶人，可以透過考試提早入仕的機會。宋齊時期，中央太學時設時廢，這是因為門閥政治的潮流下，世族子弟憑藉門地入仕，不太注重教育，而且宋齊世族普遍尚文輕視經學，對於講授儒經的太學不感興趣。天監四（505）年，梁武帝詔令開設五館給寒人子弟就讀，又設國子學做為世族子弟就學的場所。五館設五經博士（六班），國子學有國子博士（九班）、國子助教（二班），講授五經。梁武帝為了鼓勵世族子弟或寒門庶人前往就讀，特別規定國子學生或太學生考試成績優良者，可以提早入仕，或取得入仕機會。天監

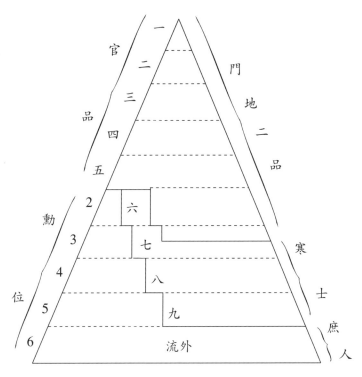

圖 6-1　官僚ピラミッド構造圖一（宋齊時代）

資料來源：錄自宮崎市定《科舉前史：九品官人法の研究》，頁 277。

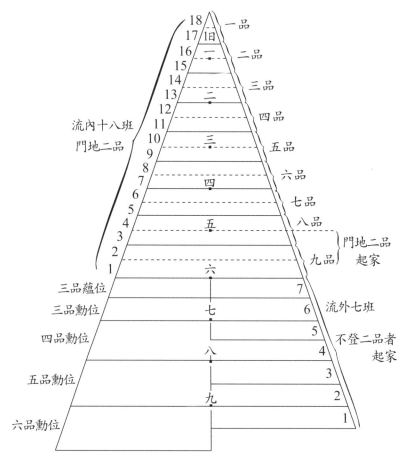

圖 6-2　官僚ピラミツド構造圖二（梁陳）

資料來源：錄自宮崎市定《科舉前史：九品官人法の研究》，頁 343。

七年，梁武帝詔曰：

> 學以從政，殷勤往哲，祿在其中，抑亦前事……。其有能通
> 一經、始末無倦者，策實之後，選可量加敘錄。雖復牛監羊
> 肆，寒品後門，並隨才試吏，勿有遺隔（《梁書·武帝
> 紀》）。

這是針對寒微庶人的宣告，只要到五館就學，通過考試，可以獲得
入仕機會。至於一般世族子弟就讀國子學，成績優良者，也可提早
入仕，如王承為國子生，射策高第，十五歲起家，擔任秘書郎（《梁
書·王承傳》）；袁憲也是因為在國子學裏，射策高第，十五歲即
擔任秘書郎（《陳書·袁憲傳》）；而王錫則是獲得清茂的等第，十
四歲起家擔任秘書郎（《梁書·王份附錫傳》）。基本上，梁代國子
學生的考試等第與起家官，還是脫離不了門地觀念，門地高者，多
半取得較好的考試成績，也獲得較好的職官。但是，以提早入仕
（一般世族子弟二十歲入仕）誘導世族，以取得高第做為一種榮耀，
讓世族產生世族之所以為世族，不僅是因為門地，更是基於才學教
養。武帝的改革，開啟科舉制度的先聲，是僵化的門閥制下的一線
生機。

三、梁武帝的失政

　　梁武帝提倡教育，獎勵儒學，江南的文風鼎盛，史書上認為東
晉以來「文物之盛，獨美於茲」（《南史·梁本紀中》）。然而，梁
武帝時期也有不少失政之處，首先是過分優容皇族宗室和世族官
吏。梁武帝以壯年（三十八歲）即位，掌握軍政優勢，對於宗室子
弟，不像宋齊諸帝充滿猜忌之心，處處壓制。他仍然以宗室子弟出
鎮各州，而且縱容他們貪污犯法。如蕭正德（武帝弟蕭宏之子，最初

蕭衍無男，正德過繼給蕭衍，武帝即位，正德企盼被立為太子。隨後武帝立蕭統為太子，正德怨憤，於是常常違法犯紀，最後還與侯景勾結叛亂）常常和夏侯洪等糾集惡少，公然殺人劫財，武帝也不加處分，縱容他們犯法，最後釀成大禍。如臨川王蕭宏貪污斂財，「庫室垂有百間」，武帝與親信丘佗卿到他家抽查，發現「百萬一聚，黃牓標之；千萬一庫，懸一紫標；如此三十餘間。帝與佗卿屈指計見錢三億餘萬。餘屋貯布、絹、絲、綿、漆、蜜、紵、蠟、朱沙、黃屑、雜貨，但見滿庫，不知多少」（《南史‧梁臨川王宏傳》）。武帝看後，發現不是武器，大為放心，只說了一句：「阿六，你的生活過得真好！」就到前廳和蕭宏繼續喝酒聊天。公卿宗室的貪污奢侈，造成人民的負擔，民心不滿，因此侯景之亂，侯景即發書宣告建康城民：「梁自近歲以來，權倖用事，割剝齊民，以供嗜欲。如曰不然，公等試觀：今日國家池苑，王公第宅，僧尼寺塔；及在位庶僚，姬姜百室，僕從數千，不耕不織，錦衣玉食；不奪百姓，從何得之！僕所以趨赴闕庭，指誅權佞，非傾社稷」（《資治通鑑》梁武帝太清二年）。侯景以誅殺權佞做為號召，同時解放奴婢，獲得不少庶民、奴婢的支持。

　　同時，武帝晚年信奉佛教，持戒講經，帶動江南的佛教信仰，使得佛教大盛。當時全國的僧尼道士以及他們所收養隱匿的徒眾，幾佔全國戶口的一半。而京師建康城中，就有佛寺五百餘所，僧尼十餘萬，他們都不負擔賦役，使國家財政蒙受巨大的損失。他又曾三次捨身同泰寺，表示願做寺中的奴僕，要臣民花費鉅額金銀將他贖回，可說荒謬至極。武帝醉心於佛法之際，雖然每天批閱公文到半夜，但是無心於政事，朝政都交給中書舍人朱异，凡是「方鎮改換，朝儀國典，詔誥敕書」，都由朱异決斷。朱异弄權三十餘年，終於造成侯景之亂。

第四節　侯景之亂與梁政權的滅亡

侯景之亂，致使三吳、揚州地區士庶淪亡，經濟殘破，只有長江上游的荊、益地區保有相當的富實。但是蕭繹、蕭綸、蕭紀兄弟的相爭，卻又消融了不少力量。尤其蕭繹為了稱帝的私心，不惜向西魏稱臣，借助西魏軍力打擊蕭綸、蕭紀，結果造成江陵淪陷。江南的盛世，就在蕭衍父子的愚昧私利下，一去不返。江南的淪亡，已是遲早之事。

一、侯景之亂

侯景是東魏高歡的重要武將，高歡時他擔任河南道大行台，將兵十萬，駐守河南十四年。西元五四七年（梁太清元年）高歡死，歡子高澄將侯景調回京師，收奪他的兵權，侯景即以河南十三州之地，投附梁朝。對於侯景的降附，武帝認為是統一中原的大好機會，因此不顧大臣的反對，命司州刺史羊鴉仁等率軍三萬北上，接應侯景。高澄命慕容紹宗、韓軌等率大軍包圍侯景，侯景兵危，又求助於西魏。西魏丞相宇文泰派軍援助侯景，同時也召侯景入朝，意圖接受侯景地盤。在東西夾擊之下，侯景不願屈居人下，最後決意投降梁朝。

面對混亂的情勢，武帝決意派大軍北伐，太清元年八月以蕭淵明（武帝侄）為都督總統諸軍。淵明進至彭城，與東魏軍交戰，結果大敗，淵明被俘。侯景退保渦陽（安徽省蒙城縣），與慕容紹宗僵持數月，最後糧盡援絕，只好率領步騎八百人，破圍而出，投奔南朝。武帝以侯景為南豫州刺史，讓他鎮守壽陽（安徽省壽縣）。

不久，高澄以釋放淵明等梁軍戰俘為條件，請求通好。高澄提議和好，其實具有離間梁武帝與侯景的用意。果然侯景聽到東魏梁

朝議和消息即大為緊張，就偽造高澄書信，試探武帝，武帝收到偽信，不知是假，回覆道：「貞陽（淵明封貞陽侯）旦至，侯景夕返」（《資治通鑑》梁武帝太清二年）。侯景大怒，決定叛變。

　　侯景召募南豫州境內的居民為兵，同時聯絡蕭正德，以擁戴正德為帝做為條件，取得正德的合作。太清二年（548）八月初十，侯景在壽陽舉兵，襲取譙州，陷歷陽（安徽省和縣），引兵直逼長江。聽到侯景叛亂的消息，武帝、朱异認為侯景兵少不足懼，不怎麼在意。武帝以第六子蕭綸統率諸軍北討，以蕭正德為平北將軍，都督京師諸軍事，護衛建康城。侯景到達長江北岸的橫江，正德以大船數十艘接濟侯景渡江。十月二十二日渡江逼近建康城，當時侯景有「馬數百匹，兵八千人」。

　　二十四日，侯景至秦淮河南岸，與北岸的梁軍對峙，武帝仍然不知道正德與侯景勾結，仍然讓正德守衛建康城。正德即命守軍放下朱雀桁（秦淮上可以開啟、閉合的大橋，開啟時船隻通航，閉合時可以人行），讓侯景軍渡河。侯景渡淮，正德即與侯景合軍包圍建康台城。

　　自十月二十四日到第二年的三月十二日，建康台城前後被圍一百三十幾天。當時，梁武帝已是八十六歲的老人，城內的防務主要由太子蕭綱，及名將羊侃指揮負責。包圍時，城內聚集男女十餘萬人，甲士二萬多人，米四十萬斛。時間一久，城內餓死、病死、戰死者急驟增加，最後「橫尸滿路」、「爛汁滿溝」，真是慘不忍睹。最後城破時，除了武帝、太子等君臣外，只剩二、三千人。而城外，在侯景的控制下，更是悲慘，為了在城東、城西修築土山，侯景驅迫士民，「不限貴賤，亂加毆捶，疲羸者因殺之以填山」（《梁書·侯景傳》）。而侯景大軍聚集，日久也缺糧，即縱容士兵掠奪民米，致使民間缺糧，一升米漲到七八萬錢，「餓死者十五

六」（《資治通鑑》武帝太清二年十一月條）。可見台城外也是滿目瘡痍。

當侯景包圍台城的時候，原本的總討都督邵陵王綸，及東陽州刺史蕭大連（蕭綱之子）、南兗州刺史蕭會理（武帝第四子蕭績之子）、司州刺史柳仲禮、衡州刺史韋粲、西豫州刺史裴之高、高州刺史李遷仕等各路援軍十餘萬，聚集於秦淮河岸。但是各軍「互相猜阻，莫有戰心」，而被推為大都督的柳仲禮，又「唯聚妓妾，置酒作樂」，意存觀望，不願出戰。後來，太子蕭綱與侯景和盟，各路援軍更是藉口散去。

侯景初渡秦淮，曾如約擁立蕭正德為帝（十一月初一）；既入台城，廢正德，隨後將他縊殺。而梁武帝也在台城陷落後，被侯景軟禁，兩個多月後，老病餓死。太清三年五月，侯景立蕭綱為帝（簡文帝），侯景自任為相國、宇宙大將軍、都督六合諸軍事。大寶二（551）年八月，侯景廢簡文帝，立蕭統之孫蕭棟為帝，十一月，蕭棟禪位於侯景，侯景稱帝，國號漢。

侯景之亂，浙東的三吳、會稽地區，由於遠離兵災，還能保持相當的富庶。但是，侯景入主朝政之後，即派兵攻占吳郡、吳興、會稽等郡，掠奪士民金帛子女，驅趕南人賣到北方，致使三吳地區也趨於殘破。而兵亂之後，尚未復原，大寶元（550）年江南又出現前所未有的人飢荒。《南史‧侯景傳》載：「時江南大饑，江、揚彌甚，旱蝗相係，年穀不登，百姓流亡，死者塗地。父子攜手共入江湖，或兄弟相要俱緣山岳。芰實荇花，所在皆罄，草根木葉，為之凋殘。雖假命須臾，亦終死山澤。其絕粒久者，鳥面鵠形，俯伏牀帷，不出戶牖者，莫不衣羅綺，懷金玉，交相枕藉，待命聽終。於是千里絕烟，人跡罕見，白骨成聚如丘隴焉」，繁華的南朝，殘

破到這種程度，真是令人感嘆。

二、梁元帝與江陵陷落

　　梁武帝時，除了邊境戰地如徐兗、豫州、司州、梁秦，及南方的交州、廣州等都督區由異姓武人出任外，其他都督區幾乎都是由兄弟、諸子及子姪等出鎮。而且尤為重要的揚州都督與荊州都督，更有專人久任的現象。如揚州都督，臨川王宏在任二十四年、武陵王紀在任七年、宣城王大器在任十二年。荊州都督，始興王憺先後在任十二年、鄱陽王恢先後十一年、湘東王繹出鎮十八年。而益州都督，武陵王紀也在任十七年。這在前代可以說是沒有的現象。對於這些都督，武帝除了派遣台使巡視、監督外，並未採取以典籤挾制諸王的辦法。因此，梁代的諸王都督，比起宋齊時期，擁有更龐大的軍力、物力。

　　侯景包圍建康台城時，荊州刺史湘東王繹雖然移檄所督湘州刺史河東王譽、雍州刺史岳陽王詧、江州刺史當陽公大心、郢州刺史南平王恪等，發兵入援建康，但是並不積極。真正出動的只有蕭繹世子方等所率領的一萬步騎，至於蕭繹所率十萬大軍則停駐於郢州的武城（湖北省武漢市黃陂區東南），「託云俟四方援兵，淹留不進」（《資治通鑑》梁武帝太清三年）。事實上，是為了保留實力，企圖稱帝。

　　根據朝廷的任命，蕭繹是荊州刺史、使持節、都督荊雍湘司郢寧南北秦九州諸軍事。但是建康城危，蕭繹派遣使者至湘州督運糧食兵馬，刺史蕭譽（昭明太子蕭統第二子）曰：「各自軍府，何忽隸人？」（《梁書・河東王蕭譽傳》）不願受蕭繹的節制。蕭繹即派兵圍攻長沙，雍州刺史蕭詧（蕭譽弟）為了解湘州之圍，也舉兵向江

陵。如是，侯景之亂未平，蕭氏叔侄已在長江中游廝殺了起來。不久，長沙城破，蕭譽被殺，蕭詧無援，於是稱臣於西魏，西魏丞相宇文泰派遣楊忠及長孫儉率軍南下，援助蕭詧。蕭詧成為西魏的附庸，襄陽落入西魏手中。西魏與蕭繹軍在漢水流域對峙，南軍不敵，蕭繹只好送子方略為質，向西魏求和，與楊忠盟約：「魏以石城（竟陵郡治，今湖北省潛江市）為封，梁以安陸為界，請同附庸，并送質子」（《資治通鑑》簡文帝大寶元年）。

　　台城陷落，武帝去世，蕭綱為簡文帝，實際上則處於軟禁狀態。武帝諸子，除了蕭繹外，尚有第六子蕭綸及八子蕭紀。蕭綸，在侯景起兵時，被任命為北討大都督，總督諸軍北討侯景。台城被圍時，綸赴援戰敗，台城陷落，綸逃往會稽，隨後又自會稽逃到郢州。郢州刺史南平王恪推綸為中流盟主，都督中外諸軍事，大修器甲，將討侯景。蕭綸勢力日盛，對蕭繹造成威脅，大寶元（550）年八月蕭繹就派王僧辯率水軍萬人，進逼郢州，綸軍潰敗，逃到江北的齊昌（湖北省蘄春縣西南），據汝南（河南省息縣），被西魏將領楊忠所殺。

　　蕭綸死後，益州刺史蕭紀是唯一可與蕭繹相抗衡的勢力。蕭紀在益州十六年，上任之後「南開寧州、越巂（治邛都，四川省西昌市東南），西通資陵、吐谷渾。內修耕桑鹽鐵之功，外通商賈遠方之利，故能殖其財用，器甲殷積」（《南史・梁武陵王紀傳》）。蕭紀擁有精兵四萬，馬八千匹。大寶二（551）年四月，簡文帝被殺，他就在益州稱帝，隨即以討侯景為名，率水軍沿江而下。蕭繹見蕭紀東下，派使者向西魏請兵，西魏趁此南下，佔據梁州、益州。蕭紀失去後方根據地，又聽說侯景之亂已平，惶懼不知所為。但是仍然兵向江陵，將士無心應戰，終於被蕭繹軍擊潰，蕭紀及其諸子都被殺。

　　西元 552 年二月，王僧辯與陳霸先率領荊州軍攻克建康城，殺侯景。但是，江南地區除了荊州以及嶺南地區外，已經一片殘破；而江北諸郡，多被東魏侵佔，梁、益、雍三州也在西魏的勢力範圍。這時蕭繹稱帝（元帝），所統屬的領地只有「自巴陵以下至建康，緣以長江為限。荊州界北盡武寧（郡治樂鄉，今湖北省荊門市西北），西拒峽口（西陵峽之口）；自嶺以南，復為蕭勃所據。文軌所同，千里而近，人戶著籍，不盈三萬」（《南史・梁元帝紀》）。由於建康、三吳地區已經受到相當的破壞，因此蕭繹決定以江陵為都。

　　蕭繹稱帝後，對於西魏不再卑曲，承聖三（554）年三月，西魏派遣使臣宇文仁恕到江陵聘問，梁元帝接待宇文仁恕不像接待北齊使臣那麼熱烈；同時又表示，梁已統一，希望西魏歸還梁、益、雍地區，以舊有疆域為界。元帝的態度讓宇文泰十分不悅，於是準備伐梁。西元五五四年九月，宇文泰命于謹、宇文護等率步騎五萬，南侵江陵。十月十一日至襄陽，蕭詧領兵助戰。十一月十四日，西魏大軍至江陵，派遣精騎據守江津，切斷江路，使下游援軍無法西上。然後築長圍，盡銳攻城，二十九日城破，元帝被殺。江陵臣民男女數萬口被俘，驅歸長安，作為將士奴婢，小弱者都被殺掉。江南的社會，再次受到劫難，從此日趨凋零。

梁帝系表

第五節　土豪酋帥與陳政權

梁武帝雖然用宗室子弟出任重要州鎮刺史，都督地方軍政。但是，實際上地方事務多由豪強、蠻夷酋帥所主導，他們擁有強大的兵力與物力。對於地方豪強與酋帥，梁武帝採取恩威並重的統治方式，凡是順服者，即大加籠絡，授予邊州刺史、郡守、主簿、參軍等大小不一的名號；不馴者，則派兵征討。梁末中央政府崩潰，原本受控的土豪酋帥紛紛崛起，而派駐嶺南地區征伐蠻夷的陳霸先，也因長期征戰，累積相當的作戰經驗、人脈關係。侯景之亂，梁宗室內鬥，群雄束手，陳霸先率先以嶺南地區的人力、物力出兵平亂，取代蕭氏，建立陳政權。

一、梁統治下的土豪酋帥

東晉宋齊以來，中央政權雖然由世族所把持，但是地方事務則多半是地方豪強或蠻夷酋帥的天下。這些地方豪強常常干預地方行政，所求不遂，甚至起兵變亂。如餘姚（浙江省餘姚市餘姚鎮）大姓虞氏有千餘家，「請謁如市，前後令長莫能絕」（《梁書・良吏・沈瑀傳》）。又北江上游的始興郡（廣東省韶關市），由於在嶺南山區，「郡多豪猾大姓，二千石有不善者，謀共殺害，不則逐去之。邊帶蠻俚，尤多盜賊，前內史皆以兵刃自衛」（《梁書・范雲傳》）。對於這些地方勢力，歷代統治者多半採取恩威並重的統治政策，對於順服者加以撫綏，不馴者即予以鎮壓、征伐，甚或移徙，梁武帝也不例外。

誠如前述，梁武帝於雍州起兵時，即得力於地方豪族的支持（參見本章第三節）。對於這些功臣豪族，武帝多半授給邊州刺史的職務。如韋叡出任豫州刺史，鎮守歷陽；康絢為北兗州刺史；夏侯

亶為司州刺史,後遷豫、南豫二州刺史;裴邃為北梁、秦二州刺史,轉遷豫州。這些豪族多半擁有私人部曲,死後多由子弟世襲,因此往往歷代稱雄,成為梁代著名將家。豪族之外,也有一些勢力較小的豪強,他們多半被任命為郡守,或者地方僚佐。如陳太平是益州新城郡(四川省綿陽市三台縣)的著姓,先世代代都擔任本地郡守,梁武帝即位,也拜陳太平為新城郡守,領益州別駕(陳子昂〈武東山故居士陳君碑〉);侯安都是始興郡著姓,始興內史蕭子範上任,即辟侯安都為主簿。

此外,蠻夷酋帥也是重要的地方勢力。南方的非漢族土著,史書上通稱之為蠻或越。蠻越的種類很多,生活習俗也有相當大的差異。在江淮之間,淮河、漢水流域是蠻族的居住地域,他們多半居住在山區,「衣布徒跣(赤足),或椎髻,或剪髮」,「便弩射」、「虎皮衣楯」,「兵器以金銀為飾」(《南齊書‧蠻傳》)。對於這些少數族群,南朝政府採取特別統治,設立左郡、左縣,由蠻族的酋豪渠帥來擔任左郡太守、左縣令,實施羈縻的政策。蠻族等少數族群,不徵戶調,只徵賧稅。賧,在兩漢時期原是指蠻夷犯罪時所繳納的贖罪錢,但東晉南朝以後,除了當作贖罪錢外,也泛指蠻夷地區的租稅。蠻夷的租賦,因時因地而異,「各隨輕重」,大致上比漢人土著來得低,因此常有漢人為了避稅逃入蠻族聚落。

漢中、巴蜀地區多僚(獠)民或巴人。僚族原來居住在西南部的廣西、貴州一帶,西晉末年,李勢據蜀,「蜀人東流,山險之地多空,僚遂挾山傍谷」(《北史》卷九十五〈獠〉)。僚人和漢人雜居者,有些被納入編戶;在深山地區者,則各為聚落,由「頭王」酋帥統領。地方政府,對於頭王也是羈縻而已,頭王「每於時節,謁見刺史」。僚族支係相當複雜,「種類甚多,散居山谷,略無氏族之別。又無名字,所生男女,唯以長幼次第呼之。其丈夫稱阿

謩、阿段，婦人阿夷、阿等之類，皆語之次第稱謂也。依樹積木，以居其上，名曰『干蘭』，干蘭大小，隨其家口之數」。他們善於鑄銅，「大口寬腹，名曰銅爨，既薄且輕，易於熟食」；也有很好的紡織，織出「細布，色至鮮淨」；作戰則「唯執盾持矛，不識弓矢」。（以上《魏書・獠傳》）

在湘江、灨水上游（江西省南部和廣東省曲江一帶）有谿（溪）人，嶺南地區則多俚民。溪人與俚民多半「巢居崖處」（《隋書・地理志》），因此他們的聚落稱之為「洞」，洞主則是酋帥。溪俚洞主也多半為地方刺史、郡守，如高涼（廣東省陽江縣西）冼氏「世為南越首領，跨據山洞，部落十餘萬家」，梁武帝即以冼挺為南梁州刺史，冼挺妹嫁給南遷的馮寶（馮氏本北燕人，劉宋時南遷），馮寶亦被任命為高涼太守、羅州刺史（《隋書・譙國夫人傳》）。溪俚種類也是十分複雜，各個部落的語言，風俗也不完全一致，如交廣地區「山川長遠，習俗不齊，言語同異，重譯乃通」（《三國志・吳書・薛綜傳》）。東晉南朝時期，交、廣、湘、灨正當長江中游與南海貿易的門戶（南海諸國使者商人多從廣州登陸，循珠江、湘江，或者灨水北上），因此嶺外酋帥多「生口翡翠明珠犀象之饒」（《隋書・食貨志》），而境內因為貿易之利以金銀為貨幣，交、廣俚民也就必須以銀納稅（《宋書・良吏徐豁傳》）。

梁末侯景之亂，中央政權崩潰，地方上的豪強酋帥，紛紛趁機發展，成為地方上龐大的力量。如豫章（郡治南昌，江西省南昌市）熊曇朗「世為郡著姓」，「侯景之亂，……據豐城縣（江西省豐城市南）為柵，桀黠劫盜多附之」。其後「兵力稍彊，劫掠隣縣，縛賣居民，山谷之中，最為巨患」（《陳書・熊曇朗傳》）。臨川（郡治南城，江西省撫州市臨川區）周迪，侯景亂梁時，其宗人周續起兵於臨川，以討侯景為名，梁臨川內史始興王蕭毅以郡讓續。既而續

所部渠帥殺續，推迪為主，迪乃據有臨川之地。時「百姓皆棄本
業，群聚為盜，唯迪所部，獨不侵擾，竝分給田疇，督其耕作，民
下肆業，各有贏儲，政教嚴明，徵斂必至，餘郡乏絕者，皆仰以取
給」（《陳書・周迪傳》）。可見中央政府瓦解的時候，豪族成為地
方上自保的力量。其他如東陽（郡治長山，浙江省金華市）留異，晉
安（郡治侯官，福建省福州市）陳寶應，新安（郡治始興，浙江省淳安
縣西）程靈洗，巴山新建人（江西省樂安市西北）黃法氍，始興曲江
（廣東省韶關市西南）人侯安都，長沙歐陽頠，都是這類型的豪帥，
在梁末陳初混亂之際，在各地稱雄自立。

二、土豪酋帥與陳政權的建立

陳霸先，原籍潁川，永嘉之亂時，陳氏南遷居於吳興，東晉咸
和中土斷為吳興長城（浙江省長興縣東南）人。新喻侯蕭映為吳興太
守時，陳霸先為蕭映府傳教，甚得蕭映的重視。蕭映轉遷廣州刺
史，陳霸先即隨蕭映南下，出任中直兵參軍、監西江督護、高要太
守。

西江督護，隸屬廣州都督，是宋泰始年間為了加強廣州地區的
軍事力量而設。劉宋以前，漢人在交廣地區大部分聚集在南海（廣
東省廣州市）、合浦（廣東省合浦縣東北）、交趾、九真、日南等沿
海地區，內陸則以北江的始興、桂江的蒼梧（廣西省梧州市）、賀江
的臨賀（廣西省賀州市東南）為主。這是因為北江、桂江、賀江是境
內的重要交通孔道，循北江北上，與瀟江水系相接，可至江州尋陽、
京城建康；從桂江、賀江接湘江北上，可至長沙、武昌。因此，這
幾個郡縣是人口集中，中央控制力較強的地方。至於其他郡縣，則
為俚獠盤據，中央統治力量難以到達之處。劉宋設置西江督護則有
意加強中央對嶺南地區的控制，使中央勢力可以深入俚僚聚落。

陳霸先擔任西江督護，是代表中央壓制俚僚的第一線，自然常處於征戰狀態。如梁武帝大同七（541）年，交廣地區爆發大規模的動亂。交州豪族李賁與并韶由於出仕不得志，在交州刺史武林侯蕭諮刻暴百姓引起民怨下，鼓勵數州豪傑舉兵叛亂。剛開始朝廷派遣高州刺史孫冏、新州刺史盧子雄率兵平亂，由於正值春夏之交，天氣酷熱難耐，大軍進至合浦，即因瘴熱病死大半，孫、盧率兵退回廣州。廣州都督蕭諮上奏指稱孫冏、盧子雄與李賁聯結，梁武帝因而敕令廣州都督蕭映誅殺二人。此舉令盧子雄弟子略、子烈以及主帥杜天合、杜僧明、周文育等甚為不滿，於是率眾攻打廣州，欲殺蕭映、蕭諮為盧子雄復冤。在此危急之際，高要太守、監西江督護陳霸先率領精兵三千擊破子略部眾，子略、子烈、天合戰死，僧明、文育被俘，加以撫綏，成為霸先部將。李賁之亂，直到太清二（548）年三月，才完全平定。在此征役中，陳霸先因功被擢升為振遠將軍、西江督護、高要太守、督七郡諸軍事，擴大了督統範圍；而收編盧子雄、子略部屬，以及李賁黨徒，使霸先擁有更雄厚的軍力，成為日後霸先北上稱雄的主要力量。

侯景之亂，廣州刺史元景仲（北魏宗室，梁普通年間依附於梁）與景勾結，霸先率眾討殺景仲，迎定州刺史蕭勃（梁宗室）鎮廣州。太清三（549）年十一月，陳霸先「厚結始興豪傑同謀義舉，侯安都、張偲等率千餘人來附」（《陳書‧高祖紀上》），但是蕭勃卻欲保留實力，不願霸先北上。因此，霸先首先擊敗與蕭勃連結的南康（江西省南康市）土豪蔡路養，進駐南康崎頭古城。隨後，又因為高州刺史李遷仕派軍據大皋口（江西省吉安市南贛江畔），阻擋霸先北進。在霸先與李遷仕對峙時，先後獲得高涼洗氏、南康劉惠舊、巴山黃法𣰾等豪酋的支援與投效，因而順利擊滅李氏。大寶二（551）年八月，陳霸先在巴上（江西省吉安市峽江縣）要北上與荊州軍將王

僧辯會師時，擁有甲士五萬、強弩五千張、舟船二千乘、軍糧五十萬石。當時荊州軍缺糧，霸先還以三十萬石米資助王僧辯，荊州軍的戰鬥力因此大振。破建康、滅侯景，霸先之功居多。梁元帝以霸先為南徐州刺史、都督，鎮守京口。

　　江陵淪陷，霸先與僧辯共迎江州刺史、晉安王蕭方智（元帝第九子）為帝，是為敬帝。而北齊也派軍護送貞陽侯蕭淵明（武帝姪子，太清元年寒山之戰中被俘）南返，派人勸誘王僧辯擁戴蕭淵明為帝，王僧辯在北齊使利誘之下，答應了這個方案。王僧辯曲事北齊的行徑，引起江南人民強烈的不滿，陳霸先利用這個機會，承聖四（555）年九月，率領十萬大軍，水陸兩道襲擊建康，擒殺王僧辯，復立晉安王為帝。不久，王僧辯的殘餘勢力勾結齊軍，進犯建康，軍至鍾山，陳霸先領軍擊潰齊軍，再度護衛建康。陳霸先數次安定江南的功業，使他的聲望達到極點。西元五五七年十月，蕭方智即禪位，霸先稱帝，立國號為陳。

　　陳霸先的崛起，緣於擔任西江督護、高要郡守時，在嶺南征討李賁之亂。在征討的過程中，一方面擴張自己的軍權，一方面則收編或交結廣州州鎮中的中下級武將。陳霸先集團的核心份子如杜僧明、周文育、胡穎、徐度、沈恪都是這類型人物，他們長期在嶺南征伐俚僚，具有豐富的作戰經驗。而征戰也使陳霸先具有相當的威望，北上征討侯景時，因此受到嶺南酋豪的支持與擁戴。

　　陳政權建立之後，對於這些地方豪強籠絡備至，如陳文帝（霸先姪，霸先去世文帝繼位）嫁女豐安公主於留異第三子貞臣，又命人將陳寶應一門納入宗室敘親，但是地方豪族仍然各自稱雄，不受中央約束，不久熊曇朗、周迪、留異、陳寶應等，紛紛起兵為亂，陳文帝將他們一一消滅。而程靈洗、魯悉達、黃法氍、侯安都、歐陽頠、洗氏等則被任命為刺史、將帥，成為支持陳政權的主要力量。

關鍵詞彙

典籤	蕭道成
中書舍人	蕭衍
制局監	九品十八班
士庶天隔	侯景
陳霸先	

自我評量題目

一、試比較宋武帝與宋孝武的州鎮政策，及其對劉宋政權的影響。

二、中書舍人的職務是什麼？南朝時期中書舍人何以受到重用，握有大權？試分述宋、齊、梁、陳時期中書舍人的發展。

三、南朝的寒人，在政治上、社會上受到抑制，然而仍然有若干寒人崛起，試述他們崛起的途徑。

四、試述侯景之亂的原因及影響。

五、梁末陳初混亂之際，陳霸先與嶺南地區的土豪酋帥起兵平亂，試分析陳霸先與土豪酋帥的關係，以及陳霸先平亂稱帝的主要因素。

第七章　南朝的對外關係與經濟發展

學習目標

——詳細研讀本章以後，讀者應該能：

1. 掌握南北國力形勢消漲的關鍵，瞭解梁武帝何以冒險接納侯景，以及侯景入梁促成南朝滅亡的因素。

2. 南北對峙，因此和平時通使商貿關係也處處顯示競爭的企圖。從南北的通使交聘中，可以更進一步瞭解南北朝的對立關係。

3. 瞭解南北朝時期的國際關係，更從宋、齊、梁與柔然、吐谷渾的戰略關係，掌握亞洲大陸各政權的互動關係。

4. 瞭解南朝的經濟發展，思考正當南北分裂時期，何以江南經濟反而獲得充分的發展。並進一步探究江南經濟在隋唐帝國形成後產生什麼作用。

摘　　　要

　　南北的爭戰，在劉宋初期，南盛北弱，雙方以黃
河為界。宋文帝元嘉二十七年，北魏拓跋燾南征，劉
宋喪失淮北之地。之後，劉宋內亂，邊將叛降北魏，
劉宋的國防線再撤退到淮南。梁末侯景之亂，使得南
方的國土再度受到北齊、北周的侵奪，江北以及荊、
益先後淪陷於北齊或北周。北方吞併江南的形勢已經
浮現。

　　爭戰之外，南北也維持相當的和平商貿關係。南
北朝時期雙方互派使節交聘，維持了某種程度的和
平，也帶來南北文化、經貿的交流。

　　南朝與鄰近諸國，如東北亞的高句麗、百濟、新
羅、邪馬台，南海地區的林邑、扶南，西北的吐谷
渾、柔然等都有密切的往來，這時的國際關係，除了
文化、商貿的交流外，更有戰略的考量。如南朝與吐
谷渾、柔然的通好，即基於國防的需求，希望拉攏雙
方共同對抗北魏。

　　南朝時期，農業及紡織、瓷器、漆器、紙等手工
業都有相當的發展。而商業也在生活安定、經濟繁榮
下蓬勃發展，尤其南海貿易的展開，使得江南經濟更
為活潑。

第一節　南北的和戰關係

一、南北的爭戰

　　南朝的疆域，在劉宋初期，曾經因為劉裕北伐，向北推到黃河流域。當時，北方的主要政權是北魏。宋元嘉二十七（450）年，北魏主拓跋燾調動數十萬大軍南下，進攻江南，兵至懸瓠城（河南省汝南縣），宋軍苦戰卻敵。而宋文帝也徵調青、冀、北徐、北兗、南兗、豫六州民丁北伐。宋軍在王玄謨的統率下，進攻滑台（河南省滑縣東滑縣故城），遭到慘敗，兵敗南退。魏軍一路進逼，攻下懸瓠、項城（河南省沈丘縣槐店鎮），進逼彭城；分兵南下，渡淮直趨瓜步（江蘇省南京市六合區東南），劉宋沿江全面戒備，魏軍無懈可擊，才撤軍返北。魏軍撤退時，沿路肆意殺戮破壞，「丁壯者即加斬截，嬰兒貫於槊上，盤舞以為戲。所過郡縣，赤地無餘」（《資治通鑑》宋文帝元嘉二十八年）。這是淝水之戰以來，南北再次大規模的戰役，這次戰役，使得淮北、淮南一片荒蕪，而劉宋也把國防線從黃河南岸撤到淮河北岸。

　　泰始元（465）年，劉彧與劉子勛內鬥爭帝，徐州刺史薛安都、冀州刺史崔道固、青州刺史沈文秀、兗州刺史畢眾敬等舉兵支持劉子勛，參加內戰。子勛兵敗，薛安都等紛紛投降北魏，淮北之地因而淪喪，劉宋的國防線於是撤退到淮南。從此，南北雖然偶爾出現一些小規模的衝突，但是南北疆域大致維持以淮河為界的默契，淮河南北，雙方都留下一段距離的「邊荒」地帶，做為非武裝的緩衝區域。

　　劉宋以後，南北較大規模的軍事衝突，是在梁武帝時期，以及侯景之亂以後北齊、北周的侵逼江南。蕭衍稱帝建梁，北魏正值宣

武帝在位，政治日趨混亂，武帝有意趁機爭奪淮北。天監四（505）年，武帝命蕭宏領軍北伐，當時梁軍「器械精新，軍容甚盛，北人以為百數十年之所未有」（《梁書・太祖五王傳》）。但是蕭宏懦怯無能，軍至洛口（洛澗入淮之口，安徽省淮南市東北），夜裏遇上暴風雨，蕭宏以為敵軍來襲，即棄大軍奔逃。梁軍覓宏不得，紛紛散歸，「棄甲投戈，填滿水陸」，兵員損失約五萬人。隨後，北魏亦調派大軍對梁軍展開還擊，兵至淮南，包圍鍾離（安徽省鳳陽縣東北），鍾離守將昌義之極力死守，在韋叡的援救下，才轉危為安。武帝為了阻擋魏軍的攻勢，企圖以淮水淹壽陽城。天監十三（514）年，徵調徐州、揚州民丁二十萬人，在壽陽下游離鍾城附近築「浮山堰」，費時兩年，築成「長九里，下闊一百四十丈，上廣四十五丈，高二十丈，深十九丈五尺」的土堰。淮河兩岸，淪成澤國，居民只好「散就岡壟」，遷到高地居住。魏軍因此潰敗北返。但是，不久淮水暴漲，浮山堰崩塌，沿淮城戍居民十餘萬口，都被洪流飄流入海。

　　梁大通二（528）年，北魏由於六鎮之亂中央政府崩潰，武帝以元顥（魏宗室）為魏王，派兵護送元顥回洛，意圖趁機經營北方。結果爾朱榮反攻洛陽，元顥被殺，梁軍全軍覆沒。梁武帝的北伐事業再度落空。武帝幾度進兵北方，毫無成效，而且損兵折將，對梁朝的朝政造成龐大的負擔。隨後，侯景由於不願受東魏中央的徵調，意圖叛魏投梁，梁武帝認為是北進的大好機會，不顧群臣反對接納侯景，結果造成侯景之亂。東魏北齊、西魏北周也紛紛趁機侵奪淮北、雍州之地，最後終於造成梁朝的滅亡。由此可見，南朝的國防武力，在劉宋元嘉以後，即節節敗退，梁末陳初明顯的呈現北盛南弱的局面，北方吞併江南的形勢已經浮現。

二、南北的和平商貿關係

　　南朝與北朝對峙期間，除了幾次大規模的戰爭衝突外，其實大部分時間，雙方保持相當和平的外交商貿關係，他們不定時的互派使者「交聘」，溝通雙方的看法，維持和平關係。

　　南朝與北魏第一次通使，是在東晉義熙十三（417）年四月。這時，劉裕正率領大軍渡過黃河，推向洛陽、長安。當時據守長安的後秦姚泓，在晉軍的兵威下，曾派人向北魏主拓跋嗣求援。拓跋嗣派遣軍隊屯駐河北，監視劉裕部隊的行動，一方面則「遣使通劉裕」，應有表達魏軍不干預的意思。隨後劉裕攻佔洛陽、長安，消滅後秦，不久篡位稱帝。這段時間，魏使年年到建康「請和」，而劉裕也在宋永初二（421）年，派遣殿中將軍沈範、索季孫「報使」（《宋書・索虜傳》）。從此以後，到北魏孝武帝永熙三（534）年東西魏分裂為止，北魏和宋齊梁三個朝代，維持著斷續的外交關係，前後交聘見於記載的有八十次，雙方互派使者姓名可考者，也有一百一十六人次。永熙三年以後，北魏分裂為東西魏，東魏與梁仍然維持相當親密的外交關係。在魏孝靜帝時（534～550年），東魏先後曾十五次派遣使者出使梁朝，南方也有十八次的派遣紀錄。但是西魏與梁之間則沒有通使關係，可見這時南方的外交關係呈一面倒的情形。侯景之亂，使得南北外交關係一度中斷，直到陳文帝天嘉元（560）年，北齊扶持蕭莊政權失敗後，陳又與北齊、北周有正式的使節往還。

　　南北通使往來，在南北史書上的記載雖然各有偏頗扭曲，如魏書記載劉裕派遣沈範、索季孫等到北魏「朝貢」（《魏書・島夷劉裕傳》），但是實際上則是一種平等的對等關係。而且，使者代表國

表 7-1　南北朝交聘表

	北　　朝		南　　朝		
	使節人數	交聘次數	使節人數	交聘次數	
北　魏	32	25	40	31	宋
	25	12	19	12	齊
東　魏	18	15	27	18	梁
北　齊		19		10	陳
北　周		13		12	

家，南北的競爭不只是軍事武力的競爭，文化上也有互別高低的意味，因此南北雙方「必妙選行人，擇其容止可觀，文學優贍者，以充聘使」（趙翼《廿二史劄記》卷十四〈南北朝通好以使命為重〉）。以北魏來說，多半派遣中原世家子弟出使南朝，如太原張偉、西河宋宣／宋穎、渤海高濟等，都因為兼具門第背景與相當的容止、博學、才辯等，被選派為使節。而出使時，君主對於有關人員更是多方訓示，千萬不能有失國體顏面，如北魏孝文帝於太和十八（494）年派遣盧昶為正使、王清和為副使，出使南齊。對盧昶指示曰：「卿便至彼，勿存彼我。密邇江揚，不早當晚，會是朕物。卿等欲言，便無相疑難」，對於副使王清和又交待說：「卿莫以本是南人，言語致慮。若彼先有所知所識，欲見便見，須論即論。盧昶正是寬柔君子，無多文才，或主客命卿作詩，可率卿所知，莫以昶不作，便復罷也。凡使人之體，以和為貴，勿遞相矜誇，見於色貌，失將命之體。卿等各率所知，以相規誨」（《魏書・盧昶傳》）。可見北魏朝廷對於使職的重視。

同樣的，南方派遣使者也是以才辯、容止做為首要條件，如齊時范縝、劉瓚、蕭琛先後出使北魏，三人都有才學、儀容，尤其劉瓚器貌非凡，北人「常歎詠之」，馮太后見了甚至「悅而親之」（《南齊書‧魏虜傳》）。

對於來訪的使者，南北雙方都有一定的禮儀與制度。負責接待的官員，稱之為「主客」或「典客」，主客也是經過一番「妙選」，必須就來使的學識、容貌、談辯、官職，選派一位旗鼓相當的人員，否則即是失禮，會受到時人的批評。如東魏元象元（538）年，以散騎侍郎鄭伯猷出使蕭梁，梁武帝命領軍將軍臧盾接待，「議者以此貶之」，認為梁以領軍將軍對散騎侍郎，未免自貶身價（《魏書‧鄭伯猷傳》）。而主客與來使，往往會脣槍舌劍互較高下，如梁太清二（548）年徐陵使魏，「魏人授館宴賓。是日甚熱，其主客魏收嘲陵曰：『今日之熱，當由徐常侍來。』陵即答曰：『昔王肅至此，為魏始制禮儀；今我來聘，使卿復知寒暑。』收大慙」（《陳書‧徐陵傳》）。或者，聘使也會在贈送的禮品中，故意夾雜一些奇珍異物刁難對方，如《梁書‧劉顯傳》載：「時魏人獻古器，有隱起字，無能識者，顯案文讀之，無有滯礙，考校年月，一字不差」。有時則比賽圍棋，如北魏孝文帝時，范甯兒隨同李彪出使南齊，齊武帝使朝中上品棋手王抗與北使比賽，結果范甯兒棋高一著，獲勝而返（《魏書‧藝術傳》）。

此外，南北君主正式接見使者的時候，也會安排一個壯觀的場面，顯示國家的富強以及文化的深厚。如北魏李彪聘齊，齊武帝在「玄武湖水步軍講武，登龍舟引見之」；而齊使至北魏時，北魏孝文帝舉行盛大的祭天典禮，也「引朝廷使人觀視」（《南齊書‧魏虜傳》）。至於梁武帝宴請北齊使者楊斐，則有「賓客三百餘人」，

擺出「器皆金玉雜寶，奏三部女樂，至夕，侍婢百餘人，俱執金花燭」的場面（《梁書‧羊侃傳》）。

　　南北政權藉著通使表達和平意願，但是和平關係並不十分穩固，隨時會因為君主的野心、形勢的轉變而有所變化。如晉末宋初，北魏懾於劉裕兵威，數度遣使請和，劉裕也派沈範、索季孫「報使還命」。沈範、索季孫完成使命南返，到達黃河北岸，正要渡河，傳來劉裕死訊，拓跋嗣即「追執範等，絕和親」（《宋書‧索虜傳》）。而北魏孝文帝派遣盧昶出使南齊，出使前即告訴盧昶：「密邇江揚，不早當晚，會是朕物」，顯示通使只是暫時的妥協，吞併江南是終究的目的。果然，盧昶至齊，正好發生蕭鸞（明帝）僭立的情形，魏孝文帝即趁機派兵南下，意圖擴張。而齊明帝對於北魏出兵十分憤怒，於是「酷遇」盧昶等人，將魏使幽禁，「以腐米臭魚堇豆供之」。魏使張思寧「辭氣謇諤，曾不屈撓，遂以壯烈死於館中」。盧昶等人僥倖逃過一劫，回到北魏，魏孝文帝對於盧昶出使遇難不能死節十分不滿，盧昶因此獲罪免官（《魏書‧盧昶傳》）。

　　南北的通使，除了帶來南北的和平關係外，對於雙方的文化、商貿交流也有相當的助益。如北魏孝文帝在營建洛陽之前，曾經派遣將作大匠蔣少游出使南齊，密令他觀察建康宮殿，回去後北魏「宮室制度皆從其出」（《南齊書‧魏虜傳》）。對於有關蔣少游摹擬建康城以規劃興建北魏洛陽城的記載，陳寅恪在《隋唐制度淵源略論稿》中感到懷疑，認為洛陽城的規劃是出自於李沖，且不盡然是模仿於建康城，蔣少游所摹擬的應該是限於宮殿部分。但是，近來學者的研究，則認為洛陽城採取宮城北移、城區軸心的規劃設計，應該是受到建康城的影響，而主事者則是蔣少游（劉淑芬《六朝時代的建康》）。

　　此外，南北通使也帶來雙方的互市貿易。如宋孝武帝初即位時，北魏即派使「求通互市」，孝武帝詔令群臣共議，江夏王義恭、竟陵王誕等認為可以同意，柳元景、顏竣、謝莊等則站在反對立場。顏竣反對的理由，是認為「雖云互市，實覘國情，多贍其求，則桀慠罔已，通而為節，則必生邊虞」（《宋書·顏竣傳》），謝莊也認為「關市之請，或以覘國，順之示弱，無明柔遠，距而觀釁，有足表強」（《宋書·謝莊傳》）。顏竣和謝莊都擔心通市會讓北魏有了解國情的機會，而且認為通市是示弱的表現，因而反對通市。事實上，江南對於北魏的貿易需要並不大，北魏向江南的輸出品主要是馬，所謂「議者不過言互市之利在得馬」，江夏王義恭等贊成互市即站在馬的需求上來做考量。但是，北魏售於江南的馬不是上駟，而且數量有限，顏竣即認為「得彼下駟，千匹以上，尚不足言，況所得之數，裁不十百耶？」（《宋書·顏竣傳》）在這種情況下，江南對於與北魏通市，當然不感興趣。相反的，北魏對於江南的絲織品、「羽毛齒革之屬」都相當感興趣，只要戰爭一結束，就派使談判開市問題。南方在邊境不寧時基於國防考量，不願通市，但是在較為和平穩定時期，仍然與北方互市。《魏書·食貨志》即記載：「又於南垂立互市，以致南貨，羽毛齒革之屬無遠不至」。

　　事實上，南北貿易除了正常的互市交易外，常常也透過邊境走私的管道，互取所需。如北齊崔季舒出任齊州刺史，「坐遣人渡淮互市」，被御史劾問（《北齊書·崔季舒傳》）。同樣的，北齊初年高季式為淮北都督，也因為「私使樂人邊境交易」，而被處分免官（《北齊書·高季式傳》）。可見在雙方絕市期間，儘管朝廷頒布禁令禁止商販渡淮，但是地方官吏仍然利用職權與對方貿易。而違禁者除了北方官吏外，南方的地方首長也是如此，如陳初侯安都擔任

徐州刺史，也與北齊「貿遷禁貨」，成為主要罪名之一，天嘉三（562）年被陳文帝賜死（《陳書・侯安都傳》）。

　　互市、走私之外，南北朝中的達官貴人更是藉著南北聘使往來之便，託付使者購求一些奇珍異貨，這種情形尤以北方為甚。如《北齊書・崔暹傳》載：「魏梁通和，要貴皆遣人隨聘使交易」。而那些北返的使者，回到自己的國都之後，朝廷顯要紛紛向他們索求南貨，不能如願，即藉故報復。如東魏興和元（539）年王昕與魏收使梁，回去後，「尚書右僕射高隆之求南貨於昕、收，不能如志，遂諷御史中尉高仲密禁止昕、收於其臺，久之得釋」（《北齊書・魏收傳》）。

第二節　南朝與鄰近諸國的關係

一、東北亞諸國

1. 高句麗

　　高句麗是朝鮮半島的大國，位處朝鮮半島北部。東晉時期高句麗曾經一度被前燕慕容廆并滅，後來鮮卑慕容氏勢力衰微，到了後燕慕容熙時，高句麗王乘機奪取遼東，興復高句麗，建都平壤，成為朝鮮半島國力最為強盛的國家。

　　高句麗和東晉南朝、北魏、北齊、北周都有頻繁的使節來往。東晉、南朝時期，它先後派遣使者到建康城訪問，並餽贈方物，將近三十次；到北魏、東魏、北齊、北周都城訪問，則有九十多次。可見高句麗與北朝的關係遠甚於南朝。北魏對於高句麗的使者也相當禮遇，在朝會時，南朝使團列在首位，高句麗使團在第二位，可見受到相當的重視。

高句麗致贈南朝的禮物以戰馬為主，宋文帝元嘉十六（439）年，高句麗王就贈送八百匹戰馬給宋朝，宋也相應回贈許多禮物給高句麗王。高句麗很早就受到儒家文化影響，在國都平壤設置太學，講授儒家經典。在高句麗國內「書有五經（易、書、詩、禮、春秋）、三史（史記、漢書、東觀漢記）、三國志、晉陽秋」（《北史·高麗傳》），這些經典史著有些可能自北方傳入，有些也可能來自於江南。

2. 百濟

百濟位處朝鮮半島西南，東晉穆帝永和二（346）年，百濟部落統合鄰近的馬韓五十三個部落，建立國家。南北朝時，百濟與江南往來較為頻繁，曾經先後十一次遣使到建康，四次派遣使節到洛陽、鄴城、長安訪問。

百濟很早就從遼東地區傳入五帝神，東晉時，又從江南傳入佛教。南朝時通使，也從南朝傳入何承天的《元嘉曆》，從此即採用《元嘉曆》，「以建寅月為首」（《周書·百濟傳》）。梁武帝大同七（541）年，百濟使節向武帝獻方物，「并請《涅盤》等經義、《毛詩》博士，并工匠、畫師等」，武帝敕令給之。太清三（549）年，百濟不知道建康遭亂，仍然遣使貢獻，到達建康，「見城闕荒毀，並號慟涕泣。侯景怒，囚執之，及景平，方得還國」（《梁書·諸夷百濟傳》）。可見百濟深受南朝文化影響，而且對梁朝政權有相當認同，雙方關係相當密切。

3. 新羅

新羅位處朝鮮半島東南，在地理位置上，受到高句麗與百濟的牽制，不論是與中國華北或是江南的往來都較為不便。梁普通二

（521）年，新羅王派遣使者隨百濟使到建康奉獻方物，以後陳廢帝光大二（568）年、宣帝太建二（570）年、太建三（571）年也曾遣使奉獻。新羅由於國小又隔絕在北，江南與新羅的關係不甚密切，常常透過百濟做雙方的文化交流。

4. 邪馬臺

魏晉南北朝時期，日本列島較為強大的國家是邪馬臺。邪馬臺在曹魏、西晉時與中國有相當密切的關係，曾數次派使到洛陽致贈方物，如齊王芳正始四（243）年卑彌呼女王遣使贈魏「生口、倭錦、絳青縑、緜衣、帛布、丹木、狃、短弓矢」（《三國志・魏書・東夷傳》），魏王朝也回贈相對的物品。東晉南朝，邪馬臺先後十次派使到建康，贈獻方物；而宋孝武帝、齊高帝、梁武帝也曾分別派使到邪馬臺，致贈將軍號以榮寵邪馬臺王。

中國文化除了從百濟流傳到日本列島外，西晉時也有少數漢人流移到日本，影響日本的社會文化。西晉武帝太康六（285）年，吳服師（江南地區的縫衣師）從百濟到達日本，影響邪馬台的服飾。同年，儒家的經典《論語》也傳到日本。宋明帝泰始六（470）年，邪馬台從江南聘去「漢織（北方織匠）、吳織（南方織匠）及衣縫（縫衣師）兄媛、弟媛等」（《日本書記・雄略天皇紀》）。兩年後，邪馬台王下令國內人民栽植桑樹，日本的絲織品開始萌芽發展。

二、南海諸國

魏晉南北朝時期，南海、印度洋地區有林邑國（越南中南部）、扶南國（柬埔寨境內）、狼牙脩國（泰國南部馬來半島上）、盤盤國（泰國南部萬倫灣沿岸一帶）、丹丹國（馬來半島南部的吉蘭丹）、訶羅單國（爪哇島）、干陀利國（蘇門答臘島上）、婆利國（印尼加里

曼丹島），中天竺笈多王朝（印度恒河流域上游中游）、北天竺尼婆羅國（尼泊爾境）、東天竺有盤是國（孟加拉）、北天竺犍陀羅國（巴基斯坦）、師子國（斯里蘭卡）等國。其中除了北天竺尼婆羅國與犍陀羅國地域偏北，較為隔絕外，其他各國與東晉南朝政權都有密切的往來。各國除了常派使者到建康訪問致贈方物外，南海諸國的商旅並不時乘坐海舶抵達廣州、建康，帶來犀角、象牙、瑇瑁、明珠、珊瑚、香料等南海特產，使得江南的經濟生活更為多元蓬勃。

　　兩漢時期，雖然已有不少南海商旅到達中國，南洋的物產如真珠、珊瑚、象牙、瑇瑁也深受中原人士的喜愛。但是，漢代政府對於海外貿易相當消極，對於中國與南海交通貿易的前哨交州、廣州並未積極控制，甚至在元帝初元三（西元前46）年還放棄交州的珠崖郡（海南島）。珠崖郡位於越南中、北部到廣州海路的必經點，南海的船舶要到中國，一般都先抵達越南中部、北部，再循廣西海岸、海南島，抵達廣州。元帝放棄珠崖，也就等於放棄南海貿易的主動權和控制權。

　　漢末三國分立，孫吳佔據江南荊州、揚州、廣州、交州等地。孫吳為了拓展江南的人力、物力，相當重視南海貿易。孫權在取得交州控制權後，黃武五（226）年派遣康泰、朱應出海，「南宣國化」，主要目的地是扶南、林邑、堂明諸國，招徠外商。在康泰出使的第二年（黃武六年），扶南即遣使入貢，可見遣使確實收到效果。而康泰、朱應回國後，康泰撰寫《吳時外國傳》、朱應寫《扶南異物志》，記述海外見聞，增進魏晉時人對於南海諸國風土人情的瞭解。

　　赤烏五（242）年，孫權又派遣陸凱、聶友征討儋耳、珠崖，再度控制今雷州半島及海南島。永安七（264）年又分交州地設置廣

州。當時交州境域遼潤，包括今廣東、廣西省及越南中、北部，無法有效控制。孫皓時分交州的南海、蒼梧、鬱林三郡（廣東、廣西省境）為廣州，而以交阯、日南、九真、合浦四郡（越南中、北部）為交州，主要目的是希望更有效地控制原交州的西南地區。同時又析分交阯、九真，新置新昌、武平、九德三郡，將孫吳的控制力推移到交阯、九真諸郡，也就是越南北部。孫吳積極經營交州，以掌握南海貿易之利，所得南海特產，除了供上層士人享用外，也轉輸到華北曹魏。史書上記載，建安二十五（220）年，魏文帝「遣使求雀頭香、大貝、明珠、象牙、犀角、瑇瑁、孔雀、翡翠、鬪鴨、長鳴雞」。嘉禾四（235）年，魏明帝又遣使以馬與吳交易珠璣、翡翠、瑇瑁（《三國志・吳書・吳主傳》注引《江表傳》）。

　　東晉南朝，僻處江南，立國形勢與孫吳相似，南海貿易對於南方政權仍然具有相當的重要性。因此，東晉南朝也相當重視交州、廣州的經營。如東晉劉宋時為了進一步加強交州南部日南郡的控制權，於是和林邑國爆發大大小小的邊境衝突將近一百多次。雙方衝突的原因，在於日南郡是印度洋、南海諸國北上的停靠點，控制日南郡可獨佔南海貿易之利。面對林邑國不斷的進犯，宋元嘉二十三（446）年，宋文帝派遣大軍，水陸並進，大舉討伐林邑。宋軍攻下林邑首都區粟城，林邑王陽邁父子逃走。此後，林邑雖然再度復國，但是元氣大傷，不再有寇邊行動，和江南維持著朝貢貿易的關係。而征服林邑，也使得江南與南海的海道往來更加順暢，因此南海諸國前來建康進貢的次數也明顯增加，到梁時達到高峰。

　　經由南海到達廣州與中國進行貿易的國家，除了南海諸國與印度半島上的中天竺、東天竺外，印度以西的波斯人也經印度、南海，到達中國。如晚近的考古挖掘，即在廣州市北邊的曲江、英德的南朝古墓中發現波斯薩珊朝的銀幣，可以證明波斯人曾在此地從

事商業活動。甚至波斯以西的大秦（羅馬帝國）物品，也透過波斯、
天竺人輾轉賣到江南。而販賣的物品除了前述明珠、翡翠、珊瑚、
瑇瑁等奇珍寶玩外，還有不少的奴隸生口。中國史書上常見的「崑
崙」奴，膚色黝黑身材矮小，可能即是南海貿易中所買賣的南海奴
隸。

　　南海的船舶自日南郡沿海岸北上，交州的交趾和廣州的高涼
（廣東省陽江市西）、番禺（廣東省廣州市）都是重要港口。尤其番
禺，海舶至此可以經始興（廣東省韶關市），越五嶺，沿贛江，轉長
江至建康；也可以沿著今福建、浙江、江蘇省海岸北上，轉入長
江，再上溯建康、江陵；因此成為江南與南海貿易的重心。廣州因
為南海貿易的緣故，成為江南地區富庶的州郡，廣州刺史「但經城
門一過，便得三千萬」（《南齊書·王琨傳》），可見貿易的興旺蓬
勃。而交廣地區也因為海外貿易的緣故，南海金銀流入境內，因此
「梁初，唯京師及三吳、荊、郢、江、湘、梁、益用錢。其餘州
郡，則雜以穀帛交易。交、廣之域，全以金銀為貨」（《隋書·食
貨志》）。

　　南海諸國與江南的往來，除了貿易之外，也促進佛教文化的交
流。東漢時期，天竺西域僧侶都從絲路進入華北長安、洛陽，海路
暢通之後，不少印度南海僧人搭乘商舶前來中國。如東晉時，法顯
從長安出發，循敦煌、玉門關陸路抵達北天竺、中天竺，在中天竺
住了三年，抄寫不少戒律、佛經，再搭海舶經師子國、耶婆提回到
廣州。而劉宋時天竺僧人僧伽跋摩從陸路進入華北，遊歷大江南
北，最後「隨西域賈人舶還外國」。海上貿易促進中外僧侶的交
流，南方的君主更是到南海諸國延請高僧、佛寶使得南朝的佛法更
盛。如宋文帝曾敕令交州刺史，出海至闍婆國，延致高僧求那跋摩
（《高僧傳》）。梁武帝則派遣沙門釋雲寶隨扶南國使者到扶南迎

請「佛髮」（《梁書‧諸夷扶南傳》）；扶南僧侶亦因為梁武帝奉佛，而多至中國居住於建康寺院。

三、西北諸國

西北地區，今甘肅、新疆、青海一帶，南朝時期與江南通使者有吐谷渾（河南王）、柔然（蠕蠕、芮芮）、宕昌國、鄧至國、武興國（仇池）、高昌國、龜茲國、于闐國、滑國（嚈噠）等。其中又以吐谷渾、柔然關係最為密切。

吐谷渾，位處隴西、青海一帶，南與益州相鄰。由於地理位置相近，宋、齊、梁時幾乎每年派遣使者至建康。而且「常通商賈，民慕其利，多往從之，教其書記，為之辭譯，稍桀黠矣」（《梁書‧諸夷‧河南王傳》）。柔然在吐谷渾的東北，也就是今內蒙地區。晉代匈奴、鮮卑南下之後，柔然即稱霸蒙古草原，成為北魏的主要邊患。南朝與吐谷渾、柔然的通好，除了商業利益外，國防的考量是主要的因素。柔然、吐谷渾與江南政權都共同受到北魏的威脅，因此三方都有意聯合對抗北魏。如宋末昇明二（478）年，蕭道成輔政，面對北魏孝文帝的擴張企圖，蕭道成「遣驍騎將軍王洪範使芮芮，剋期共伐魏虜」（《南齊書‧芮芮虜傳》）。建元元（479）年八月，柔然國主發動三十萬騎南侵魏境，直逼魏都平城，魏軍拒守不敢戰，柔然主於燕然山下縱獵而歸。蕭道成由於初即帝位，沒有出兵。建元二年、三年柔然主頻頻遣使貢獻貂皮雜物，並致書蕭道成「欲伐魏虜」（《南齊書‧芮芮虜傳》）。可見聯軍伐魏，柔然較為積極主動，南齊方面可能有種種考量，並沒有積極配合。但是南朝仍然十分注意與柔然、吐谷渾的聯合關係，除了不斷派使賞賜吐谷渾、柔然主絹帛錦緞外，也賜河南王（吐谷渾）刺史將軍號以羈縻之。這樣的關係一直維持到梁。梁武帝大同元（535）年，北魏分裂

為東西魏，梁與吐谷渾、柔然、東魏維持良好的友好關係，西魏處於孤立的狀態。直到梁末侯景之亂，西魏趁機奪取雍州、益州、梁州，進而佔據荊州，江南與吐谷渾的聯繫通道遂被斷絕。西元五五五年突厥與西魏聯合消滅柔然，吐谷渾頓失左右支柱下，已經無法抗禦西魏軍威，吐谷渾的勢力於是逐漸衰微。

第三節　南朝的經濟發展

　　永嘉之亂，司馬氏南遷，北方的世族與農民也紛紛渡江避難。江南的人口激增，帶來經濟需求的壓力，也帶來開發的動力。東晉南朝時期，在孫吳的開發基礎上，農業及紡織、瓷器、漆器、紙等手工業都有相當的發展。而商業也在境內安定、經濟繁榮下蓬勃發展，尤其南海貿易的展開，使得江南的經濟更為活潑多樣，充滿了生命力。

一、農業

　　東晉南朝時期，江浙的太湖流域、浙東的會稽、江西的鄱陽湖流域、湖南的洞庭湖流域、湖北的漢水流域、四川盆地，以及兩廣的珠江流域，在政府與民間合作開發下，農業大為發展，呈現一片豐衣足食的景象。史書上記載劉宋時江南的經濟為：「地廣野豐，民勤本業，一歲或稔，則數郡忘飢。會土（會稽）帶海傍湖，良疇亦數十萬頃，膏腴上地，畝直一金，鄠、杜之間（漢時關中農業發達地價高昂之處），不能比也。荊城跨南楚之富，揚部有全吳之沃，魚鹽杞梓之利，充仞八方，絲綿布帛之饒，覆衣天下」（《宋書・孔季恭、羊玄保、沈曇慶傳》論）。

　　江南農業的發展，一方面是移民的因素，永嘉之亂以後南遷的移民潮，促使江南一些較為偏遠的地區陸續開發。如東晉時期，北

方大族南下之後，由於太湖流域三吳地區已為吳姓世族所佔，多到浙東會稽地區佔田，開發莊園。北人世族定居會稽，帶動浙東地區農業、瓷器、銅鏡、紙、紡織品等的生產，也帶動商業的繁榮。又如交廣地區，漢代原是地廣人稀之處，但是在漢末、東晉初年湧入大批的移民潮。而為了因應移民流入，政府也加強控制嶺南地區，在孫吳的開發之後，劉宋又積極經營嶺南地區，除了前述出兵征討林邑國（參見本章第二節），控制越南北部海域外；又在廣州內地增設西江、南江督護，加強西江（珠江）上游的控制與開發。梁代嶺南地區已是豐盛之鄉，因此陳霸先從嶺南出兵，可以籌措相當的軍糧，除了自給之外，還可以資助王僧辯軍糧三十萬石，可見嶺南地區的糧產相當豐實。

　　其次是水利建設。江南的水利建設在孫吳時期已有相當的基礎，東晉南朝除了定期維護修葺外，也興修了不少水利工程。如宋末在烏程築吳興塘，「灌田二千餘頃」（《元和郡縣圖志‧湖州烏程縣》）；在荊州築穫湖，「堰湖開瀆，通引江水，田多收獲」（《太平寰宇記》卷一四六）。齊時在建康附近築赤山塘，梁則在豫州之蒼陵「立堰，溉田千餘頃」（《梁書‧夏侯亶傳弟夔附傳》），在臨海樂安縣「堰谷為六陂以溉田」（《太平寰宇記》卷一二七）。此外，江南有許多湖沼，只要在湖沼的四周築堤塘，使附近的水流向河渠，這樣可以減少湖沼水量，縮減湖面，開墾成為良田。開墾湖田，有的是私人進行，如宋元嘉初年，謝靈運請求政府將會稽回踵湖、始寧岉崲湖撥給他作私產，想把它「決以為田」（《宋書‧謝靈運傳》）。有些則由地方政府推動，如宋孔靈符為會稽太守，上書請求朝廷批准把山陰縣貧民遷徙到餘姚、鄞、鄮三縣境內，墾起湖田，以後「並成良業」（《宋書‧孔季恭傳子靈符附傳》）。而為了維護塘陂水利工程，地方首長也將民眾組織起來，徵調「塘

役」，共同平均分擔力役。如會稽地區，在齊時「民丁無士庶皆保塘役」（《南齊書・王敬則傳》），即在這樣的需求下發展出來的地方性勞役。

二、手工業

1. 紡織業

東晉南朝時期，手工業也有相當的發展。紡織方面麻、葛、絲織業都已經相當成熟，產品也十分精美。麻、葛是江東的特產，質地精美，東漢時以此為貢品，深受北方上層社會的喜愛。東晉南朝，浙東寧紹平原是麻、葛織品的主要產地，山陰的葛布；諸暨、剡縣的麻布，聞名江南江北。

東漢時期，中國的絲織業以四川盆地與關中較為發達，江南並非主要的蠶桑區。孫吳時發展江東的絲織業，孫吳向曹魏稱臣時，獻給曹魏的貢品，除了葛布之外，也有大量的絲織品。東晉末年，劉裕北伐，滅後秦，把關中的錦工遷至江南，在丹陽鬥場成立錦署，江南的絲織業，尤其是絲錦的技術更加進步。而鄰近諸國也紛紛向江南要求技術轉移，如前述宋明帝泰始年間，日本邪馬臺從江南聘去「漢織、吳織及衣縫」工匠；南齊時，芮芮國（柔然）的使臣也曾到建康，要求派遣錦工到柔然。技術的進步，帶動蠶絲的需求，劉宋時除了中央屢次下詔要求人民盡力於「耕蠶樹藝」外，地方首長也多教民種桑養蠶。而養蠶技術日益精進，豫章郡（治豫章，江西省南昌市）「一年蠶四五熟」（《隋書・地理志》），永嘉郡（郡治永寧，浙江溫州市）則有「八熟之蠶」（《太平御覽》卷八二五引《永嘉郡記》）。

2. 製紙業

中國的造紙術，在東漢和帝時，經過蔡倫的改良，品質大為提昇，紙的使用也就越來越普遍。東晉南朝，造紙的技術更加進步，使用的原料除了原有的麻、楮皮外，也利用桑皮、籐皮造紙。紙的原料更為多源，紙的成本因而降低，紙的生產量也就增加了。東晉時，王羲之曾一次把會稽郡庫存紙九萬張送給謝安。范甯當地方官時則下令：「土紙不可以作文書，皆令用藤角紙」（《初學記》卷二一紙七），可見籐紙是較好的紙。籐紙的產地以浙東剡溪（曹娥江上游）一帶最為著名，唐人皮日休〈二游〉詩：「宣毫利若風，剡紙光與月」，又李肇在《唐國史補》中也說：「紙之妙者，越之剡藤」，可見剡溪藤紙到唐代仍是獨步全國。浙東之外，荊州、益州的造紙業也相當發達，如梁時蕭繹為荊州刺史，曾「上武帝紙萬幅，又奉簡文紅箋五千番」，又云「特送五色三萬枚」（元鮮于樞《箋紙譜》引）；而安成王蕭秀也曾贈送陸倕西蜀箋紙一萬幅。

3. 製瓷業

江南地區在東漢就有相當進步的製瓷技術，其中又以浙東地區最為發達。東晉南朝，瓷器的製造技術繼續進步，在胚土、釉料和燒製技術方面都更加提升，為隋、唐時期的瓷器奠立厚實的基礎。浙東的瓷器以青瓷為主，寧紹平原一帶的「越窯」青瓷最為精美，深受當時王公貴人的喜愛。此外，永嘉一帶的「甌窯」，金衢盆地的「婺州窯」，也都是六朝青瓷的重要產地。

4. 造船業

江南是水鄉澤國，往來交通除了依循陸路外，水路也是重要的

交通路線。江南水路主要是以長江及其支流贛江、湘江、沔水（漢水）為主，而三吳地區的運河則可聯絡浙江與長江水系。三吳的運河網創始於春秋吳越，繼續於孫吳，到南齊時已大體完成，使得三吳地區與建康之間的交通十分暢通。隨著水上交通的發展，造船業也因此發達。江南的造船業以荊州、廣州最為發達。劉宋時，荊州作部「裝戰艦數百千艘」（《南史・沈慶之傳從子攸之附傳》）。梁末侯景之亂，侯景軍有「鵃舻千艘並載士，兩邊悉八十棹，棹手皆越人，去來趣襲，捷過風電」（《梁書・王僧辯傳》）。可見造船技術相當進步。除了快如風電的戰船外，南朝也有載物二萬斛（約二千噸）的貨船，梁代顏之推說：「昔在江南，不信有千人氈帳，及來河北，不信有二萬斛船」（《顏氏家訓・歸心篇》）。江南人民擁有大船，在隋文帝滅陳後，認為對於中央的統治帶來危害，因而下令：「吳、越之人，往承弊俗，所在之處，私造大船，因相聚結，致有侵害。其江南諸州，人間有船長三丈已上，悉括入官」（《隋書・高祖紀下》）。

三、商業

過去有的學者認為魏晉南北朝的農業生產以莊園為主，莊園的經濟呈現自給自足的型態，因而商業萎縮；而且時代的戰亂，更使貨幣流通量不足，出現以物易物的情形，因此有所謂魏晉南北朝是「自然經濟」的說法（韓國磐《南朝經濟試探》、全漢昇〈中古自然經濟〉）。

然而，東晉南朝的農業生產，雖然是以田園別墅的莊園為主，但是莊園經濟是大規模地生產各項農產品，以出售求利。事實上，自漢末以來，產業的經營有走向單一作物種植的趨勢，如三國李衡種橘千株，西晉石崇金谷園雜果萬株。而且世族經營莊園種植作

物，多販售求利，如西晉王戎種植李樹，植株優良，賣李時都先將
種核去掉，以防他人取得李種與他競爭，每晚核算賬簿，直到深
夜。而田園別墅採多元化的經營，並不是基於莊園經濟自給自足的
需要，而是大土地所有者的產業零散分布，如東晉謝混承繼祖父謝
安、父親謝琰以來產業，在會稽、吳興、南瑯琊郡有田園十餘處，
僮僕千餘人。或者因為地形多變化，如謝靈運在會稽始寧縣的莊園
是分據南山、北山，「峰崿阻絕」、「水道通耳」。因此為了適應
不同地形，而有不同的作物經營，於是稻田、麥田、果園、魚池、
林場兼而有之。但是，這些作物不可能完全自用，出售求利的情形
十分普遍。

　　東晉南朝貨幣雖然混亂，但是錢幣、金銀的使用十分普遍。如
梁代建康與三吳、荊、郢、江、湘、梁、益都用錢，交廣地區用金
銀，只有少數州郡用穀帛交易。而貨幣的流通，加上長江、三吳水
運的便利，南方的商業基本上較北方來得發達。

　　東晉南朝經營商業者，有王公貴族、世家大族，也有一般小民
因為賦役繁重，去農從商。不過王公貴族可以享受免稅的優待，又
可以免去關津盤查，可以販賣違禁品，因此具有相當的優勢。

　　建康、京口、山陰、壽春、襄陽、江陵、成都、番禺，是當時
商業比較繁榮的城市。建康是六朝的政治和文化中心，又因為位於
長江與三吳水運的交會點上，成為江南最大的商業中心。建康人口
繁盛，梁代全盛之時，有二十八萬戶（以五口一戶計，約一百四十萬
人），要供給這些人的生活需求，故有興盛的商業。建康城內「小
人率多商販，君子資於官祿，市廛列肆，埒於二京（長安、洛陽）」
（《隋書·地理志下》）。庶民商販多在城內從事零售，世族官吏則
多從事大宗商品買賣。如劉宋時孔道存、孔徽自會稽還建康，「輜
重十餘船，皆是綿絹紙席之屬」（《宋書·孔覬傳》）。而宋明帝處

死親信將領吳喜的理由之一是：「西難既殄，便應還朝，而解故槃停，託云扞蜀。實由貨易交關，事未回展」，「從西還，大艑小艑，爰及草舫，錢米布絹，無船不滿。自喜以下，迄至小將，人人重載，莫不兼資」（《宋書‧吳喜傳》）。可見建康由於消費需求大，商品價格好，官吏營商有相當的利潤，因此不論東上或西下競相載運當地特產到建康銷售。

建康城南的秦淮河上，「貢使商旅，方舟萬計」，東晉溫嶠年少時就常與秦淮河上的估客樗蒲為戲。方山津（在建康城東南方）及石頭津（在建康城西南方）是秦淮河上重要津口，凡商旅經此，須繳十分之一的貨物稅。各地的海陸珍寶、穀帛器物薈集建康，建康城內有四市，秦淮河北岸有大市，附近還有小市十餘處。大市中設有官吏管理，凡買賣交易也都要繳稅。東晉南朝商稅的比率是百分之四。一般大宗的買賣如奴婢、馬牛、田宅，須開立「文券」，依交易價格由賣者負擔百分之三商稅，買者百分之一。一般買賣沒有文券，則由官司估計物值，收取百分之四的商稅。東晉南朝因為世族官吏擁有大片土地，他們又都具有免稅特權，田賦收入減少，商稅的收入成為中央、地方政府稅收的重要來源，各級政府為了財政上的需要，無不巧立名目徵收關稅、商品稅，造成人民的負擔。

建康之外，京口（江蘇省鎮江市）因為「東通吳、會，南接江、湖，西連都邑（建康），亦一都會也」（《隋書‧地理志下》）。山陰則是兩浙的絹米瓷器的交易中心，「徵貨貿粒」，「商旅往來」，錢塘、浦陽兩江的牛埭稅（河中設堰以調節水位方便船隻通航，往來船隻須付拉堰的牛埭稅），一年中就徵收到四百餘萬（《南齊書‧陸慧曉傳附顧憲之傳》）。壽春、襄陽是南北交通的咽喉，軍事攻守的重鎮，也是南北貿易的據點。江陵則是長江上游的經濟中心，所謂「荊州物產，雍、嶍（益州）、交、梁之會」，雍州、益

州、交州、梁州物產多薈集江陵，再轉運建康、三吳，因此成為重要都會。成都位處四川盆地西北，是西通吐谷渾，南往寧州越嶲，北往漢中盆地的交通中心，所謂「水陸所湊，貨殖所萃」，因此成為西南的貿易中心，也是全國織錦業的中心。番禺則因為位處西江（珠江）出海口，是南海諸國進出中國的門戶，而成為南海貿易的中心。

關 鍵 詞 彙

高句麗	吐谷渾
百濟	柔然
邪馬臺	自然經濟
林邑	番禺
扶南	江陵

自 我 評 量 題 目

一、南北朝時期，南北互派使者通好，使者、主客須具備那些條件？從雙方對使者、主客的注重，反映當時的通使具有什麼樣的政治、文化意義？

二、南北的通使對雙方的文化、商貿交流帶來什麼影響？試舉例說明。

三、試論六朝時期南海貿易與江南經濟的關係，並分述六朝政府經營南海貿易的方針與政策。

四、為什麼有些學者主張魏晉南北朝是「自然經濟」？關於這種說法，以南朝為例，是否成立？為什麼？

第八章　五胡十六國

學習目標

──詳細研讀本章之後，讀者應該能：

1.瞭解五胡十六國形成的背景及名稱的由來。

2.瞭解五胡十六國時期的階段概況。

3.瞭解五胡十六國時期的政治、社會特色。

摘　　要

　　在漢、魏時期，因為各種原因，有許多居於邊疆、境外的部落民族，遷徙至中原政權的內部或緣邊生活。到晉代，整體而言，東北自遼東半島、河北北部起，往西經內蒙古直到甘肅地區和四川北部，再加上往內延伸的山西、陝西，都有相當數量的部落民散布。關中等地，更多達戶口之半。

　　西晉政治的失序及政權的內爭，造成社會的動盪；許多內徙及居於邊地的部落民也遭捲入，甚至建立政權。北魏史家崔鴻撰著《十六國春秋》，描述此期各政權的相關史事。由於這十六個政權的統治者，多數出身匈奴、鮮卑、羯、羌、氐等部落民族，因此這個時代被後世冠以「五胡十六國」之名。

　　十六國中，最早建立政權的是被稱為「巴氐」的李氏所創建的成漢政權；但因領域偏在西南，並未牽動全局。而匈奴劉淵的起兵，常被視為胡亂的序幕。匈奴遺裔所領導的漢（前趙）與後趙政權，不但造成西晉的覆亡，也在相當的時間內盤據了中原；可算十六國時期的第一個階段。

　　石趙、冉魏相繼滅亡後，華北的政局，換由原活動地域較東北的鮮卑慕容氏，及西邊甘肅東部地區的氐人苻氏挑起了大樑。先是前燕、前秦並立，繼則前秦苻堅統一了華北，並在「一統六合」的理念趨使下發動了南征軍事，爆發著名的淝水之戰；這是十六國時期的第二個階段。

　　淝水戰後，華北很快又陷入分裂的局面，後燕、西燕、後秦、西秦、後涼等政權林立，可算十六國時期的第三個階段。

　　慕容垂逝後，拓跋珪展開攻勢，兼併了後燕轄境。北魏政權，自此步入一個新的境域；逐步擴展，最後在拓跋燾時期一統華北，與南方的劉宋形成對峙，開啟了南北朝的新紀元。這一段過程，可稱十六國時期的第四個階段，但已屬下章討論的範圍了。

　　由於人口移徙、交流，十六國時期的政權，治下往往包含複雜的人種，自身也受到多元文化的影響，透過統治者稱謂和軍政體制，如皇帝、單于地位的變化，天王號的使用，及胡、漢二元體制的實施等，可以略窺其貌。

　　西晉政權的內爭——八王之亂，使得整個華北地區政治、社會、經濟失序，兵連禍結。連內徙的部落民族，也一批批的被捲入，甚至乘時而起，前後建立了不少政權。北魏史家崔鴻整理資料，撰著《十六國春秋》，描述其中十六個政權的相關史事。就中除前涼、西涼、北燕歸類為漢人所建者外，其餘十三國，被認為是由匈奴、鮮卑、羯、羌、氐五類胡族所創建的。因此，後世以「五胡十六國」稱呼這一段歷史。

　　至於十六國，史稱五涼（前涼、後涼、南涼、北涼、西涼）、四燕（前燕、後燕、南燕、北燕）、三秦（前秦、後秦、西秦）、二趙（前趙、後趙，前趙原稱漢，後改稱趙）及夏和成漢（初稱成，後改稱漢）。

國　名	立國者	種　族	都　城	年　代
成漢	李雄	巴氐	成都	304～347
漢、前趙	劉淵、劉曜	匈奴	平陽、長安	304～329
後趙	石勒	羯	襄國、鄴	319～349
前燕	慕容皝	鮮卑	大棘、龍城、薊城、鄴	337～370
前涼	張祚	漢	姑臧	354～376
前秦	苻健	氐	長安	351～394
後燕	慕容垂	鮮卑	中山	384～409
後秦	姚萇	羌	長安	384～417
西秦	乞伏國仁	鮮卑	枹罕	385～431
後涼	呂光	氐	姑臧	389～403
南涼	禿髮烏孤	鮮卑	樂都	397～414
北涼	沮渠蒙遜	匈奴	張掖	397～439
南燕	慕容德	鮮卑	廣固	398～410
西涼	李暠	漢	敦煌	400～421
夏	赫連勃勃	匈奴	統萬	407～431
北燕	馮跋	漢	昌黎	409～436

這些政權，前後綿亙超過百年。而除這十六國之外，當時尚有鮮卑拓跋氏的代（310～376 年）及漢人冉閔創立的冉魏（350～352 年）等政治、社會勢力林立，形成中國史上著名的分裂、紛亂時期之一。

第一節　邊疆族群的遷徙

與後來創建遼、金、元等所謂「征服王朝」的契丹、女真、蒙古有所不同，十六國時期的所謂「五胡」，許多是在漢、魏時期，便因為各種原因，由原來居住的地域，遷徙至漢、魏的疆域以內了。

一、匈奴的內徙

早在西漢武帝時期，由於漢在隴西地區對匈奴用兵，對該地區的匈奴造成壓力，引發匈奴渾邪王率眾四萬餘人降漢的事。漢分徙降者安置於隴西（甘肅省臨洮縣）、北地（甘肅省慶陽縣西北馬嶺）、上郡（陝西省榆林市東南）、朔方（內蒙古杭錦旗東北什拉召）、雲中（內蒙古托克托縣東北古城）五郡「故塞（舊有長城）」之外，河套以南，靠近漢、匈邊境的地區。

到西漢宣帝時，因匈奴內部繼承競爭，發生所謂「五單于爭立」的情況，不僅呼韓邪單于降漢，匈奴部眾在各級酋帥率領下降附漢廷的也有多起，數達五萬餘人，漢置西河（內蒙古準格爾旗西南瓦爾吐溝古城）、北地兩屬國加以安置。所謂屬國，就是依其本國習俗行事，保存原來的官號和部落組織，但是隸屬於漢的意思。

東漢光武帝時，匈奴地區發生嚴重天災，加以又起繼承之爭，分裂為南、北二部，南部附漢，北部後來逐步西遷。附漢的南部，大致分布在北地、朔方、五原、雲中、定襄、雁門、代、上谷八

郡，即甘肅東部、內蒙古自治區南部及陝西、山西北部一帶；單于庭帳則在西河郡的美稷縣（內蒙古自治區準格爾旗西北納林村古城）。到東漢末年，變亂蠭起，漢廷徵發匈奴兵助戰，單于羌渠派左賢王率騎助漢。而因為擔心單于不斷發兵，匈奴部眾恐懼不安，十餘萬人叛變，攻殺了羌渠單于。其子於扶羅繼立後，殺害羌渠的部眾恐其報復，另擁領導者加以抗拒。當時漢室也面臨崩解，求助無門的於扶羅，祇好率領所轄部眾，居留在河東平陽（山西省臨汾市西南）地區。

曹操與袁紹爭雄華北之際，匈奴單于呼廚泉（於扶羅弟）是站在袁紹一方的。西元二〇二年，曹操遣將圍攻，呼廚泉降附曹操。為了加強控制，西元二一六年呼廚泉入朝時，曹操將他留在鄴城，改派較為放心的匈奴右賢王去卑監領部眾。不久，更將這些部眾分為五部，各部立其貴族為帥，後又改帥為都尉，左部一萬餘落，居於太原故茲氏縣（山西省汾陽市東南）；右部六千餘落，居祁縣（山西省祁縣東南）；南部三千餘落，居蒲子縣（山西省隰縣）；北部四千餘落，居新興（山西省忻州市）；中部六千餘落，居大陵縣（山西省文水縣東北）；並選擇漢人擔任司馬加以監督。依據日本學者內田吟風的研究，構成烏桓、鮮卑或南匈奴社會的一個個「落」，是由二、三個穹廬（帳篷）構成，人口十至二十幾人。

到西晉武帝時期，因為塞外大水，又有匈奴部落民二萬餘落附晉，晉允其內徙，其後更與晉人雜居，因此山西中南部晉代并州的平陽、西河、太原、新興、上黨、樂平等郡到處都有匈奴部眾的蹤影。其後，仍陸續有匈奴部落內附。依據《晉書‧北狄傳》的記載，入居塞內的匈奴之類北狄部落共有屠各等十九種之多。十六國中，創建漢、前趙的是屠各劉氏，建立夏政權的赫連勃勃也是屠各劉氏後裔。另外，創建後趙政權的羯胡石勒，則是系出匈奴羌渠

種；創建北涼的沮渠氏，也是系出匈奴。

二、烏桓、鮮卑的內徙

　　烏桓（或作烏丸）和鮮卑最初分布在蒙古草原東部，烏桓的居地較南，約在內蒙古自治區老哈河一帶；以慕容氏最著稱的東部鮮卑則居地略北，在西喇木倫河流域；建立北魏的拓跋氏，原始居地則在更北邊的大興安嶺北段東麓，即內蒙古自治區的東北部地區。匈奴盛時，烏桓、鮮卑大體受到匈奴的控制，有些隨著匈奴攻擊漢的北疆；西漢武帝時，漢在戰勝後，也曾徙烏桓部落於遼寧、河北、內蒙古自治區東南漢邊郡的塞外，替漢廷偵察匈奴的動靜。

　　到匈奴勢力衰退，部分西遷、部分南下之後，烏桓、鮮卑也出現向南、向西遷徙的現象，填補了草原的空缺，也更接近了中原政權的領域。像東漢靈帝初年，烏桓主要有四部，上谷（河北省懷來縣東南）九千多落，遼西（遼寧省義縣西）五千多落，遼東（遼寧省遼陽市）一千多落，右北平（內蒙古寧城縣西南）八百多落。西元二〇七年，曹操曾擊斬支持袁紹的烏桓領袖蹋頓，「首虜二十餘萬人」，餘眾又受到遼東太守公孫康的攻擊，有萬餘落「悉徙居中國」。曹操利用這一支武力參與群雄的爭戰，「由是三郡（上谷、右北平、遼西三郡，遼東則為屬國）烏丸（桓），為天下名騎」。烏桓不但遷入華北，而且捲入了漢末三國時期的中原政爭。此後，河北、山西等地皆有烏桓分布；而在十六國時期，烏桓雖未建立政權，但活動的記載則屢屢出現在《晉書》、《魏書》等史籍中。

　　至於鮮卑，在東漢初年，隨著南、北匈奴內爭，匈奴勢衰，也得到了擴散、發展的機會。在東漢明帝永平年間，便有鮮卑接受漢廷賞賜，擊殺與漢敵對的烏桓酋帥的記載。到和帝永元年間，因匈奴北單于敗逃，鮮卑更徙據整個蒙古草原地區。據《後漢書‧烏桓

鮮卑列傳》的記載，當時匈奴餘種留在原居地域的還有十餘萬落，也都自稱是鮮卑，鮮卑自此日趨興盛。不過，這時的鮮卑仍維持烏桓與鮮卑過去的習慣，沒有一統的政治組織，而是「數百千落自為一部」；每部的領袖稱為「大人」，是推舉勇敢強健、能處理解決部人爭執者出任，不是世襲的。部眾也沒有固定的姓氏，而是以大人或勇健者的名字為姓。

根據研究，烏桓、鮮卑與匈奴均屬阿爾泰語系，言語可通。而或許是受到匈奴文化的影響，到東漢末年，鮮卑諸部在大人檀石槐的領導下，也建立了一統的部落聯盟，並東敗扶餘，西擊烏孫，盡有匈奴故地。大體可分為右北平（河北省唐山市豐潤區東銀城鋪）以東至遼東的東部、右北平以西至上谷（北京市延慶縣）的中部和上谷以西至敦煌一帶的西部，分別有二十餘、十餘、二十餘個部落。自此，東起東北，西到隴西，漢廷沿邊均有鮮卑部眾分布。另外，世襲也逐漸成為鮮卑各部領導權轉移的新習慣。而因為漢末混亂，有些中原漢人移居到鮮卑居住區，鮮卑人因而也與漢文化有了較多接觸，學習漢人文字，和兵器鎧楯等的製作方法。

隨著烏桓內徙，鮮卑與漢人居住區也日益接近。到魏、晉時期，東邊與鮮卑有關的重要部族有慕容部、宇文部、段部等，後為慕容氏所統一，並建立政權。西邊有禿髮部、乞伏部曾建立政權。活動於山西北部、內蒙古自治區托克托、和林格爾一帶的拓跋氏，最後不但建立了北魏政權，更統一了華北。但整體而言，與南匈奴等相較，鮮卑各部的活動區域主要仍在中原政權的緣邊地區。

三、氐、羌的內徙

氐人早期分布在陝西西南角、甘肅東南和四川北部地區，語言與羌族及雜胡可通；後來因與漢人雜居，大多能說漢語。至於經濟

生活，也是以農耕為主。

西漢武帝時，在氐人分布區的武都（甘肅省西河縣西南）設立郡縣，當地氐人納入漢朝統治。其後，曹操也曾多次在氐人居住區用兵，並將許多氐人遷徙至京兆（陝西省西安市西北）、扶風（陝西省興平市東南）、天水（甘肅省天水市）、略陽（甘肅省秦安縣東南八十里）等地。一直到西晉初年，上述地區及稍西北的南安（甘肅省秦安縣東北隴城）一帶都有許多氐人分布。十六國中的前秦和後涼，就是略陽地區氐人苻氏和呂氏所分別建立的。

至於羌人，又稱西羌，種類很多，很早就散居在青海一帶的草原地帶，從事狩獵或畜牧生活；但似乎在秦代以後，也有了農耕。西漢宣帝時，曾在金城（青海民和回族土族自治縣東南下川口）設置屬國，安置降羌。東漢光武帝時，隴西太守馬援擊敗犯漢的先零羌，將之徙置天水、隴西（甘肅省臨洮縣）、扶風等地；到明帝時，漢又徙降羌於關中三輔（京兆、馮翊、扶風，即陝西省西安市一帶）；和帝時，又徙燒當羌數千人於漢陽（甘肅省甘谷縣東）、安定（寧夏回族自治區固原市）、隴西等地。

這些內徙的羌人，與漢人雜居，言語不通，習俗有異，又被漢人小吏、豪強所侵侮，心中不滿；東漢安帝時，漢又遣騎都尉王弘徵發他們出征西域，羌人擔心遠屯不還，有些在途中逃散了，漢邊地各郡以武力處理，終於招致更大規模的變亂。境內、境外羌人合流，攻掠城邑，演為東漢政權長期困擾的「羌患」。此後，直到西晉時期，馮翊（陝西省大荔縣）、北地（陝西省銅川市耀州區、富平縣地）、新平（陝西省彬縣）、安定（寧夏回族自治區固原市）等郡界內，仍然居住著許多羌人。建立後秦的羌人姚萇，就是出身略西的南安赤亭（甘肅省隴西縣東）。

整體而言，當時東北自遼東半島、河北北部起，往西經內蒙古

直到甘肅地區和四川北部,再加上往內延伸的山西全省,陝西北、西、南部,都有相當數量的所謂「五胡」散布。尤其如《晉書》江統〈徙戎論〉所言:「且關中之人百餘萬口,率其少多,戎狄居半」;「今(并州匈奴)五部之眾,戶至數萬,人口之盛,過於西戎。然其天性驍勇,弓馬便利,倍於氐羌」;若是處於對立的態勢,定都洛陽的晉室,當然飽受威脅。

四、中原政權對待內徙邊疆部族的態度

對於內徙的邊疆部族,中原政權會因情況不同而有不同的處理態度。像西漢宣帝時匈奴呼韓邪單于降漢後,曾經親自到漢廷賀年(朝正月、賀正旦),群臣商議他朝觀時所站的位置應在諸侯王之下,漢宣帝則決定「以客禮待之,位在諸侯王上」。一則北方尚有郅支單于可能對漢造成威脅,呼韓邪降附漢朝,成為漢朝的助力,可以減少北方的禍患;一則匈奴是漢長期以來的「敵(有對等之意)國」,呼韓邪又是自動降附,自然不適合用一般對待臣下或被征服者的態度來因應,而要顯示對呼韓邪特殊的尊重或禮遇。除了禮節之外,西漢也致贈呼韓邪許多禮品,對呼韓邪的部眾提供糧食援助,還派軍隊協助保護呼韓邪的安全,支持他的統治地位。原因無他,這是符合漢政權的整體利益的。

除了單于之外,依林幹《匈奴通史》一書的描述,漢廷對於內附的匈奴人,一般地都是爭取和優待;原因無他,「鼓勵後繼」。站在敵人一方的人越少,站在自己一邊的人越多,是有助於國防安全的。

可是,假如內徙的部落民是「被征服者」,地位可能就要比自行降附的低落一些。像并州地區的匈奴,曾經站在袁紹陣營,曹操為了防範,不僅藉故更換了匈奴領袖,又進一步將匈奴部眾分為五

個單位（五部），以免合而為一力量太大。

　　基本上，中原政權希望能將內徙的邊疆部族引為盟友，作對政權有利的運用。首先在軍事上，例如前述漢代在邊地設置屬國，一則安置較友善的部落，更可在漢人農耕區周邊多一道屏障。而援引友好、內徙的部族對抗敵對、變亂的勢力，像以南匈奴協助應付北匈奴，徵調南匈奴兵力平定變亂，徵調羌人出征西域等都是例子。漢末三國混亂之際，南匈奴呼廚泉單于曾經支持袁紹；袁紹且與烏桓通婚，引為外援。曹操戰勝後，三郡烏桓又成了曹操爭勝天下的利器。直到西晉，八王之亂的烽火中，相互對立的西晉宗室們，各自援引內地或邊境的部落民族為臂助，例子更是多不勝舉。

　　其次，在經濟上、內徙的邊疆部族一旦發揮了隔絕、消弭戰亂的功能，就有助於整體經濟、社會的穩定發展。而某些空荒之地，若由內徙部落民加以充實，提供生產所需的勞動力，雖然中原政權目的不一定在積極的開闢稅源，但至少沒有明顯的壞處。因此，在多數時刻，中原政權不會刻意去排斥或剝削這些內徙的部落民族。

　　但是，語言、文化的歧異不是很容易就完全消融的，記載中也難發現中原政權對此曾特別著力。再加上社會上本就存在強凌弱、眾暴寡的不良現象。江統〈徙戎論〉便曾提到：「戎狄志態，不與華同。而因其衰弊，遷之畿服（境內核心地區），士庶翫習（習於其事而致輕忽），侮其輕弱」。每到政治、社會失序之際，情況更特別嚴重，官吏侵刻，豪強欺凌，在在會引致內徙部民的不滿。若是這些部民又是群聚而居，擁有相當的社會力和武力，一旦社會衝突、文化衝突發酵，難免可能引致事端。

　　中原政權中也有人考慮過這些問題，因此鄧艾曾經建議將南匈奴加以分割，鄧艾、郭欽、江統更都曾建議將居於內地的部落民逐漸徙往邊地或原居地。但或是未被統治者接受，或有實際執行上的

困難；例如所謂原居地就屬相對性的說法，祖父與孫輩對所謂原居地的認知便可能大不相同；因此並未見到實際執行的記載。

第二節　從劉淵到石勒

　　十六國中，最早建立政權的是被稱為「巴氐」的李氏所創建的「成（後改稱漢）」政權。但因其領域偏在西南，並未牽動全局，所以，并州匈奴劉淵的起兵，常被視為胡亂的序幕。而漢（前趙）與後趙政權不但造成西晉的覆亡，也在相當的時間內盤據了中原，可算十六國時期的第一個階段。

一、成的建國

　　李氏原是益州巴郡西部宕渠（四川省渠縣東北三匯鎮）人，其族人被稱為「巴人」或「賨人（賨為巴人對所交賦稅的稱謂）」。東漢末年，時局不靖，加以很多賨人信奉漢中張魯傳布的五斗米道，自宕渠一帶徙居漢中。當張魯為曹操所破降，李特的祖父也率眾投附，受封將軍。其後，當曹操預備放棄漢中時，將該地區的賨人遷移到略陽、天水一帶。不知是否因該地區本為氐族居地，後來北方人稱這些賨人為「巴氐」。所以就族系而言，李氏一支與前述的氐人符氏、呂氏是有所差異的。

　　西晉惠帝元康六（296）年，關中發生氐帥齊萬年的變亂，略陽等地受到破壞，接著是連年的饑荒。乏食的百姓，祇好流移就穀（往就有穀之地以求食），相偕流亡漢中、再入巴蜀的有幾萬家。李特的父親曾任東羌獵將，他自己年輕時也曾在地方衙門任職，顯示李氏一門為當地的社會菁英。而在伴隨流民移徙的過程中，李特、李庠兄弟們，對於疾病窮乏之人，常予照顧救濟，由此受到擁護，成了流民的領袖。

　　西元三〇〇年，晉廷擬撤換益州刺史趙廞，趙廞則思趁亂割據，因此籠絡流民。而李特的黨眾頗多與趙廞同鄉的巴西人，因此趙廞更加厚待李氏兄弟，引為助力。在趙廞自署益州牧之後，李氏兄弟戚黨以四千騎助廞防禦北面通道。可是，由於猜忌李庠的能力，趙廞借辭殺了李庠；雙方反目，李特聚眾攻進成都，趙廞逃亡中為從者所殺。

　　當時，晉廷任梁州刺史羅尚為益州刺史，率眾七千餘人來平趙廞之亂。李特感到恐懼，遣弟李驤迎接，表現恭順，羅尚因此任李驤騎督之職；李特及弟李流，不久也因討平趙廞之功，受晉封為宣威將軍、奮威將軍。但是，晉廷下令流人返回故里，羅尚認真執行，限期上路；所屬更有借機謀奪流人財物者。李特則得到中原已亂的消息，不打算返鄉，多次請求放寬遣返期限，流民因此對李特兄弟深為感激，紛往歸附。李特在縣竹（四川省德陽市北黃許鎮）紮營安置流人，不多的時間，便超過了二萬人。

　　流民推舉李特為領袖，正式與羅尚對抗。李特自稱益州牧，與蜀人約法三章，施捨賑貸，軍政肅然。羅尚則個性貪殘，遭到百姓惡評。但是，羅尚一家久在蜀地任職，在地方上具有一定的威望，且是政府正式任命的益州刺史；其次，流民與當地居民間，也可能有些經濟利益等的衝突；終於，在荊州援兵分散李特力量，及邨堡等當地勢力的支持下，羅尚攻殺了李特。

　　李特之弟李流繼特擔任領袖，病死後，又由李特之子李雄繼任。當時，荊州兵已經退走，李雄攻下了成都，並於西元三〇四年稱成都王，西元三〇六年稱帝，國號大成。當時晉室諸王交兵，無力處理；李雄則進一步發展，先後取得漢中等地，終於控制梁、益、寧三州之地。他在境內施行惠政，薄稅輕刑，興辦文教，史稱「事少役稀，百姓富貴，閭門不閉，無相侵盜」，成為亂世中的一

片淨土。西元三三四年李雄死後，統治家族發生內爭，西元三三八年，國號改為漢。隨著統治失當，民生又趨痛苦。西元三四七年，為東晉將領桓溫所滅，立國四十四年。

成漢政權，雖為巴氏李氏所建，核心部眾中，也有不少可歸為巴氏後裔，但由史籍記載的李氏發跡過程，明顯可以看出李氏不是以部族首領或當地地方大豪起家，而是因為具備的領導特質及才能，逐步成為流民領袖和一方之雄的。成漢政權，似也不應歸類為巴氏一族的政權。

二、匈奴劉淵起兵

在十六國歷史上，最為人矚目的事件之一，就是匈奴劉淵的起兵。

劉淵是并州地區南匈奴屠各種人，史籍稱其為南匈奴單于於扶羅之孫。他的父親劉豹也曾經是五部匈奴的領袖，魏晉政權擔心他的力量過大，還曾經借故將他的部眾分割，將北邊雁門一帶另行劃歸去卑的兒子統領。基本上，劉淵是當時并州五部匈奴領導家庭的重要成員。但他也熟諳漢人文化，並與鄰近的漢人士族如太原王渾、上黨（山西省長治市北）李熹等交游。

晉室內爭之際，劉淵是成都王司馬穎的支持者，曾受任為司馬穎的屯騎校尉及冠軍將軍等職。當時，晉并州刺史東嬴公司馬騰、安北將軍王浚，以所轄山西、河北地區的兵力，起兵攻擊司馬穎。劉淵以當時司馬穎直接掌控的兵力可能不足抵禦為由，表示願回山西發動五部匈奴協助司馬穎。

實際上，在晉政零替的情況下，并州匈奴對晉室也已離心。西元二七一年，便曾有部帥劉猛叛晉出塞的事，但被晉軍攻殺。此時的匈奴左賢王劉宣等也私下商議：

> 昔我先人與漢約為兄弟，憂泰同之。自漢亡以來，魏晉代興，我單于雖有虛號，無復尺土之業，自諸王侯，降同編戶。今司馬氏骨肉相殘，四海鼎沸，興邦復業，此其時矣（《晉書‧劉元海載記》）。

並協議推舉劉淵為大單于。等到劉淵回到山西左國城（山西省呂梁市離石區東北），劉宣等上大單于之號，兩旬的時間，便聚集了五萬部眾，都於離石（山西省呂梁市離石區）。

劉淵曾打算出兵援救戰敗的司馬穎，但劉宣等人力勸他：

> 晉為無道，奴隸御我，是以右賢王（劉）猛不勝其忿。……今司馬氏父子兄弟自相魚肉，此天厭晉德，授之於我。單于積德在躬，為晉人所服，方當興我邦族，復呼韓邪之業，……。

劉淵回應說：

> ……夫帝王豈有常哉，……今見眾十萬，皆一當晉十，鼓行而摧亂晉，猶拉枯耳。上可成漢高之業，下不失為魏氏。雖然，晉人未必同我。漢有天下世長，恩德結於人心，是以（蜀漢）昭烈（帝劉備）崎嶇於一州之地，而能抗衡於天下。吾又漢氏之甥（漢匈和親，匈奴單于多次娶漢公主），約為兄弟（漢高帝劉邦時曾與匈奴約為兄弟），兄亡弟紹，不亦可乎？且可稱漢，追尊（蜀漢）後主（劉禪），以懷人望。

西元三〇四年，劉淵即漢王位於左國城。晉并州刺史東嬴公司馬騰遣軍攻擊，劉淵敗之，並進取河東（山西省夏縣西北）等地。當時聚眾於山東地區的漢人王彌，起兵河北、山西地區的汲桑、石勒

及部分鮮卑、氐人都降附於他。西元三〇八年，劉淵稱帝，不久遷都平陽（山西省臨汾市西南）。

在劉淵起兵的過程中，有些值得注意的地方。劉淵建國稱漢，追尊蜀漢後主劉禪，固然因為蜀漢實際上也是亡於司馬氏之手，而當時晉政大失人心，匈奴又可與漢攀上關係，因此可以以此吸納對晉失望、反感的漢人人心，淡化匈奴部族政權的色彩。但由史籍所載劉宣的兩次發言，顯示匈奴部眾當時的不滿，主要是針對自魏、晉以來，匈奴地位的日益低落，和現實利益的減損（「無復尺土之業」、「降同編戶」）。認為匈奴本來與漢有利益共享的關係，當時應該要「復呼韓邪之業」（呼韓邪與漢是平等、互利的關係）。所以，匈奴起兵，矛頭是對準西晉政權，是一種政權的爭奪；而不是向著晉人（漢人），不是基於種族、文化的衝突。

三、西晉的滅亡與前、後趙的對立

西元三〇九年，劉淵曾派兒子劉聰等率精騎五萬攻擊晉都洛陽，未能攻克。西元三一〇年，劉淵死，子劉和繼立。劉和猜忌擔任大司馬、大單于，地位僅次於皇帝劉和，且握有重兵的劉聰，派兵攻擊，但反為劉聰所敗。劉聰進而攻殺了劉和，自立為帝。

西元三一〇年，劉聰派遣族弟劉曜、大將王彌等率眾四萬，攻下洛陽四周一百多處地方居民聚結的堡壁，洛陽更為孤立。次年（永嘉五年，西元 311 年），石勒又攻滅了西晉的主力部隊十餘萬人。五月，劉聰攻陷洛陽，縱兵大掠，西晉懷帝被擄，史稱「永嘉之禍」。

西元三一二年，晉安定太守賈疋等迎立秦王司馬鄴為太子，在長安建立行臺（臺省之在都城以外地方的，暫時性的辦公機構）。次年懷帝遇害，司馬鄴即位為愍帝。但是劉曜連年西攻，關中殘破。

西元三一六年，愍帝被俘。西晉政權在華北的統治，大體已算結
束；祇有并州刺史劉琨、幽州刺史段匹磾（鮮卑人）、涼州刺史張
寔仍效忠晉室，保有山西中部、河北北部及甘肅西部等不相連的部
分邊緣地區了。

　　既滅西晉，中原大部分地區，皆屬漢的統治範圍，勢力達到全
盛階段。但是，漢政權本身也出現了問題。

　　一則，劉聰生活日趨腐化，酗酒荒淫，政治廢弛；加以兵戰之
餘，生產大受打擊，終於造成饑荒，人民大量流離、死亡。再者，
功臣將領也紛紛坐地割據。如石勒兼併了王彌，「有跨據趙、魏之
志」；王彌的部將曹嶷也在山東地區大肆發展勢力，部眾增至十餘
萬人。劉聰實際上能夠掌控的區域，終於「東不踰太行，南不越嵩
洛，西不踰隴坻，北不出汾晉」（顧祖禹《讀史方輿紀要》卷三），
祇有山西南部及關中地區了。

　　西元三一八年，劉聰病死，子劉粲繼位，仍然荒怠政事，終於
被操持國政的靳準發動政變，劉氏宗室大遭殺戮。

　　當時，劉曜位為相國、都督中外諸軍事，鎮守長安，石勒則在
襄國（河北省邢臺市西南），聞訊皆出兵。劉曜行至半途，被擁立為
帝；滅靳氏後，徙都長安，改國號為趙。石勒則攻下平陽，將降人
遷至河北自己的勢力範圍內。劉曜雖封石勒為趙公，但兩邊競爭之
勢日趨明顯；西元三一九年十一月，石勒也即趙王位，雙方正式對
立。

四、石勒與後趙政權

　　石勒是居於上黨武鄉（山西省榆社縣北社城）的羯人，史籍說他
是匈奴別部羌渠種的後裔，學者認為源出西域。

　　他的祖、父是部落小帥，但家境似乎不是十分寬裕，曾受人資

助，為人耕種。晉惠帝太安（302～303）年間，山西饑荒，并州刺史、東贏公司馬騰掠賣胡人到河北等地，籌措軍糧，石勒也因此被掠賣到山東荏平縣人師懽的家中為耕奴，後來師懽放免了他。

他曾依附鄰近管理馬牧的汲桑，也曾組成「十八騎」盜匪組織。當晉室內爭之際，他先隨汲桑投入司馬穎舊部公師藩麾下，又輾轉依附了劉淵，因能戰及擁有的實力，被封為輔漢將軍、平晉王，受劉淵指揮作戰。數年之間，軍力發展至十餘萬人。西元三一一年，他殲滅了晉軍十餘萬人，為西晉的覆亡作了重要一擊。不久，洛陽便被攻陷了。

攻下洛陽後，石勒與漢政權另一大將山東人王彌互相疑忌，終於誘殺了王彌，兼併了王彌的部眾。此後，他以邢臺為根據地，掌控了河北、山東大部分的地區。

兩趙對峙之勢形成後，劉曜積極經營關中，擊平上郡（陝西省榆林市東南）氐羌及仇池（甘肅省西和縣西南洛峪）氐楊氏，勢力盛時有兵二十八萬多。石勒則遣將擊破晉將段匹磾，取得幽、并，又破曹嶷，取青州，盡有關中以東地區。

經過多次衝突，西元三二八年，劉曜、石勒分別親率大軍，對決於洛陽，劉曜兵敗被殺。石勒又遣軍西征，攻殺了前趙太子劉熙於上邽（甘肅省天水市關山鎮）。西元三三〇年，石勒即帝位，國號仍用趙。史稱劉曜政權為前趙，石勒政權為後趙，以示區分。

後趙盛時，版圖遼闊，南至淮河、漢水，西至河西，除涼州外，幾乎領有整個華北。

石勒以漢人張賓為謀主，對於華北的漢人社會，也有一定程度的認識和因應之道。例如，對居於社會領袖地位的士族，若是降服，他便加以優容，並吸收他們加入政權；石虎也曾下令豁免關隴十幾個大姓的兵役，以爭取他們的擁護。在中央和地方，也設立學

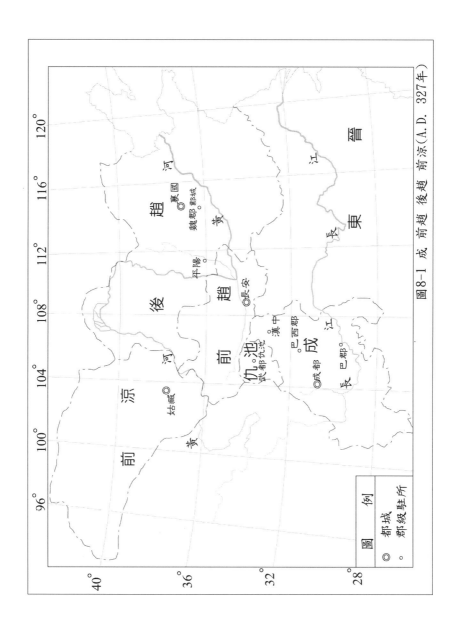

圖8-1　成　前趙　後趙　前涼（A. D. 327年）

校，提供入學、任官的機會。就一般民眾而言，他也重視生產，曾遣官吏巡行各地勸課農桑，所收租賦亦較西晉為輕。

可是，戰亂的大環境也會影響後趙政權的作為。對於一些對立的社會、政治領袖，殺戮是常發生的情況。而為了軍糧不足，尤其在饑荒之際，也可能用搶掠的方式解決，顧不得人民的死活；因此，曾被人民稱為「胡蝗」。

繼承之爭也成為後趙政權的危機。在石勒發展的過程中，其姪石虎曾是得力的左右手；但政權建立後，石勒親子的地位上升，令石虎心生不滿。西元三三三年石勒死，子石弘繼立，掌權的石虎終於廢殺了石弘。

石虎行事殘暴，政治日壞，不僅人民負擔沈重，生活艱困，統治家族內部，也一再發生奪位、殺戮的慘事。石虎先後殺了意圖對他不利的兩任太子，並將東宮衛士十餘萬人全都謫戍涼州，因而導致關中地區的變亂。石虎倚重氐帥苻洪與羌帥姚弋仲平亂，他們的勢力卻也因而壯大，成為後來前秦、後秦政權的先聲。

石虎在混亂的時局中去世，諸子爭立，相互攻殺，最後政權在西元三五○年入於石虎養孫石閔之手，改國號為魏。石閔是漢人，本姓冉，即帝位後復姓冉，因此他的政權又被稱作「冉魏」。冉閔覺得胡人不為其所用，乃結好漢人，鼓勵殺戮胡羯，有二十多萬人遭難，甚至一些高鼻多鬚的漢人也遭到誤殺。這種濫殺的情況，顯示在長期政治失序和戰亂之下，整個社會瀰漫著暴戾之氣，並不因胡、漢種族或文化不同而有差異。

當時，石虎之子石祗也稱尊號，許多擁兵的部落民支持他與冉閔相攻，雙方戰況慘烈。冉閔曾攻殺石祗部眾萬餘人、二萬八千人，也曾一次損失將士十餘萬。西元三五一年，石氏勢力全滅，但冉魏也實力大損。遼東鮮卑慕容氏，在趙、魏交兵之際向南發展，

西元三五二年滅了冉魏。

第三節　符堅與淝水之戰

八王之亂引發的內徙匈奴起兵、建國、稱帝，在石趙、冉魏相繼滅亡後，可算是一個階段的結束。此後華北的政局，換由原活動地域較東北的鮮卑慕容氏，及西邊甘肅東部地區的氐人符氏挑起了大樑。

一、前燕、前秦的並立

東漢末，鮮卑在檀石槐領導下建立部落聯盟時，聯盟中的中部，見諸史籍的三位大人之一叫作慕容，一般認為這是後來慕容氏的先世。曹魏初年，該部居於遼西；曾隨司馬懿攻打公孫淵。後又向東遷於遼東之北，即遼寧省遼陽一帶。西元二八九年，慕容廆擔任部族領袖時，曾遣使降晉，並向西南遷居於遼寧省錦州市附近。當時，東北地區勢力較強的部族，有段部、宇文部和慕容部。初期慕容氏較弱，數次遭到宇文氏、段氏的攻掠，「卑辭厚幣以事之」。但到西元三一三年左右，慕容廆先後擊敗二部，三方的勢力趨於平衡。

此時華北大亂，河北各郡士民流亡者甚眾，慕容廆加以安輯，施政也上軌道，因此吸引了數萬家流民投靠，人才亦為其所用，增加了不少實力。其後，在西元三一九年、三二五年、三三八年、三四四年，慕容部一再的擊敗段部、宇文部，攻下了段部都城令支（河北省遷安市西）、宇文部都城紫蒙川（遼寧省朝陽市西北），並在西元三三七年稱燕王，西元三四一年遷都龍城（遼寧省朝陽市），勢力範圍奄有整個遼東，也日益向西南面河北地區逼近。

慕容燕曾與後趙合作夾擊段部，但更多的時間聯好東晉，甚至

稱臣受封，有尊王之名，卻也兼享擴土之利。到後趙衰微之際，慕容燕乘機南進，分兵數路伐趙。西元三五二年，冉閔兵敗被擒，後趙、冉魏的領域，關中以東地域大體皆為慕容燕所得。慕容燕的領袖慕容儁於該年即帝位，國號燕，並遷都於鄴（河北省臨漳縣西南鄴鎮），史稱前燕。與東晉的關係，也轉而成為對立；雙方以淮水為界對峙，而黃河、淮水之間，往往成為爭奪的對象。

至於關中地區，則有氐族苻氏的崛起。

苻氏本姓蒲，先世為部落小帥，居於略陽臨渭（甘肅省清水縣西南）地區。永嘉亂時，蒲洪散財求士，訪安危變通之術，被同宗之人推為盟主。曾拒絕劉聰平遠將軍的封拜，而自稱護氐都尉、秦州刺史、略陽公。劉曜在長安稱帝，蒲洪應部眾要求歸附了劉曜，自己也受到氐人的擁護，因此劉曜封他為「氐王」。

劉曜敗後，蒲洪又降於石虎，被石虎封為「護氐校尉」。曾建議石虎遷徙關中漢人及各族居民充實京城等政權的核心地域，石虎接受了，並任他為龍驤將軍、流人都督，安置其眾於枋頭（河南省浚縣西東、西坊城）。石虎末年，關中地區發生與受貶謫東宮衛士有關的變亂，蒲洪與羌人姚弋仲皆受命平亂，立下功勞。到石虎死後的混亂時刻，蒲洪受到關隴流民歸附，擁眾十餘萬；在西元三五〇年，他自稱大將軍、大單于、三秦王，並因讖文有「艸付應王」之說而改姓「苻」氏。

不久，苻洪為石虎舊將麻秋毒死，子苻健繼續統有他的部眾，並西向入關，據有長安，控制關隴地區。西元三五一年，苻健自稱大秦天王、大單于，次年稱帝，國號秦，史稱前秦。原來對東晉稱臣的情勢，至此也有了轉變；晉將桓溫曾於西元三五四年，親率四萬大軍北伐攻秦，被苻健以堅壁清野之策拒退。華北西部，為前秦所掌控。

二、華北的統一與淝水之戰

西元三五五年苻健死，子苻生繼立，因殺戮大臣，西元三五七年，為堂弟苻堅殺而代之。苻堅愛好儒學，委政於漢人王猛，王猛掌政十六年，君臣配合，前秦國力有了更進一步的發展。

此期前秦的施政，在社會經濟方面，勸課農桑，開放山澤之利；並禁止奢侈，與民休息；以促進社會的安定發展。在文化方面，則廣興學校，鼓勵學習。在政治方面，則強化王權，抑制權貴。原本由於部族社會遺風，政權由宗族、貴戚、功臣共享，所以權貴勢盛，法令難行；現則強化君主權力，使得「百姓震肅，豪右屏氣」，「風化大行」。

經過這樣的整頓，前秦國力益強，在軍事上，也逐步在推動「混一四海」的計畫。

當時秦（前秦）最大的競爭對手是燕（前燕），尤其燕人口千萬，物力雄厚，兩國東西接壤，難免構成威脅。例如西元三六五年燕將攻下時屬晉的洛陽後，又西向掠地，便引起秦的震恐。西元三六八年，秦國發生內變，且有叛眾據城降燕，更一度威脅到關中安全，引起秦的緊張。

也就在這時，燕國內部出現了弱點，給了苻秦可乘之機。西元三六七年，燕國輔政的慕容恪死，由慕容評繼其執政，性情猜忌，燕政開始腐敗。西元三六九年，東晉大司馬桓溫為收復失地，提高自身威望，興師五萬北伐，連敗燕軍，進駐枋頭（河南省浚縣西東、西坊城），燕都震恐。燕國一方面求援於秦，約定退敵後割虎牢（關名，河南省滎陽市汜水鎮）以西地方為酬；一面同意自行請命的慕容垂（慕容恪弟）率兵抵禦。但在慕容垂成功擊敗晉軍，燕國解危之後，不但對秦悔約，慕容垂也受到打擊，被迫出亡到了秦國。

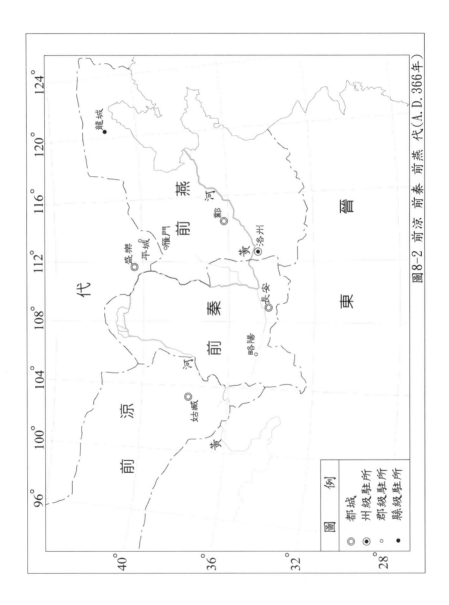

圖8-2 前涼 前秦 前燕 代 (A. D. 366年)

　　就在前燕「政以賄成，官非才舉，群下切齒焉」（《晉書·慕容暐載記》）之際，苻堅乘勢以前燕悔約為辭，派慕容垂為嚮導，遣王猛率師伐燕。西元三七○年，秦軍屢戰皆捷，連下洛陽、晉陽（山西省太原市西南古城營）等地，復擒獲燕主慕容暐、執政慕容評等人，燕亡；前秦獲得燕地計一百五十七郡。

　　此時華北大體已為苻秦所有，僅餘仇池（甘肅省略陽縣西北）氐酋楊氏、涼州（甘肅省武威市）前涼張氏及山西北部一帶代國拓跋氏等地方性政權。西元三七三年，前秦攻滅仇池楊氏，並徙其民於關中。西元三七六年，秦命當時稱藩的涼王張天錫入朝，張天錫未從命，秦發步騎十三萬擊滅了前涼。同年，因活動於黃河以西的匈奴鐵弗部帥劉衛辰曾經求援，苻堅以其為嚮導，遣軍擊潰了拓跋代；這也是北魏前身的拓跋部在發展歷史上堪稱最重大的一次挫折。其後，苻堅又遣呂光討伐西域，降者三十餘國。至此，北方完全為前秦所統一。

　　統一北方之後，苻堅進而打算南伐東晉；一則以東南地區未納入統治之下為憾，一則前有祖逖、桓溫等多次之北伐，東晉政權的存在也是對前秦政權的威脅。重臣王猛雖曾勸阻其對南方啟釁，但西元三七八年王猛亡故，苻堅又自認握有「兵仗精卒」九十七萬，因此還是躍躍欲試。

　　其實，當時苻秦政權內部，也是反對南征的居多。理由包括東晉當時內部和協、長江天險、秦兵久戰疲憊、國內有種族矛盾，乃至天象不佳等。但苻堅難以接受，一一駁斥；而且，臣子中也總有贊成君主意見的。終於，在多年經營下，苻堅權力、聲望早已超越部族領袖階段的前秦，沒有發生像南匈奴般，因單于要發兵，而遭部眾、貴族背棄的景象。前秦政權，隨著統治者的意志，邁向一次更大規模的戰爭。

西元三八三年七月，苻堅下令進攻東晉。境內所有馬匹，全部徵用；平民十丁抽一；地位較高的「良家子」從征的也有三萬餘騎；共計「戎卒六十餘萬，騎二十七萬」。但是，部隊太多，隊伍拖得太長，前軍到河南時，後隊才至咸陽，因此真正投入淝水（安徽省壽縣東）戰役的，祇有約三分之一的先遣部隊。

東晉應戰部隊不到十萬人，秦軍本應居於優勢，但軍情為晉軍探知，加以軍心不夠穩定，因此在晉軍捨命急擊下，終至潰不成軍。記載中有兩件事，一是苻堅遠眺晉軍布陣嚴整，心中憂慮，誤把附近山上的草木也看成晉兵，以為晉兵兵力也不少；這就是成語「草木皆兵」的由來。另外，在秦兵潰退時，聽到風聲、鶴鳴，也都以為是晉兵追趕而至，弄得不敢休息，因此傷亡甚重；這就是所謂「風聲鶴唳」。以上雖然未必是事實，但大張旗鼓、耀武揚威而來，卻眾不敵寡，確也有值得深切檢討之處。

淝水之戰的勝、敗，不但使東晉政權得以繼續立足江南，華北的政局也因之有了全面的改變。

三、淝水戰後的華北

淝水戰後，華北很快又陷入分裂的局面。當時，慕容垂所統軍隊因未參與該次戰役而獲保全，苻堅領著一千多兵馬投奔他時，慕容垂雖拒絕了其子慕容寶與其弟慕容德殺掉苻堅、復興燕國的建議，並護送苻堅至澠池（河南省澠池縣西），但終於藉辭回到了前燕舊域的河北，聚眾而叛，自稱燕王。

苻堅滅前燕時，將燕主慕容暐及燕宗室、鮮卑四萬多戶遷至長安及近畿之地。西元三八四年，慕容垂圍攻苻堅之子苻丕堅守的鄴城（河南省臨漳縣西南鄴鎮，原燕都），關中地區的慕容宗室如慕容暐之弟北地長史慕容泓、平陽太守慕容沖也紛紛起兵叛秦，進據長

安。該年底，慕容沖稱帝，史稱其國為「西燕」。後來，因他不思東歸，為部下所殺，鮮卑男女四十多萬口輾轉由慕容顗率領東行；西元三八六年十月，這一支力量由慕容永領導，他在長子（山西省長子縣西南）自稱皇帝，據有山西中南部、河南北部地區。而慕容垂也已於正月稱帝，定都中山（河北省定州市），史稱「後燕」。

　　當慕容泓起兵時，苻堅曾遣其子苻叡征討，命羌帥姚萇為副。苻叡輕敵，兵敗被殺；苻堅大怒，姚萇懼而叛秦；受到渭北豪族支持，自稱大將軍、大單于、大秦天王。後因長安被慕容沖圍困，苻堅出奔，被姚萇部屬擒獲。姚萇要求苻堅禪位於他，為苻堅所拒；他殺了苻堅，於西元三八六年即帝位，國號大秦，史稱後秦；以關隴地區為勢力範圍。

　　另外，前秦將領，世守勇士川（甘肅省榆中縣）的隴西鮮卑乞伏國仁，也於苻堅死後自立，史稱「西秦」。奉苻堅之命出征西域的氐人呂光，也據姑臧（甘肅省武威市）自稱涼州牧、酒泉公，後又稱涼天王，史稱「後涼」。再加上仇池（甘肅省略陽縣西北）氐酋楊定自立為仇池公；拓跋代後人拓跋珪，也在西元三八六年正月重登代王位於牛川（內蒙古自治區興和縣西北）；華北再次呈現政權林立的景象。

四、苻堅統治理念的檢討

　　日本學者谷川道雄研究苻堅的統治理念，認為他有明顯的德治主義的傾向，即統治者以德服人，愛民如子，因此治下不應有種族的對立，而整個天下的致治（包括南方的東晉）也都是他的責任。這種想法，表現在實際的施政上。

　　㈠熱心儒學，廣設學官，並經常親臨太學，鼓勵學習。甚至對軍人、後宮之人也加以教育。

㈡重視民生。興修水利,治理交通。甚至犧牲自身利益,協助人民應付天災;也對鰥寡孤獨等社會弱勢者加以照顧。史籍記載當時「關隴清晏,百姓豐樂」。

㈢對於被前秦征服的其他政權、種族,他給予相當的善待。例如在陝北、內蒙古自治區河套地區活動的匈奴鐵弗部領袖劉衛辰,曾經多次與前秦對抗,但失敗之後,總是得到苻堅的寬恕,仍然得以統有原來的部眾。更明顯的例子是鮮卑前燕慕容氏,被前秦擊滅之後,原來的統治階層許多人仍被授予爵位和職務,納入了前秦的貴族和官僚階層。對這種情況,其弟苻融曾特別指出,這些鮮卑降眾並不是慕德歸化、自行降附,而是前秦將士辛苦征戰的成果;卻在前秦政權中分任官職,權勢甚至超越了長期辛勞的舊臣,令人為前秦的安危憂心。甚至苻堅最親信的王猛,也曾在臨終前表示鮮卑和羌人是前秦的仇敵,恐將為患,最好漸漸抑除。但是,苻堅基於天下一家,種族的不同可以透過德義來超越的想法,仍然禮遇鮮卑等被吸納、征服的勢力。

㈣對於叛亂的親族和臣下,他也採取寬宥的態度。例如從兄苻洛和其部將蘭殊謀反被捕,苻堅赦免二人的死罪,還任蘭殊為將軍。其侄東海公苻陽與王猛之子散騎侍郎王皮謀反,也都祇處以流放之刑,因為叛亂會危及政權的存續,一般對謀反會處以極重的處罰,甚至連累親族。苻堅卻赦免謀反之人的死罪,是很特殊的事例。

苻堅的理念和作為,加上王猛的輔佐,曾造成前秦的強盛和華北的統一。但淝水戰後不久,前秦政權便告崩解,也是事實。可能的原因如下:

十六國時期的許多政權,受到多種文化的交錯影響,包括匈奴文化、中原文化及本身原有的風俗習慣等。當時多數政權的崛起,

宗室、功臣都有分享權位的資格；加以馬上得天下，各自也都擁有一定的武力。但當政權確立一段時間之後，往往統治者想擴充自身的權力，其他勳貴也想爭取自身的地位和利益，便發生一些權力私有化、獨裁或是貪得無饜的事例。也因此，尤其在新任統治者繼立，根基未穩之際，便往往發生統治階層內部的爭鬥；影響所及，甚至在一般時刻也頻見相互猜忌、迫害之事，危及到政權的存續。

與苻堅寬容異族的政策相互輝映的，是他對氐族勳貴的壓制及將氐族分徙四方的作法。前者，如他曾為了整頓百僚，殺了曾立下大功的氐族豪貴，官拜特進的樊世；王猛也曾捕殺豪橫、為百姓之患的苻健妻弟強德。至於後者，如他曾在王猛死後的西元三八〇年，將三原（陝西省三原縣）、武都（甘肅省西河縣西南）、九嵕（山名，在陝西省禮泉縣城東北）、汧（陝西省隴縣東南）、雍（陝西省鳳翔縣南）等地的氐族十五萬戶，配屬到各地要鎮去，使諸宗親各領之，如古代的諸侯。此舉早引起有識之士的憂心，趙整在侍宴時，即曾援琴而歌：「阿得脂，阿得脂，博勞舅父是仇綏，尾長翼短不能飛。遠徙種人留鮮卑，一旦緩急當語誰？」（《資治通鑑卷一百四，晉孝武帝太元五年秋七月條》）苻堅季弟陽平公苻融在勸阻其南征時，更有過「陛下寵育鮮卑、羌、羯，布諸畿甸，舊人族類，斥徙遐方。今傾國而去，如有風塵之變者，其如宗廟何！」（《晉書·苻堅載記下》）的警語，不幸一語成讖。

苻堅壓抑權貴，與他提振王權、育化萬民的理念並不違背。厚待異族，氐族遠徙的作法，一則減少權舊的掣肘，有利王權的施展；一則類似周代「眾建親戚以藩屏周」之例，與其建立一統帝國的理念相互配合。證諸他寬赦叛臣的事例，也有相當的可能。

但是，不知是否初期的發展順利，讓苻堅後期的作法顯得躁進。以周之封建為例，對有威脅的殷之遺民，仍然不敢掉以輕心。

而前秦併滅前燕之際，燕國擁眾千萬，實力甚至在前秦之上；是因為前燕內部的分裂腐化，才給了前秦將之併吞的機會。

在併滅前燕，進而一統華北之後，前秦本應好好消化，重作整理，政權才能更趨強穩。但苻堅卻已迫不及待的進行他「混一六合」的大業了。苻融反對南征的理由之一，便是「我數戰，兵疲將倦，有憚敵之意」（《晉書・苻堅載記下》）。而當釋道安以「苻文德足以懷遠，可不煩寸兵而坐賓百越」（《晉書・苻堅載記下》）諫止時，苻堅仍表示：「非為地不廣、人不足也，但思混一六合，以濟蒼生。……朕既大運所鍾，將簡天心以行天罰。……」（同上引）。本身疲憊、對手沒有疏漏之際，又缺乏現實利益的誘導，祇是基於個人理念的亟於實現，自然難獲內部的認同，勝算更是大大的打了折扣。

至於淝水戰後版圖快速的崩解，由慕容垂不殺苻堅、姚萇希望苻堅禪讓等事例看，苻堅在當時仍有一定的威望。但是，政治是很現實的，威望必須要有實力作基礎。另一方面，依許多部落聯盟組成的慣例，各部承認強者為領袖，平日服從其領導，但各部也大體保有原有的機能、組織。一旦原來的領袖部族衰落了，便會發生部落聯盟崩解、重組等現象。慕容垂在河北重整燕的基業，無意於關中之地；關中鮮卑也亟思東歸；和氏帥楊氏在仇池再次建立政權；都是地域性政治、社會勢力在脫離更大政治力量（部落聯盟、國家、帝國）的籠罩束縛後，重拾自由意志的表現。祇是前秦原來的發展過速，消化不良，便遽遭淝水戰敗的重大挫折，所以反應特別醒目而已。

第四節　十六國時期統治者稱謂和軍政體制的探討

不可否認的，許多自漢代以來，由中原政權的邊疆地區，陸續內徙的部落民族，在西晉政局混亂的背景下，紛紛在華北內部建立了政權，是十六國時期的標準特色。其中，還包括了魏晉時期仍在邊地活動，但也乘時而起，在中原地區或邊地進行統治的鮮卑慕容氏等政權。在這個時期以及更早，在某些原因之下，部落民、漢人的相互移徙、交流，在史籍中真是隨處可見。因此，多數此時期的政權，治下往往包含著複雜的人種，自身也受到多元文化的影響。本節即擬透過統治者稱謂和軍政體制，對十六國時期政權的部分概況和應對，作一探討。

一、中原文化與部落文化中的領袖與繼承

在周代，至少名義上的最高統治者是周「王」，其他宗室、姻戚、功臣、商的後裔、歸附的舊諸侯國或獨立國，則受賜公、侯、伯、子、男不同的爵位及大小不等的封土，成為諸侯。至於繼承，則是採行嫡長子繼承的模式。

其後，周王的地位下降，一些強大的諸侯，在南方的楚率先稱王後，陸續跟進，春秋五霸中祇有楚莊王稱王，其他像齊桓、晉文等都是稱公；但到戰國時期，不止稱王，西元前二八八年，秦、齊更一度互稱東帝、西帝，以示其統治力量已達本國之外，政權的地位較其他諸國更高一層。

西元前二二一年，小國分立，群雄割據的中國，被秦首次真正的統一，建立了中央集權的政體。為了呼應這種前所未有的新局，認為「名號不更，無以稱成功，傳後世」，經由討論，擷取之前稱

呼天上、人間最有地位、權勢的三皇之「皇」字與五帝之「帝」字，稱呼統治者「皇帝」。嬴政為第一個皇帝，所以是「始皇帝」，被後世稱為「秦始皇」。從此，「皇帝」就成了中原政權最高統治者的稱呼，「王」則是低一級的稱謂，或是爵位之一。至於繼嗣制度，自此後一直到魏晉，大致以傳子，尤其嫡長子為大原則，但因現實環境、權力的影響，兄終弟及和其他選擇都有出現的可能。

部落文化的一個重要代表，是匈奴的「單于」制度。依據《漢書》記載，匈奴人稱呼他們的最高領導者為「撐犁孤塗單于」，「撐犁」是「天」，「孤塗」是「子」，「單于」則是像天一樣廣大的意思。西漢時匈奴單于致書漢朝，首句稱「天所立匈奴大單于敬問皇帝無恙」；所以，匈奴的單于是像中原政權的皇帝、天子一樣，是受命於天的最高統治者。而漢與匈奴，也曾是相對等的兩個政治體。

至於匈奴單于地位的繼承，依據謝劍的研究，匈奴是單系繼嗣的父系氏族社會，繼嗣規則似乎十分嚴格。在多數實例中，繼嗣者是屬於「子」及「弟」兩個範圍，且以年長者優先（謝劍〈匈奴社會組織的初步研究——氏族、婚姻和家族的分析〉）。胡三省注《通鑑》時似認為傳弟優先；但是，南匈奴在後期多為傳子，這也可能是受到漢文化的影響。

匈奴的單于，固定是由姓「攣鞮（虛連題）」的氏族男子出任，另有由呼衍氏、蘭氏、須卜氏等姓構成的貴種，與攣鞮氏相互嫁娶，並在政治上作為輔佐，擔任官職。單于的子弟，也大致依左賢王、左谷（鹿）蠡王、右賢王、右谷蠡王和左、右日逐王⋯⋯等順序，在政治系統中擔任要職。其中，左賢王是最崇高、重要的職務，擔任者往往也有下任單于預定人選的意涵。

部落文化的另一個代表類型，是烏桓、鮮卑以「大人」稱呼部落領袖的模式。如第一節所述，早期烏桓、鮮卑數百千落不等的一個個族群，是由非世襲、推舉出來的人物擔任領袖；直到東漢靈帝時，曾建立鮮卑部落聯盟的檀石槐，仍是由眾人所推立，且沿用「大人」的稱號。

但是，同樣在東漢時期，因為接觸，漢與匈奴的文化也逐漸滲入烏桓、鮮卑政治體制中。從光武帝之時起，便有東漢封授烏桓侯、王的記載。東漢末年，袁紹曾矯詔賜給烏桓幾名領袖烏桓單于和左、右單于的印綬；同時，史籍也有某幾部烏桓尊奉已逝之某部大人之子為單于、從子為王的記載。

至於鮮卑，在東漢和帝、安帝時，便有封贈鮮卑為率眾王、鮮卑王的事例。桓帝時，漢也曾欲封檀石槐為王，未被接受。靈帝時，檀石槐死，部眾未再推舉新的大人，而是由檀石槐的兒子和連繼任。和連死後，因兒子騫曼年小，由和連之兄子魁頭繼立。到騫曼長大，還曾與魁頭爭奪領袖之位。到魁頭死後，則是由其弟步度根繼立。史稱：「自檀石槐後，諸大人遂世相傳襲」。

曹魏初年，曾拜步度根為王。慕容廆的曾祖莫護跋在相近時間也曾受封率義王，史籍並記載此後該部便以「慕容」為姓氏。亦即，約在部族領袖由推舉轉變為世襲的同時，「氏姓無常」的狀況也轉變為有了固定的姓氏。莫護跋的兒子受封左賢王，孫子則因功被拜為鮮卑單于。

根據前述零散的記載，整體而言，烏桓、鮮卑在東漢時期便有接受漢朝封授的例子，但在東漢末至曹魏時期，資料顯示受到匈奴文化的影響似乎更大。無論自行推奉，或是漢朝封授，都可看到匈奴統治階層的稱號，像烏桓單于、鮮卑單于，及低一階的左賢王和左、右單于（仿左、右賢王？）等。另一方面，領袖人物的產生，從

原來的推舉改為由領導氏族內產生，或是兒子，或是侄子，或是弟弟繼承，年長的佔優勢，年幼的長大了會爭立，對繼承者的身分限制遠較原來推舉大人時嚴格，但較諸中原政權或匈奴的習慣，似又鬆散一些。

二、領袖稱謂的新形貌

到十六國時期，由於文化的涵化，關於領袖的稱謂和產生，也有了進一步的融合，表現出新的形貌。

首先，是漢、匈稱謂的融合與單于地位的下降。

以下有幾個例子：

㈠當劉淵離開司馬穎，回到族人聚集的左國城時，劉宣等人奉劉淵為「大單于」。

不久，在有數萬晉人依附的情況下，劉宣等推請劉淵即皇帝之位。劉淵表示：

> 今晉氏猶在，四方未定，可仰尊（漢）高祖（劉邦）法，且稱漢王，權停皇帝之號，待宇宙混一，當更議之。（《十六國春秋・前趙錄・劉淵》）

三、四年後，待他的勢力進一步拓展，王彌、石勒等均投入麾下之後，他正式即皇帝之位。

㈡前秦苻健先稱天王、大單于，次年即帝位，而以大單于之位授予其子苻萇。

㈢與劉淵一族有血緣關係的赫連勃勃，創建夏政權時，稱天王、大單于；十多年後，因群臣堅請而稱皇帝。

在以上幾個例子中，分屬中原文化與匈奴文化的統治者稱謂「皇帝」和「單于」，多次被相同的政權採用；而在層級上，「皇

帝」明顯的高於「單于」。

漢、匈本是兩個相對等的政權，皇帝與單于分為兩邊的「天子」，是兩邊的最高統治者，地位也應是對等的。但隨著匈奴降漢及被曹操征服，匈奴的地位因之下降。單于成了登上皇帝寶座之前階段的稱謂，也被身為皇帝者用以授與子嗣。

其實，稱謂的融合也表現在領袖繼承人的稱謂上。劉淵的第四個兒子劉聰，在劉淵於西晉統治之下擔任北單于一職時，被任為劉淵部的右賢王。到劉淵擔任大單于時，劉聰受任鹿蠡王。劉淵病危，為身後作安排時，劉聰被命為大司馬、大單于、錄尚書事。這時，劉聰的哥哥劉和是皇太子，也是皇位的當然繼承人。

在劉淵初即帝位時，劉和為大司馬，這是中原文化中掌握軍權的人物。這種安排，有著魏晉制度的外貌，也有合乎匈奴習慣的內涵。再進一步，劉和就成了明定的「皇太子」。至於劉聰，依照《後漢書・南匈奴傳》所稱南匈奴單于繼承順序，右賢王是第三順位，左鹿蠡王是第二順位，到劉和將立為帝之際，劉聰成了皇帝之下，中原文化中最有實權的大司馬（掌軍事）、錄尚書事（掌行政），和匈奴文化中最有地位的大單于；亦即，他的地位是在劉和一人之下，在所有其他人之上的。這與不久後他取劉和而代之的歷史發展，也相當脗合。

劉聰的例子，顯示他因為是劉淵的第四個兒子，和自身醒目的表現，依匈奴的習慣取得匈奴單于繼承順位中的應有位置，並往前提升。而到劉淵後期，他的職銜是兼跨中原和匈奴兩個系統的。當然，也再次證明了此時單于的地位是在皇帝之下的。

其次，是「天王」稱號的使用。

西元三三〇年二月，當石勒攻滅了前趙劉曜，石虎等便奉上皇帝的璽綬及尊號，但石勒沒有接受，而稱趙天王、行皇帝事；至九

月才正式稱帝。

　　類似的情形也發生在石虎身上。他掌握實權後，也一度拒絕了稱帝的建議，並表示：

> 朕聞道合乾坤者稱皇，德協人神者稱帝，皇帝之號非所敢聞，且可稱居攝趙天王，……（《晉書・石季龍載記上》）。

不但未稱帝，連趙天王之職都是暫代的。到數年之後，才即大趙天王位；又過了十二年才稱皇帝。

　　出身氐族的苻健，也是先稱天王、大單于，然後再稱帝的。稱帝時，並將原來封爵為「公」者進位為「王」；而將大單于的名號，給了原為「天王皇太子」的兒子苻萇。統一華北的苻堅，則是終其一生未用皇帝稱號，而稱「大秦天王」。

　　原為苻堅部將的呂光，在據有涼州地區後，則是先稱涼州牧，再稱三河王，再稱天王。

　　比較特殊的，是後秦姚興以天變地異為理由，由帝號降稱天王。另外，後燕在敗給拓跋氏之後，慕容盛掌政，曾稱帝一年，便一改慕容氏一向稱帝的通例，改稱庶民天王。其後的北燕馮跋，也襲用天王稱號。

　　如前所述，周代的統治者（周天子）一般稱「王」。但是，在《春秋》中，則稱之為「天王」。據顧炎武的解釋，是因為諸侯也有僭越稱王者，為示區別，所以稱周「王」為周「天王」。依史載石虎「於是依殷周之制，……僭稱大趙天王」（《晉書・石季龍載記上》）的事例看，十六國時期的「天王」稱號，確極可能是仿照周天子稱為周天王之前例的。石勒「稱趙天王、行皇帝事」，已充分表現出「天王」不是一般的王，而是凌駕其他一般的王的。十六國政權的諸多君主們，是否除了顯示自身在政權內的絕對地位之外，

又要表示其政權相對於其他政權的優越性，所以紛紛採用「天王」的稱號呢？

可是，這些政權的統治者，何以不直接稱帝呢？對此，赫連勃勃曾作過表示：「……而四海未同，遺寇尚熾，……皇帝之號，豈薄德所膺！」（《晉書‧赫連勃勃載記》）證諸石虎也說過「朕聞道合乾坤者稱皇，德協人神者稱帝」（《晉書‧石季龍載記上》）；而姚興以天變地異為由去帝號，慕容盛因國勢衰退去帝號。在傳統中原文化中，「皇帝」代表著絕對的道德和權勢。一個政權的統治者一旦稱帝，便等於向外宣示，他是宇內最高的統治者，別的政權已沒有並立的餘地。因此，雖然許多統治者心嚮往之，許多在自認局面已在掌控之中後也終於掛上了「皇帝」的招牌；但在缺乏把握之際，多數也都自我克制，僅使用對內有絕對權威，對外也「不輸陣」的「天王」稱號。依諸多先稱天王，隔些時然後再稱帝；呂光先稱涼州牧，再稱具地方性的三河王，再稱具普遍性的天王；及慕容盛因勢力衰退，去帝號改稱天王的例子看，確有相當的可能。

然而，曾經一統華北的苻堅，為何始終祇稱「大秦天王」，而未曾稱帝呢？其實，這和苻堅堅持且急於南伐，極可能是一體之兩面。苻堅的心願，是真的成為中國的最高統治者，德、能兼備的「皇帝」，秦一六國的大業尚未完成，「混一六合」依然祇是心願，自然不是妄自尊大稱帝的時機。

整體而言，統治者的稱謂，顯示出十六國時期，許多政權領袖的心中期望和自我抑制；也明顯可以看到，被稱為「五胡」的他們，已明顯受到「中原文化」的沾染、涵化。

三、行政體制的二元化

十六國時期，除了統治者的稱謂和繼承法則，可以看見文化涵

化的現象外，為因應實際上複雜的社會結構，行政體制也呈現出特色。

前述劉淵病危之際，劉聰受任大司馬、大單于，便是身兼漢、匈兩軍事系統的。到劉聰在位的西元三一四年，更就漢政權的中央區域，依所謂的胡漢二元體制進行統治。《晉書・劉聰載記》有如下的記載：

> 置左右司隸，各領戶二十餘萬，萬戶置一內史，凡內史四十三。單于左右輔，各主六夷十萬落，萬落置一都尉。

很清楚的，將所謂「晉人」的民戶，與稱為「六夷」的部落民，區分為兩個系統，分別管理。司隸、內史都是漢官，所以用以治民。單于為匈奴名稱，都尉本為漢官，但魏、晉之際用以稱南匈奴五部領袖，所以此處是被視為匈奴官爵，用以領導「六夷」。至於萬戶、萬落，則令人想起匈奴「自左、右賢王以下至當戶（官爵名），大者萬騎，小者數千，凡二十四長，立號曰『萬騎』。……諸二十四長亦各置千長、百長……之屬」（《史記・匈奴列傳》）的舊習慣。左右司隸、單于左右輔，似乎也與左右賢王、左右谷蠡王……的制度相互輝映。所以，漢政權是認知到他所面對的社會環境，依仗他所知曉的官職稱號、統治制度，試圖去找出適用的治理方式。

其後，劉曜也曾「署（其子）劉胤為大司馬，進封南陽王，以漢陽諸郡十三為國；置單于臺于渭城，拜大單于，置左右賢王已下，皆以胡、羯、鮮卑、氐、羌豪桀為之」（《晉書・劉曜載記》）。

一邊是中原式的大司馬、王及相應的郡縣封國，一邊是匈奴式的單于、賢王及相應的「六夷」豪傑，也是涵蓋了兩個系統。

石勒稱趙王之後，署置的官吏，也包括胡、漢兩個系統，有專司胡人辭訟的，也有負責九品選士的。

　　而除了匈奴系的漢和前、後趙外，鮮卑系的慕容燕，也存在著直接隸屬代表統治者之政府的郡縣民戶，以及代表著部族傳統封建權利的軍封。這就不只是不同文化接觸的結果，還蘊含了政、經利益的競爭了。

　　對於十六國時期一些二元體制的存在，史家陳寅恪認為是因為種族之間的隔閡難消，胡族統治者對漢人加以防備（《陳寅恪魏晉南北朝史講演錄・胡族的漢化及胡漢分治（二）胡漢分治》）。宮崎市定則認為五胡君主為利用漢人貴族，不得不與之妥協，因而允許他們在相當的範圍內自治（《六朝時代華北の都市》（三）〈民族移動と都市〉）。其實，在漢人世界中，也有一股股自然形成的社會力量，不論統治者是胡、是漢，都可能因觀點的異同、利益的一致或背離，而成為政權進行統治的助力或阻力。這與同族間的一股股力量，其實並沒有太大的不同。後趙以「胡」為國人，教以擊刺戰射，原本目的可能祇是加強內聚力，捍衛政權；後來卻因統治失敗，政局混亂，終衍為胡、漢的仇殺。苻堅不分族類，一視為民，待之以德的作法，在淝水敗後政權飄搖之際，卻得到關中地區堡壁三千餘所，結盟遣兵糧協助；三輔地區民戶，也不顧安危，為苻堅放火燒慕容沖的軍營。原因無他，認為苻堅的統治較佳。

　　「五胡亂華」的說法，將西晉政治、社會領導階層失職、無能，以致引發社會動亂的責任，不知不覺的轉移、推諉為種族、文化對立引發的結果。此種論點，若習以為常，不僅易使我們忽視責任政治之精義，也可能引發社會中的族群對立與衝突，有必要作一檢討與修正。十六國政權統治的成敗，可能肇因於統治者才德的良窳，可能有更深刻的政治、社會、經濟和文化因素，這有待學者們更多的研究加以釐清。我們不必急於求得定論，更絕對不要一味加以簡化。

關 鍵 詞 彙

五胡十六國	永嘉之禍
落	胡蝗
穹廬	草木皆兵
「大人」	風聲鶴唳
賨人	撐犁孤塗單于
巴氐	天王

自 我 評 量 題 目

一、依課本內容所述，當匈奴呼韓邪單于於西漢宣帝時朝漢，宣帝對之
　　採取何種態度？原因為何？

二、所謂五胡十六國時期，大致可分為那幾個階段？

三、日本學者谷川道雄認為苻堅有明顯德治主義的傾向，大體內容如何？
　　在實際施政上又有何表現？

四、到十六國時期，「皇帝」、「單于」的地位有何變化？可能原因為
　　何？

五、十六國時期，為因應複雜的社會結構，行政體制呈現出何種特色？
　　試舉例說明之。

第九章　從拓跋到北魏

學習目標

——詳細研讀本章之後，讀者應該能：

1. 瞭解拓跋氏的起源及早期活動。

2. 瞭解拓跋珪興復拓跋氏、創建北魏政權及兼併後燕的曲折過程。

3. 瞭解拓跋珪部落解散政策的推動。

4. 瞭解華北再次統一的過程及拓跋燾的統治。

摘　　要

　　經歷群雄競起的五胡十六國時期，最後一統華北，開啟南北朝之新紀元的，是原先僻居今內蒙古自治區托克托、和林格爾（盛樂）和山西省大同市（平城）一帶，由鮮卑拓跋氏領導的一股力量，在歷經多次興衰起伏之後，終於建立的北魏王朝。

　　拓跋部不是塞外天生的強權，從「拓跋氏」稱謂的產生、拓跋部的成立，到創建部落聯盟，南向發展，建立北魏政權，一統華北，都是在時代的大環境下，經由拓跋氏本身的表現，和周邊勢力的互動，逐漸演變而成的最終結果。過程也不是一帆風順，而曾經歷嚴酷的考驗和重大的波折。透過對拓跋氏發展過程的探討，可以更深入當時華北整體大環境的變動之中。

　　拓跋珪是北魏政權的創建者。除了在自身努力和周邊友好勢力的協助下，興復拓跋部落聯盟、創建北魏政權之外，他更推動了部落解散政策，對北魏的政治結構有深遠的影響。到了太武帝拓跋燾的時代，不僅完成了華北的統一，君權也有更進一步的提升。這些，至少部分構成了文明太后及孝文帝改制的背景條件。

經歷群雄競起的五胡十六國時期，最後一統華北，開啟南北朝之新紀元的，卻不是其中曾叱咤一時的漢趙劉氏、後趙石氏、前秦苻氏、諸燕慕容氏等政權；也不是退處南方的東晉或繼起的劉宋；而是原先僻處今內蒙古自治區托克托、和林格爾（盛樂）和山西省大同市（平城）一帶，由鮮卑拓跋氏領導的一股力量，在歷經多次興衰起伏之後，終於建立的北魏王朝。

拓跋部不是塞外天生的強權，拓跋氏也沒有獲得上天獨厚的待遇。過去，由於記載簡略，予人拓跋部甚早即具有雄厚實力，或拓跋氏發展、擴張的過程堪稱順利的直覺印象。近年經由對資料的進一步分析檢討，拓跋氏由發跡到建立北魏政權，進而一統華北的歷程，實在是一步一腳印。雖然因緣際會也是重要的原因，自身的基礎和努力卻絕對不能忽視。

在拓跋氏的發展歷史上，建立部落聯盟、創建北魏政權和統一華北是幾個重要的里程碑。華北的統一，代表著十六國時期的結束、南北朝時代的展開；又是一個歷史新紀元的啟始。本章即就此新紀元得以展開的背景，即拓跋氏發展的過程，依前述幾個重要的階段，逐一檢討，探究一下拓跋氏開創歷史的概況。

第一節　拓跋部落聯盟

烏桓、鮮卑早期的社會型態，是具有血緣、地緣關係的人群，由接近家庭性質的一個個「落」，先聚結成規模較小的「邑落」，再結合為規模更大的「部」，一個部可能有幾百至上千個落。每個邑落有「小帥」，部則有「大人」為領袖，都不是世襲，而是憑著能力被部眾推舉出來的。另一個特色，是「氏姓無常，以大人健者名字為姓」（《後漢書・烏桓鮮卑列傳》），當某人被推舉為一個群體如「部」的領袖「大人」時，他的名字就成了該部成員的姓氏稱

號。拓跋氏的祖先，在早期應也是處在這樣的狀態下。

一、拓跋部的起源

　　既然早期鮮卑社會關於姓氏或部族名稱是處於那樣一種不固定的狀態，又從何產生一個拓跋氏、拓跋部傳襲下來了呢？

　　《魏書・序紀》描述拓跋氏早期的歷史，說是原本住在弱水（嫩江）之北的地方，經過兩次遷徙，移居到「匈奴之故地」，也就是匈奴人原來居住的漢代的五原郡（內蒙古自治區包頭市西）地方。而在同書〈禮志〉和〈烏洛侯國傳〉，也記載著在統一華北的北魏太武帝拓跋燾時代，曾派遣使者到四千里外東北的烏洛侯國，一個遍生樺木地區的石室中祭祀並刊刻祝文；因為那兒是拓跋氏祖先宗廟所在。

　　根據這些記載，學者們進行研究、判斷，最後進行考古調查，並在一九八〇年真的找到了這個石室——嘎仙洞，一個位於北緯五〇度三八分，東經一二三度三六分，嫩江西岸支流甘河上源，即大興安嶺北段頂巔東麓的天然石洞。洞中尚有北魏使者所刻祝文的遺跡，內容與《魏書・禮志》所載大致相同（田剛〈嘎仙洞與拓跋鮮卑的歷史發展〉，《黑龍江民族叢刊》，哈爾濱，2004 年 8 月）。因此，這個區域，應就是拓跋氏的先祖們曾經生活的地方。

　　關於拓跋氏先祖們離開這個區域之後，兩度移徙的情況，學者們也進行過研究。但比較值得注意的，是與匈奴部眾的交往及與拓跋氏稱號產生的關連問題。

　　《宋書・索虜傳》有如下的記載：

> 索頭虜姓託跋氏，其先漢將李陵後也。陵降匈奴，有數百千
> 種，各立名號，索頭亦其一也。

《南齊書・魏虜傳》也稱：

> 魏虜，匈奴種也，姓托跋氏。……狋盧入居代郡，亦謂鮮卑。被髮左衽，故呼為索頭。

此處說拓跋氏為李陵後代，一如《魏書・序紀》說拓跋氏是黃帝子孫之一支，是古代常見的附會說法。索頭的稱呼，則來自對拓跋部眾辮髮習慣的形容。至於說拓跋源出匈奴的講法，則可能源自拓跋氏在發展的過程中，與不少匈奴系統的部族有過密切的交往和婚姻關係。再加上《魏書》描述當時居於拓跋氏鄰近、雙方有過婚姻關係的匈奴鐵弗部的事蹟時，有「北人謂胡父鮮卑母為『鐵弗』，因以為號」（《魏書・鐵弗劉虎傳》）這樣一句話，因此拓跋、鐵弗的關係被進一步推衍，說是當拓跋氏的祖先在蒙古草原移徙之際，與匈奴部眾有了接觸、融合，發生了婚姻關係，因此產生了拓跋、鐵弗的稱謂。有的學者認為拓跋、鐵弗根本是一音之譯異；有的學者則主張既然「胡父鮮卑母」被稱作「鐵弗」，可能「鮮卑父胡母」就被稱作「拓跋」了。

　　實際上，這些問題必須結合時間先後和整體的情況來作考量。詳細檢驗史書中的資料，鐵弗劉氏確和拓跋部有過婚姻關係，但不是最早的；該部的活動區域，早期大致在山西中北部，也不在所謂拓跋部的移徙路線中。另外，還有其他匈奴部族與拓跋氏有過更早、更多的婚姻關係，他們卻有其他的稱號，而不叫「鐵弗」。因此，強調匈奴、鮮卑血統的不同，將雙方各自視為一個大群體，中間存有一定的界線；與當時兩者皆屬阿爾泰語系，言語大致可通，都沒有一個統一的政治結構凝聚為一體，實際上是以部或更小的單位散布在草原上，各自生活的實際情況，似乎有相當的距離。

　　再來看拓跋氏、拓跋部的產生問題。如前所述，史籍記載，當

建立鮮卑部落聯盟的檀石槐去世，由其子繼立後，鮮卑各部也開始了世襲的傳統。相近的時間，東方的慕容部，也不例外的傳位子孫，並開始以「慕容」為部族的稱謂和日後統治氏族的姓氏。拓跋部其實也有類似的情形。

　　檀石槐部落聯盟中，西部五位大人之一的「推演」，一般被認為就是《魏書・序紀》中所說拓跋部領袖中的「第二推寅（鑽研之義）」，被追稱「獻帝」的「鄰」。在《魏書》中，鄰是第一個被明載傳位給兒子的人；他的兒子，就是《魏書》所稱北魏統治家族拓跋氏之始祖拓跋力微的父親，也是領著部眾遷移至「匈奴故地」的人。

　　另外，《魏書・官氏志》也記載，「至獻帝（鄰）時，七分國人，使諸兄弟各攝領之，乃分其氏。」詳情如下：

> 獻帝（鄰）以兄為紇骨氏，後改為胡氏。
> 次兄為普氏，後改為周氏。
> 次兄為拓（應作「拔」）拔氏，後改為長孫氏。
> 弟為達奚氏，後改為奚氏。
> 次弟為伊婁氏，後改為伊氏。
> 次弟為丘敦氏，後改為丘氏。
> 次弟為侯氏，後改為亥氏。
> 七族之興，自此始也。
> 又命叔父之胤曰乙旃氏，後改為叔孫氏。
> 又命疏屬曰車焜氏，後改為車氏。
> 凡與帝室（拓跋氏）為十姓，百世不通婚。太和以前，國之喪葬祠禮，非十族不得與也。

這就是拓跋部核心集團的形成。

關於姓、氏，〈官氏志〉的說法是，「姓則表其所由生，氏則記族所由出」。前述的諸「氏」中，根據研究，有些源自不屬鮮卑的高車部落，此處所命的「氏」名也就是該部落的名稱。由這些情況整體觀察，在鮮卑原本零散的族群首度組成部落聯盟，社群領袖也由推舉轉變為世襲的大環境下，類似慕容氏、慕容部的情形，在差不多的時間，「拓跋部」也正式成為一個社群的名稱，「拓跋氏」則是「拓跋部」領導家支的姓氏。有幾位學者指出，在北方語言中，「拓跋」一詞有土地所有者、司印者一類的意思，與《魏書・序紀》中「黃帝以土德王，北俗謂土為托，謂后為跋，故以為氏」的說法相映證，可能因為拓跋部的領導家支，扮演著該社群執政領袖的角色，所以稱為「拓跋」氏；而由拓跋氏領導的，包括帝室諸姓的整個社群，也就成了所謂的「拓跋部」。

學者王明珂介紹西方社會科學界關於「民族」理論的發展趨勢，即「對客觀性文化特徵在民族體的界定上所扮的角色持疑或完全否定」，而「強調民族形成的主觀及生態因素」；因此，不再一味無止境的從各方面去追尋一些文化或生物特徵，而是要「探求作為民族形成基礎的政治經濟環境，以及在這環境中人群間的互動關係」（〈什麼是民族：以羌族為例探討一個民族誌與民族史研究上的關鍵問題〉，《中央研究院歷史語言研究所集刊》第 65 本第 4 分 1994 年 12 月）。也就是說，過去我們所習慣的由血緣關係或共同文化特徵，來判斷是否屬於同一民族、部族的方式，已逐漸不被學界接受。新的觀點，是要設法去瞭解，某個時空中的某個人群，是如何看待自己；周圍的其他人們，又是如何看待他們；他們認為自己是什麼人？什麼族？什麼部？別人又認為他們是什麼人？什麼族？什麼部？因為唯有如此，我們才能夠切入當時的歷史脈動，掌握一些歷史現象的背後原因。

　　基於這樣的理由，雖然拓跋氏、拓跋部的先人們與大興安嶺的石室有著某些關連，但作為建立北魏政權、開啟南北朝時代的主角，拓跋氏、拓跋部的成立時代，都應往下修正到檀石槐部落聯盟，乃至更晚的時刻。

二、部落聯盟的建立

　　檀石槐部落聯盟可以區分為東、中、西三部分，史籍載名的大人共有十二位，被視為拓跋部領袖鄰的推演，祇是西部五位大人之一；換言之，在當時拓跋部在鮮卑諸部中並不具有特殊性。

　　拓跋氏朝向建立北魏政權發展，是在拓跋力微的時代。為了方便，將拓跋氏由拓跋力微起，到建立北魏政權的拓跋珪為止的世系，作成表 9-1 以供參考：

　　一般易將拓跋部落聯盟的成立基礎看作是在「匈奴故地」，也就是漢代五原郡（內蒙古自治區包頭市西）一帶地方。其實，依史籍記載，在西元二二〇年，即拓跋力微即位之初，因為曾遭到西邊部族的侵犯，部民離散，他是依附於平城（山西省大同市東北）一帶的沒鹿回部的。後來他因表現出色，得以娶了該部大人竇賓的女兒，並在竇賓同意之下，率領自己的部眾，居於平城北邊的長川（內蒙古自治區興和縣西北）地區。「積十數歲，德化大洽，諸舊部民，咸來歸附」（《魏書・序紀》）。顯示在此之前，原來由所謂「帝室十姓」所構成的拓跋部已近乎崩解狀態，此時才在原居地東邊有一段距離的長川重整起旗鼓。

表 9-1　自神元帝力微至道武帝珪拓跋部領袖系統及即位年代表

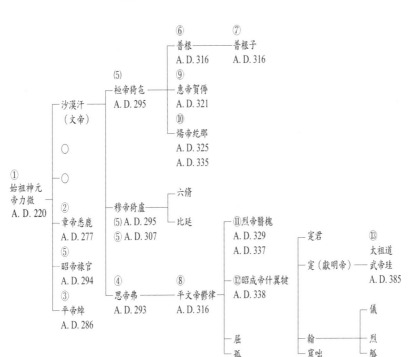

說明：一、昭帝祿官立後，於西元二九五年分國為三，猗㐌、猗盧各統
　　　　一部。猗㐌、祿官死後，猗盧於西元三〇七年又總攝三部，
　　　　以為一統。

　　　二、煬帝紇那、烈帝翳槐曾經爭立。西元三二五年紇那立；西元
　　　　三二九年紇那出居於宇文部，翳槐立；西元三三五年國人貳
　　　　於翳槐，紇那復立；西元三三七年紇那出居於慕容部，翳槐
　　　　復立。

此後，拓跋力微的勢力繼續擴張。西元二四八年竇賓死後，力微兼併了他的部眾，其他各部大人也表示臣服，軍力發展到二十多萬。在這樣的基礎下，西元二五八年，拓跋力微將根據地遷移至位在五原、長川兩地之間的「定襄（郡）之盛樂（內蒙古自治區和林格爾縣西北土城子）」，並於四月舉行象徵權威的祭天典禮。史載「諸部君長皆來助祭」，拓跋氏超越了原來宗親率領著依附者合組為部族的階段，拓跋部落聯盟正式成立，拓跋部成為聯盟內各部族的領袖，拓跋部的大人也成了整個聯盟的領導者。當時，居地在平城西邊犳山地區的白部大人，可能因為勢力較強，與南鄰的匈奴部眾也有交往，對拓跋力微的祭天大典「觀望不至」，但終於為拓跋力微所殺。此舉使得「遠近肅然，莫不震懾」，拓跋部的領導地位益趨穩固，大致掌控了長川、盛樂之間，南至平城，北至陰山的區域。

三、「代公」與「代王」

雖然《魏書》一慣使用「某皇帝」、「某帝」稱呼拓跋部的領袖，實際上此時的拓跋部仍深受傳統文化的影響；各個部落分布在各自的「分地」上，部落聯盟領袖有共主的意味，具有相對較強的軍事、政治實力，但不是絕對的統治者。拓跋部內部，也再分為一個個小群體；與其他氏族部落不同的是，他們依實力及慣例，有資格成為拓跋部的酋帥，進而成為部落聯盟的領袖。

像在西元二九四年，力微之子拓跋祿官繼其侄拓跋弗而立之後，便曾分「國」為三部，祿官自統一部居於東境，在上谷（河北省懷來縣東南）北、濡源之西，東接宇文部；另由拓跋弗之長兄猗㐌統領一部，居代郡之參合陂（內蒙古自治區涼城縣東北岱海）北；又由猗㐌弟猗盧統領一部，居於定襄之盛樂故城。

這個時期，拓跋部的勢力進一步的擴展，像上谷、濡源均位在拓跋力微的初期根據地長川之東。但更重要的，是南向的突破。

拓跋部南向拓土可說是拜整個大環境之賜。如前所述，八王之亂引發了匈奴劉淵的起兵，而在山西中北部的新興（山西省忻州市）、雁門（山西省代縣西）地區，住著《魏書》稱為「鐵弗」劉虎所領導的部落；他與劉淵同屬南匈奴屠各種，有著親戚關係。在他的北鄰，則住著前述被迫歸入拓跋部落聯盟的白部部眾。

劉淵在西元三○四年稱漢王，其後勢力發展迅速，西元三○八年，命劉聰、劉曜等進攻晉都洛陽。可能受到這種情況的影響，鐵弗劉虎和白部鮮卑起而投向劉淵陣營，並圍攻西晉并州刺史劉琨所轄的新興、雁門二郡郡城。

當時，劉琨與西晉東嬴公司馬騰站在同一陣線，他們透過受到拓跋氏親信的代郡（河北省蔚縣東北代王城）人衛操的關係，尋求拓跋氏的協助。西元三一○年七月劉淵死，漢政權發生內亂；也就在這年十月，拓跋弗之子鬱律率騎二萬擊敗了白部和鐵弗劉虎。白部再次納入拓跋氏轄下，劉虎率眾向西越過了黃河，轉至陝北及內蒙古自治區鄂爾多斯一帶地區活動。

此後，鐵弗部仍前仆後繼的以黃河以西地區與拓跋部進行競爭、對抗，但山西中北部新興、雁門一帶的地盤及部眾，則由可能同族，但與拓跋氏關係親近的獨孤部劉庫仁一家領導。為了酬謝拓跋部的協助，晉廷封授拓跋猗盧為大單于、代公，相對提升了拓跋部在相鄰地區的地位。

除了大單于、代公的名義外，更重要的，仍是拓跋部勢力範圍的南向擴展。拓跋猗盧受封代公，但權威卻無法及於該地，因此要求取得句注山、陘嶺，即雁門關一線長城以北的地方。當時劉琨正仰賴於他，自己事實上也難以控制那個區域，因此便遷徙該區域晉

人到南邊，將馬邑（山西省朔州市）、陰館（山西省朔州市東南）、樓煩（山西省寧武縣）、繁畤（山西省渾源縣西南）、崞（山西省渾源縣西）五縣數百里的地方讓給了拓跋部。拓跋猗盧調動了所屬部眾十萬家加以充實。這次的勝利，不但使得拓跋部南境犲山一帶獲得確保，更向南發展到雁門關一線，為拓跋部日後的發展培養了更好的基礎。西元三一三年，猗盧並以盛樂為北都，平城為南都，又在黃瓜堆（山西省山陰縣東北）築新平城，由其子拓跋六脩鎮守，統領南部。

　　西元三一五年，猗盧又受晉封為代王。直到拓跋珪於西元三八六年四月改稱魏王前，「代國」、「代王」在史籍中往往成了拓跋部落聯盟和其領袖的稱謂。

四、部落聯盟的瓦解

　　拓跋部落聯盟也有遭遇挫折的時候。拓跋力微晚年，其子沙漠汗因為質於曹魏十多年，頗受中原文化感染，返部時，引起諸部大人的疑忌，終於被殺；連拓跋力微也在衍生的混亂中身亡。直到其子拓跋悉鹿繼立，仍是「諸部離叛，國內紛擾」。到悉鹿的弟弟拓跋綽繼位，才憑著能力「威德復舉」。

　　西元三二〇年，又發生內部爭奪領導權的狀況。拓跋猗㐌之妻，因當時的領導者拓跋鬱律深得眾心，恐怕對她的兒子不利，因此謀害了拓跋鬱律，受到波及身死的大人有數十名。此事也引發其後一連串猗㐌子孫與鬱律一系爭位的風波，雙方分別援引賀蘭部、宇文部、慕容部、石勒等外在的力量為援，最後是華北強權石勒支持的鬱律之子拓跋翳槐、拓跋什翼犍得到勝利，相繼成為領袖。

　　什翼犍在位時，東有慕容燕，南有苻秦，勢力均強，因此曾向北方草原上發展，征討高車部落，俘獲部眾、牲口甚多。另一方

面，西鄰勢力相近的鐵弗劉氏也不時俟機而動，雙力屢有衝突。西元三六七年十月，在黃河尚未完全結冰的情況下，什翼犍利用散蘆葦於冰上，凍結後冰草相結的方式，製造了一條通道，對鐵弗部進行奇襲，大敗鐵弗部，「收其部落十六七焉」（《魏書·鐵弗劉虎傳》）、「俘獲生口及馬牛羊數十萬頭」（《魏書·序紀》）。鐵弗部帥劉衛辰投奔前秦，苻堅送他回到朔方（轄境當今陝西省長子、清澗等縣地），並遣兵衛戍。

西元三七四年，什翼犍再攻劉衛辰，劉衛辰向南撤退，並在次年向苻堅求援。前章已描述苻堅有志於天下一統，什翼犍屢屢興兵的舉動，也難為他的德治主義和為天下主的觀念所認同，西元三七六年，在征服涼州張天錫之後，苻堅以劉衛辰為嚮導，派遣大司馬苻洛等三十萬眾分三道進攻拓跋部。

位在拓跋部落聯盟南境的獨孤部、白部先進行抵抗，但是失敗。什翼犍再遣退至雲中（轄境約當今內蒙古自治區托克托縣地）的獨孤部帥劉庫仁率騎十萬抵抗，又敗。什翼犍率著部民避到陰山以北，但被征服或降附的高車部落也都趁機寇掠，無法存身，祇好再退回漠南。加以發生內變，拓跋部落聯盟在前秦兵威下完全瓦解。

第二節　北魏政權的建立

北魏政權的創建者是拓跋什翼犍的孫子拓跋珪，他是什翼犍嫡長子拓跋寔的遺腹子。什翼犍死時，他才六歲，本來要被秦軍帶到長安，但曾為拓跋寔老師，在西元三七三年被什翼犍派遣出使前秦的漢人燕鳳，懇切的請求苻堅：

> 代主（什翼犍）初崩，臣子亡叛，遺孫沖幼，莫相輔立。其別部大人（獨孤部）劉庫仁勇而有智，鐵弗（部劉）衛辰狡

猾多變，皆不可獨任。宜分諸部為二，令此兩人統之。兩人
素有深讎，其勢莫敢先發。此禦邊之良策。待其孫長，乃存
而立之，是陛下施大惠於亡國也（《魏書・燕鳳傳》）。

這段記載，前半的說法大致符合「眾建諸侯而少其力」的原則，切
合苻堅「安定邊疆」的理念；後半似也合於德治主義的精神。但
是，後半的說法，為拓跋珪日後執掌拓跋部政權找到合理性，反而
使這段記載整體的可靠性令人存疑。不過，燕鳳的勸請可能是有
的，拓跋珪也許因為年幼沒有被遷至長安。苻堅也的確將什翼犍掌
控的代國一分為二，黃河以西地區由鐵弗部帥劉衛辰統領，黃河以
東由獨孤部酋劉庫仁統領。換言之，不論是所謂「代國」或「拓跋
部落聯盟」，此時已完全不存在。此時的拓跋珪，扮演的不是統治
者的角色，而要依附在較他更強大的政治、社會勢力之下。

一、依靠賀賴部

北魏孝文帝推行漢化，曾將部落民傳統的複姓改為單姓，《魏
書・官氏志》記載了相關的資料。其中較特殊的，是「賀蘭」、
「賀賴」兩氏，後來都改為「賀」氏，《魏書》中也沒有加以解
釋。經過比對其他資料，原來在拓跋部早期，便與居住在陰山以北
地區的匈奴賀蘭部有密切交往。但在西元三五七年，因遭前燕慕容
氏征服，有相當數量的賀蘭部人降附，被遷徙至長城之內的代郡平
舒城（山西省廣靈縣西平城鎮）安置。可能是為了加以區分，留居北
方的被稱作「賀蘭」，南徙居於拓跋部東鄰的被稱作「賀賴」。拓
跋珪的母親，就是東鄰賀賴部大人賀野干的女兒。

另一方面，婚姻關係對拓跋氏而言是相當重要的。烏桓、鮮卑
原本的習俗，就是「怒則殺父兄，而終不害其母，以母有族類，父

兄無相仇報故也」（《後漢書・烏桓鮮卑列傳》）；也就是說，婚姻
關係，尤其是統治階層的婚姻關係，往往代表著兩個部族，至少是
相關家支的結盟，而不是兩名當事人的個人行為。日本學者護雅夫
也曾指出，在匈奴單于繼任人選的決定上，母親出身貴賤也是考慮
因素之一（護雅夫・神田信夫編《北アジア史》，頁 49）。像前述拓
跋猗㐌之妻，竟然能夠殺掉當時的拓跋部領袖拓跋鬱律，為其子爭
得政權；波及身亡的大人，有幾十名；當然背後也有一股強大的力
量。她出身的部族，極可能就有關鍵性的影響。而在後續的風波
中，拓跋鬱律之子拓跋翳槐，在失勢時便曾依附母親出身的部族，
「居於舅賀蘭部」；西元三二九年，更在賀蘭部帥的協助下，成為
拓跋部的領袖。

　　什翼犍的皇后出身東邊更強大的慕容氏，但與南遷後的賀賴
部，仍維持著密切的關係。賀賴部帥賀訥的父親便曾娶什翼犍的姊
妹，他自己又娶了什翼犍的女兒。而什翼犍、慕容后所生的兒子拓
跋寔（拓跋珪父）、拓跋翰，更曾相繼與賀訥之子賀野干的同一個
女兒為夫妻。

　　既然婚姻是兩家、兩部的一種結盟關係，不是個人行為，所以
在包括烏桓、鮮卑在內的很多社會，也有收繼（烝報）婚的習慣，
「父兄死，妻後母，報嫂」。一件婚姻成立後，代表雙方結盟關係
的確立；若是男方代表的男子死亡，便由同支男子依輩份、親密關
係依續遞補，有些類似領袖職位的繼承情況。一般而言，是由弟
弟、其他妻子所生的兒子按續繼承。到最後，該女子在祭祀體系上
仍算是所嫁第一人的妻子。她扮演的，是兩個結盟群體中一方派嫁
至另一方的代表，所以與女方家族的關係並未斷決。

　　史籍雖未明言，但拓跋珪尚未出生，其父便已去世；拓跋翰的
兩個兒子拓跋儀、拓跋觚都曾被描述為拓跋珪「母弟」，或是其母

賀氏的「少子」；當拓跋部落聯盟瓦解，賀氏是攜同拓跋珪、拓跋儀、拓跋觚一同回到賀賴部；在拓跋翰的幾個兒子中，拓跋儀、拓跋觚明顯受到拓跋珪更多重視和優遇。基於這些情況判斷，在拓跋寔去世之後，其妻賀氏應是依例又嫁給了拓跋寔最「親近」的弟弟拓跋翰。

　　因為拓跋部、賀賴部之間有著這樣密切的關係，賀賴部當時的領袖又是拓跋珪之母賀氏的兄長，所以，當夫家驟逢大變之際，賀氏便帶著三名幼子回到了娘家賀賴部。

二、獨孤部的照顧與反目

　　在苻堅的掌控下，黃河以東的代國疆域由獨孤部帥劉庫仁領導。或許因為劉庫仁與拓跋部一向關係良好，當時的拓跋部眾，在拓跋部南部大人、拓跋氏宗族長孫嵩，及宗人拓跋他的率領下，大多依附了根據地在南邊的劉庫仁。在此背景下，賀氏也帶著拓跋珪兄弟，由賀賴部來到了獨孤部，重新與拓跋部眾生活在一起。

　　劉庫仁的母親是拓跋鬱律的女兒，他自己又娶了拓跋什翼犍的宗女；前秦入侵之際，他曾受什翼犍委任，統軍十萬作第二度的抵禦。雖然失敗，已足顯示雙方關係的親密，及什翼犍對他的信賴。雖然時移勢易，劉庫仁並未背棄盟友的角色，對拓跋珪給予相當的照顧。但在西元三八四年，劉庫仁擬發兵協助前秦，對抗謀復燕國的慕容垂。寄居在獨孤部的慕容氏人物，藉機煽動不樂遠征的部隊，殺了劉庫仁。劉庫仁之弟劉眷，繼其成為領袖。

　　劉眷與拓跋珪的關係也十分親近，《魏書》評論他和劉庫仁對拓跋氏「忠以為心，盛衰不二」，已作了明顯的表達。可是不久之後，劉庫仁的兒子劉顯殺了劉眷，取得領袖之位，與拓跋珪的關係也起了逆轉。

　　劉顯何以敵視拓跋珪？可能的原因，一則可能擔心拓跋珪將成為未來的競爭對手；一則可能對拓跋珪懷有舊怨。

　　就前者而言，拓跋珪是拓跋什翼犍可能的繼承人，當時拓跋代的勢力範圍卻在獨孤部掌控之下。劉顯取得了獨孤部的領導權，甚至尚有進一步發展之心，拓跋珪就成了潛在的威脅。

　　就後者而言，當時拓跋代舊部民多在獨孤部轄下，拓跋珪應有某種程度的影響力。劉庫仁驟逝時，劉顯已非年幼，與劉眷同樣享有繼立的資格；而一旦劉眷繼立之後，劉顯擔任部族領袖的機會就小了。依史籍記載劉顯對此不甘，劉眷的兒子劉羅辰都已察覺。也有可能拓跋珪曾經支持劉眷，使劉眷在優勢的社會勢力、政治地位下得以出任獨孤部領導者，因而引起劉顯心中不滿。

　　劉顯取得獨孤部領導者的地位後，打算除掉拓跋珪，拓跋珪祇得倉惶出奔，再次投靠母舅賀賴部。當劉庫仁承苻堅之命統領黃河以東地區之際，拓跋珪的舅父，賀賴部帥賀訥也「總攝東部」，歸附的各部部眾不在劉庫仁之下；根據地則北遷至大寧 （河北省張家口市）。苻堅曾封他為鷹揚將軍，與劉庫仁受封的陵江將軍相較，若參考太和十七年的北魏職品令，是同列第五品上。亦即，無論社會實力或政治地位，賀賴部具有與獨孤部相近的分量。西元三八六年正月，在宗族、舊部的擁護及舅父賀訥的支持下，拓跋珪即代王位於牛川 （內蒙古自治區興和縣西北后河源）；二月，遷至定襄之盛樂 （內蒙古自治區和林格爾西北土城子），重返拓跋部重要根據地；四月，改稱魏王；展開了復興拓跋氏、創建北魏王朝的歷程。

　　拓跋珪的崛起果然對劉顯構成壓力。居於犲山地區的白部領袖和跋，是拓跋珪的支持者之一；可能因為這種原因，在該年三月，劉顯由犲山西側的善無 （山西省右玉縣南）向南撤退至馬邑 （山西省朔州市）；也就是說，由拓跋氏勢力瀰漫的平城一帶，南撤至獨

孤部核心地區雁門附近。甚至連獨孤部的部分部眾,也在小帥劉奴
真領導下歸附了拓跋珪。

劉顯並未就此作罷。他引進拓跋珪的叔父,時任西燕政權新興
(山西省忻州市)太守的拓跋窟咄,來與拓跋珪爭奪拓跋部的領導地
位;對拓跋珪構成了很大的威脅。

窟咄是什翼犍的兒子,部落聯盟瓦解時,史載他因為「年
長」,被秦將強迫遷至長安;拓跋珪本應被徙,但被免除;顯示窟
咄在拓跋氏當時的繼承順位上,可能尚在拓跋珪之前。

西元三八六年正月時,因窟咄不在「國」內,再加上賀賴部的
支持,可能還有拓跋珪的能力、聲望受到肯定,拓跋珪登上了代王
之位,成為拓跋部繼什翼犍之後,新一代的領袖。但是,拓跋窟咄
突然挾著什翼犍合理繼承人、南邊西燕政權新興太守的身分,在與
拓跋部素有淵源的強鄰獨孤部兵力支持下出現,果然對拓跋珪造成
很大的困擾。

史載當時拓跋部「諸部騷動」,拓跋珪左右的于桓 (「于」為
北魏勳臣八姓之一) 等人也計畫與窟咄呼應,但被發現弭平。為了擔
心內部不穩,拓跋珪避到了陰山北邊。不僅如此,拓跋珪派出去求
援的宗族長孫賀,也投附了窟咄。連賀訥之弟賀染干,也與窟咄呼
應,攻擊拓跋珪的領域。整個拓跋部「人皆驚駭,莫有固志」,陷
入極端危急的狀況。幸而當時勢力最強的東鄰後燕慕容氏,派兵來
援,才擊敗了窟咄,消弭了拓跋珪的重大危機。

三、後燕慕容垂的支持

窟咄造成的危機解除,對拓跋珪而言,祇能算是穩住了拓跋部
內部的陣腳。當時,在他的東鄰,有舅父賀訥領導的賀賴部;南
鄰,有劉顯領導的獨孤部;黃河以西,劉衛辰領導的鐵弗部也已再

次重整起旗鼓，「士馬甚盛」，西燕慕容永拜他為使持節、都督河西諸軍事、大將軍、朔州牧，後秦姚萇也遣使結好，拜他為使持節、都督北朔雜夷諸軍事、大將軍、大單于、河西王、幽州牧。這三部，實力都不在拓跋部之下。其中，鐵弗部與拓跋部為敵已久，此時依然虎視眈眈。獨孤部曾與拓跋部有過情誼，但此時劉顯與拓跋珪勢同水火。即連拓跋珪兩度託庇的母舅賀賴部，也因各有立場，終於漸行漸遠。但是，東邊河北地區的強權後燕慕容垂，成了拓跋珪此一階段的新靠山。

慕容垂之所以願意支持拓跋珪，也有複雜的原因。當時，劉顯支持的拓跋窟咄，屬於西燕慕容永系統，而西燕、後燕雖均慕容氏所建，卻存在著彼此競爭的關係。鼓動兵變，殺了劉顯父親劉庫仁的慕容文等人，事後也是投奔至慕容垂處。雙方在感情上、現實利益上，都有不能協調之處。對慕容垂來說，居地相鄰勢力不弱的劉顯既然難以交好，不如支持初起的拓跋珪，或可設法培植成自己的附庸。西元三八六年十月擊敗拓跋窟咄，十二月慕容垂便遣使欲封拓跋珪為西單于、上谷王，就反映出慕容垂的這種心理；祇是，拓跋珪沒有接受。

支持拓跋珪，對後燕還有另一個好處，就是可兼而打擊其他競爭勢力，例如獨孤部和西燕。再加上時勢演變，使得拓跋珪與後燕有了進一步合作的機會。

當時，獨孤部內部出現了矛盾。《通鑑》記載：

> 劉顯地廣兵強，雄於北方。會其兄弟乖爭，魏長史張袞言於魏王（拓跋）珪曰：「（劉）顯志在并吞，今不乘其內潰而取之，必為後患。然吾不能獨克，請與（後）燕共攻之。」（拓跋）珪從之……。

拓跋珪陣營發現了機會，但自身實力未必足以克制獨孤部劉顯；正好又發生後燕所轄上谷（河北省懷來縣東南）、代郡（河北省蔚縣東北代王城）有人殺逐太守，以郡附於劉顯的事。因此，當西元三八七年五月拓跋珪再次遣使前往後燕請求出兵時，慕容垂派兒子慕容賀麟率兵出擊。此時，又發生劉顯劫奪了其他勢力送給後燕的三千匹馬的事情，因此後燕又再加派援軍攻擊劉顯。拓跋珪也領軍配合，終致劉顯大敗，逃奔西燕，部眾則降附了後燕及拓跋珪。

胡三省注《通鑑》時曾就此事有如下的評論：

> 劉顯滅而拓跋氏強矣。為慕容氏計者，莫若兩利而俱存之，可以無他日亡國之禍。

慕容垂有其自身的考慮；獨孤部劉顯乃至西燕的強盛，對後燕可能是更直接的威脅。但「劉顯滅而拓跋氏強矣」，確也是符合後來發展的描述。

解決了獨孤部劉顯之後，拓跋部的東方是賀賴部、西方是鐵弗部、南方是西燕，勢力均強，亟思擴張的拓跋珪，因此從西元三八八年開始向北方發展，掠取各較小部落的人口、牲畜。但當西元三八九年二月征討位在賀賴部更東邊的叱突鄰部時，引發了拓跋部與賀賴部的衝突。

在拓跋珪依附賀賴部之際，賀訥的弟弟賀染干曾意圖對拓跋珪不利，珪母賀氏對賀染干表示：「汝等今安所置我，而欲殺吾子也？」（《魏書‧獻明皇后賀氏》）令賀染干慚愧而退。這段記載，顯示拓跋珪與賀賴部領導者間有著家人的親誼；這也是拓跋珪落魄之際，得以二度託庇於賀賴部的原因。

但另一方面，作為拓跋部、賀賴部兩個部族的領導者，拓跋珪、賀訥尚須面對部族利益衝突的問題。像西元三八五年拓跋珪再

次投靠賀賴部時，曾有拓跋部舊民勸請賀訥扶立拓跋珪，賀染干便表示：「在我國中，何得爾也！」認為在自己的勢力範圍內，豈能容他人另擁勢力！當時，賀訥考慮與拓跋珪的親密關係，認為拓跋珪的發展可能有利於賀賴部，終於協助拓跋珪登上代王之位。但現在，拓跋珪發展勢力，從賀賴部的西面擴展到了賀賴部的東面，不僅令賀賴部感受到威脅，甚至也已侵犯到了賀賴部的勢力範圍；因此，賀訥兄弟率諸部援助叱突鄰部。祇是，敗給了拓跋珪。

　　此後，賀賴部的勢力開始衰退，賀訥、賀染干兄弟也有了內爭；部族先後敗於鐵弗部及後燕，賀訥終於降附於拓跋珪，隸屬於拓跋部之下了。

　　而為了援救賀訥，西元三九〇年，拓跋珪再次與鐵弗部起了衝突。次年七月，雙方再次互相攻擊。到十月，拓跋珪北征當時依附於鐵弗部的蠕蠕（柔然），大破之。可能因為這個原因，鐵弗部帥劉衛辰遣子襲擊拓跋部南境；但被拓跋珪大敗。拓跋珪乘勝追擊，攻入鐵弗部的領域，相當程度的摧毀了鐵弗部，史稱「自（黃）河以南，諸部悉平」。鐵弗部與拓跋部長期以來的競爭，至此算是一個階段的結束，拓跋部大獲全勝。《魏書·食貨志》載：「登國六（391）年破（劉）衛辰，收其珍寶、畜產，名馬三十餘萬、牛羊四百餘萬，漸增國用」。此役的勝利，不僅使拓跋珪實力大增，為數年後向後燕挑戰厚植了基礎；更重要的，西鄰長期的腹心之患自此解除，在與後燕慕容氏爭衡時，不但少去了後顧之憂，更多了廣大的腹地，有了迴旋的空間。

　　《魏書·禮志一》記載拓跋珪於西元三九八年定都平城，即皇帝位時告祭天地的祝詞，其中提到：「（拓跋）珪以不德，纂戎前緒，思寧黎元，龔行天罰。殪劉顯，屠衛辰，平慕容，定中夏」。足以佐證劉顯之滅對拓跋珪消除競爭勢力，進而對外拓展的重要影

響。後燕慕容氏是拓跋珪消滅劉顯競爭勢力的主要倚靠，卻也成了最後的受害者。

四、滅燕與部落解散政策的推行

拓跋珪雖在即代王位的西元三八六年四月，便已改稱魏王，但如前所述，當時的拓跋部，祇能算是實力相近的幾股地域勢力中的一支，比起後燕等十六國時期的各個政權，還有一段差距，還有一段發展、追逐的過程。

在拓跋珪與獨孤部、賀賴部、鐵弗部爭勝，並在塞北擴張勢力時，後燕慕容氏的發展重點主要放在它的西南，攻掠河北西側的丁零翟氏、山西中南部的西燕慕容氏以及東晉的山東領地，因此雙方沒有利益衝突，也發展出合作的關係。

但是，拓跋珪並不甘於祇是後燕附庸的地位，除了曾回拒後燕的封授，西元三八八年，其弟拓跋儀出使後燕返國，也曾分析後燕形勢，認為一旦慕容垂去世，將有可乘之機。在均有企圖心的背景下，當雙方勢力擴張到沒有緩衝之時，終於發生了衝突。

賀賴部發生賀訥、賀染干兄弟相攻的內鬨時，慕容垂曾遣兵征討雙方。西元三九一年六月，拓跋珪兵援賀訥，燕軍退走。雙方的立場，已出現了歧異。七月，後燕扣留了出使的拓跋珪異父同母幼弟，要求拓跋部提供良馬；關係正式破裂，拓跋珪轉而遣使與後燕的對頭西燕建立連繫。

西元三九三年，西燕為後燕所滅。戰爭期間，拓跋部站在西燕一方。終於，西元三九五年七月，慕容垂遣其太子慕容寶，率眾八萬，大舉進攻拓跋部。

拓跋珪接受臣下誘敵深入、驕敵之心的建議，遷徙部落畜產遠避至黃河以西。同時，一面遣使求援於後秦；一面分派數支軍隊分

布燕軍周圍；並完全截斷燕軍與後方的消息來往，利用慕容垂在燕軍出師時已患病，燕軍又數月未得後方音訊的情況，透過所拘執的燕國傳訊人，散布慕容垂已死的假消息。燕軍軍心不穩，因而退兵。拓跋珪再乘機追擊，在參合陂（內蒙古自治區涼城縣東北岱海）追至，獲得大勝；燕軍死者數萬，相當慘重。這次戰役，對後燕軍力造成很大的斲傷，習稱「參合陂之役」；被史家認為是後燕衰弱，北魏興起的關鍵一戰。

次（396）年三月，為除後患，慕容垂親自率軍來攻，曾突襲擊殺了鎮守平城的拓跋虔，俘虜部落三萬多，拓跋珪為之震恐。後因燕軍經過慕容寶參合陂戰敗處，見到燕軍積骸如山，祭弔時，部屬號哭，慕容垂慚憤吐血發病，祇得班師，並死在途中。

乘著慕容垂新死，拓跋珪立即展開了對後燕的攻勢。六月便派兵攻殺了後燕廣寧（河北省涿鹿縣）太守，徙其部落。八月間，大舉伐燕。其間，在西元三九七年二月，曾與燕軍十餘萬大戰於柏肆塢（河北省藁城市），艱苦獲勝。接著後燕內鬨，十月攻下燕都中山（河北省定州市），西元三九八年初攻克鄴城（河北省臨漳縣西南鄴鎮），後燕所轄山西南部及河北地區，落入拓跋珪的掌控。拓跋珪於鄴、中山等要地，分派親信鎮守。

一切安排妥當後，拓跋珪率師北返。這年（398）六月，議定國號，仍稱「魏」；七月，遷都平城（山西省大同市東北），營宮室，建宗廟，立社稷；十二月，即皇帝位，立壇告祭天地。北魏政權，又步入了一個新的境域。

為了因應政權面對的新局面，在拓跋珪勝利回師的途中，便「徙山東六州民吏及徒何、高麗雜夷三十六萬，百工伎巧十萬餘口，以充京師」（《魏書‧太祖紀》）。二月回到繁畤宮（山西省渾源縣），又下詔給予內徙的新民耕牛，「計口受田」，給予耕地。

七月，都城遷到了平城。在同一年，也劃定京畿的範圍，東至代郡（山西省大同市北），西及善無（山西省右玉縣南），南極陰館（山西省朔州市東南），北盡參合（內蒙古自治區涼城縣西南）。京畿之外則置八部帥監領，「勸課農耕，量校收入」，充滿由戰時轉為生產時期的企圖。

另外一個配合的措施，是解散部落。

關於此項政策推行的時間，《魏書‧官氏志》曾有過「登國（386～395 年）初，太祖散諸部落，始同為編民」的記載；但細考所列各部，許多當時根本不在拓跋氏掌控之下。而〈賀訥傳〉記載「（賀訥）從太祖（拓跋珪）平中原，拜安遠將軍。其後離散諸部，分土定居，不聽遷徙，其君長大人皆同編戶」；顯示此項政策的推行，極可能與計口受田、制定京邑一樣，是在天興年間。

因此，這應是拓跋珪在先後瓦解、壓服了實力可能足以與拓跋氏相抗衡的獨孤、賀賴、鐵弗等部，進一步擊敗原本勢力凌駕拓跋氏的後燕政權之後，己身力量達到顛峰之際，徹底拆散原來部落聯盟的政治、社會結構，重新締造成隸屬於拓跋珪一人之下的皇朝的舉動。為了達到此一目的，原來的部落必須解散，原本有權爭取部落聯盟領袖一職的部落大人，必須轉化為向拓跋氏政權效忠的官僚。使原本較素樸的，根據各自居地、社會勢力組合而成的部落聯盟，改變為人為的，更符合拓跋氏統治利益的北魏皇朝。

這個作法，對原來的部落社會當然是個很大的衝擊，對部落大人的既得利益更可能是很大的侵害。因此，日本學者內田吟風在《北アジア史研究 匈奴篇》（頁 346～349）、谷川道雄在《隋唐帝國形成史論》（頁 126～127）就曾指出，北魏政權曾透過設置八國，採行特別的賦稅和任官方式，及以大量賜爵等方法來化解阻力。

另一方面，原居地在善無（山西省右玉縣南）地區的部落大人

庾岳，和在平城、善無之間犳山地區的白部大人和跋，二人都是拓跋珪即位牛川時的基本支持者，屢受重用，卻先後在這一時期被殺。史籍的記載雖然隱諱，但仍可判斷出，似與二部原居地都在畿內重地，拓跋珪有意將他們遷至畿外有關。〈和跋傳〉中，更隱約可見他對被迫遷徙的不服之意。因此，北魏政權為了推動新政策，不僅有提供相對利益以化解不滿的配合措施，也曾使用過強制執行，誅殺功臣的嚴酷手段。

即便如此，還有像爾朱氏或一些高車部落，或因勢力不致造成威脅，表現也讓拓跋珪放心，或以「以類粗獷，不任使役」的理由，得以保留了部落組織。畢竟，結構性的改變絕對不是容易的事。

拓跋珪從廢墟中點滴重建拓跋氏政權，並進一步擴展，其功業就拓跋氏而言固然無庸置疑。因此，革除「國之喪葬祠禮，非十族不得與也」之舊制，規定「各以職司從事」（《魏書·官氏志》），強調國家體制的北魏高祖孝文帝元宏，將原被奉為「烈祖」的拓跋珪改奉為「太祖」（《魏書·禮志一》）；雖說拓跋珪有「建業（創建北魏政權）之勳」（同上引），而拓跋珪徹底改革政治、社會結構，使北魏由部落聯盟轉型為皇朝，使眾多族系複雜的部落民成為北魏的「國民」，可能也是孝文帝對他特別欽服的原因。

第三節　一統華北

敗給北魏後，慕容氏的殘餘勢力分向北、南撤退。北撤遼西地區的燕帝慕容寶，後為臣下所殺，政權輾轉於西元四〇九年落入漢人馮跋之手，國號仍稱燕，史稱北燕。南方由慕容德率領的一股，最後來到山東地區，以廣固（山東省青州市西北）為都，並於西元

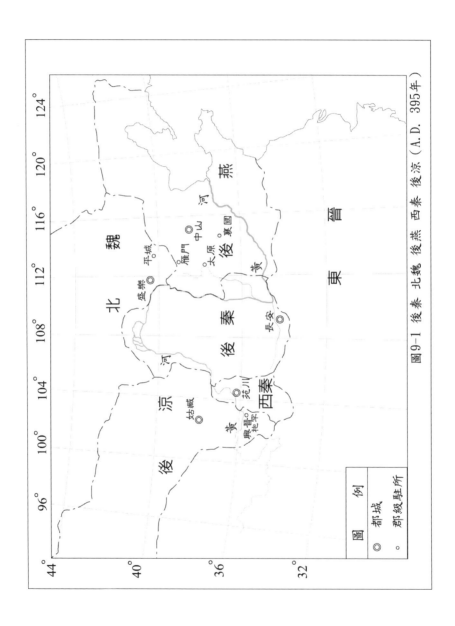

圖 9-1　後秦 北魏 後燕 西燕 後涼（A.D. 395 年）

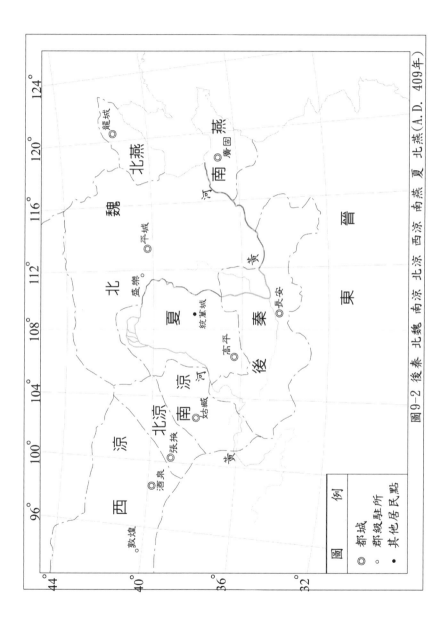

圖9-2 後秦 北魏 南涼 北涼 西涼 南燕 夏 北燕(A.D. 409年)

四○○年稱帝，史稱此政權為南燕。

　　相近的時間，在華北的西半部，除前述的後秦姚氏、西秦乞伏氏、後涼呂氏政權外，陸續又有南涼禿髮氏、北涼沮渠氏、西涼李氏和夏赫連氏等政權建立，整個華北，是標準政權林立的景象；可參見所附黑白地圖 9-1、9-2 及第八章簡表（頁 216）。北魏政權，並未居於絕對的優勢。

一、道武帝之死與明元帝的秉政

　　當北魏太祖道武帝拓跋珪擊敗後燕之後，相鄰地區仍有不容忽視的其他勢力存在。其一是關中地區的後秦，與北魏領域的西南境接壤；一是柔然（北魏世祖太武帝拓跋燾為示輕蔑，以諧音稱其為「蠕蠕」），散布在北魏的北邊。柔然與後秦曾有和親的關係，拓跋珪則曾在西元四○一年向後秦求婚遭拒。西元四○一年底，拓跋珪遣將攻擊河西地區與後秦有關係的黜弗、素古延等部時，柔然曾經遣騎往援。而因為這些摩擦，北魏與後秦之間，於西元四○二年五月起，又在接壤的河東地區發生一連串戰爭，拓跋珪為之親征。十月間，當北魏群臣勸拓跋珪進一步攻擊時，拓跋珪卻因擔心「蠕蠕為難」班師，而柔然確也因北魏與後秦戰爭的消息，在十二月南攻北魏，「入參合陂，南至犲山及善無北澤」，已經逼近平城地區；拓跋珪緊急派軍馳援，柔然才退走。

　　到西元四○七年，情況轉變得對北魏較為有利。因為，後秦與北魏的摩擦，一部分的原因，在於鐵弗部被拓跋珪擊滅後，劉衛辰的兒子赫連勃勃南逃，曾託庇於後秦或與後秦交好的部落，間接導致雙方的對立。但到此時，赫連勃勃的力量日漸茁壯，反而對後秦造成了壓力。終於，後秦與北魏相互表示善意，重新有了溝通。此舉卻激怒了赫連勃勃，邀截了柔然要送給後秦的八千匹馬。並進一

步發展勢力，建立了夏政權。

夏的領域就在原來鐵弗部活動的黃河以西地區，與北魏有很長的接界處；雙方復有長期對立的關係；若是與後秦、柔然結為同盟，可由北、西、南三面威脅北魏。可是因為此次過節，沒有見到柔然與赫連夏合作對付北魏的情況。

但是，拓跋珪的晚年，政治上出現了一些失序的現象。史籍記載，拓跋珪服食一些道家的丹藥，產生了副作用，性情變得煩躁不安。加以政治、社會結構劇烈改變之初，難免遭遇阻力；又有一些天災；這些情況本賴靜心一一處理，遇上心情煩躁，就成了惡性循環，衍生出喜怒乖常，誅戮朝臣的異常舉措，終於導致「朝野人情各懷危懼」，政治、社會失去秩序的亂象。西元四〇九年，因拘責妃子賀氏，拓跋珪為賀氏所生子拓跋紹於夜間潛入殺死。

太宗明元帝拓跋嗣是拓跋珪的長子，事發之前，即因小事惹怒拓跋珪而逃避在外。聞訊回京，殺了拓跋紹而即帝位，開始收拾混亂的局面。

當拓跋珪初死，拓跋紹無法服眾，史稱「朝野兇兇，人懷異志」（《魏書・清河王傳》）；許多過去的部族，也都招集族人，相聚成群。此事反映出北魏由部落聯盟轉型為皇朝未久，舊習仍然有很大的影響，處理不當，甚至會危及政權。因此，明元帝秉政後，首要之務便是安定人心。

首先，對統治階層，他沒有對拓跋珪的死多加株連，祇追究了直接參與者的責任。接著，對於原來任官卻遭罷職不能再參與朝政的人，都恢復登用；衛王拓跋儀以謀反的名義遭拓跋珪賜死一事招致議論，他也封其子拓跋良為南陽王，意示平反。

對於一般人民，他除了立即派遣重臣處理民訟，簡賢任能之外，也派遣使者巡行地方，問民疾苦，撫恤窮乏。經由他的努力，

北魏政權安定了下來。

　　除了安定政治、社會外,明元帝在位期間尚有數事值得一提。

　　西元四一五年,京畿地區嚴重饑荒,有人建議遷都鄴城,但一則擔心赫連夏及柔然乘機侵襲平城地區;一則國家實力有限的情況若為各地民眾知曉,可能會影響政權的穩固;因此,最後採用博士祭酒崔浩、特進周澹的意見,不遷都,一方面加強生產,一方面分徙部分最貧困的人到河北中南部謀生,終於解決了問題。

　　其次,明元帝在西元四二二年,因身體不適,便立了長子拓跋燾為太子,並為之擇定輔弼之臣六人,由其臨朝聽政。一則加以磨練,一則繼承也較為穩定。

　　另外,在明元帝時期,北魏與南朝也兵戎相見;西元四二二年宋武帝劉裕死後,北魏乘機南伐,雖非一切順利,但終究攻下了劉宋的滑臺（河南省滑縣東滑縣故城）、虎牢（河南省榮陽市汜水鎮西）、洛陽等鎮,使北魏的疆域,擴展到了黃河之南。

二、太武帝的征伐與華北的一統

　　北魏世祖太武帝拓跋燾於西元四二四年初即帝位,當時,華北的政治版圖已經又有了變化。西元四○三年後涼為後秦所滅;西元四一○年,晉將劉裕北伐,攻滅南燕;西元四一四年,西秦滅了南涼;西元四一七年,劉裕再次北伐,滅了後秦,但在劉裕南返之後,關中之地又落入赫連夏的手中;而在西元四二○年,北涼又滅了西涼。因此,在拓跋燾即位時,華北僅餘北魏西鄰的夏、東鄰的北燕,及在赫連夏之西的西秦和北涼政權了。另外,在南方,有劉裕於西元四二○年篡晉建立的劉宋政權。而在北方草原上的柔然,行動迅速,更不時對北魏構成困擾。

　　西邊的夏、北邊的柔然,加上南方的南朝政權,對北魏正好形

成包圍之勢。尤其柔然與南朝時有連繫，使北魏長期處於腹背受敵的狀況。像太宗明元帝在位的西元四一六年，當劉裕北伐後秦，借道於魏時，魏臣多主張派兵阻擋晉兵通路，但崔浩則認為，若派軍隊到南邊，北邊的柔然會來襲，因而反對。當晉軍退兵時，也以「今西（夏）北（柔然）二寇未殄」，為反對派兵截其後路的理由。

劉宋政權建立後，據《宋書・索虜傳》記載，柔然仍不時遣使，由西方繞經青海地區的吐谷渾，長途跋涉與南朝連繫。而因柔然「常南擊索虜（北魏），世為仇讎」，所以劉宋政權「每羈縻之」。

若僅是柔然、南朝之間使者來往，不一定會損及北魏利益。柔然與北魏也互相遣使、北魏與南朝也有使者往還。但是，史籍中也有不少記載可以證明柔然、南朝的連絡可能不利於北魏。像西元四二二年底，太宗明元帝南征劉宋時，同時便要派遣監國之拓跋燾「親統六軍出鎮塞上」，所為當然是防備柔然；就在次年正月，柔然確也有犯塞紀錄。而當西元四二九年四月北魏擬議北擊柔然之際，卻傳來劉宋欲犯黃河以南的消息；也有人向贊成北伐的崔浩表示：「今吳賊南寇而舍之北伐，……。若蠕蠕遠遁，前無所獲，後有南賊之患，危之道也」（《魏書・崔浩傳》），再次顯示魏人對腹背受敵的憂慮。西元四五〇年宋文帝劉義隆的北征（北魏）詔書中，也明言柔然將與劉宋合作對付北魏。

面對這種形勢，拓跋燾的態度是積極回應。西元四二四年，得到北魏明元帝去世的消息，柔然六萬騎南攻北魏，攻入北魏舊都雲中盛樂（內蒙古自治區和林格爾西北土城子）；拓跋燾親自率軍應付，輕裝疾馳，三天二夜趕至雲中，激戰之下，魏軍射殺了柔然一名部帥，柔然撤兵。次年，拓跋燾又親率大軍，五道出擊。到漠南之後，留下輜重，仍以輕裝，僅攜帶十五天的糧食，越過沙漠，急

襲柔然，使得柔然部落驚駭北徙。

　　西元四二九年，拓跋燾因柔然屢次侵擾北魏北境，再次準備征討。群臣多不贊成，加以有劉宋準備攻魏的消息，多藉以反對北伐。獨崔浩認為南朝是虛張聲勢，難為大患，不如急擊柔然，一勞久逸。拓跋燾也認為「若不先滅蠕蠕，便是坐待寇至，腹背受敵，非上策也」（《魏書·蠕蠕傳》），再次親率大軍，以輕騎兼馬深入柔然境內，攻其不備。使得柔然主力逃竄，部眾四散。原來隸屬柔然的高車部落，前後降附北魏的，也有幾十萬落，北魏將這些「新民」安置在漠南地區，東至濡源，西至五原、陰山，在北魏北境構成一條防護帶。

　　北魏是南朝口中的「北虜」，擁有快捷的騎兵，武力對南朝形成壓力。但是，在北魏北邊的柔然，更維持著舉部遷徙方便的狀況，平日就在馬上生活，亦擁有機動性極強的武力。因此，北魏經常面對著比南朝更頻繁的侵擾；加以腹背受敵，壓力可能更在南朝之上。在拓跋燾的時代，掌握了南朝興兵不易的情勢，運用本身亦可上馬作戰的優勢，多次以大軍急襲之策，對付在北邊草原游牧的柔然，獲致了相當的效果。而為了防禦柔然，除了多次主動出征、統治者經常巡狩北境，以依附的高車等部落民在北邊構成防禦帶之外，也曾在西元四三三年在北境設置軍鎮。其實，更早在明元帝末的西元四二三年，史籍也曾記載修建東起赤城（河北省赤城縣）、西至五原（內蒙古自治區包頭市西）的長城，並備置戍衛。因此，並不是祇有「漢人」政權才面臨「胡人」騎兵的威脅，也不是祇有「漢人」才用築城的方式來抵禦外患；而是相對定居的社會，都可能用這種方式來維護自身的安全，應付不確定的外患。

　　柔然之外，北魏另一個重大的威脅是夏政權。西元四二五年赫連勃勃死後，諸子內爭，給了北魏可乘之機。西元四二六年九月，

拓跋燾遣將由南疆攻擊潼關附近夏的蒲坂（山西省永濟市西南蒲州鎮）和陝城（河南省三門峽市西舊陝縣），進向關中。十月，則自率輕騎，乘結冰度黃河掩襲夏都統萬（陝西省靖邊縣北白城子）。這次戰事，持續至西元四二八年春天，魏軍攻下了統萬和長安，俘虜了夏主赫連昌。但赫連昌之弟赫連定繼立，並奪回了長安。

當時，劉宋文帝劉義隆在位，也曾致力於北伐。夏曾遣使與宋連合，擬合兵滅魏，但未能真正合作。反而，拓跋燾在西元四三〇年九月再次親征，赫連定西撤時滅了西秦，但自己也在西元四三一年六月被俘，夏亡。接著，北魏又在西元四三六年遣將攻滅了北燕。

至此，北涼成為北魏考慮征討的目標。在廷議之時，眾臣多數反對出征，最後並以北涼所在姑臧（甘肅省武威市）地區缺乏水草，一旦北涼固城堅守，魏軍糧草將有問題為理由。崔浩則以《漢書‧地理志》曾記載涼州畜產豐富，且為漢人聚居之處，不可能沒有水草，加以駁斥。另有振威將軍伊馥，也認為若無水草，北涼何以立國？西元四三九年魏軍至姑臧，果見城外水草豐饒。在魏軍攻圍下，北涼投降，五胡十六國時代結束，華北為北魏所統一。

三、拓跋燾的統治

拓跋燾統治期間，除一統華北外，還有其他特別受到矚目的事。

首先是滅佛。在中國佛教發展的歷史上，曾有三次遭到統治者大規模壓制的紀錄，分別發生在北魏太武帝、北周武帝和唐武宗執政時期，因此被佛教信徒稱作「三武之禍」。拓跋燾統治時期，便進行過第一次大規模的鎮壓佛教行動。

滅佛的原因，依《魏書‧釋老志》的說法，是太武帝原本就與

佛教經典少有接觸；加因崔浩勸說，敬重道士寇謙之，設道壇，年號也改為太平真君。崔浩又常批評佛教，使太武帝對佛教有了隔閡。正好發生以盧水胡人蓋吳為首的大變亂，為了征討，太武帝到了長安，卻意外的在一所寺廟中發現許多弓矢矛盾，因而懷疑與蓋吳有聯絡；再查又有許多釀酒器具，及各地富人官吏寄存之物；並有秘室，與貴勢家庭的女子有淫亂之行。太武帝一怒之下，又經崔浩從旁勸說，於是下令誅殺長安僧侶，銷毀佛像，並命各處比照辦理。

拓拔燾滅佛，基本上，是被解釋為受到好道惡佛的崔浩導引，及突發事件的刺激衍生的結果。但若查閱其他資料，在西元四三九年平涼州之後，因為認為僧侶太多，太武帝便曾下令罷除年齡在五十歲以下有生產力的人為僧侶。西元四四四年，也曾下詔指責沙門，並禁止官民在家中私養沙門、師巫及金銀工匠。而蓋吳之亂是發生於西元四四五年，下詔各處坑沙門、毀佛像是西元四四六年。因此，似乎是因為僧侶日增之後，對國家經濟及統治秩序構成了影響，所以太武帝加以壓制。先是不准五十歲以下有生產力的人為僧侶，既而民間不得私養不從事正常農牧生產的沙門、師巫、工匠，最後經過刺激，才又發展為全面性的禁佛。

另一受注意的是崔浩被殺事件。崔浩久受拓跋燾信任，卻因負責國史修纂之事，完成後公布，而內容引起爭議，引發拓跋燾的憤怒，崔浩戚族及修史工作人員皆被誅殺。史籍雖稱其事起因於國史之爭，但因《北史》有「（崔）浩書國事備而不典，……北人咸悉忿毒，相與構（崔）浩於（太武）帝。帝大怒，……誅浩。清河崔氏無遠近，及范陽盧氏、太原郭氏、河東柳氏，皆浩之姻戚，盡夷其族」（〈崔宏傳〉）的記載，曾使學者認為胡、漢民族及文化衝突是事件最重要的原因，甚至認為是針對漢人高門而發。但近年則

多從更寬廣的視野再行檢討此事，如佛道之爭、政治利益的衝突等均被考量，不再拘泥於種族的對立。

其實，依《魏書・高允傳》所載，太武帝原來是指示，參與修史的人，由崔浩下至僮吏皆夷五族。因高允之勸，除崔浩誅五族外，其餘自身處死，不再株連。而所謂崔浩誅五族，似也是依律法所定之五族為範圍，並非五族之人全都殺盡。另一方面，所謂《國書》中的〈太祖紀〉，是由鄧淵所撰，崔浩、高允合修明元帝及太武帝的史事，而高允實際負責執行的較多。太武帝曾為之表示：「此（高允的情況）甚於（崔）浩，安有生路！」顯示激怒太武帝的，似乎確與國史內容有關；而且可能不是導因於早期與漢人不同的文化風俗，而是與太武帝有關的記載。亦即，崔浩與包括北系貴戚在內的許多人有過衝突，可能是他成為攻擊對象的原因。但以往討論攻柔然，攻北涼等事時，崔浩多次力抗眾議，祇因為有太武帝的支持，依然佔了上風。此次卻遭到如此悲慘的境遇，可能也與太武帝的怒火有關。是否日益傾向中原門閥社會的崔浩，無意間觸犯了傾向至高王權的拓跋燾，是值得思考的方向。

還有一件事，即從部族時期開始，拓跋氏便吸納了許多不同的部落、種族，共同組合成更大的團體，與外在其他的團體競爭。在內部，隨勢力大小定其位次，但未見特別的歧視。可是，在拓跋燾的時代，情況似乎有了改變。

西元四五一年，拓跋燾率師攻擊盱眙（江蘇省盱眙縣東北），曾寫信給守將劉宋輔國將軍臧質：

> 吾今所遣鬭兵，盡非我國人，城東北是丁零與（山）胡，南是三秦氐、羌。設使丁零死者，正可減常山、趙郡賊；胡死，正減并州賊；氐、羌死，正減關中賊。卿若殺丁零、

> 胡，無不利（《宋書‧臧質傳》）。

用意雖可能是威嚇敵人，但丁零、山胡、氐、羌，在拓跋燾心目中與一般「國人」不同，也充分表露了出來。

　　類似的觀點，在其後高祖孝文帝時，也出現在曾任徐州刺史的尉元於西元四九二年的上書中。他強調彭城（江蘇省徐州市）的重要，接著表示：

> 今計彼戍兵，多是胡人，臣前鎮徐州之日，胡人子都將呼延籠達因於負罪，便儞叛亂，鳩引胡類，一時扇動。賴威靈遐被，罪人斯戮。又圍城子都將胡人王敕懃負釁南叛，每懼姦圖，狡誘同黨。愚誠所見，宜以彭城胡軍換取南豫州徙民之兵，轉戍彭城；又以中州鮮卑增實兵數。於事為宜。

呼延氏、王氏均為山胡常見姓氏，尉元以經驗認為山胡組成的戍兵不可靠，認為「中州鮮卑」才可信賴。這與前述拓跋燾的觀點，有前後輝映之處。

　　其實，在拓跋氏發展之初，便集合了鮮卑、匈奴、烏丸、高車等複雜的族系；在拓跋珪、拓跋嗣的時代，北魏正在積極的發展，亟需充實本身的力量，因而不僅對主動歸附者多所優遇，即使是被擊敗的對手，一般也都予以善待，對內徙者以「新民」視之，並無歧視之意。但到拓跋燾一統華北之際，北魏的根基已經穩固，所謂的「統治階層」也日趨飽和。因此，若非原具相當規模的社會勢力、政治地位或有特出才能，新加入者日益難受禮遇。北魏政權徵發他們出征或擔任戍兵，心態上又不將之視為「自己人」，這與并州、關隴地區後來變亂頻傳，可能也有某種程度的關連。

關 鍵 詞 彙

嘎仙洞　　　　　　　收繼（烝報）婚

索頭　　　　　　　　拓跋窟咄

第二推寅（獻帝鄰）　部落解散政策

拓跋力微　　　　　　參合陂之役

拓跋部落聯盟　　　　拓跋燾

代公　　　　　　　　三武之禍

拓跋珪

自 我 評 量 題 目

一、試述你對學者王明珂就西方社會科學界關於「民族」理論發展趨勢
　　所作介紹的理解。

二、度過叔父拓跋窟咄爭立的危機後，拓跋珪的處境如何？慕容垂又何
　　以支持拓跋珪？

三、試述拓跋珪推動部落解散政策的時機、背景和目的。

四、北魏世祖太武帝拓跋燾統治期間，有那些特別受到後世矚目或值得
　　注意的事？

第十章　北魏體制的轉變

學習目標

　　──詳細研讀本章之後，讀者應該能：

1.瞭解北魏文明太后與孝文帝改制的時空背景。

2.瞭解北魏文明太后與孝文帝改制的主要內容。

3.瞭解北魏政權趨於衰微的概況。

摘　　要

一統華北的北魏太武帝拓跋燾，最後卻命喪宦官宗愛之手。這反映出，當時北魏君權又有了更進一步的發展；也成為文明太后與孝文帝主政時期，推動體制改變的背景之一。

文明太后籌劃誅除了權相乙渾，並在獻文、孝文兩朝相當長的時間中，臨朝聽政，成為當時北魏實際的主政者。北魏孝文帝時代，以推動改制、漢化著稱。細究史籍，由發生的時間和決策制定的過程，官員薪俸的發給、均田制的推行和三長制的設立，都應列為文明太后的政績。

孝文帝受到文明太后的涵染，對漢文化有相當程度的瞭解和嚮往；加以北境柔然威脅漸消，南向則成了發展的重心。在這些背景和君主權威提供的便利下，不顧臣下不少的反對聲浪，孝文帝毅然採行向南遷都洛陽的重要決策，意圖將北魏政權轉型為中國大一統的政府。配合此一企圖，尚有漢化政策的推動及對南朝的征伐。

南遷僅五年時間，孝文便告去世；後繼者開創性不足，北魏國勢開始步入衰途。一則政治失序，二則外在環境改變導致的北鎮、武人地位下降，亦為社會不安埋下了因子。最後在天災導致饑饉，及柔然劫掠下，地方長吏又處置不當，北鎮民眾的不滿終於激化為變亂，並蔓延各地。

爾朱榮因地利及財富、能力，接收了由北鎮南下

的平亂、變亂勢力；最後，介入了北魏宮廷的爭鬥，
實際掌握了政權。

　　在手中完成華北一統的北魏世祖太武帝拓跋燾,在西元四五二年為宦官宗愛所殺。依《魏書‧閹官宗愛傳》的記載,宗愛並沒有顯赫的家世;因罪入宮為宦官後,逐漸晉升至內廷中管理階層的中常侍之職;受到拓跋燾的信任,曾在西元四五一年正月受封秦郡公。同年六月,因與太子拓跋晃及其親信不睦,在太武帝面前藉機告狀,不但使拓拔晃的親信遭誅,連太子本人也在拓跋燾「震怒」之下「以憂薨」。其後,因拓跋燾思念太子,宗愛恐遭殺身之禍,先下手為強,拓跋燾在次年春間「暴崩」。

　　拓跋燾死後,宗愛又曾假傳皇后命令,誘殺了商議繼立人選的幾名大臣和一名關係不佳的皇子,扶立與己友善的皇子拓跋余為帝。宗愛受任大司馬、大將軍、太師、都督中外諸軍事,兼領中秘書事,封馮翊王,總管宮廷和朝廷事務,權傾一時。史稱他「坐召公卿,權恣日甚,內外憚之」。拓跋余謀劃削奪他的權力,反被宗愛支使宮中小宦官殺了拓跋余。後因負責宮中警衛的禁軍與大臣合作,才誅除了宗愛等人。

　　這一連串的事件,顯示此時北魏的君權又有了進一步的發展,統治者的權力益趨絕對化,臣子們沒有多少可商量的餘地。這與各部大人各擁勢力已不可同日而語,更遑論領袖採用推選的早期習俗了。不但統治者本身擁有至大的權力,因為君主生活起居的宮廷與外界,甚至與處理朝政的朝廷,都有相當程度的隔絕,所以在宮中領導宦官的宗愛才能上下其手;不但可以兩度殺害君主,還能假傳皇后命令,誘殺親王大臣,另立新君。而當他大權在握,百官俯首之際,反而也喪命在職司宮廷警衛的禁軍之手了。

　　在這種君權相對偏高的背景下,文明太后與孝文帝主政的時代,北魏的體制有了相當的轉變。

第一節 文明太后的時代

宗愛勢力被翦除後，拓跋晃的長子拓跋濬被擁立為帝，即北魏高宗文成帝。拓跋濬在位十四年，曾經親自率師北征柔然，但大體以與民休息為主，史稱他「靜以鎮之」、「懷緝中外」，使得自太武帝以來因經略四方、政局不安而受到擾動的社會，得到了調息的機會。

文明太后馮氏，是在西元四五五年被文成帝立為皇后的。西元四六五年拓跋濬死，太子拓跋弘繼立為帝後，馮后被尊為皇太后。高祖孝文帝立時，又被尊為太皇太后。西元四九〇年卒，諡號「文明太皇太后」，一般稱之為「文明太后」。

一、文明太后執政與太和改制

北魏顯祖獻文帝拓跋弘即位時年僅十二，朝政被侍中、車騎大將軍乙渾所把持。乙渾曾矯詔誅殺大臣，自己則升任丞相，位在諸王之上；朝政不論大小，皆由他決斷。西元四六六年二月，在文明太后的秘密籌劃下，誅除了乙渾，於是文明太后臨朝聽政。西元四六七年八月孝文帝拓跋宏出生，太后親自撫養，不聽政事，由獻文帝親政。

獻文帝不是文明太后所生；至於孝文帝，史稱為獻文后李氏所生，但由文明太后親自撫養，因此被懷疑是否為文明太后之私生子。但真正更大的影響，可能在於文明太后長期的撫養，影響了孝文帝的觀念，培養了他對中原文化的喜愛及從政的風格；這才是我們該留意的。

西元四七一年，獻文帝禪位於孝文帝，自為太上皇帝；西元四七六年獻文帝卒，文明太后再度臨朝稱制。據史籍記載，因為獻文

帝殺了文明太后的情人，惹得太后不快；獻文帝突然死去，當時傳
言是太后毒死的。從此時起一直到孝文帝太和十四（490）年太后
去世，孝文帝親政，北魏朝政一直是由文明太后操控。

依《魏書‧文明皇后傳》所載，由於孝文帝「孝謹」，自文明
太后臨朝專政起，事無鉅細，皆由太后決斷。文明太后「多智略，
猜忍，能行大事，生殺賞罰，決之俄頃」（《魏書‧文成文明皇后馮
氏》）；而個性嚴明，即便寵信的臣子，也不會加以放縱，有錯即
罰；但也不記恨，事過便待之如初；因此臣下也都為其賣力。

北魏孝文帝的時代，以創設均田制、三長制等重要制度，及推
動禁胡俗、斷胡語、改胡姓為漢姓、獎勵胡漢通婚等漢化政策而出
名；其實，均田制、三長制的創設，是在太和十（486）年前後，也
就是在文明太后執政的時期。說到北魏體制的轉變或是太和改制，
文明太后的執政時代都是不可忽略的。

二、官員薪俸的發給

在北魏初期，官員是沒有薪俸可領的。以今天的眼光來看，這
可能是比較奇怪的事。但若回到烏桓、鮮卑早期，被推舉為小帥或
是大人的，本就是社群中較有能力的人；不論當時的經濟型態是私
有制或公有制，領導階層的生活不會發生問題。到較晚的時期，統
治氏族雖然固定了，但不論部落或中原文化，各級官吏、將領仍以
社會上的部落領袖、豪族門第等強者為主要來源，他們通常都有自
己的部眾、產業為憑藉，薪俸之有無並不那麼重要。簡言之，當時
的國家（政府）與社會、公與私之間，並沒有明顯的區分。所以，
在十六國時期的某些政權，會出現國家權力私有化的現象。而北魏
太武帝拓跋燾的太子拓跋晃，也「營立私田，畜養雞犬，乃至販酤
市鄽，與民爭利」（《魏書‧高允傳》），甚至在他的老師高允勸諫

之後，依然如故。

統治者當然會給官員一些好處。例如每次征伐的戰利品，有時數量相當龐大，官員可能可以分享。又如西元四六一年，高宗文成帝也曾撥出布帛二十萬匹為獎賞，供內外百官「賭射」。可是，這畢竟不是常態性的，官員仍可能缺乏生活的保障。像高允自太武帝朝便曾為太子經師，一直任官至孝文朝去世，頗受寵信；但因為官清廉，家無恒產，住草房、穿蓋劣質的衣被、鹹菜下飯，幾個兒子還得親自砍撿柴火使用。

這是比較特殊的例子，許多官員則利用掌握的權勢，謀求自身的利益。像高宗文成帝於西元四五八、四六一、四六三年的幾次詔書，便都提及官吏的不法、不當作為：

> 「朕即阼至今，屢下寬大之旨，蠲除煩苛，去諸不急，……而牧守百里，……求欲無厭，斷截官物以入於己，使課調懸少；而深文極墨，委罪於民。……」
> 「刺史牧民，為萬里之表。自頃每因發調，逼民假貸。大商富賈，要射時利，旬日之間，增贏十倍。上下通同，分以潤屋。故編戶之家，困於凍餒；……」
> 「……今內外諸司、州鎮守宰，侵使兵民，勞役非一。……」（《魏書·高宗紀》）

一則將百姓繳納的稅捐，部分侵吞為己有，並推說百姓缺繳。二則徵調時嚴加迫促，逼使民眾告貸；官員則與富商串通，賺取高利。三則官員濫用權力，動用兵、民供作私人役使。而《魏書·食貨志》也記載此時「牧守之官，頗為貨利」。這些作為，滿足了官員的私欲，庶民與政府則兩蒙其害。

官員私家利益與其職權糾結的現象，到了君權上升，官員性質

朝向受君主或政府聘僱人員轉換的階段，更顯得不盡恰當。獻文帝
在位時，詔「諸監臨之官，所監治受羊一口、酒一斛者，罪至大
辟」（《魏書·張袞附張白澤傳》），對貪污者加以處罰；當時任職
雍州刺史的張白澤，便提出了應先發給官員薪俸的意見。他表示：

> 「……且周之下士，尚有代耕，況皇朝貴仕，而服勤無報，
> ……羊酒之罰，若行不已，臣恐姦人闚望，忠臣懈節。……
> 如臣愚量，請依律令舊法，稽同前典，班祿酬廉，首去亂
> 群，常刑無赦。……」（同上引）。

這樣的意見受到了接納，太和八（484）年，北魏政府頒下了制祿
之詔：

> 「置官班祿，行之尚矣。《周禮》有食祿之典，二漢（西
> 漢、東漢）著受俸之秩。逮于魏晉，莫不聿稽往憲，以經綸
> 治道。自中原喪亂，茲制中絕，先朝因循，未遑釐改。朕
> ……求民之瘼，……故憲章舊典，始班俸祿。……戶增調三
> 匹、穀二斛九斗，以為官司之祿。……」（《魏書·高祖
> 紀》）。

依〈食貨志〉記載，北魏先是平均每戶徵收帛二匹、絮二斤、絲一
斤、粟二十石給中央政府，稱為「戶調」；又收取帛一匹二丈置於
州庫，以供「調外之費」；此時又再增收帛三匹、粟二石九斗為官
員薪俸。民眾的稅賦又見增加；不過，同時也規定「祿行之後，贓
滿一匹者死」，限制官員對百姓的非法侵擾。

　　俸祿制執行數年之後，曾有親王建議廢除；文明太后命群臣商
議，中書監高閭以「若不班祿，則貪者肆其姦情，清者不能自保」
（《魏書·高閭傳》）為由，反對去俸，並受到採納，俸祿制繼續施

行。

三、均田制的推行

太和九 （485）年，由於李安世的建議，北魏開始推行均田制度。「均田」之名，容易予人平均地權的印象，實則《魏書‧食貨志》的用詞是「均給天下民田」，應該注意的是「給」字。

在當時，由於長期戰亂，人口較少。由十六國到北魏，一次又一次的徙民，雖與安全考量有關係，但對勞動力的爭取，也是各個政權相當關切的。亦即，必須要勞動力與土地適切的結合，才能創造出生產；這就是李安世上疏中強調「力業相稱」的原因。

早在曹魏時期，便曾募民屯田。北魏太祖道武帝拓跋珪初定後燕，遷徙大量吏民至平城地區，同時也給予耕牛，並計口授（受）田。史籍或稱「計口授田」，或稱「計口受田」，其實是同一件事。政府按一戶百姓之口數給予田地，叫作「授」田；而百姓依口數接受政府授給田地，則叫作「受」田，祇不過隨著主詞而改變罷了。基本上，人民需要土地耕作以圖溫飽，但若是地主，包括國家，也需要有人來耕作他的土地，才能夠創造出收穫，以供家庭、軍國之需。因此，在國家擁有相當空閒土地的背景下，北魏執行了「計口授田」或「均田」的給田政策。

當然，避免社會上少數人佔有太多土地，一般民眾無地維生，也是推行均田制的目的之一。《魏書‧李安世傳》描述李安世上疏的背景，便說「時民困飢流散，豪右多有占奪」；可見推動均田制，其中確有抑制侵奪之「均」的意涵。祇是細究制度的內容，對一般百姓的照顧，是國家設法保障他們某一程度內的權益；對於強勢者，則是相互妥協，國家承認他們的利益，但他們不能無規則的擴展。而在同時，國家更設法謀求本身最大的利益。

　　《魏書‧食貨志》對北魏推行的均田制內容有相當詳細的記載，茲引述如下：

　　㈠諸男夫十五以上，受露田四十畝，婦人二十畝，奴婢依良。丁牛一頭受田三十畝，限四牛。所授之田率倍之，三易之田再倍之，以供耕作及還受之盈縮。

　　㈡諸民年及課則受田，老免及身沒則還田。奴婢、牛隨有無以還受。

　　㈢諸桑田不在還受之限，但通入倍田分。於分雖盈，沒則還田，不得以充露田之數。不足者以露田充倍。

　　㈣諸初受田者，男夫一人給田二十畝，課蒔餘，種桑五十樹，棗五株，榆三根。非桑之土，夫給一畝，依法課蒔榆、棗。奴各依良。限三年種畢，不畢，奪其不畢之地。於桑榆地分雜蒔餘果及多種桑榆者不禁。

　　㈤諸應還之田，不得種桑榆棗果，種者以違令論，地入還分。

　　㈥諸桑田皆為世業，身終不還，恒從見口。有盈者無受無還，不足者受種如法。盈者得賣其盈，不足者得買所不足。不得賣其分，亦不得買過所足。

　　㈦諸麻布之土，男夫及課，別給麻田十畝，婦人五畝，奴婢依良。皆從還受之法。

　　㈧諸有舉戶老小癃殘無授田者，年十一已上及癃者各授以半夫田，年踰七十者不還所受，寡婦守志者雖免課亦授婦田。

　　㈨諸還受民田，恒以正月。若始受田而身亡，及賣買奴婢牛者，皆至明年正月乃得還受。

　　㈩諸土廣民稀之處，隨力所及，官借民種蒔。役有土居者，

依法封授。

(十一)諸地狹之處，有進丁受田而不樂遷者，則以其家桑田為正田分，又不足不給倍田，又不足家內人別減分。無桑之鄉準此為法。樂遷者聽逐空荒，不限異州他郡，唯不聽避勞就逸。其地足之處，不得無故而移。

(十二)諸民有新居者，三口給地一畝，以為居室，奴婢五口給一畝。男女十五以上，因其地分，口課種菜五分畝之一。

(十三)諸一人之分，正從正，倍從倍，不得隔越他畔。進丁受田者恒從所近。若同時俱受，先貧後富。再倍之田，放此為法。

(十四)諸遠流配謫、無子孫、及戶絕者，墟宅、桑榆盡為公田，以供授受。授受之次，給其所親；未給之間，亦借其所親。

(十五)諸宰民之官，各隨地給公田，刺史十五頃，太守十頃，治中別駕各八頃，縣令、郡丞六頃。更代相付。賣者坐如律。

其中值得注意的，例如由㈠、㈡項，可以知道受田及繳納課稅是同時發生的。

由㈠、㈣、㈤、㈦等項，可以知道受田的數量和用途。例如一名滿十五歲的成丁男子，可受領不種樹，種穀物的田地四十畝，而因土地需要休耕，依該地是採二年或三年輪耕，實際給予八十或一百二十畝；種植紡織用的桑樹及備荒用的棗樹、榆樹的桑田二十畝。一般而言，大體是一夫百畝。

由㈠、㈦項所載，奴婢、牛隻也可受田，豪勢之家掌握越多勞動力，便可擁有更多的土地。但(十三)項則規定了較貧窮者有一點點受田的優先權。

由㈥項可知，因桑田需要較長時間經營，身故之後，利益可由

家人繼續保有，甚至部分可以出售。但不能無限制擴張，也不能賣
過頭。

　　由㈡、㈦、㈨、㈤等項，可以瞭解有關還田的規定。而受田、
還田，每年祇辦理一次，即在該年正月。

　　由㈣、㈥、㈤等項，可以見到政府尊重人民安土重遷的習慣，
當該地區已無地可授時，並不強迫人民一定要遷至他處受田。可
是，必須自家承擔無田可受的結果。平時雖不准百姓任意他徙，但
無地可受時，祇要勤於墾植，可以自擇他處空荒之地拓植。在自家
的桑田，也可以種植超過標準的樹木。若不按時種好規定數量的桑
榆，則要沒收未利用的土地。基本上，都在限制百姓不得偷懶，鼓
勵百姓努力耕織，使土地得到最大的利用。

　　第㈤項則是給予官員的職務加給，其生產也可算是俸祿的一部
分，所以是隨職務的進退而始迄，也不能據為己有。

　　大體而言，這應算是一個以國家為核心，但能從現實出發，兼
顧各方利益的作法；所以推行之後，沒有遭到特別的抗爭。可是，
這個制度的成功，尚有賴兩個條件，一是有足夠的土地可供分配；
一是政治上軌道，政府有足夠的控制力，貪官污吏及具優勢的社會
勢力才不能侵陵弱勢的民眾。到北魏末年，隨著政治的敗壞，均田
令也日趨破壞。但這種辦法仍受到肯定，北齊、北周、隋、唐均有
類似的措施。

四、三長制的設立

　　繼班祿、均田之後，太和十（486）年，北魏又開始設立三長
制，對戶籍及稅制作了整理。

　　此制源於內秘書令李沖的建議。史載北魏原來的情況，是以
「宗主」為地方的領導人；大體類似部落的小帥，或是漢人社會中

的族長或地方賢達。他們對內為親戚、鄰居的保護者和領袖，對外則以此一社會團體代表的身分，成為更大團體，甚至各級政府的成員。

當時北魏的稅制，是「天下戶以九品混通，戶調帛二匹、絮二斤、絲一斤、粟二十石」（《魏書‧食貨志》），另外還有調外之費，再加上二年前開始的官祿等。所謂九品混通，意指依民戶貧富，區分為九等，政府依前述標準核算一個地區應收稅賦，地方再依富者多出、貧者少出的原則，例如貧富情況每差一等，綿布差二丈、米差二斗等，計算各戶應繳的數額。原意是量能課稅，立意甚佳；類似的措施，也還有其他的例子。

可是在實務上有問題。因為各戶應納多少稅賦，是由縣宰集合「鄉邑三老」，「計貲定課」。「鄉邑三老」就是地方社會具有優勢的領袖人物，他們可能為了自身或關係較佳者的利益，在計算資產核定稅額（計貲定課）的過程中，失去公正的立場。

另一問題是，當時的稅額不低；另外還因戰爭等有額外的徵發。為了應付，戶籍管制又鬆散，隱藏戶口、逃避稅役就成了常見的事。史籍便明載當時有許多五十、三十家方為一戶的情況；明明是有三、五十個家庭，在政府的紀錄上卻是同一「戶」人家，稅役依一戶計算。這種情形，對政府當然是損失，對人民也未必有利。

有些人民，是為了避役，避免因不時的徵調影響生產，而蔭附在豪強的門戶下；但相對的，他要提繳較政府規定更多的稅額給豪強。而因為逃漏減損了政府的收入，當有支出需要時，政府便會臨時徵發或提高稅額，每戶的負擔又要加重。惡性循環的結果，就是不逃漏或無力逃漏的人負擔越來越重。稅基日減、稅額日高，會影響社會的安定。

李沖的建議，就是針對這種情況而發的。當他參考過去的舊

法，提出三長制的建議後，反對的意見仍然不少。但因文明太后表示，假如立了三長，可以使稅賦有一定的標準，並防止蔭附等鑽漏洞的行為，有何不可以的？才平息了不同的意見。而由班祿、立三長的討論過程，也顯示文明太后主持朝政，並對新制的推動有相當關鍵的影響。

依《魏書・食貨志》的記載，李沖的建議主要包括兩個部分；一是地方自治體系的調整：

> 五家立一鄰長，五鄰立一里長，五里立一黨長，長取鄉人強謹者。鄰長復一夫，里長二，黨長三。所復復征戍，餘若民。三載亡愆則陟用，……。

由過去偏重血緣的宗主制，改為依一定數量及地緣關係，建立的鄉、里、黨制；就國家制度而言，可能有些類似將封建制改為郡縣制，使豪強的影響力受到一些抑制，政府的掌控則被強化。可是，三長的人選，無可避免的仍是地方上較為能幹可靠的領袖人物。

另一重點為重新調整稅額：

> 其民調，一夫一婦帛一匹，粟二石。民年十五以上未娶者，四人出一夫一婦之調；奴任耕，婢任績者，八口當未娶者四；耕牛二十頭當奴婢八。其麻布之鄉，一夫一婦布一匹，下至牛，以此為降。大率十匹為公調，二匹為調外費，三匹為內外百官俸，此外雜調。……（《魏書・食貨志》）。

因為原來蔭附的大「戶」將被拆散，所以稅額也相對的降低，如帛降為一半，粟減為十分之一，其他絮、絲和調外之費、官祿也都不再額外徵收；還加上一點社會福利措施，「民年八十已上，聽一子不從役。孤獨癃老篤疾貧窮不能自存者，三長內迭養食之」（《魏

書‧食貨志》）；用以減少阻力，提升社會的接受度。但就政府而言，若戶籍能確實清查，祇要戶數增加，收入不僅不減少，反而可以增加。對一般百姓與政府而言，可以形成兩利的狀態。

依據記載，三長制在施行之初，「百姓咸以為不若循常」（《魏書‧食貨志》），感到不習慣；豪富兼併之家，尤其不願意；但到實際實施一段時間之後，因人民也有好處，便被社會接受了。

其實，政治、社會情況與稅制是互相呼應的。北魏初期是一種較鬆散的統治，社會上自治的意味還比較濃厚，政府的控制並不徹底。為了逃避稅役，或是自然形成，三、五十家合為一「戶」是普遍的現象。也就是說，在政府與每個家庭之間，還存在著三、五十個家庭組成的「戶」，或是其他的社會團體。官員就是出身社會團體的領袖，所以可以不需要俸祿；這些團體以共同的力量開拓、占有生產資源，所以較弱小或孤立的就會受害；政府與「戶」之間，因為稅役的徵發，也會發生利益的衝突。而每一「戶」或社會團體內部，若是也有強陵弱、眾暴寡的現象，狀況就會更為複雜，甚至社會安定也將受到影響。

在早期，官員與君主都有大小不等社會勢力代表的性質，在類似結盟的關係下合組成政權、政府，君主祇具有相對的優勢。班祿制的實施，顯示君主的優勢進一步發展，官員逐漸由分享權力，轉型為受君主委任、僱用的角色。均田制、三長制也具有類似的意義，國家與百姓直接建立連繫，原居中介地位的豪強、地主，影響力受到一些抑制。

北魏君權的上升，自太祖道武帝拓跋珪時代已見端緒，世祖太武帝拓跋燾又有進一步的彰顯；而在文明太后的時代，則可見到在社會、經濟制度上，也已經有了相應的措施。

第二節　孝文帝的改革

　　太和十四（490）年陰曆九月，文明太后去世。但北魏體制的轉變，並未就此終止。此後，在北魏高祖孝文帝拓跋宏的主導下，北魏政權繼續發展出新的面貌。就中，大致以遷都、漢化與定姓族三者，最受到大家的注意。

一、孝文改革的背景

　　由於接觸，北魏社會自然而然的受到漢文化的影響。在統治階層，不論君主或貴戚大臣，由史傳的記載可以瞭解，許多都具有相當程度的漢學素養。另一方面，明元帝皇后杜氏、文成帝皇后馮氏、獻文帝生母李氏及皇后李氏皆是漢人女子，對文化的涵化亦應有所影響。而文明太后執政時期，推動的班祿、均田、三長等制度改革，與漢臣上谷人張白澤、趙郡人李安世、隴西人李沖有密切的關係。張白澤先世曾任魏晉遼東太守、昌黎太守，趙郡李、隴西李更是漢人名族。孝文帝由文明太后撫養長大，自然受到涵染。對漢文化的瞭解與嚮往，影響了他的決策。

　　其次，北魏建國之初，以盛樂、平城一帶為核心地區，與周邊勢力競爭，勝則東、南、西進，敗則北退，逐漸擴張，終於掌握整個華北地區。但在相同的時段，北方草原上的柔然也發展成龐大的力量，並常與北魏其他競爭對手結盟，造成北魏腹背受敵的困擾。由道武帝時代的西元三八九年，到孝文帝在位的太和十一（487）年，史籍記載的柔然犯魏紀錄至少有二十五次以上。為應付機動力甚強的柔然入侵，北魏政權對北境的國防一點也不敢掉以輕心，耗費了相當的人力和資源。

　　但在孝文帝親政前後，情況有了轉變。太和十一（487）年，

原本隸屬柔然的高車副伏羅部，在阿伏至羅與弟窮奇領導下，各統十餘萬落叛離柔然，至新疆烏魯木齊一帶自立為王。太和十四（490）年，更與北魏聯繫，表示「將為（北魏）天子討除蠕蠕（柔然）」（《魏書・高車傳》）；柔然也開始遭到腹背受敵的困擾。而為了與高車部落爭戰，柔然必須將相當的力量置於西方；北魏來自北境的壓力大為消除。

　　第三，在北魏一統華北之後，南邊漫長的疆界與南朝接壤，中間已無緩衝。西元四二二年，宋武帝劉裕去世，北魏乘機南進，攻取了洛陽、虎牢、滑臺等要地及附近郡縣。宋文帝元嘉年間，展開多次北伐；西元四二七年再度遣將北征，失利，北魏乘勝南下，拓跋燾曾親率大軍攻至長江邊的瓜步（山名，江蘇省南京市六合區東南）。

　　西元四五二年拓跋燾去世，劉宋再次北伐，依然無功。接著劉宋內亂，徐州（州治在江蘇省徐州市）刺史薛安都、兗州（州治在江蘇省鎮江市）刺史畢眾敬、汝南（河南省汝南縣）刺史常珍奇降魏，北魏在獻文帝及文明太后的主持下派軍赴援，並乘機經略山東地區，西元四六八年在歷城（山東省濟南市）擊降劉宋冀州刺史崔道固，西元四六九年在東陽（山東省青州市）俘虜劉宋青州刺史沈文秀，南朝盡失淮北之地。雙方的爭戰，由淮北轉向淮南。

　　與南朝的競爭屢佔優勢，北方的後患又告消弭，整體的大環境，北魏據有相當有利的地位，給了孝文帝進一步南向發展，甚至一統中國的誘因和信心。

二、遷都洛陽

　　太和十八（494）年，孝文帝自平城遷都洛陽。

　　遷都的原因，就經濟而言，平城緯度較高，氣候寒冷乾燥，較

不利農業生產。而隨著國家發展，京師之地，不自行從事農業生產的官員、貴戚、工匠等自然增加，平城附近糧產日益不敷供應。東、南方的河北、河南地區糧產較富，卻又無法透過漕運補給京師。如採陸路運輸，則運量少而成本高。

　　就政治而言，隨著北魏領域的向南擴張，平城位置日顯偏北。而且隨著國勢的順利發展，大一統帝國之再創似乎漸有眉目，孝文帝也有有志於此的傾向。在南方另擇一居於樞紐之地作為政治核心，似乎日有需要。

　　就軍事而言，過去北魏經常的困擾來自北方的柔然，京師在平城，國力重心也在附近，對柔然的入侵，能夠作比較快速的反應。就像明元帝時期因為饑荒，曾商議過遷都鄴城（河北省臨漳縣西南鄴鎮），然而顧慮赫連夏及柔然乘虛攻掠雲中、平城地區，便是放棄遷都的原因之一。類似的情況，赫連勃勃也曾為了擔心北魏進襲，不敢選擇歷朝名都的長安，而要以統萬為夏的都城，親自坐鎮。但現在柔然勢力衰退，反而是北魏頗有餘裕，且有興趣用兵於南朝。在此情勢下，在南方選擇一個前進基地，將有更大的便利。

　　就文化而言，洛陽自古即為中原文化重鎮，要糅合北系官民於漢文化之中，營造大一統政權的環境，洛陽有其優越性。孝文帝曾對他的重要支持者任城王拓跋澄表示：「此間（平城）用武之地，非可文治，移風易俗，信為甚難。崤函帝宅，河洛王里，因茲大舉，光宅（廣被之意）中原，……」（《魏書・任城王雲附澄傳》），顯示他有意變易社會風俗，更有志成為大一統帝國的君主。在此前提下，平城不再是理想的都城，洛陽也比在經濟、軍事上佔優勢的鄴城，成了更佳的京師所在。

　　遷都是大事，平城立都將近百年，遽爾遷移，更是大事。又是一種相當不同的環境，自然會有不同的意見。當時反對遷都的力

量，以太尉拓跋丕（宗室），尚書令、恒州刺史陸叡（「陸」為勳臣八姓之一）及駙馬都尉、征北將軍、定州刺史穆泰（「穆」為勳臣八姓之一）為代表。他們或習慣於原有環境風俗，不喜更易，或認為南方濕熱難以適應，或認為無事興師，勞民傷財。論地位，他們都是官高一品；論關係，都是拓跋氏的宗室、勳臣、外戚，是核心中的核心。而且，他們的反對，不是少數個人的意見。因為，安於現狀的聲音，一般本就容易勝過贊同大舉變革的。此時的孝文帝，除了依恃幾朝以來逐漸培養提升的君權，也要依賴一些政治權術。

在發動之前，孝文便已預見可能的困難，而找任城王拓跋澄商議，且作了「北人戀本，忽聞將移，不能不驚擾也」（《魏書‧任城王雲附澄傳》）的表示。為了減少阻力，他是借南伐蕭齊為名率眾離開平城的。到了洛陽之後，又利用臣下不願繼續南伐的心理，半裹脅的強讓他們不反對遷都；史稱「內憚南征，無敢言者，於是定都洛陽」（《魏書‧李沖傳》）。

即使如此，反對的力量仍讓孝文帝多所顧忌。洛陽作為都城，尚需營建宮室；在施工期間，孝文仍未回到平城，以免立刻面對壓力；他先暫居鄴城，而派遣拓跋澄先返平城，替他勸服眾人。拓跋澄初返之際，留守者聽說遷都，「莫不驚駭」；經拓跋澄「援引今古，徐以曉之」（《魏書‧任城王雲附澄傳》），才使眾人勉能接受。此時，孝文帝自己才返回平城，就遷都一事與群臣討論。但是，反對的意見仍然不少，孝文帝最後祇得搬出祖先也曾遷都的大帽子，讓臣下不便再多言。

為了安撫群情，孝文帝也採行措施，例如由部分不樂遷徙者如拓跋丕先行留守；准許「在位舊貴」於暑熱季節返回北方居住；自己也多次北返，巡行各地，並對戍守北方邊鎮而貧困的人予以救濟。

即便如此，還是不能完全消除尖銳的對立。孝文帝的太子拓跋恂「深忌河洛暑熱，意每追樂北方」（《魏書‧廢太子傳》），終於發生擬私自出奔，返回平城地區的事件；拓跋恂因而被廢，後來更被賜死。而陸叡、穆泰等又涉入叛變事件，史稱「代鄉舊族，同惡者多」（《魏書‧于栗磾傳》）。孝文帝漢化、遷都的理想，不但造成了自身家庭的不幸，在北魏統治集團的核心內部，也曾造成裂痕。

三、漢化政策的推動

對孝文帝而言，遷都與漢化實為一事，目的在讓北魏政權，逐漸擺脫過去比較邊緣的角色，融入當時佔多數的漢人社會、佔優勢的漢文化之中；而拓跋帝室，則可以進而成為大一統帝國的統治者。因此，在籌劃南征、遷都之同時，便也進行一些制度調整的工作。南遷之後，更對制度、風俗進行了一連串如火如荼的改革。就大方向而言，可稱之為漢化政策的推動。大致包括如下數項：

1. 郊祀宗廟禮儀的調整

在太和十五（491）年，便將創建北魏政權的拓跋珪，由烈祖改奉為太祖，相對強調了他作為國家創始人的地位。其後，相關祭祀的禮儀，也由部落習俗向漢式王朝的習慣轉移；而過去由宗族十姓子弟參與祀典的習慣，也改為由執掌的官吏參加。這些，都具有由原本重視血緣的部落組織，朝著漢文化中設官分職的王朝國家轉型的意味。

2. 官制的改革

在南伐之前的太和十七（493）年陰曆六月，及其後的太和二

十三（499）年，兩次公布了新的官制；這主要借重由南朝來降的
王肅之力，內容則大體模仿兩晉、南朝的官制、軍號。改制之後，
北魏政府的組織系統、職官名稱，與兩晉、南朝已幾乎沒有兩樣
了。

3. 冠服的新規定

為了「變易舊風」，遷都洛陽之後，孝文帝便在該年陰曆十二
月，對服飾制度作了變革。原來為了適應馬上生活，北方部落民習
於短衣、著褲，婦女則夾領小袖；孝文要求改為漢人衣裝。此舉曾
引起北人不悅，但孝文似乎依然堅持。為了見到婦女仍著舊式服
裝，曾經兩度對官員加以指責，認為沒有盡到責任。另外，也頒賜
漢式冠服給群臣，由官員的服飾著手，加以變革。

4. 以漢語為官方語言

太和十九（495）年，孝文帝下詔，「不得以北俗之語言於朝
廷」（《魏書·高祖紀下》）。一般稱此為「禁胡語」；實際上，這
不是全面的禁絕，因為那會對傳統文化構成太劇烈的衝擊。這次措
施，主要是以三十歲以下，在政府任職的人為對象，要求他們在公
務上能使用漢語，否則將「降爵黜官」。亦即透過獎懲，以漸進的
方式，由政府機構、統治階層著手來推動漢語。

5. 姓氏、籍貫的改變

因語言的影響，部落民族本多複姓。另一方面，隨著北魏政權
定都平城，許多官民也就定居在所謂代郡地區。在朝中禁用胡語不
久，孝文帝又下詔，遷居洛陽的官民，死了以後就葬在河南，不得
歸葬，史稱：「於是代人南遷者，悉為河南洛陽人」（《魏書·高

祖紀下》）。代郡雖不一定是南來北人祖先的居地，可是近百年來，他們大致居於該處。但此時孝文帝進一步採行了「現籍地」的作法，要讓南遷者就以洛陽作為他們的「家鄉」，儘快融入新的環境。

另一方面，在次年初，又下詔將帝室之「拓跋」改姓為「元」氏，功臣舊族複姓者也都修改。在《魏書・官氏志》中，共計列有各部族所改的姓氏一百一十八個。姚薇元《北朝胡姓考》一書，更增加蒐列了〈官氏志〉未載的七十五姓，並對源流加以考據。經此改制，南遷的部落民，在姓氏、籍貫上已難與漢人作一區別了。

除此之外，對於度量衡，也改依《周禮》的標準；刑律也作了一些修改；並興設學校。凡此種種，其實與當時孝文帝遣使祭祀東漢光武、明、章三帝陵墓；下詔漢、魏、晉諸帝陵百步之內不得樵採踐踏；詔選天下武勇之士十五萬人充宿衛；都和遷都是一脈相承的。他的目標，是成為一個中原王朝、大一統帝國的皇帝。

四、詳定姓族

孝文遷洛之後，還有一項牽涉制度的重大措施，那就是定姓族。太和十九（495）年前後，孝文帝某次向群臣表示：「自近代已來，高卑出身，恒有常分。朕意一以為可，復以為不可。宜相與量之」（《魏書・韓麒麟傳》），希望群臣對魏晉以來的門閥制度，以家世背景決定一人政治前途的作法，表示意見。

當時，侍中、少傅李沖，祕書令李彪，中書侍郎韓顯宗等漢人官僚，紛紛發言，強調設官的目的在有益於政治、社會，因此擇官應以賢才為要，不應拘泥於門第家世。這種論點，其實與文明太后掌政時期推動的班祿、均田、三長等制度一脈相通，即在君主之下，舉國上下，應盡量消除貴賤的區別，在接近一體的制度下，各

自憑能力任官、生產，國家也給予相應的工作條件和酬勞。

可是，他們的意見並未被孝文帝接受，孝文帝採行的，是魏晉以來門閥主義式的觀點：「苟有殊人之伎，不患不知。然君子之門，假使無當世之用者，要自德行純篤」（《魏書·韓麒麟傳》），強調門第子弟至少符合任官的最低標準。更進一步的，透過制定姓族的方式，孝文帝將參與北魏建國、擴張的部落貴族、功臣之後，與中原地區擁有社會勢力及學識、統治技巧的士族門第，通通囊括進北魏的官僚體系之中。

在北魏建國、擴張的歷史中，參與的諸多部族，根據史料分析，對所謂匈奴、鮮卑、柔然、高車乃至胡、漢的種族差異，似乎並不重視。倒是對彼此所擁有的實力與社會地位，顯得更為看重。尤其受到匈奴及中原文化影響，部族領袖由推舉改為世襲之後，出身某一名族某一支系，對一個人發展途中的社會號召力，也有了比較大的影響。就此部分而言，與當時漢文化中的門第社會，彼此是相通的。對北魏君主來說，也可將漢人門第士族視同一個個具有社會勢力的部族，士族中的人物就如同是部族領袖或小帥；所以祇要合作，便可吸收。

不知是否因為有著類似性，孝文帝借用了門閥制度，制定姓族。關於漢族高門，《新唐書》柳芳論氏族有如下記載：

> 「郡姓」者，以中國士人差第閥閱為之制，凡三世有三公者曰「膏粱」，有令、僕者曰「華腴」，尚書、領、護而上者為「甲姓」，九卿若方伯者為「乙姓」，散騎常侍、太中大夫者為「丙姓」，吏部正員郎為「丁姓」。凡得入者，謂之「四姓」（《新唐書·儒學中》）。

至於北方舊族，除對北魏政權功績最大、官爵最高的穆、陸、賀、

劉、樓、于、嵇、尉八姓,明定「勿充猥官,一同四姓」(《魏書
・官氏志》)之外,其他族姓也都有詳細規定:

> 原出朔土,舊為部落大人,而自皇始已來,有三世官在給事
> 已上,及州刺史、鎮大將,及品登王公者為姓。若本非大
> 人,而皇始已來,職官三世尚書已上,及品登王公而中間不
> 降官緒,亦為姓。諸部落大人之後,而皇始已來官不及前
> 列,而有三世為中散、監已上,外為太守、子都,品登子男
> 者為族。若本非大人,而皇始已來,三世有令已上,外為副
> 將、子都、太守,品登侯已上者,亦為族。凡此姓族之支
> 親,與其身有緦麻服已內,微有一二世官者,雖不全充美
> 例,亦入姓族;五世已外,則各自計之,不蒙宗人之蔭也。
> 雖緦麻而三世官不至姓班,有族官則入族官,無族官則不入
> 姓族之例也。

評量的重點,包括北魏建國之前的社會地位,和北魏建國之後的官
爵。就官爵而言,與漢人門第的評斷方法是類似的。大體上,都兼
顧一個家族過去的政治、社會地位和近代的表現;而透過近代表現
的考量,使之與政權的利益結合在一起。

　　門閥制度本是中原漢人文化的產物,但孝文帝將之具體法制
化,相較漢人政權約定俗成的模式已是更進一步了。

　　透過前述諸項制度的推動,及姓族制度的建立,此時的北魏社
會,與魏晉南朝已顯得有相當的類似性了。

　　而除了將漢人門第、北方貴戚均以姓族制度涵括之外,孝文帝
也鼓勵雙方通婚;他自己就娶了好幾名漢人名門之女,也曾為其弟
聘娶漢、代世家之女。

　　孝文帝應當樂見漢人門第與北系貴戚融為一體,共為其心目中

的一統帝國效力。但是，孝文帝何以要捨賢才而就門第？是對代北貴族權益的維護？還是孝文本身受到魏晉南朝文化的深刻影響，不自覺的放棄部分幾已到手的統治權力？可能尚待更進一步的研究了。

西元四九四年正式遷都，該年底，南征蕭齊的行動也已展開。為呼應蕭齊雍州刺史曹虎據襄陽降附的行動，北魏分軍數路接應，孝文帝也曾率師渡過淮河。後因隨軍的司徒馮誕病故，側翼又受齊水師威脅，因此退兵。其後，在西元四九七、四九九年，又兩度南攻，奪得了南陽（河南省南陽市）等五郡之地。可是，在西元四九九年南征時，孝文已染病，不久去世，未能完成他南伐一統的心願。

第三節　六鎮變亂

北魏的國力，在一統華北之際，大致達於高峰。在此基礎上，北拒柔然，南攻河淮；孝文帝也得以遂行其遷都、漢化的大行動。但南遷僅五年時間，孝文便告去世，不僅南伐、一統的心願未克實現，漢化也未竟全功。加以後繼者開創性不足，北魏的國勢開始步入衰途。到六鎮亂起，惡性循環，益發不可收拾了。

一、北魏政治的衰退

孝文帝崩，太子元恪即位，即北魏世宗宣武帝。初期，依孝文帝安排，由司空、北海王元詳，尚書令王肅，左僕射、廣陽王元嘉，吏部尚書宋弁，侍中、太尉、咸陽王元禧，右僕射、任城王元澄等六名親王大臣共同輔政。但是，六人不能一心共事，先是元澄不服王肅位在其上，意圖加以排抑；元禧等又借此事攻訐元澄，並將之外放為雍州刺史。而元禧本人也擅權不法，招致宣武帝的不

滿。

西元五○一年，宣武帝宣布親政。但他實際上對政事並不勝任，都委任給左右佞幸之臣茹皓、趙脩及外戚母舅高肇等人。尤其在元禧因權柄被奪，懼而謀叛被平定後，更是「疏忌宗室」。後來甚至派兵監視諸王宅第的出入情況，形同幽禁。

所信任的諸人，也都非治事之才。趙脩恃寵驕縱，陵侮王公；高肇任職尚書令，卻邀結朋黨，依附者加以拔擢，反對他的人就設法陷害。為了爭寵、爭權，趙脩、茹皓及北海王元詳先後為其讒害。高肇的侄女又為宣武帝寵妃，皇后于氏及所生小孩暴卒後，被立為后，高肇更是大權在握。連生性恬淡的彭城王元勰，也被誣殺。北魏的政治，日益衰敗。

另外，宣武帝篤信佛教，常親自講論經典。掌權大臣的驕縱不法，與他的寬容也有關係。而佛教寺廟的數字，由孝文帝太和初年約六千五百，到宣武帝末年，已增至一萬三千七百多，成長超過一倍，也增加了許多耗費，影響到社會、民生。

西元五一五年，宣武帝去世；當時高肇正領軍攻打蕭梁的益州；侍中、中書監崔光與侍中、領軍將軍（禁衛軍統領）于忠（宣武于后之堂兄弟）奉太子元詡即位，是為北魏肅宗孝明帝。另召孝文帝之弟，太保、高陽王元雍總領庶政。

高肇被召返朝，臨喪時被元雍、于忠伏兵殺死。孝明帝又廢高太后為尼，尊生母胡氏為皇太后，臨朝稱制。當時，于忠既為門下侍中，參與機要，又兼禁衛軍統領，權傾一時，曾矯詔殺了左樸射郭祚、尚書裴植，並免去高陽王元雍的官職。胡太后稱制臨朝後，才免去他領軍之職，進而派赴外地，擔任冀州刺史。朝政由親王及后父胡國珍輔佐，但權在胡后。

胡太后親信妹夫元叉〔ㄨ〕，以之為侍中、領軍將軍。另外，

宣武帝死時，高太后曾欲殺害胡太后，賴宦者主管大長秋卿（從三品）劉騰通報始免於難，因此感激劉騰，晉位為衛將軍（二品）。元叉、劉騰二人，因故與輔政的太傅、清河王元懌不睦；而元懌輔政多所匡益，聲望甚高，且為胡太后寵信。二人為除後患，利用職權，由劉騰主使掌饎宦者誣告，說元懌要他們毒害孝明帝；孝明帝相信了。接著，趁胡太后人在後宮時，劉騰關閉了前、後通道，親自保管鑰匙，將胡太后幽禁在後宮宣光殿。在前殿，則由元叉指揮侍衛拘禁了元懌，誣以謀反，殺了元懌。他們並假傳胡太后不再臨朝稱制的詔書，改由元叉與太師、高陽王元雍等輔政。

身為國家最高統治者，掌握萬千臣民生殺予奪之權的皇帝和太后，竟受制於負責他們安全及生活起居瑣事的侍衛和宦者；胡太后被幽禁在後宮，連孝明帝都無法去看她。劉騰還派了所屬中常侍賈粲，託言侍候孝明帝讀書，加以監視。直到劉騰去世，胡太后才得以脫離後宮，再次臨朝。

元叉與劉騰，一掌外朝與京師禁衛，一掌宮內，國家政事，不分大小，皆由二人決斷。元叉專政之初，尚能認真從公，但不久便流於荒怠；史稱「政事怠惰，綱紀不舉，州鎮守宰，多非其人」，「天下遂亂矣」（《魏書·道武七王列傳·京兆王》）。劉騰則弄權好利，各級官吏，承其意而行事；所謂「公私屬請，唯在財貨。舟車之利，水陸無遺；山澤之饒，所在固護；剝削六鎮，……天下咸患苦之」（《魏書·閹官·劉騰》）。影響所及，地方官吏也「聚斂無極」。

中央政治的混亂，已經波及地方及邊鎮，北魏政權的穩定，已由基礎發生了漏隙。掌權得勢的貴戚、官僚，則過著腐化的生活。高陽王元雍家有僮僕六千、妓女五百，「居止第宅，匹於帝宮」（《洛陽伽藍記·高陽王寺》），每餐海陸珍饈滿布。其他人也爭修

園宅，互相誇競。這種嚴重失衡的社會狀況，終於導致了此仆彼起的動亂，衝擊著政權的穩固。

二、北鎮重要性的下降

前曾述及，為了因應北方柔然不時的侵擾，北魏政權花了不少心力。西元四二九年，拓跋燾北征柔然後，曾將降附的高車幾十萬落，安置在漠南地區，東至濡源，西至五原、陰山，在北魏北境構成一條防護帶。其後，約在西元四三三年，又在其中擇要地設置軍鎮，鎮撫高車降民，兼以備禦柔然。初置似為六處，故名為六鎮，在北魏中、後期，所指應為懷荒 （河北省張北縣）、柔玄 （內蒙古自治區興和縣西北臺基廟東北）、撫冥 （內蒙古自治區四子王旗西北烏蘭花土城子）、武川 （內蒙古自治區武川縣西烏蘭不浪東土城）、懷朔 （內蒙古自治區固陽縣西南梅令山古城）、沃野 （內蒙古自治區杭錦旗西北黃河南岸）等六鎮。另外，還有東邊的禦夷 （河北省赤城縣北），西邊的高平 （寧夏回族自治區固原市）等，也都是著名的軍鎮。

由於戰略上的需要，北魏政權初時對這些軍鎮相當的重視。孝明帝時參與平定六鎮之亂的廣陽王元淵便曾表示：

> 昔皇始（道武帝年號）以移防為重，盛簡親賢，擁麾作鎮，配以高門子弟，以死防遏，不但不廢仕宦，至乃偏得復除。當時人物，忻慕為之（《魏書・廣陽王建附淵傳》）。

尚書令李崇率軍平亂，他的重要僚屬長史魏蘭根的建議中也提及：

> 緣邊諸鎮，控攝長遠。昔時初置，地廣人稀，或徵發中原強宗子弟，或國之肺腑，寄以爪牙（《北齊書・魏蘭根傳》）。

因為那時邊鎮關係北魏政權的存亡，當然要由核心集團分出力量去
注意經營，所以要由親者、賢者負責，率領著高門子弟、國之爪牙
去擔負這項重要的工作。對他們自然也不能虧待，可以免除賦役，
作官陞遷的機會也不會打折扣。其實，在經常戰爭的情況下，北鎮
有機會立軍功，仕途反而更為寬廣，自然成了人所羨慕的對象。

　　但是，外在的大環境轉變了。如前所述，約在孝文帝親政前後
起，北方柔然的壓力大為減輕，才給了孝文帝南遷、漢化的空間。
此時，柔然衰微的趨勢益趨明顯。西元五○六年，柔然曾遣使到北
魏，請求通和，宣武帝表示：「今蠕蠕衰微，有損疇日，……通和
之事，未容相許。若修藩禮，款誠昭著者，當不孤爾也。」（《魏
書‧蠕蠕傳》）二年後，柔然再次遣使，北魏依然如此回應。這種
高姿態，顯示當時的柔然已不足以威脅北魏。在此背景下，主要為
防禦柔然而設置、而重要的北邊軍鎮，自然無法再如過去般受到關
注了。

　　另一方面，當時的北魏與南朝，大致處於一種相互對峙的局
面。北魏未亟於向南擴張，但也不擔心南朝的侵擾。描述當時洛陽
地區佛教盛況的著作《洛陽伽藍記》記載著，「當時四海晏清」
（《洛陽伽藍記‧法雲寺》）；承平的日子，或許有利於社會經濟，
但對武人的仕途發展反而可能是一種阻礙。更何況，首都已南遷至
洛陽，注意力也偏重在文治，遠方北邊鎮戍頂著寒風的武人，離開
了歷史舞台的核心，隨著北鎮重要性的下降，慢慢被洛陽朝廷所遺
忘、忽視。

　　孝文帝雖然主導了南遷、漢化，但他仍要親自巡視北鎮，慰問
孤苦，顯示北鎮還有一定的重要性。但隨著大環境的轉變，北魏中
央、地方的政治又日益紊亂，北鎮的生活、發展日趨陵替。

　　元淵、魏蘭根的建議中都提及當時北鎮鎮民的不利處境和不

滿：

> 征鎮驅使，但為虞侯白直（軍中小吏），一生推遷，不過軍主
> （低階軍官）。然其往世房分留居京（洛陽）者得上品通官，
> 在鎮者便為清途所隔。……（《魏書·廣陽王建附淵傳》）。
> 有司乖實，號曰府戶，役同厮養，官婚班齒，致失清流。而
> 本宗舊類，各各榮顯，顧瞻彼此，理當憤怨。……（《北齊
> 書·魏蘭根傳》）

為了擔心鎮人投入北邊敵對勢力，政府限制他們隨意移動；使得本
為政權核心團體的鎮民，變得和犯罪謫戌者同等境遇。更糟的是，
隨著北鎮地位的下降，鎮將人選也越來越差：

> 自定鼎伊洛，邊任益輕，唯底滯凡才，出為鎮將，轉相模
> 習，專事聚斂。或有諸方姦吏，犯罪配邊，為之指蹤，……
> 政以賄立，……（《魏書·廣陽王建附淵傳》）。

再加上由中央如劉騰等人開始的層層剝削剋扣，更使得鎮民在發展
阻滯之外，現實生活也困難起來。

三、六鎮變亂與爾朱榮的崛起

西元五二四年，長期捍衛北魏政權的北邊軍鎮發生了影響深遠
的變亂行動，史稱「六鎮之亂」。

西元五二〇年，柔然發生內鬨，失勢的柔然可汗阿那瓌降魏。
十二月，為了預防高車獨大對北魏造成威脅，北魏同意讓阿那瓌返
國，並派兵護送。但在西元五二三年陰曆二月，因為發生饑荒，柔
然部民入塞寇抄；阿那瓌請求北魏賑給，卻在四月挾持了北魏派往
慰喻的北道行臺元孚，並在防禦已經鬆懈的北魏北境大掠公私驛馬

牛羊等數十萬北還。北魏派遣尚書令李崇率騎十萬征討，不及而還。柔然這次的劫掠，可能也是促成六鎮暴發變亂的原因之一。

柔然的饑荒，顯示當時的氣候不利生產，相鄰的北鎮也會蒙受不利的影響；再加遭到柔然的劫掠，民生必然更加困難。西元五二三年陰曆八月，孝明帝即曾下詔，指出因柔然劫掠：

> 獯虜所過，（北鎮）多離（罹）其禍，……可敕北道行臺，遣使巡檢，遭寇之處，饑餒不粒者，厚加賑恤，務令存濟（《魏書‧蕭宗紀》）。

但在吏治不良的情況下，鎮民的痛苦未獲舒緩。《魏書》記載于景擔任懷荒鎮將時，「及蠕蠕主阿那瓌叛亂，鎮民固請糧廩，而（于）景不給。鎮民不勝其忿，遂反叛。……」（《魏書‧于栗磾傳》）。元深上書論六鎮起兵，也提到「高闕戍主率下失和，（破落汗）拔陵殺之，敢為逆命，……」（《魏書‧廣陽王建附淵傳》）。

極可能在天災之下，加以柔然劫掠，致使北鎮鎮民和高車部落民生活困苦，心懷不滿；再加上領導統禦失當，長期的積怨隨之爆發，因而激發了變亂事件，並迅速蔓延。

西元五二四年陰曆三月，沃野鎮高闕戍鎮民破落汗拔陵殺了戍主，舉兵起事，不久就攻佔了沃野鎮。而各鎮鎮民也紛紛響應，聲勢迅速擴大。高平鎮被呼應拔陵的一名高車酋長胡琛攻下，武川、懷朔兩鎮也為拔陵所據。北魏政府派遣的平亂軍，也被打敗。

諷刺的是，六鎮原是北魏為了防禦柔然所設，鎮民許多出身政權的核心集團。現在鎮民發生了變亂，而且可能與柔然的劫掠有關，但北魏政府無力處理之下，卻由柔然協助平亂。

西元五二五年陰曆六月，在柔然和北魏政府軍的夾擊下，拔陵領導的變亂勢力先是向南撤退，接著有二十餘萬人向北魏政府軍投

降。北魏政府將這些六鎮降戶分散在河北定縣、冀縣、河間縣一帶生活，「六鎮之亂」暫時告一段落。

紛亂的局面並未真正結束。關隴地區，在破落汗拔陵起兵次月，即有胡琛攻佔高平鎮響應，自稱高平王，並曾遣將攻擾豳（州治在甘肅省寧縣）、夏（州治在陝西省靖邊縣北白城子）、北華（州治在陝西省黃陵縣西南）三州；西元五二六年陰曆十月胡琛死後，部眾為部下万俟醜奴所併。

關隴另一支變亂武力，則由秦州（州治在甘肅省天水市）城人莫折太提於西元五二四年陰曆六月所領導起事，據有秦州城；並有南秦州（州治在甘肅省西和縣南洛峪）城人孫掩等殺了刺史據城響應。莫折太提死後，由其子莫折念生繼立，並稱「天子」，號元「天建」，置立百官。莫折念生雖於西元五二七年陰曆九月被殺，但北魏派來平亂的蕭寶寅，因受到中央疑忌，在十月變亂；万俟醜奴則於次年七月稱帝；關隴地區的叛亂仍然持續。

在河北地區，六鎮餘眾仍然騷動不安。西元五二五年陰曆八月，便有柔玄鎮人杜洛周率眾反於上谷（河北省延慶縣），並南圍燕州（州治在河北省涿鹿縣）；次年正月，又有五原降戶鮮于脩禮反於定州（州治在河北省定州市）。後來，鮮于脩禮、杜洛周二支力量為葛榮所繼承，擾及冀、定、滄、瀛、殷五州之地，擁眾數十萬；到五二八年陰曆九月才被爾（朱）朱榮擊敗。

不只如此，河北的混亂也蔓延到山東地區。因戰亂避難流亡到山東的河北居民，由於受到山東當地居民輕侮，也在西元五二八年陰曆六月起而變亂，「旬朔之間，眾踰十萬」（《魏書·神元平文諸帝子孫·天穆傳》）。北魏疆域的北、西、東區，全都陷入了混亂之中。

在同樣的時段中，北魏中央也不平靜。乘著劉騰已死，宮中看

守較鬆，元乂也已放鬆警惕，西元五二五年陰曆二月，胡太后與孝明帝、高陽王元雍等得以商議，設計解除了元乂兵權，胡太后重執朝政。可是，太后與孝明帝又起了摩擦。太后先是屢次誅除孝明帝的親信，最後孝明帝在西元五二八年陰曆二月突然去世，傳言都說與太后身邊的人有關。掌握軍事實力的爾朱榮，以此為由，率軍攻向洛陽。

　　爾朱榮，一般認為出身羯胡；在拓跋珪重整部落聯盟、創立北魏政權之際，爾朱氏一族居於山西朔縣西的北秀容川地區。他的高祖爾朱羽健，曾率領武士一千七百人，追隨拓跋珪征伐後燕。在拓跋珪制定京邑之時，或因勢力有限，或因居地較偏西，獲得拓跋珪同意免於向南遷徙，准其留居原地，並保留了部落組織。此後，爾朱氏率領所屬在該區經營畜牧，有一定的經濟力和社會影響力，頗類似漢人社會中的地方豪族。

　　六鎮之亂，給了原屬地方勢力的爾朱榮發跡的機會。爾朱氏的居地朔縣，位在雁門關北，正當東北沿桑乾河往平城，正北經右玉往盛樂，及南經雁門關往太原的交通樞紐位置。尤其北魏遷都洛陽之後，要從京師前往北鎮地區，經朔縣往盛樂、平城一帶是重要的交通線。西元五二三年柔然因饑荒入侵，北魏派遣尚書令李崇率騎十萬北伐時，爾朱榮也被徵召，以冠軍將軍的職銜，率領所屬從征。六鎮之亂蔓延，秀容人乞扶莫于聚眾攻郡，殺了太守；南秀容（山西省忻州市西北）和汾州（州治在山西省永濟市西南蒲州鎮）也都有牧民起而變亂，均為爾朱榮所平定。由爾朱榮「散畜牧，招合義勇，給其衣馬」（《魏書·尒朱榮傳》），及平定居地一帶變亂的情形觀察，也相當類似漢族士人在地方上扮演的社會秩序維護者的角色。

　　隨著平定地方性變亂累積的功績，爾朱榮的官爵、權限也更為

提升；另一方面，許多由北方敗退的北魏軍隊與反變亂勢力，向南撤退時，也都集結到爾朱榮的麾下；再加上平亂時兼併的部眾，實力日益擴展；終於成為當時北魏政權平定各地亂事的重要力量，及握有兵力的實力人物。

　　孝明帝突然去世，爾朱榮以孝明帝疑遭毒殺為由，揮兵進向洛陽，並另擁宗室元子攸為帝，即孝莊帝。胡太后及所立幼主被投入黃河；爾朱榮以當時實力仍然不夠，為恐後患，當洛陽百官在河陰淘渚（河南省孟州市南）朝見孝莊帝時，爾朱榮責以天下喪亂，縱兵殺戮，王公卿士斂手就戮，死者二千餘人；史稱「河陰之禍」。孝莊帝封爾朱榮為使持節、侍中、都督中外諸軍事、大將軍、開府、兼尚書令、領軍將軍、領左右、太原王，食邑二萬戶；兼擁內、外及軍、政大權；自此，北魏政權實際掌握在爾朱榮手中。

關 鍵 詞 彙

宗愛	九品混通
文明太后	孝文改革
均田制度	禁胡語
計口授田	六鎮
計口受田	六鎮之亂
三長制	河陰之禍

自 我 評 量 題 目

一、北魏文明太后執政時期，曾推動那些重要的新制度？並請略作說明。

二、試述北魏孝文帝遷都洛陽的原因。

三、北魏孝文帝推動漢化政策，大致包括那些項目？

四、試述北魏末年六鎮之亂爆發的遠因、近因和影響。

第十一章　北朝後期的東西對抗

學習目標

——詳細研讀本章之後，讀者應該能：

1. 瞭解東西魏政權的形成過程。
2. 瞭解東、西魏時代性格與北魏遷都洛陽時期的性格差異。
3. 瞭解東魏、北齊政局的演變。
4. 瞭解東魏、北齊衰亡的原因。
5. 瞭解西魏、北周政局的演變。
6. 瞭解北周何以被楊堅所篡奪。

摘　　要

　　北魏六鎮變亂之後，由北邊軍鎮出身的高歡與宇文泰在動亂之中崛起，最後促使北魏分裂成為東魏與西魏。東魏由高歡掌實權，高歡死後，其子高洋篡東魏為北齊；西魏由宇文泰掌實權，宇文泰死後，其子宇文覺篡西魏為北周。東西魏、北齊北周時代，基本上是對北魏孝文帝漢化路線的再檢討時代，雖然鮮卑化色彩濃厚，但若不努力調和胡漢之間的衝突，亦很難使政權穩固下來，因此，如何重新調整胡漢關係是這個時代所面臨的重要課題。

　　東魏、北齊在當時鼎立的三國之中，原本是最富強的，但由於本身一直無法成功地調和胡漢衝突，再加上胡族統治集團內部的權力鬥爭，使得東魏、北齊的政局一直很不穩定，衝突不斷，最後促使它走向衰亡的命運。西魏、北周的政局相對地較為穩定，那是和宇文泰為了對抗東魏而特意團結內部各股勢力有密切相關的。然而西魏、北周內部也有權力繼承的衝突，由於這種衝突，使得西魏、北周內部的各股勢力逐漸分散，甚至潛藏著對立，這使得北周的政權基礎日益狹窄化，因此，北周武帝時代雖然表面上極為富強，併滅北齊，但內部卻已潛藏危機，導致在武帝、宣帝相繼猝死之後，政權被楊堅所篡奪。

第一節　東西魏對抗局面的形成

六鎮變亂之後，北魏王朝實質上已經敗亡了，只是新崛起的掌權者尚有所顧忌，仍奉北魏之名以為號召，因而形成由高歡所主導的東魏政權，以及由宇文泰所主導的西魏政權。東西魏兩個政權，皆以北魏王朝之正統繼承者自居，互相攻伐，但皆無法併滅對方，於是形成北朝後期東西對抗的局面。西元五五〇年，高歡子高洋篡奪東魏建立北齊政權，西元五五七年，宇文泰子宇文覺篡奪西魏建立北周政權。北齊北周仍然維持東西對峙的局面，直到西元五七七年，北周武帝滅北齊，才結束了北朝後期東西對抗的局面。北周武帝本欲再一統南朝，但卻英年早逝，北周政權不久也被隋文帝楊堅所篡，最後隋文帝楊堅征服南朝，重建大一統的帝國。

一、高歡的崛起與東魏政權的成立

高歡出身於北魏懷朔鎮的貧困人家，《魏書》、《北史》等都記載其先世為渤海蓨縣的高氏，至其祖父時因犯法被流徙到懷朔鎮，習其俗，遂同鮮卑。實則這種說法頗多可疑之處，近代學者從許多旁證加以考察，大多認為高歡應是懷朔鎮出身的鮮卑人。

高歡幼年家貧，及長娶匹婁氏（鮮卑族人）為妻，匹婁氏家富，高歡因而有馬，被拔擢為軍鎮中的隊主，不久改任「函使」，負責在懷朔鎮與首都洛陽之間傳送公文。他任「函使」達六年之久，對於首都洛陽與北方軍鎮的情勢有相當的瞭解。

六鎮之亂發生後，高歡無可避免地被捲入動盪的局勢中。在破六韓拔陵被北魏官軍打敗之後，二十餘萬鎮民被遷徙到河北的冀、定、瀛三州就食，孝昌元（525）年，柔玄鎮民杜洛周率領這批六鎮鎮民反於上谷（河北省延慶縣），此時高歡也和幾個友人前往附

從，後來見杜洛周不足於成事，乃謀圖杜洛周，事敗而逃奔葛榮，不久又亡歸爾朱榮。高歡在爾朱榮底下任事，由於其才華出眾，逐漸被重用，爾朱榮任高歡為晉州刺史，高歡趁此機會開始培養自己的勢力。

永安三（530）年九月，爾朱榮在洛陽被孝莊帝所誅殺，爾朱兆自晉陽引兵向洛陽，召高歡，高歡不至，引起爾朱兆的不滿。此時，河西牧子費也頭紇豆陵步藩趁機南下襲擊晉陽，在危急的情況下，高歡與爾朱兆聯合擊敗步藩，贏得爾朱兆的信任。六鎮兵民在葛榮敗後流入并州一帶者有二十餘萬，被爾朱氏族人凌暴，民不聊生，屢起變亂，爾朱兆乃接受高歡的建議，由高歡率領這批兵民往山東「就食」，於是高歡從爾朱氏底下脫離出來，收編擁有這批六鎮兵民成為後來他起兵稱霸的基本勢力。

爾朱兆引兵入洛陽之後，北魏的政局完全由爾朱氏族人所控制，爾朱氏勢力龐大，各地受其凌暴，皆有反爾朱氏的潛在意圖。相對地，高歡則努力在山東、河北一帶收買人心，集結反爾朱氏的力量，尤其是得到山東、河北豪族與士人的支持。六鎮兵民與漢人豪族結合，使高歡的勢力更為壯大，有足夠的力量對抗爾朱氏。普泰元（531）年六月，高歡在信都（河北省冀州市）起兵反爾朱氏，先後在廣阿（河北省隆堯縣東）及鄴城附近的韓陵，大破爾朱氏聯軍，爾朱兆逃還晉陽。普泰二（532）年四月，高歡入洛陽立元脩為魏帝，史稱北魏孝武帝，高歡自為大丞相，朝政實際上掌握在高歡手中。同年七月，高歡調動十多萬大軍攻下晉陽，爾朱兆敗逃北秀容，次年正月爾朱兆兵敗自殺，爾朱氏勢力徹底垮台。

高歡攻下晉陽之後，在晉陽修建大丞相府，遷六鎮兵民於晉陽周圍，把晉陽建設成為高歡霸業的政治、軍事中心，高歡長居於晉陽，另派親信在洛陽操控朝政。魏孝武帝不甘於充當傀儡，乃殺高

歡親信高乾，於是高歡與孝武帝之間的關係愈趨於緊張。孝武帝想引用擁兵關隴的爾朱氏舊部賀拔岳為勢援，高歡乃勾結賀拔岳的部將侯莫陳悅暗殺賀拔岳，賀拔岳部下宇文泰迅速攻殺侯莫陳悅，接掌關隴的部隊，於是孝武帝又扶植宇文泰來與高歡對抗。

永熙三（534）年五月，孝武帝下詔發河南諸州兵，聲言欲伐梁，實則企圖襲擊晉陽。高歡知情後，調集二十萬大軍自晉陽南下，孝武帝見大勢已去，於七月匆促率部分近衛軍赴關中投奔宇文泰。八月，高歡入洛陽清除擁魏帝的殘餘勢力，十月，另立年僅十一歲的元善見為帝（孝靜帝），並遷都於鄴城，遷都鄴城後的魏朝，史稱東魏。

二、宇文泰的崛起與西魏政權的成立

宇文泰的先世宇文氏，有人說是出自匈奴族，有人說是鮮卑族，不論如何，宇文氏是北方的胡族。宇文泰的祖先本仕慕容燕，北魏初年降北魏，被遷徙到武川鎮。六鎮之亂發生後，宇文泰隨同族人南逃，輾轉流徙，最後和大多數六鎮兵民一樣都被收入爾朱氏底下。

六鎮變亂後不久，關隴地區也群起響應，北魏朝廷屢次派兵討伐，皆無功而還。待爾朱榮討平河北地區的變亂後，乃於永安三（530）年二月，再派爾朱天光率賀拔岳、侯莫陳悅領軍入關中平亂，宇文泰即在此情形之下隨從賀拔岳入關中。至普泰元（531）年四月，關隴地區的變亂大致已被討平，宇文泰在討亂過程中屢建軍功，成為賀拔岳的親信將領。

當爾朱兆與高歡對立時，在關中的爾朱天光率部分軍隊東出赴援，兵敗被殺，留守在關中的軍隊分別由賀拔岳與侯莫陳悅所統率。高歡掌權後欲拉攏賀拔岳，賀拔岳不為所動，永熙三（534）

年二月，高歡遂策動侯莫陳悅殺害賀拔岳。此時宇文泰為夏州刺
史，在事態緊急之下接受賀拔岳部下的擁立，領眾舉兵討伐侯莫陳
悅，在侯莫陳悅部下倒戈內應以及關隴土著豪族的相助下，宇文泰
迅速地討平侯莫陳悅，掌握關中的霸權。

　　如前所述，當北魏孝武帝與高歡的關係緊張對立時，孝武帝欲
引賀拔岳為聲援，賀拔岳被殺後，關中由宇文泰掌握，孝武帝遂又
寄望引宇文泰對抗高歡。永熙三年七月，孝武帝在高歡大軍南下
時，倉皇逃奔關中投靠宇文泰，宇文泰亦派軍迎接，奉帝都長安。
孝武帝加授宇文泰大將軍、雍州刺史、尚書令，「軍國之政，咸取
太祖（宇文泰）決焉」（《周書·文帝紀上》），不久又進宇文泰丞
相、都督中外諸軍事，事實上實權由宇文泰掌握，於是孝武帝與宇
文泰之間的關係亦緊張起來，是年閏十二月，宇文泰弒孝武帝，另
立南陽王元寶炬，史稱西魏文帝。

三、東西魏的爭奪戰

　　東西魏分立後，雙方展開長期的爭奪戰。西元五三七年正月，
高歡利用關中大饑荒的機會，兵分三路，想一舉消滅西魏。宇文泰
在潼關出奇兵襲擊東魏大將竇泰，斬竇泰，並俘東魏軍萬餘人，高
歡敗退，史稱小關之戰。同年八月，宇文泰率萬餘人出潼關，攻佔
恒農，高歡率十萬大軍來攻，宇文泰退入關，於渭水北岸的沙苑，
大敗高歡軍隊，高歡遁逃，西魏乘勝攻下河東的蒲坂和洛陽的金墉
城，史稱沙苑之戰。西元五三八年，東魏大將侯景奪回金墉城，宇
文泰敗退，隨後西魏援軍到，在河橋大敗東魏軍，史稱河橋之戰，
此役西魏亦損傷不少，同時西魏關中發生動亂，宇文泰還師討亂，
關中復定。此後數年之間，雙方暫時休兵，無重大戰役。

　　西元五四三年二月，東魏北豫州刺史高慎據虎牢降西魏，宇文

泰率大軍至洛陽前線接應。高歡親率十萬大軍渡黃河而來，雙方在
洛陽北方的邙山交戰，東魏軍大勝，俘斬西魏三萬餘人，宇文泰敗
退，引兵返關中，史稱邙山之戰。

　　西元五四六年十月，高歡親率十餘萬大軍圍攻西魏據守的玉璧
（山西省稷山縣西南），想拔除西魏在汾水下游的據點，西魏守將韋
孝寬艱苦守城，東魏苦攻五十多天，士兵戰死、病死者有七萬多
人，最後高歡也病倒，解圍而去，史稱「玉璧之戰」。高歡回到晉
陽不久病死，長子高澄繼掌東魏大權，引發侯景叛降西魏，西魏要
侯景入朝長安，侯景不安，乃決意投附梁朝。

　　西元五四八年，東魏派遣大將高岳率領大軍十餘萬，圍攻西魏
王思政於潁川，西魏守軍只有八千人，卻英勇守城達一年之久，西
元五四九年六月，潁川城陷，王思政被俘。至此東西魏的戰爭告一
段落，南方侯景亂梁，東西魏皆掉轉兵鋒，向南朝攻城略地去了。

　　東西魏雙方的實力本極懸殊，不論從領土大小、人口多寡、資
源、兵力數量等各方面加以比較，東魏的國力皆遠勝於西魏。大體
言之，東魏繼承了北魏政府大部分的版圖與人民，西魏則只割據關
隴一隅之地；東魏擁有黃河中下游廣闊的黃淮平原富庶地區，西魏
則僅有關中、隴西之生產地帶；東魏擁有大部分的六鎮南下兵民及
北魏遺留下來的軍隊，並有數量相當可觀的河北、山東漢人豪族的
武裝部曲，軍隊出征動輒十餘萬人，西魏則僅有少部分六鎮部眾與
隨孝武帝入關的禁衛軍，軍隊出征至多只數萬人。由於實力懸殊，
雙方戰爭多為東魏主動出擊，大有一舉併吞關隴之聲勢，而西魏則
隨時被迫迎戰，打的是關隴保衛戰。不論如何，東魏終於未能併吞
西魏，雙方的對峙延續到北齊北周時代。

四、東西魏政權的歷史意義

　　六鎮之亂最後的結局，是北魏的瓦解與東西魏兩個政權的成立。由這種歷史背景來看，東西魏分立時代在北朝歷史的發展中佔何種地位？東西魏兩個政權的成立又具有何種歷史意義？這是值得加以思考的。

　　六鎮之亂的成因，有人從文化的觀點加以說明，認為從北魏孝文帝漢化政策之後，首都洛陽與邊塞六鎮之間形成漢化與胡化的對立，洛陽政府漢化愈深，邊塞六鎮對漢化反動愈甚，所以六鎮之亂可說是對漢化政策的反動。另外，有人從階級的觀點來解釋，認為六鎮之亂乃是各族被壓迫人民對於洛陽漢化貴族及漢族大地主官僚的階級鬥爭。還有一種說法從體制的轉變來做解釋，認為北魏在征服華北之後，逐漸採用漢族制度，到了孝文帝時代更是全力採用漢族社會的門閥制度，以門閥主義做為統治胡漢兩世界的原理。但在門閥主義之下，原本支持政權的邊鎮鎮民地位逐漸下降，以致發生變亂，因此六鎮之亂可以說是對這種國家體制轉變的反抗。不論上述三種說法何者為是，至少有一個不容忽視的共通點，即六鎮之亂是處於邊地的鎮民對前一時期洛陽政府不滿所引起的，那麼在這種背景之下成立的東西魏政權，當然會與前一時期北魏洛陽政府的性格有很大的不同。

　　在六鎮之亂後，鮮卑族或鮮卑化的邊鎮鎮民對漢族士大夫與人民充滿了仇恨與歧視，胡漢種族之間的衝突激烈化。爾朱榮入洛陽大殺朝士，所謂的河陰之禍，其中難免有胡族對漢族的仇恨情緒在激化殘酷的屠殺。高歡在信都舉兵之前，與六鎮兵民相約「不得欺漢兒」（《北齊書・神武帝紀上》），正反映出當時胡漢衝突的普遍事實。東西魏時代被孝文帝禁行的鮮卑語復大為盛行，成為官方語言，西魏不但把以往胡姓改漢姓者又恢復為胡姓，甚至大量賜予漢人胡姓，從這些事例都可以看出東西魏時期與北魏洛陽時期的時代

性格有很大的轉變。有些學者認為東西魏時期是鮮卑色彩濃厚的時代，也可說是鮮卑化對漢化大反撲的時代。

　　然而，胡漢人民經過數百年的接觸，又經歷了北魏百餘年的穩定統治，胡漢人民已有不少和平相處的經驗，北魏孝文帝勵行的漢化改革，激起鮮卑胡族的反彈，而有六鎮之亂，但若反過來過度提倡鮮卑化或壓抑漢族人民，恐亦難以維持長治久安。更何況在東西魏創建的過程中也得到許多漢人武裝豪族的支持，東西魏政權都一樣無法完全忽視漢族的力量。因此，我們可以說東西魏時代是在摸索孝文帝漢化政策之外的其他路線的時代，如何重新調整胡漢關係是這個時代所面臨的重要課題。

　　附帶一提，高歡與宇文泰雖然實際掌握東西魏的實權，但雙方皆不願篡改國號，始終保留北魏原有之國號，聲稱己方才是北魏王朝的正統繼承者。這顯示經過百餘年的統治之後，北魏王朝已建立相當程度的王朝權威，高歡和宇文泰都認為北魏這塊招牌尚有號召的力量，因而不敢妄加篡改。這種情形和五胡十六國時代各個短命政權屢更國號有很大的不同，顯示胡族人物無形中也受漢族社會的正統思想所感染，胡族社會文化也發生相當程度的轉變。

第二節　　東魏北齊的政治

　　北魏分裂成東西魏後，南北朝後期的局勢形成東魏、西魏、梁三國鼎立的局面。北齊篡東魏，北周篡西魏，陳代梁之後，仍然維持北齊、北周、陳三國鼎立的局面。在這種三國鼎立的局勢中，位處黃河中下游平原的東魏──北齊，不論在軍事力量或經濟財富各方面都是最富強的國家，然而後來局勢的發展卻是北齊被北周所併滅，到底東魏──北齊有何內在的弱點？這必須從東魏──北齊的政局發展，做深入的探討。

一、高歡時代的政局

高歡在魏孝靜帝天平元（534）年十月將首都由洛陽遷往鄴城後，自己仍留在晉陽霸府掌握軍政大權，終高歡之世未廢孝靜帝。在高歡掌權的時代（534～546 年），一方面屢次出兵征伐西魏，另一方面也進行內部權力結構的調整。

東魏政權的構成，是以高歡所統率的北鎮南下部眾為核心勢力，另外再聯合山東、河北地區的漢人豪族勢力，並接收北魏洛陽政府的殘餘勢力。高歡時代的政局，大致上以加強對魏室元氏的控制、削弱漢族武裝豪族的勢力，以及培植高歡子高澄繼承大權為政局發展的重心。

由於有孝武帝不甘高歡擺佈而反目出奔的經驗，高歡立年幼的孝靜帝以利於控制，並把首都遷往鄴城，遠離北魏的傳統勢力。鄴城的東魏朝廷完全由高歡的心腹掌握，如左僕射司馬子如、右僕射高隆之、侍中高岳、侍中孫騰當時被稱為「四貴」，四人都是高歡的心腹。魏帝元氏人物在政府官員中只做為點綴性的陪襯角色。終高歡之世，未見元氏人物有激烈的反抗行動，元氏子孫有的只謀求現實的榮祿，如元坦「雖祿厚位尊，貪求滋甚」（《北齊書・元坦傳》）；有的與高氏聯姻求寵，如元韶「以高氏婿，頗膺時寵」（《北齊書・元韶傳》）；還有的只做消極的反抗，如元暉業，高澄曾問他「比何所披覽？」他對說「數尋伊、霍之傳，不讀曹、馬之書」，意即諷刺高氏之將篡位，史書又載他「以時運漸謝，不復圖全，唯事飲啗，一日一羊，三日一犢」（《魏書・濟陰王小新成附暉業傳》），反映出元氏子孫的無力與縱情，東魏政權已完全由高氏所控制。

高歡在信都舉兵時，得到山東、河北的漢人豪族的支持，其中

擁有武裝部曲者以渤海高乾、高慎、高昂兄弟；渤海封隆之、封子繪父子；趙郡李元忠等人為最重要。這些武裝漢人豪族在東魏初年的朝廷中曾出任部分要職，如高昂為司空，封隆之為吏部尚書，李元忠為中書令。然而在東魏政府趨於穩固之後，這些漢人豪族在東魏政權中的地位就逐漸式微了，像李元忠晚年「不以物務干懷，唯以聲酒自娛」（《北齊書‧李元忠傳》），這是漢人豪族見北鎮勳貴霸佔朝廷之後，對政局採消極逃避態度的具體表現。

相對於漢人武裝豪族勢力的消退，另一批以文才見長的漢族士人則逐漸在政壇崛起，而這是與高歡培植其子高澄繼承有密切相關的。

高歡在北魏末紛爭的局面下脫穎而出，憑其才華足以駕馭北鎮武將勳貴，但要在高歡身亡後仍維持高氏掌權，則須預做權力接班的安排。

東魏初年，北鎮鮮卑勳貴「聚斂無厭，淫虐不已」（《北齊書‧循吏傳》），高歡為安撫他們以穩固統治，常不敢加以制裁。然而他深知如此貪污成風，終究難以長治久安，因此利用這種機會派長子高澄赴鄴城掌握朝政，以打擊北鎮鮮卑勳貴的貪贓枉法行為，樹立高澄之威望，並贏得民心，以利其身故後由高澄繼承大權的接班布局。高澄在天平三（536）年以尚書令赴鄴城入輔朝政，加領京畿大都督，掌握鄴城一帶的兵權，元象元（538）年又攝吏部尚書，選用人才，培養接班班底，武定二（544）年，加大將軍、領中書監，仍攝吏部尚書。從此後高澄重用漢族士人崔暹、崔季舒，全力整肅勳貴，輕者降官，重者處死。然而，高澄在整肅勳貴建立威望的過程中，自然也得罪不少勳貴武將，因而引起高歡死後專制河南十四年的大將侯景的反叛。

二、高洋篡東魏與北齊的全盛

武定四（546）年高歡死後高澄繼掌實權，不久侯景起兵反叛，但很快就被掃平，侯景投奔梁朝而去。高澄繼位後，亦赴晉陽霸府掌軍政大權，以弟高洋為京畿大都督留守鄴城，形同高歡時代的統治方式。

高歡死後，長久被壓抑的東魏元氏勢力認為有反抗的機會，武定五（547）年孝靜帝暗中結合身邊官員謀刺高澄，事敗，高澄幽禁孝靜帝，殺參與之官員，東魏元氏的殘餘勢力被剷除殆盡。

在侯景被平及元氏勢力被剷除之後，高澄認為必須及早篡奪帝位方能確立高氏控有之政權，於是積極佈署禪代。孰料武定七（549）年八月，高澄在鄴城與漢族文官陳元康、楊愔、崔季舒等商議篡位時，卻被梁朝俘虜膳奴蘭京所刺身亡，政局陷入危機。

高澄被刺後，弟高洋在鄴城以京畿大都督平亂，並迅速赴晉陽掌握重兵，在此危急情勢下高洋為爭取鮮卑勳貴武將們的支持，修改高澄整肅勳貴的諸多措施，並將以往助高澄打擊勳貴的漢族文官崔暹、崔季舒各鞭二百，充軍北邊。高洋在暫時穩住局面後，亦認為須早日篡位，方能定君臣之心，遂於武定八（550）年五月篡東魏，國號齊，史稱北齊文宣帝。

高洋即位之後，勵精圖治，史書載：「初踐大位，留心政術，以法馭下，公道為先，或有違犯憲章，雖密戚舊勳，必無容舍，內外清靖，莫不祗肅。至於軍國幾策，獨決懷抱，規模宏遠，有人君大略」（《北齊書・文宣帝紀》）。高洋在位時期的重大政績包括重定齊律、練百保鮮卑、簡華人勇士、設立九等之戶、鑄常平五銖錢、修築長城防突厥等等，北齊在高洋時代國力達到鼎盛。然而高洋在位的後半期卻轉為性情狂暴，誅殺大臣事件層出不窮。

　　高洋晚年所誅殺的對象包括東魏元氏子孫、鮮卑勳貴、宗室兄弟，還有幾位出言譏諷鮮卑的漢族文官。蓋高洋在初掌大權時為爭取鮮卑勳貴們的支持，曾刻意壓抑漢族文官，但當他要進一步篡位以鞏固權力時，卻又遭受到許多鮮卑勳貴的反對，反而是得到許多漢族文官的支持，因此他即帝位後常感受到其帝位不夠穩固，乃重用漢族文官助其加強帝權。他深恐鮮卑勳貴或宗室奪權，又忌諱漢人譏諷鮮卑，內心充滿猜忌與矛盾，性情愈趨暴戾，許多誅殺大臣事件多由此而起。

三、高演的奪位政變

　　天保十（559）年十月，高洋嗜酒成疾暴卒，太子高殷年幼（十五歲）繼位，史稱廢帝。尚書令楊愔、領軍大將軍高歸彥、侍中燕子獻、黃門侍郎鄭頤四人受遺詔輔政。四人之中除高歸彥為鮮卑武將外，餘皆為漢族文官，其中楊愔出身弘農望族，歷受高歡、高澄、高洋的重用，高洋時代儼然是漢族士大夫領袖，高洋晚年狂暴，但政治則因楊愔的輔佐，仍能保持清明，世稱「主昏於上，政清於下」（《隋書·刑法志》）。高洋后李氏為漢族趙郡名門，鮮卑勳貴屢次以「漢婦人不可為天下母」（《北齊書·文宣李后傳》）為理由，請高洋廢后，都是楊愔固爭而未果。太子高殷為李后所生，自幼習讀儒書，高洋常說「太子得漢家性質，不似我」（《北齊書·廢帝紀》），欲廢之。高洋終未廢得漢家性質的太子，因而臨終前託孤於漢族文官楊愔，然而高洋死後不久奪權政變就爆發了。

　　如前所述高洋時代基本上是引用漢族文官，排斥鮮卑勳貴，猜忌誅殺宗室兄弟，因此鮮卑勳貴們的不滿已壓抑很久。高洋死後，楊愔雖受命輔政，但鮮卑武將們已暗中投向高洋弟常山王高演，楊愔忌之，排除高演干預朝權，燕子獻又謀處婁太后（鮮卑人）於北

宮，欲使李后（漢人）取而代之。情勢演變至此，胡漢兩個集團之間的對立激烈化，終至不可收拾。

乾明元（560）年二月，高演在婁太后的支持下，聯合鮮卑武將們發動政變，楊愔、鄭頤、燕子獻等漢族文官皆被執殺，同年八月高演廢高殷即帝位，史稱孝昭帝。

高演即位之後重用參與政變的鮮卑勳貴武將，相反地漢族文官勢力大退。高演早年好友王晞（北海漢人望族）雖被委用，但高演恐武將們不悅，白天不與王晞交談，只在夜間以車載入宮中議事，由此可見政壇上鮮卑武將們氣焰之高漲。

四、北齊後期的恩倖政治

高演的政變，首謀者雖是高演，但指揮實際行動的卻是長廣王高湛，高演事前曾和高湛相約：「事成以爾為皇太弟」（《北齊書・上洛王思宗附子元海傳》），但高演即位後立子高百年為皇太子，只讓高湛在鄴城監視被廢的高殷，引起高湛的不滿，高演與高湛之間的關係趨於緊張。皇建二（561）年十一月，高演在位僅一年餘卻在晉陽不慎墜馬而卒。高演臨終前見太子年幼必無法順利繼承，乃下遺詔由高湛繼位，並懇求高湛善待太子高百年勿予加害。高湛乃入晉陽繼位，史稱武成帝，不久即殺害高百年。

高湛即位後任用高氏宗室及勳貴武將們，但不久後許多宗室及勳貴武將又因「位地親逼」或功高震主而逐次被誅殺或放逐，到後來高湛所引用的是一些史書稱為恩倖的人物，如高元海、和士開、祖珽等人，北齊吏治也在此後出現腐敗不堪的現象。

北齊後期恩倖政治盛行，導致吏治腐敗，有人認為這是商業發達後商人勢力向政界滲入的現象。然而更值得留意的是，這些恩倖人物的興起與君主欲鞏固其地位有關。如前述高氏宗室及勳貴武將

們被高湛誅殺或放逐，都與高元海、和士開、祖珽等人的譖毀有關，他們都從功高震主會危及帝位等理由進讒言，借機進行鬥爭，而他們果能由此得到寵信，也說明高湛亦感到其帝位有受威脅之虞。

河清四（565）年，高湛以二十九歲壯年禪位於十歲的皇太子高緯（史稱後主），高湛改稱太上皇帝，仍掌握軍政大權。此一戲劇性的做法，是由於祖珽與和士開兩人進言，鑒於高澄、高洋、高演子俱不得立的教訓，應先傳位於太子，早定君臣關係以利將來之傳承。高湛果然接受其言，可見君位的鞏固與傳承為當時統治者最關切的問題。

五、北齊的敗亡

天統四（568）年十二月，太上皇帝高湛駕崩，後主高緯才十三歲，高湛臨終前，以後事屬寵臣和士開，握其手曰：「勿負我也」（《北齊書・恩倖・和士開傳》），顯然年幼的高緯能否順利親政尚未可知。

果然，在後主高緯親政之後，北齊統治階層間的衝突進入最激烈的白熱化階段。首先是趙郡王高叡等武將集團引諸勳貴欲排擠和士開失敗被殺，接著又發生後主弟琅邪王高儼以殺和士開為由的起兵事件，和士開被殺，高儼也兵敗伏誅。此事件之後，又陸續發生數起誅殺胡族武將事件，最後又爆發集體屠殺漢族文官事件。誅殺胡族武將多因功高震主引起後主高緯的猜忌，恩倖佞臣趁機構陷。屠殺漢族文官則是胡族反漢情緒的再爆發，這又與漢族文官勢力又起有關。

自從高演奪位政變後，漢族文官勢力大為消退，但在高湛時代的恩倖政治中漢族文官祖珽以諂媚而達貴，終至與和士開、高元海

等倖臣共執朝政。和士開死後祖珽更進入統治核心，祖珽大量引進漢族士人，採顏之推之議設立文林館，專在培植漢人勢力，終於引致朝廷中另一類胡族人物的反感，尤其後主寵倖的韓長鸞最嫉視漢族士人，常言：「狗漢大不可耐，唯須殺却」（《北齊書・恩倖・韓鳳傳》）。武平四（573）年南朝陳宣帝北伐，後主要避往晉陽，侍中崔季舒帶頭和眾多漢族文官諫止，韓長鸞趁機誣告崔季舒等人謀反，結果大批漢族文官被斬於殿廷，棄屍於漳水，家屬皆徙北邊，婦女配奚官（官婢），幼男下蠶室（宮刑），沒收貲產，這樣的屠殺，使漢族士人對北齊政權徹底失望了。

　　北齊末年統治階層間就這樣圍繞著鞏固君權與胡漢衝突問題，展開極為激烈的血腥鬥爭，結果許多胡族將領與漢族文官皆遭誅滅，政局動盪不安，吏治腐敗，人心惶惶。北齊王朝至此已走到了盡頭，先是武平四年敗於陳，喪失淮南二十七州之地，最後在武平八（577）年被北周武帝所滅。

六、東魏北齊的歷史困境

　　如前節所述，北魏孝文帝的漢化改革最後導致六鎮變亂，在六鎮鮮卑反漢化情緒高漲中成立的東西魏政權，都面臨著摸索調整胡漢關係的時代課題。

　　高歡在起兵之前就深察調協胡漢關係的重要性，他對六鎮兵民強調：「不得欺漢兒」，但胡漢人民的衝突仍然不斷地發生。他對鮮卑士兵說：「漢民是汝奴，夫為汝耕，婦為汝織，輸汝粟帛，令汝溫飽，汝何為陵之？」又對漢族人民說：「鮮卑是汝作客，得汝一斛粟、一匹絹，為汝擊賊，令汝安寧，汝何為疾之？」（《通鑑・梁紀十三》），可見高歡非常用心於調和胡漢關係。

　　然而在六鎮變亂之後的東西魏時代，鮮卑氣勢高漲，鮮卑勳貴

歧視漢族士人、聚斂百姓之事層出不窮，高歡也無可奈何。待高歡晚年為培植高澄繼承，放手讓高澄引用漢族士人打擊鮮卑勳貴，如此無形中加深胡漢之間的對立。在高澄、高洋時代，為了削弱、壓抑鮮卑勳貴武將的勢力，乃重用漢族門閥貴族助其鞏固高氏政權，漢族弘農楊愔成為當時士大夫的領袖，門閥主義路線有再抬頭的趨勢。但在高洋死後鮮卑武將們擁護高演發動奪位政變，漢族文官勢力大受打擊。由此可見，胡漢問題與君權問題糾結在一起，胡漢之間的對立關係愈加難以解決。

北齊後期的政局發展仍然以皇帝鞏固君權為核心，皇帝為防宗室諸王或武將奪權而肆行誅殺，同時引進一些恩倖人物為其獻策，漢族士人祖珽即由恩倖而顯貴。祖珽為助長自己的勢力又引進漢族人物，於是又招致胡族勢力的反感，釀成下一波的胡漢衝突。

總之，東魏──北齊的胡漢問題始終與君權問題糾結住一起，統治階層間圍繞著這些問題而衝突、鬥爭不斷，政治黑暗，人心惶惶，終至走向衰亡之路。

回顧五胡十六國時代的許多胡族政權，大多也是困於胡漢問題與君權問題之糾結，而短命敗亡。東魏──北齊成立於六鎮變亂之後，又處於山東漢族門閥貴族的中心地域，使得以上問題更加難以解決，最後也難逃短命政權的命運。由此言之，東魏──北齊因無法克服其時代課題而敗亡，可說具有深刻的歷史意義。

第三節　西魏北周的政治

在南北朝後期鼎立的三國之中，西魏──北周原本僻處關隴一隅之地，在面臨著東魏──北齊的強大威脅之下，朝不保夕。然而在歷經數十年的發展後，西魏──北周逐漸強大起來，不但利用南方的侯景之亂，攻取梁的四川、漢中之地，更利用北齊內部統治階

層間的激烈矛盾鬥爭，一舉併滅北齊。可是滅齊之後不過數年，北
周也被隋文帝楊堅所篡。那麼，到底西魏——北周如何能夠逐漸強
盛起來？楊堅又何以能夠輕易篡周？西魏——北周的興亡具有何種
歷史意義，這些是我們接下來所要探討的主題。

一、宇文泰的復古新政

　　永熙三（534）年閏十二月，宇文泰毒弑孝武帝，立南陽王元
寶炬（西魏文帝），在安排親信將領於長安掌朝廷兵權後，宇文泰
率主要的將領與軍隊在華州另開霸府，實際掌握西魏的軍政大權。

　　西魏政權的構成大致上可分為三股勢力，即由宇文泰統率從北
魏北方邊鎮南下再入關中的鮮卑化將帥士卒，略稱之為北鎮勢力；
其次是在西魏版圖之內的關隴河南河東土著豪族勢力；以及追隨魏
孝武帝奔入關中的文武官員衛隊，略稱之為追隨魏帝勢力。這三股
勢力能夠結合成為抵抗東魏高歡的力量，是有其背景的。北鎮勢力
的核心原是由賀拔岳所統領的武川鎮出身的將帥，賀拔岳被高歡所
謀殺，他們共推亦由武川鎮出身的宇文泰為統帥，宇文泰也以為賀
拔岳復仇為號召，因此這股勢力自然是與高歡誓不兩立的。關隴河
南河東土著豪族勢力，在北魏末年關隴地區變亂時，多率領鄉兵助
政府軍討亂或出任政府討亂軍團的幕僚，原本即和北魏勢力結為一
體，況且高歡迫使魏帝入關中，他們基於擁護魏帝與保護鄉里的理
念，亦誓死反對東魏高歡的入侵。追隨魏帝勢力，在高歡大軍來勢
洶洶時，毅然追隨魏帝入關中者，必然多是忠於魏室者，他們自然
也是反高歡的勢力。以上三股勢力在東魏高歡的強大威脅下，只有
彼此更緊密的團結在一起始能夠自保。因此，雖然有宇文泰毒弑孝
武帝的衝突，但彼此亦不得不有所節制，由衝突而妥協，終能維持
西魏政權於危亡之中。

　　關隴地區從六鎮變亂以來就長期陷入動亂中，人民疲弊。宇文泰在關中建立霸業，若要得到人民的支持，除了拉攏當地的望族之外，更重要的是勵行革新，推行新政。西魏大統元（535）年三月，宇文泰命官員「斟酌今古，參考變通，可以益國利民便時適治者，為二十四條新制」（《周書・文帝紀下》），奏魏帝行之 。在這裡可看到宇文泰務實革新的精神。當時竭盡心力為宇文泰規劃新政者，是武功郡出身的漢人世族蘇綽。蘇綽為宇文泰推行政治革新，裁減官員，改北魏村落三長制為二長制，置屯田以資軍國所需，又奏行有名的「六條詔書」，其綱目包括：先治心、敦教化、盡地利、擢賢良、卹獄訟、均賦役等。對於這些革新措施，宇文泰很認真地在推行，不但置為座右銘，且「又令百司習誦之。其牧守令長，非通六條及計帳者，不得居官」（《周書・蘇綽傳》）。六條詔書最重要的精神是一改北魏孝文帝的門閥主義，而充分表現為賢才主義的精神。蘇綽又嚮往古時候周代典雅質樸的政治體制，他曾試圖模仿《書經》的文體來撰寫公文書，以改革魏晉以來拘泥於對句修辭的四六駢體文書。

　　蘇綽的復古思想更具體表現於其草擬的六官制度中。他一改魏晉以來的政府體制，而仿《周禮》中所記述的周代官制，把政府體制分為天、地、春、夏、秋、冬等六官府，各置長官而直轄天子。有人認為蘇綽的用意是要特別標榜西魏所在的關中是古代周文化的發源地，以和東魏及梁在文化意識上互別苗頭。蘇綽草擬的這套制度在他死後由另一漢人世族盧辯所完成，而在西魏後期及北周時代付之實行。

　　西魏初年宇文泰所統帥的軍團以北鎮鮮卑化將帥為骨幹，吸收關隴地區的變亂軍以及豪族鄉兵，總數不過數萬人。這些軍隊在歷次與東魏的交戰中折損極大，大統九（543）年邙山之敗後，乃「廣

募關隴豪右，以增軍旅」（《周書‧文帝紀下》），任命各地的望族豪右為「鄉帥」，令其集結鄉兵。此後數年又屢次收編、點閱豪族的鄉兵，大約到大統十六（550）年，將胡漢各族部隊混合編成二十四軍，一般認為這是隋唐府兵制的最早雛形。二十四軍分由六位柱國大將軍統率，其下有十二大將軍，二十四開府儀同三司等指揮系統，之下還有更小的部隊指揮官，一直貫徹至其底端的胡族或漢族士兵。大體言之，宇文泰利用二十四軍的擴編從關隴豪右手中得到兵源的補充，更把當時的各種社會力量納入此一軍事體制中，頗有全國總動員的精神。西魏能夠一再地抵禦東魏的攻擊，與此一軍事體制的創建應有密切的關係。

關於西魏二十四軍是誰的構想創建的並不是很清楚，有人認為可能與蘇綽好仿《周禮》有關，有人認為是宇文泰仿鮮卑舊有的部落兵制，不論如何，此一體制將胡漢軍事集團都統合在一制度中，有助於胡漢人民的團結，也象徵著胡漢兩世界的統合。

二、魏周革命

西魏初年由於面對東魏的強大威脅，以宇文泰為首的北鎮勢力雖然出任軍政要職，但為加強團結和諧，對其他勢力亦多採取拉攏懷柔的手段，長安的中央朝廷官員尚多屬於追隨魏帝的勢力，即為一明證。

然而在西魏政權逐漸穩固下來之後，以宇文泰為首的北鎮勢力就逐漸擴張勢力。宇文泰利用親魏帝人物的凋謝，逐步派遣北鎮人物滲入長安中央朝廷，約到西魏中期大統十五（549）年左右，中央朝廷的重要職位幾乎都已由北鎮勢力所把持。其次，宇文泰在華州開霸府之後，利用大丞相府與大行臺的機構，大量吸收關隴、河南、河東人物為霸府幕僚，例如蘇綽以大行臺左丞參典機密，如此

使得各地人才皆為宇文泰所用。再其次，宇文泰又利用各種機會拔擢北鎮人物，使北鎮人物佔據各軍政要職。

北鎮勢力的擴張，最具體反映在大統十六年的府兵將領結構中。當時設有八柱國大將軍，其中廣陵王元欣做為元氏象徵，並不領兵，宇文泰「總百揆，督中外軍」（《周書·趙貴、獨孤信、侯莫陳崇傳》論），其餘實際領兵的六人是李虎、李弼、獨孤信、趙貴、于謹、侯莫陳崇。以上八柱國大將軍除元欣之外，其餘七人皆屬北鎮人物。即使再次一級的十二大將軍中，北鎮人物也佔有七位之多。由此可見，到西魏中期北鎮勢力已完全掌握軍政大權。而大約在此同時，西魏頒布詔書，下令在孝文帝的漢化政策下改胡姓為漢姓者，皆恢復使用胡姓，此外，對於漢族也屢屢賜與胡姓。關於西魏復胡姓與賜胡姓的措施，有些學者強調是配合府兵制的實施，有恢復部落氏族兵制的色彩；也有學者強調是要混合漢人與鮮卑人，加強團結。然而復姓與賜姓措施在西魏中後期始盛行，應當與當時政局的發展有關。蓋西魏初期魏帝仍有相當勢力，宇文泰為拉攏各方勢力，無須特別推翻魏室的傳統政策，待到西魏中期北鎮勢力已完全掌握政局，則北鎮人物強化其原本的胡族色彩而實行復胡姓與賜胡姓，是很自然的現象。

宇文泰在被賀拔岳餘眾擁立之前，雖曾是賀拔岳身邊的重要親信，但在賀拔岳死後，北鎮諸將擁立宇文泰，宇文泰與北鎮諸將之間彼此保持同輩的關係，在宇文泰掌權之時北鎮武將自當信服，但宇文泰身故之後局勢會如何發展實難以預料。有見於此，宇文泰在西魏後期特意培植其嫡系的親信勢力，以利其後人續掌政權。

宇文泰在年輕時入關中，掌權時不過二十八歲。其宗族人物入關者唯侄兒宇文導、宇文護。但宇文泰在尚未被擁立時曾任原州刺史與夏州刺史，當時即已培植其個人勢力。宇文泰掌權之後，其宗

族、親族人物、早期的元從幕僚部屬以及後來又吸收的高層幕僚，構成為其嫡系的親信集團。該集團人物在西魏初期大多屬於輩分較低的人物，但在西魏後期宇文泰刻意的栽培之下，已漸居政府重要部門的要職，尤其利用南方侯景之亂蕭梁宗室相殘的機會，派親信尉遲迥攻取四川，以及派親信于謹、侄兒宇文護南征江陵，使西魏擴張版圖一倍以上，虜獲財富不可勝數，不但使宇文泰的威望達於頂峰，亦大大提升宇文泰親信集團人物的地位。西魏後期宇文泰大量賜姓宇文氏，亦可視為宇文泰提升宇文氏地位、擴張親信勢力的現象。

　　西魏恭帝三（556）年九月，宇文泰在出巡途中病重，此時宇文泰諸子尚年幼資淺，最得力的親信侄兒宇文導亦已亡故，只有侄兒宇文護稍有歷練，因此急召宇文護託付後事。十月，宇文泰病卒，當時情況是「嗣子沖弱，彊寇在近，人情不安」，宇文護「綱紀內外，撫循文武，於是眾心乃定」（《周書·晉蕩公護傳》）。然而當時宇文護只官拜大將軍、小司空，在諸多北鎮武將面前只是「名位素下」的後輩，因此實際上情勢是「群公各圖執政，莫相率服」（《周書·于謹傳》）。所幸柱國大將軍于謹在群公面前力爭，始為宇文護爭得執政的地位。宇文護在暫時穩定局面後，迅速部署篡魏工作，以更加確立宇文氏的地位。

　　翌（557）年春正月，宇文護擁立宇文泰嫡長子宇文覺即天王位（史稱北周孝閔帝），改國號為周，仍奉行六官體制，並進行人事調整，其中最重要的是架空北鎮元老武將趙貴及獨孤信的權力，宇文護任都督中外諸軍事及大司馬掌握兵權。然而，宇文護這些安排立即引發北鎮元老武將趙貴與獨孤信的反彈，遂密謀政變，可是由於獨孤信的遲疑而失敗，事後趙貴被誅，獨孤信被賜死，元老武將們禁若寒蟬，宇文護升為大冢宰，宇文護「威權日盛，謀臣宿

將，爭往附之，大小政事，皆決於護」（《周書‧晉蕩公護傳》）。

三、北周初期的政局

趙貴事件後，以宇文護為首的原宇文泰親信集團掌控軍政大權，然而由於宇文護的專權，導致宇文護與北周帝室（即宇文泰諸子）之間的對立，原宇文泰親信集團遂分裂為親宇文護派與親周帝派，政界人物紛紛被捲入此一政治漩渦中，北周初期的政局，乃是宇文氏家族中兩大壁壘骨肉相殘的悲劇，而在此悲劇中，北周政權的弱點也逐漸在滋長。

北周孝閔帝宇文覺（此時稱天王）十六歲即位，雖非壯年但也並非十分幼弱，他個性剛果，見宇文護專權跋扈，心有未甘，在身邊人物的搧風點火之下，屢次在後宮與武士習武，謀誅宇文護，宇文護屢諫無效，遂逼帝遜位，幽禁於舊邸，月餘弒之，此時距宇文泰之死不到一年。宇文護廢孝閔帝後另迎立宇文泰庶長子宇文毓，仍稱天王，史稱北周明帝。

明帝即位後，宇文護仍極力促進政局的和諧，安撫各方勢力，明帝二（558）年三月，詔令隨北魏孝文帝南遷的代人郡望由河南人改稱京兆人，這可能是宇文護進一步泯沒內部各勢力地域成見，以加強內部團結的措施。然而宇文護並未放鬆自己的專權。明帝宇文毓原比孝閔帝宇文覺年長，見識亦較廣，他行事較為謹慎，不正面與宇文護衝突，但暗中卻伺機行事，慢慢地鞏固自己的權力，逼得宇文護束手無策，最後乃採毒弒手段毒殺明帝，明帝臨終前親口留下遺詔，立親弟宇文邕，史稱北周武帝。

武帝宇文邕個性深沈有遠識，在兩位兄長皆被弒的教訓下，既不正面和宇文護衝突，也不暗中和他爭權，整天談論儒玄，不過問政事，對宇文護百依百順，極力避免被猜疑，然而卻一直小心翼翼

地等待機會，直到在位的第十二年即天和七 （572）年三月，終於
在宮中趁宇文護無備時加以誅殺，並一舉誅除宇文護黨羽。兩個宇
文氏家族間十五年的恩怨，最後以宇文護被殺、武帝親政收場，同
時改元建德元年。

四、北周武帝時代的極盛

　　武帝親政之後，展現其非凡的毅力與決心，積極推行一系列富
國強兵政策，終於完成併滅北齊的宿願。

　　武帝的第一項重要變革是廢除都督中外諸軍事府，樹立一元化
的領導中心。蓋西魏時代宇文泰與魏帝分別在華州 （後改稱同州）
與長安，形成二元權力狀態。北周篡立後，宇文護久居同州，以都
督中外諸軍事府掌握全國最高軍權，二元權力狀態依舊存在，至武
帝廢都督中外諸軍事府後，始樹立一元化的領導中心。其次，武帝
積極整頓軍隊，包括加強軍隊的操練，加強軍隊將領及士兵對皇帝
的效忠，改府兵軍士為侍官，提高其榮譽感，並進一步擴軍，「募
百姓充之，除其縣籍」（《隋書・食貨志》），亦即使府兵擴大化、
平民化，免除其租庸調和雜徭，軍民分籍；在這些措施下北周軍隊
不僅戰鬥力提升，數量也大為擴充。再其次，武帝積極厚植國力，
包括節約民財、救災害、勸農業、釋放官奴婢，以及他個人生活上
的儉樸耐勞等等。武帝厚植國力最重大的事件，是建德三 （574）
年五月罷廢佛、道二教的措施。蓋自北魏以來佛教極盛，寺院與僧
侶人數非常龐大，不但影響政府租調稅收，編戶齊民的賦役負擔也
相對加重，武帝罷廢佛、道二教，既增加兵源，又增加稅收，且減
輕人民的賦役負擔，所謂「求兵於僧眾之間，取地於塔廟之下」
（《廣弘明集》卷二四〈諫周祖沙汰僧表〉）。

　　在以上武帝一系列富國強兵措施下，北周國力達於極盛，遂進

一步對外擴張。

建德四（575）年七月，武帝親率大軍伐北齊，攻入齊境，但因武帝有疾而班師。建德五（576）年十月，武帝再總戎東伐，攻取北齊軍事核心晉州，北齊後主高緯兵敗奔還鄴城，翌（577）年正月，周軍攻入鄴城，擒高緯，在短短三、四個月之內，武帝併滅了相持四十餘年的強敵北齊。

武帝伐北齊時，南朝陳宣帝欲趁機略取淮北河南之地，命吳明徹督軍北伐，武帝遣上大將軍王軌率師討之，宣政元（578）年二月，王軌大破陳軍，擒吳明徹，俘斬三萬人。周軍此後又乘勢攻取江北之地。

武帝滅北齊後，北齊范陽王高紹義逃奔突厥，突厥助其入侵，宣政元年四月，武帝親率大軍北伐，六月因病重班師，死於還京途中，時年三十六歲。

五、北周的滅亡

武帝死後，皇太子宇文贇嗣位，史稱北周宣帝，時年二十歲。次（579）年二月，宣帝傳位於七歲的皇太子宇文衍（史稱靜帝），自己則稱天元皇帝，仍掌大權。

宣帝在位期間，北周政局轉為陰沈恐怖。武帝死後，齊王宇文憲文武全才，功業彪炳，宣帝深忌憚之，乃策謀加以殺害，不久後又陸續殺害武帝的親信大臣，杞國公宇文亮被迫舉兵，失敗被誅。

宣帝傳位給皇太子後，自稱「天元皇帝」，居住的宮殿稱為「天臺」，制稱「天制」，敕稱「天敕」，還選立了五位皇后，一切作為「唯自尊崇，無所顧忌」（《周書・宣帝紀》），朝廷典章制度「隨意變革」，「朝出夕改，莫能詳錄」（《周書・盧辯傳》）。他又縱慾無度，「采擇天下子女，以充後宮」，遊戲無恒，「陪侍

之官，皆不堪命」，且猜忌群臣，「自公卿以下，皆被楚撻」，「誅戮黜免者，不可勝言」，「后妃嬪御，雖被寵嬖，亦多被杖背」，結果是「內外恐懼，人不自安，皆求苟免，莫有固志」（以上《周書・宣帝紀》）。

大象二（580）年五月，宣帝暴崩，外戚隋國公楊堅矯詔執政，掌握實權，次（581）年二月，楊堅篡位，北周滅亡。從武帝死到北周滅亡，只不過二年又八個月而已。

歷來史家視宣帝為典型的暴君，北周之速亡乃宣帝暴政所致。誠然，北周之滅亡與宣帝的暴政有直接密切的關係，然而我們也不應完全忽視北周政權潛在的弱點。蓋自西魏中期以後，西魏——北周政權歷經數次變局，權力結構一再變動，許多勢力被排除於權力核心之外，政權基礎有日漸狹窄化的現象。加上統治階層間的明爭暗鬥，北周王朝逐漸失去對人民的號召力。武帝雖然整軍經武，勵行富國強兵，但未著力於文治，反而因激烈的廢佛措施，大失民心。加上過度的中央集權化體制，及年輕的宣帝濫用權力，造成內外恐懼，使楊堅有可乘之機。換而言之，北周在強盛的外衣下同時潛藏著政權危機。但是我們也應該分別北周宇文氏政權的危機和其國力富強是兩回事，楊堅篡位之後仍然是依靠北周培植之國力一統天下的。

關 鍵 詞 彙

六鎮之亂	宇文護
高歡	北周武帝
宇文泰	楊堅
東魏	關隴集團
西魏	府兵制

北齊　　　　　　　　　胡漢衝突

北周

自我評量題目

一、東、西魏分裂的局面如何形成？

二、東西魏時代的時代性格與北魏洛陽時代有何不同？

三、東魏、北齊何以由富強走向衰亡？

四、西魏宇文泰有何重大的政績？

五、請從西魏、北周的政局演變中，分析隋文帝楊堅篡北周的背景。

第十二章　隋帝國的成形

——詳細研讀本章之後，讀者應該能：

1. 瞭解南北朝後期國際局勢的演變，如何為隋帝國提供有
　利的條件。
2. 瞭解楊堅篡北周之後的改革措施及其歷史意義。
3. 瞭解隋文帝楊堅為併吞江南所做的準備工作。
4. 瞭解隋滅陳後所面臨的新的歷史課題。

摘　　要

　　魏晉南北朝的長期分立與當時國際之間維持的均勢平衡有密切的關係。南北朝後期，由於塞北突厥的興起取代柔然稱霸草原，以及江南遭受到侯景亂梁所掀起的十餘年大動盪，使得均勢平衡的局面逐漸被破壞了，北強南弱的形勢益加明顯，待北周滅北齊之後，南方的陳朝的處境益加艱危。隋文帝楊堅利用北周內部的弱點而篡得政權，又利用上述有利的國際形勢而完成滅陳的事業。

　　隋文帝篡周之後，首先進行內部重大的變革，其最大的特色，乃是使隋政權逐漸脫卻胡族政權的性格，使隋政權擁有更宏偉的格局，邁向世界帝國之路。其次，妥當處理與北邊突厥的關係，使其無後顧之憂，最後再按步就班地進行滅陳的計畫，終於一舉而滅陳，創造中世東亞世界的帝國。滅陳之後，隋帝國面臨許多更艱難的時代課題，譬如如何化解帝國內部各地域的文化性格差異問題；如何對長期混亂的各種制度加以變革與整合，並避免其反彈作用力。又隋帝國成為世界帝國之後，以天朝自居主宰天下秩序的「中華思想」更為強烈，這亦使隋帝國面臨棘手的國際間仲裁者角色的難題。後來隋帝國的瓦解與其所面臨的時代課題有密切的關係。

　　一般論中國歷史的演變，都把隋王朝視為是中國從魏晉長期分裂之後再統一的王朝；也有學者把秦、漢稱為第一帝國，隋、唐稱為第二帝國；或者把秦、漢視為中國的古代帝國，隋、唐為中世帝國。不論如何，經過數百年的歷史發展，隋唐時代與秦漢時代是有許多的不同，用分裂與統一的分合史觀來看歷史，常會不經意地忽視時空條件的變化，而有歷史循環論的危險。從東亞歷史的發展來看，隋王朝是數世紀以來東亞各地域分頭發展之後，在中國地域統合而成立的新帝國。隋帝國是東亞世界帝國的新嘗試，隋帝國後來的瓦解可視為是這種嘗試的失敗經驗，接踵而起的唐帝國在隋帝國的失敗教訓之後，才有較豐碩的成果。

　　本章著重於說明隋帝國成立的國際形勢背景，以及隋政權如何從北周政權的格局中轉型，最後敘述隋對江南的征服，並略述隋帝國所面臨的一些歷史課題。

第一節　國際形勢的變動與均勢的破壞

　　漢帝國瓦解之後，中國地域歷經魏、吳、蜀三國鼎立，在西晉維持短暫的大帝國之後，又出現南北朝長期分立的局面。在這三、四百年間各分立政權常維持著某種力的均勢平衡，西晉大帝國的出現是這種均勢平衡破壞的結果，隋帝國的出現也是這種均勢平衡破壞的結果。

一、三國鼎立與南北朝對峙的均勢平衡

　　春秋戰國時代，列國競爭，大家都努力在維持均衡的狀態，後來秦國成為超級強國，均勢破壞，天下終被秦所併吞。東漢末年軍閥混戰的結果，是三國鼎峙，這也正代表均勢之維持。魏、吳、蜀三國以土地、人口、實力論之，都是魏佔優勢，似乎不容易維持三

者之均衡。然而三國鼎立，為時亦長，其中理由，當為互相牽制的關係。尤其是吳、蜀聯合以抗魏，是維持均衡的關鍵。蓋當時中國地域依經濟、政治形勢可大致分為四個地理區域，亦即四個重要生產地帶：(1)以長安、洛陽為中心的西北地區。大致包括今山西、陝西、河南一帶，這是歷代國都所在，並且是文化中心地區，是號召人心的根據地；(2)以揚州、荊州為中心的東南地區。包括今江蘇、安徽、湖北、湖南、江西、浙江一帶，這是漢代以來傾力開發的地區，江淮更是為富庶之區；(3)以益州為中心的西南地區。包括今四川、貴州、湖北西部等地，因地勢險要，物產豐富，古稱天府之國，自成一系統；(4)以冀州為中心的東北地區。包括今遼寧、河北、山東等地，是北方另一個重要的生產地帶。那麼以三國形勢觀之，大致上是曹魏擁有東北與西北兩個地理區域，而孫吳與蜀漢各據有東南、西南的地理區域。因此，吳、蜀聯合以抗魏，乃達成一種均衡的狀態。後來蜀漢不支先被曹魏所滅，不久曹魏又被司馬晉所篡，至此晉對吳形成三面包圍的形勢，均勢平衡被破壞了，其結果就是西晉大帝國的成立。

　　永嘉之亂以後西晉帝國瓦解，東晉元帝渡江立國於江南，其所承續的乃是三國時代孫吳所立下的基礎。當時華北動盪，五胡各民族紛起建國，彼此攻伐，一時難以大舉南侵，而東晉亦只能消極的保有江左，不能積極的恢復中原，於是局面形同膠著。待東晉中期桓溫西取巴蜀，東晉同時擁有東南與西南兩個地理區域，基礎日益穩固，後來苻秦雖併有華北，舉國南侵，但其內部矛盾重重，竟一敗塗地。待北方拓跋魏興起，收拾華北殘局，南方劉裕篡晉稱宋，形成南北朝對立，從地理區域觀之，則大致仍是維持南北各擁有兩個地理區域而形成均勢平衡的狀態。

　　當然，以上均勢平衡的狀態並不是靜態的對立，而是一種動態

的平衡，亦即雖有局部性的變動，但大致上未完全破壞均勢平衡的大格局。還有，當時的中國地域亦非一封閉的系統，上述均勢平衡狀態同時也有其他地域力量的涉入，只是為描述概要輪廓避免過於瑣碎故略而不提，其實情頗為複雜毋須贅言。

二、南北朝後期國際形勢的變動

北魏末年的動亂初步改變了南北朝對立的局面，在東、西魏成立之後，又形成了三國鼎立的局面。

北魏併有華北之後，隨著內部社會經濟的復甦，國力大為提升，加以鮮卑族的優越戰鬥力，一時之間構成對南朝莫大的威脅。只是此時塞北地區又有新興起之遊牧民族柔然、高車，對北魏構成威脅，北魏費了相當大的力氣才加以制服，但仍在北邊設置許多軍鎮以防禦之。因此北魏的南侵受到相當程度的牽制，南北朝之間的均衡對立仍維持下去。

北魏末年六鎮之亂，華北又陷入動盪局面，當時南朝正值梁武帝的盛世時代，國內頗有欲乘機北伐中原之輿論，梁武帝也派大將陳慶之攻入洛陽。但梁武帝此時已篤信佛法，其安境息民之念遠勝於擴張領土之心，北伐之舉只不過用於敷衍內部輿論，因此不久陳慶之兵敗，東、西魏成立，遂演變成三國鼎立之形勢。

東、西魏與梁所維持的鼎立形勢並非等距的三角均衡關係，論國力梁應是較佔優勢。但因梁武帝堅持息境安民政策，對北方不構成威脅，而東魏因接收北魏大部分的資源，且又有大部分六鎮南下的善戰軍隊，因此較為強大。西魏則只擁有少部分的六鎮南下軍隊，僻處關隴一隅之地，最為弱小。當時的形勢是南方的梁息境安民無所作為，北方則是東魏數度傾力西伐，西魏艱苦抗戰。結果由於關隴險要易守難攻，且西魏宇文泰又團結關隴各種勢力，勵行種

種新政，東魏屢攻無效，勉強使鼎立的均衡維持下去。

　　然而，到了六世紀中葉國際間的形勢又發生重大的變化，即南方的侯景之亂以及塞北的突厥興起，此二事件使上述均衡關係又發生變化。

1. 侯景之亂

　　侯景原是東魏高歡早年同起的伙伴，助高歡南征北討創建政權，東魏時代為統治河南地區十餘年的大將。西元五四七年正月，高歡病死，侯景遂擁河南地區的兵力叛東魏。東魏派兵討伐，侯景求援於西魏，又轉求於梁。梁武帝納之，不料東魏軍到，梁軍與侯景皆大敗而還。梁為與東魏講和有意送侯景給東魏，致引起侯景起兵叛梁，事態一發不可收拾。侯景攻入建康城，梁武帝被幽禁餓死，江南富庶的三吳之地遭受到空前的破壞。梁朝宗室諸王起兵勤王，但卻演變成骨肉相殘的皇位爭奪戰。西元五五二年侯景被梁湘東王蕭繹手下的部將王僧辯與陳霸先所平定。蕭繹收拾殘局，在江陵即位，史稱梁元帝。西元五五四年西魏南侵，攻陷江陵，立梁的宗室蕭詧為傀儡，居江陵空城，史稱後梁。江陵被攻陷後，梁將王僧辯與陳霸先爭權，結果陳霸先殺王僧辯，收拾江南殘局，西元五五七年，陳霸先稱帝，建立陳朝，江南才逐漸穩定下來。

　　由侯景之亂所掀起的江南十餘年大動盪，對南朝造成深遠的影響。江南自兩漢以來，往往是北方動亂的避難所，幾百年間除了孫恩、盧循之亂（399～411 年）以外，從未有過如此的大動亂。江南最富庶的三吳地區遭受到空前的摧殘，「千里絕烟，人跡罕見，白骨成聚，如丘隴焉」（《南史‧賊臣‧侯景傳》）。南朝世族莊園受到破壞，人物流離失所，南朝國力大不如前。而其中尤其重要的是因版圖淪沒而連帶失去生產地帶與戰略要地，使繼起的陳朝成為南

朝國力最弱的王朝。

侯景之亂以後，南朝江北之地悉陷於東魏——北齊，漢中、四川之地淪沒於西魏——北周。如果再由前述的四個地區論觀之，南朝不但已失去原來所保有的西南地區，甚至連東南地區也因失去江淮之間的富庶地域，而不完全了。不論從生產地帶或戰略地理兩方面來說，南朝都大不如往昔。對於此點清代王鳴盛在《十七史商榷・江左不可無蜀》條中，已有精闢之論：

> 江左不可無蜀，蓋其為國，東則倚淮南數郡為屏蔽，中則資荊、襄、樊、鄧為藩籬，而西則巴、蜀亦其右臂。……陳承梁，土宇迫隘，東既無淮肥，西又失蜀，文軌所同，不過江外。故隋之取陳，勢如破竹，與晉取吳同，信乎江左不可無蜀也（卷五十七）。

不僅如此，南朝曾利用益州對外的交通路線，經由今青海附近的吐谷渾，與西域各國經商貿易，甚至聯合塞北的柔然對付北朝。而益州失去之後，不但無法再與西域各國貿易，損失了很多經濟上的利益，同時無法再聯合塞外民族對付北朝，亦是國防上的一項損失。

另一方面，侯景之亂亦對北朝造成相當的影響。東魏——北齊乘機掠取淮南江北之地，使北齊的國勢達於頂盛，西魏——北周掠取四川、漢中等地，版圖擴張一倍以上，完全擺脫先前僻處關隴一隅的窘境，為北周後來的富強奠立基礎。

總而言之，經過侯景之亂後，新的鼎立三國之中，北齊變得最為富強，北周亦擺脫危機奠立日後富強的基礎，陳則成為最弱小者，尤其巴蜀的淪沒是南朝歷史的一大變局，這使得後來北朝統一之後南朝無力可守。換而言之，侯景之亂是使得長期以來的均勢平衡趨於崩壞的一大關鍵。

2. 突厥興起

六世紀中葉另一件影響國際間形勢變化的大事，是塞北草原突厥興起取代柔然稱霸。此一事件的影響必須由當時的國際外交形勢來考察。

北魏時代柔然稱霸塞北草原，北魏曾花相當大的力氣對付柔然，北魏北邊軍鎮的設立即由於此。北魏末年六鎮之亂，北魏反而求助於柔然助其平亂，嗣後東、西魏時代，東、西魏雙方競結柔然以為外援，初期是西魏與柔然聯婚，使柔然屢次為患於東魏，後期則是東魏與柔然聯婚，柔然屢寇西魏邊境。此外東魏一直保持與南朝梁的和好關係，又透過柔然連結西魏西南方的吐谷渾，使得西魏完全陷入東魏──柔然──吐谷渾──梁的四面孤立包圍之中，這是西魏處境最孤絕無援的黯淡時代。

當西魏外交處境最孤絕無援的時刻，西魏暗中派遣使者聯絡西方新起的突厥，此後突厥迅速興起，終於在西元五五五年滅柔然稱霸塞北草原，結果西魏完全打破先前被四面包圍的孤立局面，反而是北齊遭受到突厥強大的威脅，後來北周且曾數次與突厥聯軍大舉伐齊。而北齊為防禦突厥侵擾，發動自秦始皇、漢武帝之後最大規模的修築長城工程。據《北史‧齊本紀中》所載，西元五五五年北齊「詔發夫一百八十萬人築長城，自幽州北夏口，西至恆州，九百餘里」。北齊大規模的築長城長達十餘年，消耗國力無法估計，可見突厥興起對北齊構成極為嚴重的威脅。北齊後來的衰亡雖然是有其內在的歷史困境（參見本書第十一章第二節），但是突厥的威脅也是不可忽視的因素之一。

綜而言之，突厥興起之後，西魏完全擺脫外交上孤絕無援的處境，反而是北齊北邊受到嚴重的威脅。若再結合當時南方侯景之亂

所造成的影響一併觀之，則六世紀中葉之後，南朝趨於衰落，北朝北齊由盛極而衰，北周則日益富強。這種形勢的演變為後來北周併滅北齊締造有利的國際環境，同時也益加使南北朝長期的均勢平衡趨於崩解，而這些又都是後來隋帝國形成的外在有利條件。

第二節　周隋政權的轉移

清代趙翼在《廿二史劄記‧隋文帝殺宇文氏子孫》裡說：「古來得天下之易，未有如隋文帝者」。近人呂思勉《兩晉南北朝史》也曾說：「自來篡奪之業，必資深望重，大權久在掌握而後克成，而高祖（楊堅）獨以資淺望輕獲濟，此又得國者之一變局矣」（第十五章第一節　隋文帝代周）。

誠然，隋文帝楊堅在北周末年以「資淺望輕」的外戚身分，適逢宣帝猝死，結鄭譯等矯詔入輔朝政，竟安坐而篡奪帝位，確為讀史者所大惑不解。

有人從楊堅的家世背景去推測北周末年楊堅家族有多大的勢力，以致能夠奪權篡位。但事實恐非如此單純，楊堅之所以能夠崛起，實與北周末年統治階層內的潛在矛盾有很大的關係，周隋政權的轉移是統治階層的大變動，同時也帶動關隴政權性格的大轉變。換而言之，這是一次關隴政權大改造運動，經過這次改造，關隴政權邁向世界帝國之路。本節對此加以解說。

一、楊堅的崛起與篡周

楊堅小名那羅延，史稱其先世為弘農華陰人，是漢太尉楊震之後，北魏初年，其先人楊元壽為武川鎮司馬，因而家於武川。然而，楊堅先世出於弘農楊氏之說，近代學者多持保留的態度，唯久居於武川鎮則無可疑。其父楊忠在北魏末年變亂中追隨武川鎮出身

的獨孤信征討，兵敗奔梁，後來隨獨孤信自梁入關中。大統十六（550）年，楊忠是府兵將領十二大將軍之一。西魏恭帝元（554）年，楊忠賜姓普六茹氏，北周時位至柱國、大司空，封隋國公，天和三（568）年薨。

楊堅早年的經歷大致和當時的功臣子弟差不多，他娶北周大司馬獨孤信的女兒為妻，但當時獨孤氏家道已中衰，對他的官運助益不大。在宇文護時代，楊忠、楊堅父子受到排斥，武帝親政後，聘楊堅長女為皇太子妃，楊堅才漸受親重，但尚不能說有太突出的勢力。武帝暴崩後，宣帝欲固其位徵拜楊堅為上柱國、大司馬，後又任大後丞、右司武、大前疑，成為宣帝時代的新貴之一。然而，宣帝喜怒無常，政局充滿不安，楊堅和許多大臣一樣遭受猜疑，朝不保夕。宣帝立五位皇后，楊堅女楊皇后也幾被逼死，賴其母獨孤氏叩頭哀求始得免。

大象二（580）年五月，天元皇帝（宣帝）暴崩，近臣鄭譯、劉昉見靜帝幼沖，未能親理朝政，遂矯詔引楊堅入總朝政，都督內外諸軍事。楊堅密不發喪，迅速組成自己的親信班底，並藉口趙王宇文招將嫁女於突厥為由，把居留於各藩國的宗室諸王召回京師，以便就近控制。在一切佈署完成之後才對外發喪，自己以左大丞相總攬朝政，並發布命令修改宣帝時代的苛刑法條，又復行佛、道二教，廣收民心。

六月，北周元老重臣相州總管尉遲迥見楊堅挾幼主掌朝權，遂以匡復周室為號召，奉趙王宇文招之少子為主，聲勢浩大，有眾數十萬人。七月，鄖州總管司馬消難舉兵響應，八月，益州總管王謙亦舉兵響應。這些舉兵地區都是西魏末、北周武帝時代新征服的地區，楊堅則僅掌握關中地區。

楊堅命上柱國、鄖國公韋孝寬為行軍元帥，率諸將統領關中兵

馬討伐尉遲迥，此役關係楊堅的成敗。韋孝寬步步逼進，終於在八月中旬大敗尉遲迥於鄴，尉遲迥自殺，關東悉平。楊堅勝利的兩個關鍵：一是北周元老重臣李穆、于翼、竇熾等不附從尉遲迥。當時李穆任并州總管，于翼任幽州總管，都擁有重兵；而竇熾為京洛營作大監，處於關中與鄴城間的重要地位；他們不附尉遲迥，使尉遲迥有後顧之憂。另一關鍵是李德林、高熲等楊堅親信的謀略成功。當時曾有諸將互相猜忌躊躇不前的危急情況，楊堅接受李德林的謀略派遣高熲前往監軍，終於化解危機而致勝。

楊堅討平尉遲迥之後，大勢已定。九月，襄州總管王誼討平司馬消難，司馬消難奔陳。十月，行軍元帥梁睿討平王謙，王謙被殺，劍南悉平。此外，宇文氏諸王被徵入長安後，也相繼被楊堅誅殺。楊堅在數月之間剷平內外反對勢力，完全掌握大權，遂於次（581）年二月受禪，改國號為隋，年號為開皇，是為隋文帝。

二、統治階層的變動

楊堅輕易篡奪政權，為當時人始料所未及。引楊堅執政的鄭譯、劉昉本來是想要與楊堅比肩共攬朝權，不料楊堅掌權後卻抑之為僚屬，致心生不平，後來劉昉以參與謀反被誅，鄭譯也因故被除名。助楊堅平亂的將領自以為是在扶翼周朝，未料到楊堅竟有篡奪野心，如討平王謙的梁睿在楊堅篡位後，謝病引退；參與討伐尉遲迥的梁士彥與宇文忻，見楊堅篡位後心生不滿，後來以謀叛被誅。不附從尉遲迥的竇熾，見百官勸進楊堅，他卻不肯署牋，其侄孫女（即後來唐高祖李淵之后）聞楊堅篡位，涕泣「恨我不為男，以救舅氏（周室）之難」（《舊唐書・后妃傳上》）。

楊堅女即北周宣帝楊皇后，起初「恐權在他族，不利於己」，因此聞其父掌朝政，「心甚悅之」，但後來知道其父「有異圖」，

「意頗不平」，「及行禪代，憤惋逾甚」（以上《周書·宣帝楊皇后傳》）。可見連楊堅女兒都沒想到楊堅後來竟篡周室。

　　楊堅之篡奪可謂形勢使然。當楊堅妻獨孤氏聞楊堅居禁中總百揆，派人謂楊堅：「大事已然，騎獸之勢，必不得下，勉之」（《隋書·文獻獨孤皇后傳》）！楊堅見掌權之勢已成，也曾自言：「吾今譬猶騎獸，誠不得下矣」（《隋書·藝術·庾季才傳》）。然則形勢變易何以如此快速，竟使楊堅能在數月之間即攘奪政權？

　　第一、由於北周武帝親政之後強化中央集權體制，宣帝時代又誅殺宗室諸王，使得楊堅掌握中央大權支配文官武將，處於主動優勢的地位。

　　第二、北周宇文氏政權漸失民心，武帝為勵行富國強兵採取激烈的廢佛、道二教措施，經像悉毀，沙門、道士逼令還俗，沒收寺廟、教產，激起當時崇信佛、道的社會各界普遍不滿，武帝晚年及宣帝時代又實行嚴苛法典，造成民怨。楊堅則充分利用這種情勢，他自幼篤信佛法，深刻瞭解人民對廢教措施的不滿，因此執政之後立即宣布復行佛、道二教，又修改苛刑法條，因而廣受人民的支持。

　　第三、北周對外擴張後未贏得新征服地的民心，舉兵反楊堅者都是在北周的新征服地區，他們以匡復周室為號召，對當地人民並無號召力，當地人民根本不在乎宇文氏政權的興亡。

　　第四，楊堅底下有一批積極的支持者在推動，他們是西魏——北周權力結構演變過程中被排斥的勢力，以及被北周所征服的北齊遺民勢力。

　　如本書第十一章第三節所述，西魏——北周政權原是由北鎮勢力和關隴、河南、河東土著勢力，以及追隨魏帝勢力等三股勢力，為對抗東魏所結合而成具有命運共同體性格的政權。然而在西魏政

權逐漸擺脫東魏的威脅之後，北鎮勢力急速地擴張，其他勢力漸被排除於權力核心之外。西魏後期北鎮勢力之中的宇文泰親信集團興起，魏周革命後北鎮元老武將亦被排除於權力核心之外。宇文護專政造成原宇文泰親信集團分裂，宇文氏家族之間骨肉相殘。武帝親政後，勵行中央集權，宇文氏宗室亦多居權力核心。至宣帝肆行誅殺宗室，宇文氏政權已無磐石之固。因此西魏——北周的權力結構演變乃是一種權力基礎日益狹窄化的過程，原本命運共同體的性格已喪失殆盡。然而在這一過程中被排斥的勢力卻日益不滿，這些勢力蓄勢待發，正在等待尋求翻身的時機，楊堅執政就是他們翻身的時機，以下列舉數人說明之。

京兆武功蘇威，其父是西魏初年為宇文泰規劃新政，作「六條詔書」的蘇綽。蘇氏為當時關中首望，在西魏初年都積極支持宇文泰，蘇綽與從兄蘇亮當時稱二蘇。但自西魏中期蘇綽、蘇亮相繼去世後，蘇氏人物就少見出任重要職位了。蘇綽子蘇威在北周時代過著隱退的生活，但楊堅執政後召之，積極襄助楊堅，成為隋初四貴之一。

弘農華陰楊素，世為望族。西魏初年弘農楊氏亦積極參與西魏政權，楊寬是魏孝武帝身邊的親信，孝武帝被弒後仕途就不順遂。楊寬侄楊敷在北周時領兵抗北齊軍隊，兵敗被擒，卒於鄴城。楊素為楊敷子，為其父因功而卒卻未受撫恤，深抱不平，因而上表申理，卻又差點被武帝處斬，後來雖屢建軍功，但始終只是任中下級的軍官。其他楊氏族人也未見居要職者。楊堅執政後，楊素「深自結納」，楊堅也器重之，拜為大將軍，領兵討伐尉遲迥，進位柱國，後來更成為隋代政壇上的新貴。

高潁，父高賓本仕東魏，西魏初年來降後，大司馬獨孤信引為僚佐，賜姓獨孤氏。北周初年，獨孤信被誅後，高潁家亦受壓抑。

高潁在北周末年任內史下大夫，楊堅妻獨孤氏常往來於高潁家，楊堅執政後，高潁竭誠為楊堅效力，歷任相府司錄、相府司馬。隋初，拜尚書左僕射，兼納言，可說是楊堅身邊的首要功臣。

京兆杜陵韋世康，世為三輔著姓。西魏初年韋氏人物亦積極參與西魏政權，韋孝寬在西魏初年就是有名的名將，曾抗拒高歡大軍，致高歡退兵病死，建有大功。但韋孝寬的仕途並不順遂，在同輩北鎮武將已超遷為柱國大將軍時，他還是中級的開府儀同三司，經過漫長的歲月，到北周末年始升到上柱國，已是七十歲老將。楊堅執政後，韋孝寬受命討伐尉遲迴，平尉遲迴凱還後不久即病死。韋孝寬兄韋敻，不仕於周，號曰逍遙公。韋敻子韋世康，仕周為中下級官員，楊堅執政後積極支持楊堅，隋初歷任禮部尚書、吏部尚書等要職。

京兆霸城王長述，世為州郡著姓。祖父王羆為抵禦東魏高歡的一員猛將。王長述仕周至大將軍，楊堅執政後，進位為上大將軍，領兵討平王謙，進位柱國。

以上數人都是西魏──北周時代不得志的勢力而積極助楊堅者，其他如楊雄、虞慶則，皇甫績、盧賁等支持楊堅者，在北周末也都只是中下級官僚，他們助楊堅後成為隋初的新貴。

另外，北齊系官僚積極助楊堅者，可以李德林為代表。李德林為博陵安平人，仕齊為中書舍人、中書侍郎，久典機密。北齊亡後入周，僅出任內史上士、御正下大夫等下級官職，楊堅執政後，他積極為楊堅策劃大計，歷任相府屬、丞相府從事中郎，緊急文書皆由他處理，又為楊堅草擬禪代之際的各種詔策，可說是楊堅的重要功臣人物。

以往學界都認為楊堅家族在北周已有相當大的勢力，或認為漢人勢力在北周末已漸掌文武大權，因此楊堅才能夠輕易篡奪。事實

上楊堅家族在北周看不出有太突出的勢力，漢人勢力在北周時代也大多是受到壓抑，楊堅之成功與其是否為漢人的身分大概也沒有多大的關係。楊堅只是善於結合當時各種對宇文氏不滿的潛在勢力，或者說是北周末年各種不得意的勢力利用周末之變局，聯合支持楊堅篡位，他們也因而得到翻身的機會。由此言之，周隋政權的轉移也是統治階層的一次大變動，其中最大的特徵則是關隴地區的漢人望族利用此一變局而崛起。

三、周隋政權性格的轉變

西魏——北周是在北魏末年六鎮之亂後，由南下的北鎮勢力所主導的政權，儘管宇文泰曾引用漢人蘇綽勵行革新，然而北鎮勢力畢竟是一股鮮卑色彩濃厚的勢力，西魏——北周政權因而仍有相當濃厚的胡族政權性格。譬如說，西魏——北周的權力核心仍多由北鎮鮮卑化人物所把持，甚至許多地方的州刺史、縣令以及帶領軍隊的都督、統軍、別將亦多由鮮卑化人物所充任。西魏——北周時代的官員服裝也都是胡制服裝，被北魏孝文帝所廢改的胡姓也都恢復盛行，被北魏孝文帝所禁止的鮮卑語又大為流行。由以上種種都可看出西魏——北周政權有相當濃厚的胡族政權性格。

然而楊堅掌權之後政權性格有很大的改變。儘管楊堅本人未必真是漢人弘農楊氏之後，楊堅父楊忠出自武川鎮，也感染相當程度的胡化色彩。然而積極支持楊堅掌權篡位者則是以關隴地區的漢人望族為主，而楊堅本人亦宣稱是弘農楊氏，極力拉近與漢人世族的關係。因此楊堅掌權後多採納漢族士人的建議，做出許多大幅度的改革。此處只先就對北周胡族性格的轉變略做說明，其他更重大的體制變革留待下節再敘述。

北周靜帝大象二（580）年十二月，下詔把以往改胡姓以及賜

胡姓者，都恢復漢姓，這是楊堅權力已完全穩固之後的措施。楊堅即帝位之後又立即廢除北周的六官制度，改行魏晉以來的官制。西魏時代蘇綽所草擬的六官制度，宣稱是依據《周禮》的古制，然而周代實情難以詳考，且時空背景亦已大不相同，實行起來頗有古怪色彩，北周初年漢族名門貴族博陵崔猷就有反對六官制度之議。楊堅即位後接受崔猷子崔仲方之議，廢除六官之制，「依漢魏之舊」（《北史‧崔挺附曾孫仲方傳》），表示廢除非常時期的奇特制度，而回到幾百年來漢人社會的主流官制。再從隋初將相大臣的權力結構觀之，關隴河南、河東的土著豪族興起，而北鎮勢力出身者明顯大幅下降，政權的胡族色彩大為消褪。此外，胡服與鮮卑語在隋代也不再盛行。這些都顯示隋代政權性格確與北周政權性格有很大的轉變。

　　綜而言之，從僻處關隴一隅的西魏割據政權發展到北周末年的大帝國政權，以往宇文氏統治的權力安排與政治體制格局，已完全無法滿足新時代的需求。一股潛藏已久的不滿勢力借楊堅執政而興起，他們改造北周政權，使新建的隋政權面臨新時代的挑戰。換而言之，隋政權可說是北周再改造的政權，而經過這種改造，隋政權憑藉北周時代所厚植的國力，邁向世界帝國之路。

第三節　隋初的改革與征服江南

　　隋文帝楊堅即位之初，大臣屢次上平陳之策，楊堅回答：「朕初臨天下，政道未洽，恐先窮武事，未為盡善」而罷議之（《隋書‧梁睿傳》）。的確，楊堅即位之後，擺在他面前的是無數待解決的問題，自北周武帝滅北齊之後留下來的千頭萬緒的善後工作，以及篡周之後許多內部安撫整頓的工作，都急需加以處理。雖然形勢對隋十分有利，但在內部問題尚未妥善處理以及準備工作未齊全之

前，楊堅並不急於出兵。

隋文帝經過長期謀畫之後，大舉伐陳，其勢銳不可擋，終於完成征服江南的事業。此後全中國地域完全在隋的統治之下，隋成為東亞的世界帝國，可是隋帝國又面臨更複雜、更鉅大的歷史課題，本節對此略加以說明。

一、隋初的改革

開皇初年，楊堅首要的工作是穩固其統治地位，以及從事內部的改革。

楊堅為穩固其統治地位，採取恩威並施的手段，他一方面盡誅宇文氏子孫，使其永無再起，斷絕反對者擁戴的對象；另一方面則拉攏、安撫北周的舊勢力，如任命李穆為太師、竇熾為太傅、于翼為太尉。然而實際大權則委由原丞相府的親信幕僚。此外，為安撫東方舊齊之地的民心，除以北齊系出身的親信幕僚李德林為內史令之外，又頒布詔書令山東諸州刺史推舉人才，強調：「朕受天命，四海為家，關東關西，本無差異，必有材用，來即銓敘」（《文館詞林》卷六九一〈隋文帝令山東三十四州刺史舉人勅〉）。開皇五（585）年又詔徵山東馬榮伯等六位大儒，目的都是在安撫天下民心。

儘管如此，隋初仍有一些反對楊堅的勢力。如開皇六（586）年，矯詔引楊堅執政的劉昉，因被疏遠致心生不平，連結失意武將梁士彥、宇文忻等造反，事敗被誅。不過，大致上此後楊堅的統治地位已確立不移了。

開皇初年，隋文帝針對內政問題提出許多大魄力的改革，其中較重大者依年代次序大致有以下數項。

㈠開皇元（581）年二月即位之後，立刻宣布廢除北周的六官

制，恢復漢魏以來的舊官制。此時大致上是沿用北魏孝文帝漢化改革之後的官制而為北齊所繼承者。

㈡開皇元年即位之後不久，下令大臣修訂律令，同年十月頒行新律，新律修改許多嚴峻刑法條文。此後又於開皇二（582）年完成令、格、式的修訂，開皇三（583）年又重新定律，簡化法律，此即後世所謂的「開皇律」，影響深遠。

㈢開皇元年九月重鑄五銖錢。這是試圖對魏晉以來混亂的貨幣制度加以徹底的改革，恢復漢武帝有名的五銖錢，統一貨幣制度。

㈣開皇二年重頒均田令。均田令是北魏時代重建農業生產秩序的法令，東西魏、北齊北周時代亦有實行，但稍有變異。隋初重頒均田令主要是繼承北齊的河清令，重點可能是把新令一制實行於全國各地。

㈤開皇二年頒布賦役制度的法令，一般稱「租庸調」。大致是重整六朝時代的賦役制，約與均田令同時頒布，兩者是結合實行的。

㈥開皇二年六月，下詔創建新都。在長安城東南一塊平地上做全新的規劃，即後世有名的大興城。開皇三（583）年三月，在新都宮殿初步完成後隋文帝就遷入了。此後新都繼續增修，成為唐代國際最大的長安都城。

㈦開皇三年十一月，罷天下諸郡。此即中國歷史上地方制度重大的變革之一，把魏晉以來的州郡縣三級制改為州縣二級制，重劃行政區域，簡化行政層級，徹底革除地方人少官多所謂「十羊九牧」的現象。

㈧開皇五（585）年五月，詔置義倉。據研究這是一項軍事上的措施，規定人民要繳納一定的粟麥為義倉，做為戰事時軍隊及人民的食用，主要設置在與突厥、吐谷渾交界的西北邊諸州，以及與

陳交界的邊境諸州，可見這是一種長期備戰的措施。

㈨開皇五年又於山東舊北齊地區實行「大索貌閱」及「輸籍法」。「大索貌閱」是徹底清查隱漏戶口，以遏止逃避賦役，結果查出隱漏戶口約有一六○餘萬。「輸籍法」則是進一步拆散大戶，析出小戶以重新編入國家戶籍。這是打擊世家大族重建編戶齊民的體制。

㈩開皇七（587）年，制諸州歲貢三人。一般認為這是隋文帝廢除地方的中正官後，設立貢士制度，以考試取人。這是延續以往的秀才孝廉歲舉制度，而開創新制，即後世所謂的科舉制度，其在歷史上的意義不待多言。

以上隋文帝開皇初年的內政改革，都是針對魏晉以來數百年的沉痾積弊，展現空前大魄力的革新，奠立可長可久的立國宏規。經過這些大魄力的變革，隋政權的格局不但遠非北周所能望其項背，更開啟一個世界帝國的雛形。隋文帝楊堅及其大臣們的胸襟氣魄，由此展現無遺。

隋初另一項迫切的問題，是來自北方草原突厥帝國的威脅。

六世紀中葉從金山（阿爾泰山）興起的突厥取代柔然稱霸北亞草原，初起之時突厥與北周聯合威脅北齊，不久則改採雙面外交，北齊、北周為爭取奧援，皆傾財力以討好突厥，突厥謀取漁利，聲勢益驕，其君主他鉢可汗常對部屬說：「我在南兩兒（北齊、北周）常孝順，何患貧也」（《隋書・北狄・突厥傳》）。北齊亡後，突厥曾欲扶持北齊建立流亡政府，北周武帝前往討伐，病死途中，嗣後北周又與突厥和親，隋初仍受突厥嚴重的威脅。

開皇元年，突厥他鉢可汗死後，沙鉢略可汗繼立。次年沙鉢略可汗率領大軍入侵長城，號稱控弦之士四十萬，隋文帝任用深悉突厥內情的長孫晟，採離間之計分化突厥。蓋當時突厥內部因汗位紛

爭，已有內鬨之勢，長孫晟採遠交近攻、離強合弱之策，使突厥內部的紛爭益加擴大，遂正式分裂為東西兩部分，即中國史上所稱的東突厥、西突厥。東突厥沙鉢略可汗屢為隋軍所敗，開皇四年向隋求和親，隋許之。次年沙鉢略可汗受西突厥的攻擊，求援於隋，隋文帝命晉王楊廣率軍擊敗西突厥，於是東突厥沙鉢略可汗向隋稱臣朝貢，此後十幾年北邊無外患。

二、征服江南

隋文帝在穩固統治地位、完成內政重大變革、解除北邊外患之後，就積極地展開南征江南的事業。

開皇元年三月，隋文帝以賀若弼為吳州總管鎮廣陵，韓擒虎為盧州總管鎮盧州，積極佈署伐陳計畫。同年九月，命高熲節制諸軍伐陳，次年正月陳宣帝卒，陳後主繼位，高熲以禮不伐喪為由，奏准班師回朝，蓋亦是時機尚未成熟之故。此後大臣爭獻平陳之策，隋文帝則各取所長，逐步佈署。如採高熲之策，每當秋收之際，遣兵擾亂，以廢其農時，再三行之，可鬆弛其戒備；又派人入陳境縱火焚燒其穀倉，待陳修繕之後，復燒之；因此陳朝漸趨困乏。又用崔仲方之策，從長江上游下游同時佈署，在上游「速造舟楫，多張形勢」，以掩護下游的「擇便橫渡」（《隋書・崔仲方傳》），後來命楊素在永安（重慶市奉節縣東白帝城）大造戰船即此計畫之實行。此外，前述開皇五年之置義倉，以及開皇七年開山陽瀆（邗溝）連結淮水與長江，也都是為伐陳做後勤補給的準備。

開皇七年八月，隋文帝徵召後梁君主蕭琮入朝，廢除後梁國。後梁本是西魏宇文泰攻滅梁元帝江陵政權後，在江陵空城所扶立的一個傀儡政權，做為與南朝之間的緩衝，實際上是西魏、北周、隋的附庸國，隋文帝撤廢後梁國，準備進一步伐陳的態勢已很明顯。

　　然而，另一方面，隋文帝則又刻意與陳友好交聘，兩國幾乎每年都有使節往還，為特意表示友好，曾有陳朝將領來降，隋文帝亦「以通和不納」。這可以說是以交聘睦誼掩護備戰的策略。

　　反觀這時候的陳朝君臣則好似醉生夢死，不知大難之將至。

　　陳朝是在梁末侯景之亂後所建立的王朝，開國君主陳霸先憑其在嶺南的經略實力，合同一批三吳出身的寒門武將，率領南方土豪軍而建立王朝。初起之時，雖承江南疲弊，但南方土豪軍亦頗善戰，陳宣帝憑此武力北伐，尚能自北齊收復淮南江北二十七州之地。論者以為當時陳宣帝若行陳齊合縱之策，以牽制北周，則局勢演變尚未可知。然而陳宣帝遣大將吳明徹伐齊，掣齊人之肘，反利周人之吞噬。迨齊既滅，陳將吳明徹欲乘勢爭淮北，大軍失利喪師數萬，又失淮南江北之地，形勢至此已對陳朝非常不利。

　　陳宣帝死後，其子陳叔寶繼位，是為陳後主。史書說這位南朝最後的亡國之君，生於深宮之中，長於婦人之手，不知民間疾苦，奢侈無度，搞得庫藏空虛，迷戀酒色，好聽諂言，於是后妃閹宦及便佞之徒內外交結，弄權亂政，賄賂公行，綱紀敗壞。平心而論，比起六朝時代的許多昏暴之君，陳後主的昏暴行為並不算很突出，像北齊文宣帝及後主、北周宣帝等都是濫行誅殺的暴君，陳後主則大概屬於昏君。不論如何，在上述形勢已極端不利的情形下，他仍日夜歌舞昇平，毫無作為，南朝至此只有走上「金陵王氣黯然收」（劉禹錫〈西塞山懷古〉）一途了。

　　開皇八（588）年三月，隋文帝下詔列舉陳後主的二十大罪狀，抄發三十萬份遍諭江南，聲言討伐。同年十月，正式命晉王楊廣、秦王楊俊、清河公楊素並為行軍元帥，統率大軍五十一萬餘人，皆受晉王楊廣節度，大舉伐陳。

　　隋大軍南下，陳緣江鎮戍，相繼奏聞，但佞臣施文慶、沈客卿

掌機密用事，並抑而不言，後主全然不知，故無備禦。

開皇九（589）年正月，隋將賀若弼自廣陵引兵渡江，陳人不覺，遂攻克京口。同時韓擒虎亦渡江攻克采石，繼破姑孰。隋軍二路直攻建康，陳軍望風盡走，降者相繼，建康城破，後主聞兵至，與張貴妃、孔貴嬪投避於井中，為隋軍所執，陳遂亡。

陳亡之後，長江各地尚有水軍抵抗，隋晉王楊廣命陳叔寶手書招上江諸將，諸將乃降。陳吳州（江蘇省蘇州市）刺史蕭瓛，素得民心，陳亡之後，吳人推蕭瓛為主。二月，隋將宇文述、燕榮討破之，蕭瓛被捕，隨後陳東陽州刺史蕭巖以會稽降，蕭瓛、蕭巖皆送長安斬之。陳亡之後，嶺南未有所附，數郡共奉高涼郡洗夫人為主，號聖母，保境拒守。隋晉王楊廣又命陳叔寶遺夫人書，諭以國亡，使之歸隋，洗夫人集首領數千人，盡日慟哭，乃降，嶺南悉平。

隋自正式南侵至完全征服江南各地，只費時數月，但這是隋文帝籌備近十年的成果，也是南北朝後期國際形勢演變最後的結果。至此結束了中國史上的魏晉南北朝時代，全中國地域都納入隋帝國的支配之下，一般學者稱之為中國的再統一。

三、隋帝國的歷史課題

隋帝國是中國歷史經過魏晉南北朝漫長演變發展而成立的大帝國，在中國歷史上的地位有如秦帝國，秦帝國二世而亡，隋帝國也是二世而亡；秦帝國為漢帝國鋪路，隋帝國也形同為唐帝國鋪路。秦帝國與隋帝國都難以持久，可見都是面臨許多難以克服的歷史課題。秦帝國的問題暫且不論，以下謹略述幾項隋帝國的時代課題，以供讀史者參考。

首先，中國各地域經過魏晉南北朝的發展，各地域在文化性格

上有更多的差異，隋帝國用武力征服各地域，但如何將各地域的差
異性統合起來是個棘手的課題。隋文帝即位以來即感受到此一問題
的重要性，一再提倡當時各地域文化共同的因素，做為整合各地域
文化的方法，如特意提倡佛教、道教以及強調儒家的倫理思想等
等，結果也獲致不少的成果。關於這一問題，隋史專家 A. F. Wright
已有很好的研究，請參考之（參見氏著〈隋代思想意識的形成〉，收
於段昌國等人譯《中國思想與制度論集》）。然而只靠提倡共同的思
想意識，未必能完全化解各地域潛在的反抗力量，這就必須再留意
政權基礎的擴大化問題。

　　中國中古史的權威學者陳寅恪，曾提出有名的「關隴集團」理
論，認為從西魏到唐代前期武后時代一百五十年間，統治階層主要
都出身自西魏宇文泰所結集而成的所謂「關隴集團」（參見陳寅恪
〈唐代政治史述論稿〉）。約略同一時期日本學者布目潮渢的研究也
提出類似的觀點（參見布目潮渢《隋唐史研究》）。那麼這一種現象
說明了什麼意義？不少學者可能會著眼於「關隴集團」的凝聚力或
武力才智如何偉大，然而若從政權基礎的觀點論之，「關隴集團
說」適足以反映統治階層難以擺脫的地域性格，這未必是一種好的
現象。隋文帝山東求才詔要特意強調「關東關西，本無差異，必有
材用，來即銓敘」（《文館詞林》卷六九一〈隋文帝令山東三十四州
刺史舉人勅〉），後來科舉制度也有廣收人才的美意，但結果是仍然
難以擺脫統治集團的格局。此後隋政權的衰亡以及唐初的許多政
潮，實際上都含有各地域勢力聯合鬥爭的因素在內，值得深思。

　　再者，隋承魏晉以來各種制度多頭發展的情形，隋文帝與共事
大臣以空前的大魄力實行大規模的變革與整合，汲取魏晉以來各種
制度發展的精華，開創隋唐帝國的宏規，成果亦頗豐碩（參見陳寅
恪〈隋唐制度淵源略論稿〉）。然而任何重大的變革都難免會有反作

用力，譬如說隋的地方制度廢郡行州縣二級制，以及廢除鄉官，有其難以否認的必要性，同時也收到良好的成果。可是過度的中央集權體制，也會侵害到各地域社會原有的自治性格，隋末各地難以計數的叛亂，正與地域社會自治性格的喪失有很大的關係（參見宮崎市定《九品官人法の研究》）。再從經濟發展的程度來看，當時江南的經濟遠較北方發達，以經濟較落後的地區征服統治經濟較發達的地區，必然會有許多問題，結果隋的征服掠奪大量江南的財富，後來的大運河更是吸收江南財富的唧水筒。有些學者認為若非隋唐三百年的征服統治，江南社會說不定早已從「中世」進入「近世」而不必等到第十世紀（參見川勝義雄《魏晉南北朝》），可見隋的征服也發生被征服地域歷史發展停滯的現象。

最後，隋帝國征服江南，以中原王朝主宰天下秩序的「中華思想」得以實現。然而這種主宰天下秩序的「中華思想」卻也是一個難以承受的負擔。為了不斷實現這種「王道」理想或「帝王」事業，隋帝國要扮演世界警察的角色，甚至是宇宙主宰者的角色，因而不得不費力干涉四鄰的事務。隋煬帝一再地遠征高句麗，以致眾叛親離，帝國解體都肇因於此。當然這不是隋代獨特的課題，而是中原歷代王朝經常面臨的問題，歷代王朝要實踐中華思想的天下秩序，都難以避免地要付出鉅大的代價，隋煬帝好大喜功的性格，使得隋代所面臨的此一歷史課題格外地沈重，隋帝國的瓦解值得讀史者深思。

關鍵詞彙

均勢平衡	李德林
突厥	陳後主
侯景之亂	關隴集團

隋文帝　　　　　　　　中華思想

高熲

自 我 評 量 題 目

一、魏晉南北朝長期的分裂與國際間的局勢演變有何種關係？

二、南北朝後期國際局勢有何種演變？

三、楊堅篡北周之後有那些變革？其歷史意義為何？

四、楊堅為滅陳，曾有那些先前的準備工作？

五、隋滅陳之後，面臨那些歷史課題？

第十三章　魏晉南北朝的清談與玄學

——詳細研讀本章之後，讀者應該能：

1.瞭解魏晉清談與玄學的涵意。

2.瞭解魏晉清談與玄學的興起。

3.瞭解清談與玄學的演變。

4.瞭解清談與玄學何以沒落。

5.「清談誤國」說的再評論。

摘　要

　　清談乃是魏晉時代的貴族和知識分子，以探討人生、社會、宇宙的哲理為主要內容，以講究修辭與技巧的談話論辯為基本方式，而進行的一種學術社交活動。由清談內容發展出來的當時思潮即所謂的玄學。

　　魏晉清談源起於兩漢經學走向僵化之後，在太學所新興起的談論學風。漢末政治腐敗，士人由批評時政轉而談玄理，曹操求才令，標榜「唯才是舉」，使儒學更難恢復以往的地位。魏明帝時代，荀粲入洛陽，掀起一股談論玄理的風氣，到正始年間，曹爽執魏政，何晏、王弼，倡言以道入儒，首先高談「以無為本」的玄理，為玄學奠立基本的理論體系。後來司馬懿政變，何晏等清談名士大都被殺，而有以嵇康、阮籍為首的所謂「竹林七賢」之清談。嵇康、阮籍倡「越名教而任自然」，以抗議司馬氏的虛偽。但阮籍的縱情放達，卻成為西晉貴游子弟無病呻吟的放蕩風氣，清談的嚴肅涵意被嚴重的扭曲。西晉惠帝元康年間，清談再掀起高潮，清談領袖王衍再倡何晏、王弼的「貴無說」，但同時又有裴頠倡「崇有論」與之抗衡，到郭象更倡「獨化論」，集玄學思想之大成。此後玄學談風依舊，唯玄學理論已難再有所發展。

　　東晉前期清談與玄學雖曾再重振一時，但終於後繼無力，清談的內容難再創新，最後只作技巧上的炫耀，而漸淪為名士間的社交活動而已。又由於佛教興起，聰明才智之士轉向更引人入勝的佛理上去，於是

東晉後期清談與玄學乃衰退沒落。

　　魏晉清談與玄學在中國學術史上佔有很重要的地位，然而由於長期的被誤解，不但未受到應有的重視，更被加上「清談誤國」之惡名，以今日觀之，實有加以澄清的必要。

中國學術思想在先秦時期曾經創造出百家爭鳴的輝煌成果，奠立中國古典文化的基石。秦併六國，隨著政治上的專制統治，加強對學術思想的控制，而有所謂的「焚書坑儒」。秦亡之後，學術思想並沒有立刻得到解放，直到漢惠帝四年除秦「挾書律」，古籍經典始漸流傳。漢初黃老思想瀰漫，政府亦少做干涉，逮武帝採董仲舒之議，獨尊儒術，儒家思想成為官方奉行的意識型態，窮經可以致仕，於是兩漢經學成立。然而，經學發展既受原典的限制，學者又多以功利致仕為標的，加以陰陽、讖緯等迷信思想的滲入，不是使得經學章句煩瑣失去生命力，就是脫離理性思維，難以滿足學者求知創造之心，於是經學陷入僵化，玄學代之而起。玄學是魏晉時期學術思想的主流，要而言之，乃是當時知識分子要進一步探究宇宙、人生的哲理，而創造的一套形而上學。這套形而上學為當時人開創出重新認識宇宙人生的新視野、新思維，學術思想界又有了一股新活力，後來佛教思想能夠在中國傳播，也與這種學術思想環境的變化有很大的關係。因此，魏晉南北朝時代政治上雖然紛爭不斷，但在學術思想上絕非是黑暗時代，反而是一個思想解放或文藝復興的時代。

魏晉玄學的創造，有一個很突出的特徵，即許多思想內容的創造，是藉助於「談論」的形式而提出的，即或不是完全在「談論」時完成，但也與當時流行的「談論」主題有密切的關係，這種談論，即所謂的「清談」。清談並不是漫無邊際的談，而是必須經過細密的思考，加以嚴密的組織，使之合乎邏輯推理而不自相矛盾，不但要推翻別人的觀點，更要建立自己的理論。簡而言之，清談乃是此一時代的貴族知識分子，以探討人生、社會、宇宙的哲理為主要內容，以講究修辭與技巧的談話論辯為基本方式，而進行的一種學術社交活動。

本章以時代演變為主軸，概述清談與玄學的興起與演變，特別著重與當時政治社會背景的關係。

第一節　清談與玄學的形成

一、經學的僵化與學風的轉變

兩漢學術因漢武帝「罷黜百家，表章六經」（《漢書‧武帝紀》贊），使得儒術成為晉身之唯一途階，經學也成為獨尊的顯學。經學本身則因設置博士，立於學官，有了家法門戶，又講章句。然而章句之末流，卻成為煩瑣的碎辭，學子所得只是在章句中馳逐，迷於枝葉而難識大體。不僅如此，漢人講經，自始即非出於純儒家之觀點，陰陽家、災異、圖讖思想皆雜入其中。當時經學有今文經與古文經之別，一般而言，古文經較重視義理而非章句，但古文經卻未受到官方的重視，今文經學才是經學的正統。如此，兩漢經學到了東漢末可說已僵化毫無生命力了。於是經學內部逐漸興起一股簡化章句的新思潮，東漢末鄭玄的重整經學，與劉表在荊州倡所謂的荊州學派，都是其代表。

另一方面，東漢光武帝獎勵儒學，禮遇士人，明帝、章帝亦承其風，中央地方興學之風大盛，官學私學都很發達，至東漢末僅只京城的太學生就有三萬餘人。兩漢的太學可以說是官吏的搖籃，太學生就是未來的官吏，他們的參政意識本來就很強。但太學生人數的膨脹，使得各人的出路狹窄了，於是互相標榜、交遊、走後門等風氣自然而起。同時，東漢末年宦官外戚把持朝政，政治腐敗，宦官外戚子弟遍佈中外，更堵塞了太學生的仕宦之路，於是太學生和中央政府裡的士大夫領袖結合，形成批評朝政的風潮。至此學風大變，所謂「章句漸疏，而多以浮華相尚，儒者之風蓋衰矣」（《後

漢書・儒林列傳》）。

　　東漢末年太學生結合士大夫批評時政的風潮，最後釀成二次黨
錮之禍，「氣節之士」多被捕被殺，或者興起絕望感，而歸隱山
林，對當時的士人階層打擊非常的大，所謂「海內塗炭，二十餘
年」（《後漢書・黨錮傳》）。不僅如此，黨錮之禍之後，接著而來
的是黃巾之亂大起，董卓入關又破壞長安、洛陽，使得天下經學的
中心被摧毀殆盡。至此，兩漢經學更加下衰，而新的學風與新的思
潮代之而起。

二、清談與玄學的緣起

　　代兩漢經學而起的即所謂的魏晉玄學，玄學是超越舊有儒家經
典，探究宇宙、社會、人生的一種新哲理，其探究的方式多經由一
種新興起的學風，即所謂的清談。以下先說明這種清談的一般形
式，再追溯其起源。

　　魏晉清談的典型形式，大致上是一個多人參加的學術社交活
動，其中主角為兩人，其餘為喜好清談者或善於清談者，即所謂
「談客」或「能言者」，這些人聚集在一起，構成一個「談坐」。
主角兩人分別為「主」、「客」。由主方首先發言，提出一個論
點，並加以簡明的論證，叫做「敘理」。然後由客方提出詰問或反
駁，稱為「作難」，或簡稱「難」。客方作難後，主方當然要「辯
答」。如此一難一答，稱「一番」。再難再答，便是二番；如此往
反，可至數十番。最後必有一方詞窮，就叫「屈」。勝者所持之理
即為「勝理」。清談活動至此告一段落。此時如有新人加入，對剛
才的「勝理」進行挑戰，就構成一組新的「客主」，於是另一輪論
辯又開始了。

　　當然，以上是就較常見的典型形式而言，除此之外，有時也有

一人主講與多人討論等形式。那麼，這種談論學術的形式始於何時？

　　如果純粹只從形式來看，兩漢講經形式已有後世清談雛形。兩漢講經有一人主講，聽講者「問難」或「詰難」的情形，亦偶有多人說經，「更相詰難」，「奪席」多人的情形。不過，兩漢講經主題當然多為經典章句，其內容與後世清談相去甚遠。與後世清談更接近的可能是東漢末太學生之中的「游談」風氣。

　　如前所述，東漢末年由於太學生人數的膨脹，形成互相標榜、交游的風氣，另一方面，因外戚宦官把持朝政，而掀起批評時政的風潮。不論是太學生之間的交游或批評時政，最自然的場合是在太學之中的集會，即是一種「游談」的風氣。太學生們「游談」的內容，不外乎議論時政、品評人物，同時也討論學術思想。黨錮之禍雖使士大夫集團受到沈重的打擊，但這種交游和談論的新風氣並未因此而消滅，反倒隨著名士的流散而從京師散播到地方，從太學諸生散播到一般士人之中。只是其談論的內容因當權者的壓迫，議論時政已難再見，而一般性的人物品評及思想討論多起來了。

　　再就學術思想言之，兩漢經學取得官方獨尊地位後，其他學術思想也並沒有完全淹滅，尤其是道家思想仍然處於在野者的地位而流傳。東漢末經學僵化之後，更有許多批判經學與探索新學術的聲音出現，最有名的如桓譚、王充等人對經學中迷信思想的批判，而仲長統的思想更帶有老子之學的味道。後來玄學思想多受老子思想的影響，可見玄學思潮也是經過相當時日的醞釀才流傳開來的。

　　總之，魏晉清談與玄學的新學風、新思潮，並不是突然之間冒出的，而是在兩漢經學走向僵化後逐漸醞釀成形的，而不論就其學風與思潮內容觀之，應是與東漢末太學生的游談風氣有相當密切的關係。

三、曹操的求才令

漢魏之際，由於曹操「唯才是舉」的求才令，使得學風進一步的轉變。

東漢以名教治天下，希望做到人盡其才，官稱其職，然而現實上的選舉措施，操行與才能往往難於雙全，而逐漸有傾重操行的現象，但操行又易於虛假，或受權豪把持，以致選舉多失其實。曹操崛起於群雄割據之中，深知以往的用人政策難以拔擢真才，因而在建安十五（210）年、十九（214）年、二十二（217）年，連下了三道求才令，一再地強調「唯才是舉」的用人理念，只要有才能，即使不是廉士，即使是「盜嫂、受金」（《三國志‧魏書‧武帝紀》）之徒，亦皆加以重用。

曹操求才三令的直接目的當然是為求治亂世的幹才，但有的學者認為此舉亦與其欲加強中央集權有關，即排除地方大族把持輿論主導選舉，甚至藉此排斥不利於曹氏的名士，防止大族名士以主持清議、組織朋黨不利於曹氏。

曹操雖未明白的反對經學，排除儒術，但他嚴格的法治政策，好權謀，輕視儒家所講求的孝悌節義，無疑是對人們數百年來的精神依托給予沈重的打擊。而求才三令所揭示的「唯才是舉」理念，更立即使得以往「通經致仕」的仕途動搖了。因此，其影響所及不只是經學更進一步下衰，甚至是選舉標準的動搖不定；而選舉標準不確定，那些求仕的士人就常在惶恐不安之中；後來「才性問題」成為玄學清談重要的議題，即由於此。

在曹魏頒布求才令之後，徐幹著有《中論》，其中的〈智行篇〉即討論到才性的問題，其基本議論是重才智而輕「志行純篤」，和曹操的主張相符合，或許此文有政治上的鼓動意義也未可知。後來

魏明帝時代又有劉劭著有《人物志》，析論識人之學，亦可視為是才性問題的討論著作。到曹魏嘉平年間（249～253 年），才性論爭達到其高潮，容後再述。

四、荀粲所帶起的談風

　　魏文帝曹丕即位之前，三國鼎立之勢早定，國際間雖戰爭不息，固已無關大局，當時最迫切的是如何治理這已得的天下。文帝的作風異於前代，他採陳群之議，制立九品官人之法，革除漢代察舉流弊，又能加強中央對人事的控制權；另一方面又立太學，祀孔子，獎勵儒學。但此時儒學早已失去其主流的地位，其本身煩瑣機械的解釋，又無足夠的吸引力，因此當局只是基於傳統的政治理想，不得不維持它的形式，卻無實質上的興趣。換而言之，經學在曹魏初年，只不過是一種昇平的點綴而已。在這種情形之下，魏明帝太和元（227）年，荀粲來到京師洛陽，立刻帶起一股談論玄理的風氣。

　　荀粲是曹操早期謀臣荀彧的少子，粲諸兄並以儒術論議，而粲獨好言道，「常以為子貢稱夫子之言性與天道，不可得聞，然則六籍雖存，固聖人之糠秕」（《三國志・魏志》卷一〇注引〈晉陽秋〉）。荀粲的「六經皆聖人之糠秕」說，顯然繼承了漢末談論中不拘守章句的精神而更大膽細緻，他由此進而談論性與天道之類的人生、宇宙哲理。由於荀粲議論新穎，又特別重視修辭與談辯技巧，因此「當時能言者不能屈也」。

　　荀粲在洛京的談論，立即掀起一股談論之風，年輕學子更好此道。當時知名的談士，除荀粲之外，尚有傅嘏、裴徽、何晏、鄧颺、夏侯玄等人，但不久發生所謂「浮華事件」使得這股談風暫時沈寂下來。

　　太和四（230）年，明帝下詔罷黜一批所謂的「浮華」之士，包括何晏、鄧颺、李勝、丁謐、畢軌、夏侯玄、諸葛誕等人皆被斥免。此事件是因有人向明帝告發上述諸人在京師專事交游、相互標榜，有操縱選舉之虞，再看上述諸人頗多是當時有名的談士，可見此事件當和當時京師興起的談論風氣有密切的關係。「浮華事件」之後，洛京談論之風暫時沈寂下來。

五、正始年間的清談與玄學

　　魏明帝死後，齊王曹芳繼位，由曹爽與司馬懿輔政，曹爽為了抑制司馬懿，用丁謐之計，奏請曹芳轉司馬懿為太傅，陽尊其位而陰削其權，而將選舉用人等實權掌握在自己手中。前述在明帝「浮華事件」中遭罷黜的名士，多為曹爽的親戚或朋友，這時都被曹爽請出來當參謀，任要職，於是沈寂十年左右的談論之風再起，並迅速地發展，不但在上層名士中成為普遍風氣，且在談論風氣中形成魏晉玄學的基本理論體系，這就是後世有名的正始之音。正始（240～249 年）是齊王芳的年號，此一時期最傑出的清談人物是何晏與王弼。

　　何晏（約 190～249 年），是漢外戚大將軍何進的孫子。何進以謀誅宦官，事洩被殺。何氏被滅，何晏可能是何進兒子的遺腹子，曹操納晏母為妾，晏隨母少長宮中，後又娶操女金鄉公主，封列侯。正始年間，曹爽秉政，晏深為爽所信任，官至侍中、吏部尚書，史稱他選舉得人。他又祖述老、莊，大闡玄論，成為當時清談的領袖。正始十（249）年，司馬懿發動政變奪魏政，殺曹爽，何晏同時被殺。

　　何晏的主要論點是「以無為本」的思想，他從闡述老子「天地萬物生於有，有生於無」的學說，而提出「無」是萬有的本體。本

末有無的問題，並不是一下子突然提出來的，早在漢代王充為批評天人感應說，就提出改造道家的「天道自然無為」思想，何晏的無為思想或即沿此發展而來。何晏又著有《無名論》，沿襲老子的說法，認為道唯無名，聖人體道，故聖人無可名。何晏雖然主張道合自然，但沒有企圖要把自然和名教對立起來，而是主張名教應本於自然。何晏還著有《論語集解》，在注釋《論語》時，是用道家的觀點來解釋孔子的思想，他企圖把孔子改造為玄學家的聖人。然而，何晏援道入儒、融合儒道的努力尚不十分成功，他所提拔的新起之秀王弼，則解決了此一問題。

王弼（226～249 年），山陽高平人，是著名文學家王粲的族孫。正始中，任中書郎，為何晏所知。何晏見其才華，曾歎曰：「若斯人，可與論天人之際矣」（《世說新語‧文學篇》）！嘉平元（249）年秋病死，年二十四。他著有《老子注》、《周易注》、《周易略例》、《論語釋疑》、《老子指略》等書。

王弼是對魏晉玄學思想的發展影響重大的哲學家。他在何晏的基礎上更成功地解決援道入儒、融合儒道的問題。他首先承認儒道的不同，一個言有，一個言無，但又說兩者在根本上是相同的，都是「以無為本」，只是儒家聖人本體具足，故言末以訓世，道家則是本體未足，故屢屢強調根本，故孔子高於老子，只是他已把孔子改造為道家的孔子了。孔子是「體無言有」，即體其本而言其末，故讀聖人之書不可拘泥於章句，要「得意忘言」。同時聖人言有，老子言無，即聖人六經所言之名教為有、為末，而老子所言之自然為無、為本，於是名教出於自然，二者不相悖。又既然老子尚且未免於有而言不離無，那麼一般人更無法企及於「體無」的境界，因而更須言無了。王弼可說既成功地融合儒道，又把玄學的精神、內容、方法都提出來了。另外，王弼在政治社會方面，主張要崇尚自

然、無為而治，承認以少統多，以寡治眾的政治體制。又何晏曾主張「聖人」無喜怒哀樂等感情，王弼卻不同意，認為聖人也是有喜怒哀樂的感情，只是能從其中解脫出來而已。

總之，何晏、王弼是魏晉清談玄學的奠基者，而王弼更高於何晏。除何晏、王弼之外，正始談坐尚有幾個重要的人物，如夏侯玄、裴徽、傅嘏、鍾會、管輅、鄧颺、司馬師、劉邵等人。正始清談的特色，是確立「以無為本，以有為末」的基本架構，把道家思想引入儒家，最後融合儒道而加以新的發展。漢末以來流行於士大夫中的雅談風氣從此一變而為探討、切磋此種新學術的專門性清談。不僅如此，正始清談無論在內容、形式乃至風格上都為後世清談樹立了堪稱為典範的榜樣，引起後世清談家無窮的仰慕。

正始十（249）年春，司馬懿發動政變，殺曹爽（及其弟曹羲、曹訓）、何晏、鄧颺、丁謐、畢軌、李勝、桓範、張當等八族，控制了曹魏政權。王弼也在這次事變中被免官，是年秋遇癘疾亡。隨著何、王這兩大玄學領袖及眾多名士的凋零，清談的第一個高峰轉眼間成為歷史陳跡。在這次事變中倖免於難的夏侯玄從此「不交人事，不蓄華妍」（《三國志‧魏書‧諸夏侯曹傳注引《魏略》》），儘量避免觸犯司馬氏，但五年之後還是被司馬師加上一個謀反的罪名殺掉了，同時被殺的名士有李豐與張緝。次年（255）正月，毌丘儉起兵反司馬氏被滅，同年司馬師、傅嘏也死了，至西元二五六年管輅去世，曾活躍在正始談坐上的主要人物，除鍾會一人之外，全都「風流雲散」了。

另外，大約在司馬懿奪權前後，又有針對才性同異離合的爭論。關於才性問題，前述自曹操求才令之後就一直引起爭論，此時爭論則更激烈化，概與政治背景有關係。

才性同異離合的討論又稱為「四本論」，鍾會著有《四本

論》，今已失傳，《世說新語‧文學篇》注引《魏志》：「四本者，言才性同，才性異，才性合，才性離也。尚書傅嘏論同，中書令李豐論異，侍郎鍾會論合，屯騎校尉王廣論離」。大概論同者，以人的本質釋性，以人之本質的在外表現釋才；論異者，以操行釋性，以才能釋才；其論合離者，亦皆以操行釋性，才能釋才，然後討論兩者之間的關係。事實上，以上四種說法可合併為「合、同」和「離、異」兩派，屬於合同派的傅嘏、鍾會在政治上傾向司馬氏，同出身於世族儒門，其才性合同的主張可能較有利於依據中正定品任官；屬於離異派的李豐、王廣在政治上較傾向曹氏，或不附合司馬氏，其才性離異的主張是與曹操求才令相符合的。因此，此時才性的論爭涉及到曹氏與司馬氏兩大政治集團的鬥爭，而後李豐、王廣被司馬氏所殺，此一時期才性論爭告一段落。然而，才性四本論直到東晉——南朝都還是清談玄學中一個經常議論的主題，只是此後的議論大概較少涉及政治上的鬥爭罷了。

第二節　清談與玄學的發展與演變

一、竹林七賢的清談

　　如前節所述，在司馬懿發動政變奪權之後，清談名士遭受到致命的打擊，此後基本上京師的大規模談風已很少見，但各地可能仍有某種形式的交游談論。東晉時的記載，盛傳此時有嵇康與阮籍、山濤、向秀、阮咸、王戎、劉伶相友善，遊於竹林，世人稱為「竹林七賢」。雖然有的學者懷疑「竹林之遊」這件事根本就是子虛烏有，但也有學者認為此七人之間至少存在著某種關係，只是如果真有此七人的交遊，應該也只是很短暫的事，當時也並無深義。後世「竹林七賢」一詞所具有的風流浪漫色彩，則是歷代「好事者」緣

飾所致。不論如何，以上諸人或在思想上有所創作，或在行為舉止上特立獨行，亦皆為此一時代不可遺漏的題材。茲介紹在思想上有所創作的嵇康、阮籍、向秀。

嵇康（223～262 年）是曹氏宗室女婿，歷官郎中，拜中散大夫，文辭壯麗，好言老莊。司馬懿政變後，不復更求仕進，毌丘儉舉兵討司馬氏，嵇康欲起兵應之，不果。毌丘儉兵敗被殺後，稽康曾著《管蔡論》，為周武王之弟管叔、蔡叔叫屈，實即在為毌丘儉等被司馬氏所誅的人鳴冤；又著《太師箴》，攻擊司馬氏。嵇康的好友山濤自吏部郎遷散騎常侍，舉康自代，嵇康卻寫信給山濤表示要和他絕交，在這封《與山巨源絕交書》中，特別提到他「非湯武而薄周孔」的思想，事實上是在嘲笑提倡名教的司馬氏，因此更不是司馬氏所能容忍了，終於在曹魏景元三 （262）年，司馬昭羅織不相干的案件把他殺了。當嵇康下獄時，曾有太學生三千人聯名上書，請求釋放他，讓他任太學博士，可見他在太學生中擁有極大的聲望。

嵇康的基本思想是「越名教而任自然」。先前王弼曾提出「名教出於自然」之說，嵇康則認為「名教」雖然應當反映「自然」，但並不必然反映「自然」，大概嵇康看到當時司馬氏集團凶殘、險毒、奢侈、荒淫，卻又以崇尚「名教」相標榜，因此其政治態度乃深深影響其思想。嵇康認為「自然」是一有規律的、和諧的統一體，但卻因政治的破壞，違背了「自然」的常規，造成「名教」和「自然」的對立，因此要「越名教而任自然」（《晉書・嵇康傳》）。嵇康著述頗多，其中又以〈養生論〉與〈聲無哀樂論〉最為有名，此二篇和後來歐陽建所著的〈言盡意論〉，被時人稱之為「三理」，是玄學家們經常討論的主題。

阮籍（210～263 年），陳留尉氏人，父阮瑀是建安七子之一的

文學家。阮氏本為經學世家，阮氏崇尚老莊，大概從阮籍開始。籍
為曹爽大將軍府參軍，以疾去職。後為司馬懿太傅府從事中郎，司
馬師大司馬府從事中郎，徙散騎常侍，轉步兵校尉，世稱「阮步
兵」。史稱「籍本有濟世志」，他早期所著的《通易論》和《樂
論》，還不反對名教，也不太祖尚浮虛。他和嵇康友善，同為竹林
之遊。史稱「屬魏晉之際，天下多故，名士少有全者，籍由是不與
世事，遂酣飲為常」（《晉書·阮籍傳》）。蓋阮籍見司馬氏殘殺
名士而猶倡名教，雖不敢明言反司馬氏卻採消極之逃避方式，因此
他後期的作品如〈達莊論〉、〈大人先生傳〉，皆主張崇尚自然，
諷刺禮法之士。直到嵇康被殺，阮籍不得不在政治壓力下，替大臣
鄭沖等起草請求司馬昭接受九錫的勸進表。不過即使在這樣的形勢
下，司馬昭想為長子司馬炎向阮籍的女兒求婚，「籍醉六十日，不
得言而止」（《晉書·阮籍傳》），沒有和司馬昭攀成親家。在嵇康
死後隔年（263），阮籍病死。

　　阮籍的思想大致可分為三個時期，早期崇尚儒學，這大概在他
三十歲以前；中期推崇老莊之學，主張名教與自然結合，這時約當
是正始年間何晏、王弼清談大盛時期；晚期即正始十年司馬懿政變
之後，轉向「越名教而任自然」，甚至倡導「無君」說，並且在行
動上詆毀禮教。例如他對母親很盡孝道，但史載他母親病故，他
「飲酒二斗，舉聲一號，吐血數升。及將葬，食一蒸肫，飲二斗
酒，然後臨訣，直言窮矣，舉聲一號，因又吐血數升。毀瘠骨立，
幾至滅性」（《晉書·阮籍傳》），可見阮籍對其母親亡故的哀痛，
但他卻不依禮教的形式表現。

　　總之，阮籍晚年的思想和嵇康一樣，都是主張「越名教而任自
然」，這是對司馬氏講名教的一種抗議。近人魯迅認為阮籍和嵇康
表面上毀壞禮教，實則內心是太相信禮教了。

向秀（約227～272年），河南懷人，和嵇康、阮籍等同為竹林之遊。嵇康鍛鐵時，向秀在傍為康拉風箱。秀好讀書，又「雅好老莊之學」。嵇康著《養生論》，向秀卻著《難養生論》，思想見解頗與康不同。嵇康被殺後，向秀入洛陽任官，官至黃門侍郎、散騎常侍，卒於任。向秀著作最有名的是《莊子注》，對後世影響很大。

向秀的基本思想是要調和「名教」和「自然」，和嵇康、阮籍的「越名教而任自然」不同。嵇康的《養生論》主張「調節嗜欲」、「抑壓性情」以求長生，向秀卻認為人們生活中的一些欲望要求是合乎天理的，只要「節之以禮」就能達到順應自然而不造成社會混亂。向秀又認為萬物是「自生」、「自化」的，反對何晏、王弼「以無為本」（《晉書・王衍傳》）、「有生於無」（《晉書・裴頠傳》）的思想。向秀的玄學觀點對後來裴頠的「崇有論」和郭象的「獨化論」有很大的影響。

竹林七賢，除上述嵇康、阮籍、向秀在思想上有較突出表現之外，其他人則較少有創新思想。山濤在政治上是傾向司馬氏的，積極在官場上表現。王戎則出生最晚，仕於晉，官高爵尊，本無魏晉是非之念。阮咸與劉伶，亦皆仕於晉，政治態度上不明確，但都縱酒任情，劉伶著有《酒德頌》，其行為放蕩甚於阮籍。《世說新語・任誕篇》注引鄧粲《晉紀》云：

> 客有詣伶，值其裸袒，伶笑曰：「吾以天地為宅舍，以屋宇為褌衣。諸君自不當入我褌中，又何惡乎？」其自任若是。

或許劉伶的放達亦有同於阮籍消極避世之意，抑或只是任性而為，不得而知。

嚴格說起來，所謂「竹林七賢」根本就不能算是一個集團，既

不是一個政治集團，甚至也不是一個清談集團，他們共同的活動大概是喝酒。然而，七賢故事在東晉以後流傳甚廣，無論其中緣飾的成分有多少，他們飲酒、避世、作官而不辦事、放達不守禮法等傳聞，在清談名士或貴族子弟中廣泛地受到稱讚、宣揚與仿效，於是清談與任誕合流，清談名士中從此多放蕩之士。

　　從整體來看，竹林七賢之事代表了魏晉清談發展中的一個特殊階段。這個階段始於曹爽、何晏之被殺，終於嵇康之受刑或魏末晉初，前後十餘年。其思想上的代表人物為嵇康、阮籍、向秀。這個時期的清談與玄學有三個明顯的特色：(1)清談與放蕩合流，後人對清談的印象都受此影響；(2)著論多於談辯，像正始年間那種大規模頻繁的談論風氣不復見，而多是以著述表達思想內容；(3)《莊子》取代《老子》特別受到重視，不論是論述內容或舉止言行都受《莊子》很大的影響。

二、西晉時期的清談與玄學

　　如前所述，自何晏、王弼死後，清談盛況已不復存在，竹林七賢之事只是清談的一種變形，而自嵇康被殺後，名士們噤若寒蟬，朝不保夕，話都不敢講，遑論聚在一起清談，連變形的清談也沒有了。至於親司馬氏的名士，則忙於擁立新朝，接著又忙於伐蜀、平吳，也沒有工夫顧得上清談。所以自嘉平末（254）年至太康初（280）年，近三十年間，幾乎看不到關於清談的記載，這一段時期可謂是清談的空白期。直到平吳之後，司馬氏政權穩固，且隱隱顯出一點昇平的氣象，清談才又逐漸地復活了。

　　西晉武帝太康初年再掀起清談之風的人物是樂廣。樂廣（？～304 年），南陽淯陽人，父方，曾任魏征西將軍夏侯玄參軍，時廣八歲，受到夏侯玄稱譽。太康初年，樂廣任太子舍人，尚書令

衛瓘為元老重臣，舊時曾與聞正始年間諸名士的談論，見廣而奇之曰：「自昔諸賢既沒，常恐微言將絕，而今乃復聞斯言於君矣」（《晉書・樂廣傳》），意即正始之音的清談至樂廣又有了繼承者了。

　　樂廣清談的最大特色是「簡至」，所謂以約言析理而厭人心，這也正是正始之音的風格。至於樂廣清談的主要觀點是什麼？理論上有那些建樹？可惜都沒有資料留傳下來。但從以下兩條史料或可略窺一二。《世說新語・德行篇》注引王隱《晉書》曰：

> 魏末阮籍，嗜酒荒放，露頭散髮，裸袒箕踞，其後貴游子弟阮瞻、王澄、謝鯤、胡母輔之之徒，皆祖述於籍，謂得大道之本。故去巾幘，脫衣服，露醜惡，同禽獸。甚者名之為通，次者名之為達也。

《世說新語・德行篇》載：

> 王平子、胡母彥國諸人，皆以任放為達，或有裸體者。樂廣笑曰：「名教中自有樂地，何為乃爾也」！

按阮籍消極避世，嗜酒荒放，露頭散髮，乃故作態以彰顯其「越名教而任自然」的主張，實為對司馬氏假名教而行篡奪的抗議。但西晉初年這批貴游子弟完全只是無病呻吟之頹廢作風，而自以為是名士，樂廣批評他們說：「名教中自有樂地，何為乃爾也」！一方面顯示對他們的作風不以為然，另一方面可能也是不同意嵇康、阮籍「越名教而任自然」的玄學觀點。蓋此時魏晉鬥爭已成過去，樂廣仕於昇平之世，他的思想可能傾向結合「名教」與「自然」，故說「名教中自有樂地」。

　　事實上自嵇康被殺後，已很少有人敢再公然唱言反名教，如前

面所述同為竹林七賢之一的向秀，已主張要調和「名教」與「自然」，因此樂廣的觀點大概也是延續這種時代思潮吧！

樂廣不只是自己好清談，他也相當獎掖後起的清談人才，因此清談之風復盛行，到惠帝元康年間新起的清談領袖人物是王衍。

王衍（256～311 年），字夷甫，是晉司徒王戎從弟（王戎為竹林七賢之一）。史稱衍「神情明秀，風姿詳雅」，「有盛才美貌，明悟若神，常自比子貢。兼聲名藉甚，傾動當世。妙善玄言，唯談老莊為事」，「累居顯職，後進之士，莫不景慕放效。選舉登朝，皆以為稱首。矜高浮誕，遂成風俗焉」（《晉書・王衍傳》）。王衍雖為當時的清談領袖，然而，若純就理論上的開展而言，王衍似未有所創新，其思想基本上是承續何晏、王弼「以無為本，以有為末」的「貴無」說，只是使其由沈寂多時再度成為一時風尚而已！

《世說新語・文學篇》載有如下一事：

> 阮宣子有令聞，太尉王夷甫見而問曰：「老莊與聖教同異？」對曰：「將無同」，太尉善其言，辟之為掾，世謂「三語掾」。

按「將無」二字為委婉其辭的推量語，「將無同」三字即「同」之意。《晉書・阮瞻傳》則把此「三語掾」的故事說成是阮瞻與王戎之事。蓋不論此事是阮脩（宣子）與王衍或阮瞻與王戎之事，其所表現的時代思潮皆為相同。即當時已不再如嵇康與阮籍所高喊的「越名教而任自然」，不再把「名教」與「自然」視為對立，而是要調和「名教」與「自然」，此一思潮應是與前述樂廣「名教中自有樂地」相同的。因此，王衍在玄學思想上雖未有所創新，但他也不是只重提何晏、王弼的老調，而是要試圖去調和名教與自然的對立的。

　　不過，當時貴游子弟既以放蕩自任，何晏與王弼的「貴無」老調恐只有更助長此種趨勢，於是有裴頠提出「崇有論」與之抗衡。

　　裴頠（267～300 年），河東聞喜人，祖潛為魏尚書令，父秀為晉司空。頠襲父爵，惠帝時歷任要職，累遷至侍中、尚書左僕射，與張華共掌機要，為朝望所歸，後來與張華在「八王之亂」中同被趙王司馬倫所害。

　　裴頠也是一位善言名理的人，他著《崇有論》的緣由，《晉書·裴頠傳》載：

> 頠深患時俗放蕩，不尊儒術，何晏、阮籍素有高名於世，口談浮虛，不遵禮法，尸祿耽寵，仕不事事；至王衍之徒，聲譽太盛，位高勢重，不以物務自嬰，遂相放效，風教陵遲，乃著崇有之論以釋其蔽……。

顯然裴頠的《崇有論》是針對王衍等人的「貴無說」而來的，結果，「王衍之徒攻難交至，並莫能屈」（《晉書·裴頠傳》）。

　　裴頠對「貴無說」並不是簡單的否定，他分析了這一學說產生的原因，也肯定了它在一定限度內的作用。然而他認為「貴無說」過度誇大「無為」的好處，因而從主張「無為」發展到反對「有為」，從崇尚「自然」發展到反對「名教」，其結果使「貴無說」，完全變成錯誤而且對社會有害。原來向秀曾主張人們對欲望的要求應當「節之以禮」，但欲望「皆生於自然」，而「禮」存在的依據卻未加以說明。裴頠乃接著向秀加以說明，他認為有社會就有人與人之間的關係，有貴賤的等級，有長幼的次序，有各種各樣的禮節規範，這樣才能維持人們之間的正常關係。「禮」就是適應社會本身這種需要，因此它是合理的，是必不可少的，根本不需要在它自身之外去找什麼存在的根據。為了論證「禮」（名教）的存

在本身的合理性，他提出「有」之所以為「有」，並不需要另外去找什麼作為根據，而「有」的本身就是其存在的根據，因為「有」是「自生」的。他反駁「有生於無」之說，他說如果「有生於無」，那麼「無」又從何而來？因此他認為無不能生有，生者自生，萬物皆是自生，只能互相養育，而不能靠「無」來「為其母」了。

　　事實上，裴頠的「崇有論」乃是延續向秀萬物是「自生」、「自化」的觀點，只是更進一步用此來打擊貴無派，並論證「禮」（名教）本身存在的合理性。「崇有論」可謂擊中了貴無派的要害，貴無派從此受到嚴重的打擊，特別是「有生於無」的觀點不再受到重視；後來集玄學思想之大成的郭象，即受此影響，亦反覆強調「無不能生有」。

　　從魏正始末何晏、王弼之後，到晉元康年間王衍、裴頠的崛起，魏晉清談經過四十餘年的低谷與斷層，終於又出現了第二個高峰。貴無、崇有二派的辯難是當時清談界的大事，在此談風中出現許多清談名士，除上述樂廣、王衍、裴頠之外，尚有郭象、裴遐、裴楷、阮脩、歐陽建等，其中郭象是一個最屬害的角色，也是集玄學思想之大成的思想家。

　　郭象（252～312 年），字子玄，史稱「少有才理，好《老》《莊》，能清言」。太尉王衍常說聽郭象的談論「如懸河瀉水，注而不竭」。州郡辟召，不就，常閒居，以文論自娛。後來受辟為司徒掾，歷黃門侍郎，東海王越引為太傅府主簿，甚被重用，後以病卒（《晉書‧郭象傳》）。

　　史載向秀注《莊子》，「妙演奇致，大暢玄風」（《晉書‧郭象傳》），惟〈秋水〉、〈至樂〉二篇未竟而卒，秀子幼，故其書不傳於世，郭象得其別本而竊為己有，加注〈秋水〉、〈至樂〉二

篇，又易〈馬蹄〉一篇，其餘眾篇或點定文句而已。後來向秀的注本亦出世。關於郭象究竟有沒有竊取向秀的《莊子注》，這件公案尚無定論，但基本上兩人的許多觀點是一致的，只是郭象在思想上有進一步的創新發明。

郭象延續向秀萬物「自生」、「自化」的觀點，並再受裴頠「崇有論」的影響，而提出自己的一套「獨化論」。

郭象認為「有」是唯一的「存在」，而「無」是說「不存在」，就是說「等於零」。「無」既然是無，怎能生萬物？甚至「有」也不能生萬物。即郭象否認在「萬有」之上另有一造物主的存在。「無」是「有」的消失，但它只具有語言上和概念上使用的意義，沒有實際的意義，因為「有」是絕對的唯一的存在，它不可能變為「不存在」。那麼，「有」又是自何而來？郭象認為「有」是「自生」的，而且是沒有什麼原因和目的，只是「突然自生」、「塊然自生」，即每個事物都是作為一個完整的整體自然而然的、如土塊一樣無目的的產生和存在。且「自生」的「事物」和其他事物之間也沒有任何關係，任何事物都是「自足其性」，「無待」他物的。因此，凡是存在的都是合理的，必不可少的、必然的，而且是不能互相排斥的，每一事物都能以獨立自足的生生化化為條件，充分地、絕對地發揮其「自性」，此即所謂的「獨化論」。

在郭象的哲學體系中，既然「有」是唯一的存在，再沒有一「無」作為「生化之本」，因而從社會生活看，現實社會之外再沒有一個超現實的世界，現存的社會就是唯一的、合理的。人們無須在現實社會之外去尋求理想社會，亦即現實的就是合理的，或者說現實的就是理想的，這就是他所謂的「內聖外王之道」，聖人無心於萬物而萬物各安其位，最有利於現實治理天下。如果說，向秀調和「名教」和「自然」，還只是把兩者看成不是對立的，「名教」

可以補充「自然之理」，可以調節「自然之性」，那麼郭象則根本是認為「名教」即「自然」、「山林之中」就在「廟堂之上」，真正的「外王」必然是「內聖」，儒家和道家從根本上說是「一而二」、「二而一」了。因此，郭象把融合儒道的玄學主流觀點論證得最為徹底，可以說玄學發展到郭象已達到了頂點，此後雖然談論之風依舊，但在玄學理論上已鮮少再有所發展了。

附帶一提，郭象在清談上的一大貢獻是把《莊子》端上了談座。在此之前清談主要以《老子》為主，竹林七賢時代雖開始重視《莊子》，但多止於行事或著述。向秀注《莊子》但並非在談座上談《莊子》，到郭象因其「才甚豐贍」，將《莊子》帶進了談座，從此莊學成為談論中不可缺少的重要課題。

郭象的玄學觀點，有的學者認為是符合當時世家大族所需要的。依郭象的觀點，世家大族雖然在形式上過著世俗的生活，但是只要精神上能清高絕俗，就像身在廟堂之上，心在山林之中一樣，這樣既不廢享樂之實，又有清高之名；而低賤人民也不需去改造社會，因為現實的等級社會既是合理的也是必然的，人人只要安分守己，不要以小羨大，「自足其性」就行了。依此言之，郭象的玄學思想雖亦有其內在理論上的發展依據，但亦可說是世家大族政治經濟發展到相當階段的時代產物吧！

晉惠帝元康年間的談論中，除上述諸人之外，歐陽建提出「言盡意論」也是值得一提的。歐陽建（約269～300年）是渤海人，史稱其「雅有理思，擅名北州」，歷官山陽令、尚書郎、馮翊太守，因得罪趙王司馬倫而被殺。歐陽建曾著有《言盡意論》，在此之前「言不盡意」論可說沒有受到懷疑或挑戰，直到歐陽建提出「言盡意論」，才有了反對派，此後「言意之辨」成為清談主題之一。儘管從現存歐陽建《言盡意論》來看，似為軟弱無力，但《世說新語

‧文學篇》載王導過江只道「三理」，「言盡意」為其中之一，可見後來此一主題的談論亦頗有引人入勝的地方。

晉惠帝在位後期，政治日益腐敗，統治階層的權力爭奪終於白熱化而爆發了「八王之亂」，接著各地反叛四起，西晉政權疲於奔命，連連敗北，至西元三一一年，懷帝被俘，西元三一六年愍帝出降，西晉於是滅亡。所以從永康（300）以後，十餘年間兵連禍結，在這種局面之下，要想端坐高談已非易事，雖然不能說此期間已無清談，但像元康年間那種從容的、有規模的、並在理論上有探索有進展的清談活動已少見於記載，縱有少數零星的清談，也沒有值得特別留意者。

第三節　清談與玄學的衰微

一、東晉清談與玄學的重振

如前節所述，西晉末年兵連禍結，內爭外患，幾無寧日，名士間的大規模清談活動再也無法推行，偶爾零星的談論，徒令人心生感慨。逮東晉成立，禍亂仍未終止，江南時時感受到北方胡族的威脅，而江北名士初入吳地，亦難免有如同東晉元帝對江東士族顧榮所說的「寄人國土，心常懷慚」之感慨。並且在這些被迫南遷的北方名士中，更籠罩著一股濃厚的悲觀失敗情緒。在這樣的客觀情勢和主觀心境之下，要想恢復從前那種作為學術探研和心智享受的清談活動，當然是不可能的。何況東晉新立，制度、憲章、人事，在在都需從頭擘畫，而南北士族之間的矛盾、北人士族與皇家的矛盾、北人士族之間的矛盾嚴重，因而又爆發王敦之亂、蘇峻之亂、祖約之亂等，可以說直到這些內亂逐漸平息後，東晉政權才算真正確立，再過幾年，到成帝咸康（335～342）年間，終於露出一點承

平的氣象。在這個時候，名士之間的清談活動才重新頻繁起來，而帶動這種風氣的正是當時的士族領袖也是政治領袖的王導。

王導（276～339 年），字茂弘，是西晉時著名清談領袖王衍的族弟。王導比王衍小二十歲，他小時候很得王衍的喜愛，在王衍的影響下，王導也對清談發生濃厚的興趣，年輕時不僅曾積極參與，甚至也是元康談坐上的名士之一。永嘉以後，王導全力輔佐司馬睿，出謀建策，為江左第一重臣，號為「仲父」。東晉初年政務繁忙，但他始終對清談不能忘懷，對昔日的盛況有深深的留戀，偶或利用倥傯政務之暇，稍做興緻之談論。到咸康以後，大局底定，王導過著承平宰相的日子，乃興起重溫舊夢之念，召集名流，再開清談盛會。

自從成帝咸康年間王導再倡清談之後，沈寂幾十年的談風又興盛起來。此後二十餘年間內部政局尚稱穩定，外部威脅亦大為減低，社會的安定與生活平靜給清談的發展創造了有利的條件，加上居高位者，如王導、庾亮、桓溫、司馬昱等人的喜愛與倡導、支持，使談風又形成一個前所未有的熱潮，成為魏晉清談史上的第三個高峰。

如果單就規模之大，參加人數之多，高手之眾而言，咸康至永和前後二十餘 （335～356）年間的清談熱潮，可以說超過了正始與元康。

此一時期的清談高手輩出，較有名的有王導、庾亮、殷浩、劉惔、王濛、桓溫、司馬昱、孫盛、謝尚、阮裕、謝安、許詢、王脩、王羲之、王胡之、張憑、支遁、竺法深、支愍度、康僧淵、康法暢、竺法汰、于法開等人。王導與庾亮是從西晉過來的老一輩人物，在談風再起後不久就去世了，他們的作用是承先啟後，真正造成此次清談熱潮的主力卻是在東晉長大的一批年輕人，其中殷浩是

最負時譽的清談名家，在王導死後，他可說是一時的清談領袖。

　　殷浩（？～356 年）的清談修養非常地廣博，他對於儒、道、名、法各家的思想都有精湛的研究，晚年又下苦功鑽研佛理，所以當時人普遍認為他「思慮通長」。殷浩清談的特色是思慮周到、辭藻豐贍，而且辯才極佳，但他最大的不足卻是缺乏獨到的見解，在理論上沒有新的建樹，他可說是一流的清談論辯家，但不是一流的清談思想家。事實上，自從郭象提出「獨化論」集玄思想之大成後，玄學思想已難再有所進展，不僅殷浩未能成為一流的清談思想家，即東晉以後也不再有一流的清談思想家了。

　　東晉再興起的江南談風，依稀是舊時景象，足以使人忘去故國之思，談士們聚集在談坐上，談的是舊時的課題，但騁言辯，信口雌黃，為「談」而「談」，因此，這時的談論，缺少著一種內在的創發力量，多為一種技巧的炫耀或名士之間的社交而已。

　　雖然這一時期的談士，沒有獨立創發的思想足以令人談風生色，卻並非說當時的思想界是一片全然的空白，只不過是在這一時期，談論和思想家分途，談士不兼思想家，而思想家也多不復是談士。

　　東晉時期的思想家較值得重視的，分別有鮑敬言著〈無君論〉、葛洪著《抱朴子》、張湛著《列子注》、王坦之著〈廢莊論〉、韓伯注《周易》等等。

　　鮑敬言，身世不詳，他的〈無君論〉是葛洪在《抱朴子》的〈詰鮑篇〉中提到的，葛洪還和他反覆詰難，由此推知他應是兩晉之交的人。在〈詰鮑篇〉中，葛洪稱他「好老、莊之書，治劇辯之言」，把他作為清談家來批判。在〈無君論〉裡，鮑敬言認為原始社會是「萬物並生」的自然狀態，後來階級、國家的出現是暴力和征服的結果，他反對儒家「天生烝民，而樹之君」的說法，認為那

只是「欲之者為辭」而已！他說如果沒有帝王，人民就可免於剝削，社會也不會有戰爭。他否認有所謂的仁君，仁君好比「盜跖分財，取少為讓」，因此他主張不要君主，不要政府，回到上古無君之世。鮑敬言的思想當與其所處的時代背景有關，他應是繼嵇康、阮籍「越名教而任自然」之後，再見到東晉統治階級的虛偽、腐敗，而發展出一種近似無政府主義的觀點。

葛洪（284～364年），出身於江南士族，是西晉末東晉前期的思想家兼道士，其所著《抱朴子》一書分內外兩篇，內篇宣揚道教長生成仙的理論以及方術，外篇則論述經國治世的儒術。在論述經國治世方面，葛洪自然是不同意前述鮑敬言的〈無君論〉，因而著有〈詰鮑篇〉，主張應重振儒術之治。另一方面，葛洪在論述道教長生成仙的理論時，也曾批評當時的玄風，然而其理論中亦多談「本末有無」的問題，甚至他是從玄學中吸收許多論點，以架構其長生成仙的理論，可說是試圖結合玄學與道教的代表人物。

張湛生卒年不詳，大約活動在東晉中葉。他注《列子》，提出一些玄學上的新觀點。《漢書・藝文志》著錄有《列子》一書，該書大概到西晉時就早已散失了。張湛注《列子》，有人說純是他自己偽作，有人說是他把《列子》的一些佚文掇輯起來，又偽造了一些攙雜進去。張湛《列子注》的基本思想在建構「超生死、得解脫」的玄學理論，他認為在「萬有」的背後還有一無形無象超時空的「無」為其生化之本，那麼人們追求「無」的境界，體認「無」，甚至達到與「無」同體（合一），即可「超生死，得解脫」。因此他提出了「群有以至虛為宗，萬品以終滅為驗」（《張湛〈列子序〉》），即在現實之外有一超現實的絕對存在，「萬品」必定「終滅」，「萬品」有聚散、生滅，而構成萬物的元氣則無生滅，如果人能明瞭生死氣化而終歸之於太虛，則得與太虛為一體而

永存。張湛認為「無」（或稱至虛）是絕對的，而「群有」的「有」是相對的；絕對的「無」是不生不化的，相對的「有」才有生死聚散，而「有」也不是由「無」而生，是「忽爾而自生」。可見張湛的思想是要在王弼「以無為本」的思想基礎上容納郭象的「萬物自生」觀點，從而使他的思想體系陷入矛盾之中。張湛的哲學體系雜而不純，企圖包容各家，但卻難以自圓其說，可見魏晉玄學至郭象以後，確難於再有所發展了。

王坦之（330～375 年），是東晉中期最重要的政治家之一，桓溫死後，他與謝安共輔幼主孝武帝，可惜死得太早，不如謝安有名。他看到當時名士都崇尚《莊子》而頹廢放任、縱情酒色，因而著〈廢莊論〉。他並非完全反對玄學與清談，他本身甚至也是談士之一，祇是他堅持的是援道入儒、孔老並尊的玄學正宗，認為玄學末流的放蕩之風是從《莊子》而起，故主張可以廢《莊子》。

韓伯（332～380 年），是殷浩的外甥，官至吏部尚書、領軍將軍，也是清談名士之一，注《周易‧繫辭》，折中儒道，思想體系接近王弼，是繼王弼《周易注》之後魏晉《易》學中又一重要著作。

基本上東晉時代的思想家在玄學理論上已難再有所創新，以上諸人唯有張湛試圖繼郭象之後要再突破，但並無所得，甚至益發顯示玄學理論已至山窮水盡之境。玄學理論既已難再發展，談論者自然只作技巧上面的炫耀，而淪為名士間的社交活動而已！然而，正在此時佛教思想逐漸傳播開來，聰明才智之士已將精力轉移到更加引人入勝的佛理上面去了，這就是前述東晉一流的清談家殷浩晚年要苦心鑽研佛理的緣由。

東晉清談中有一很大的發展，即佛理由名僧帶入清談，逐漸成為清談中的重要話題，非佛教徒的清談家也逐漸對佛理產生濃厚的

興趣。當時的名僧中有不少清談高手，不但精通佛經，也熟悉玄學，無論談佛談玄，都能談得頭頭是道，而且借佛釋玄，借玄釋佛，左右逢源，往往在理論上能拔新領異，其中最傑出的一位名僧是支遁。

　　支遁（314～366 年），字道林，本姓關氏，陳留人，永嘉年間隨家人避難過江，後出家為僧。在東晉談風復起之時，支遁成為清談中的高手，其最大的特色是「拔新領異」，即思想上的創作力，而其創造力的秘訣是借佛釋玄，借玄釋佛，因而為當時名士所重，所以他一生得以周旋於達官貴人之間，與名士謝安、王羲之、王濛、劉惔、司馬昱等交遊，佛理也借由他的宣揚，而廣為流傳於貴族名士之間。佛教在江南的興盛多得力於如支遁等清談名僧的宣揚，類似支遁這樣的名僧，當時還有竺法深、支愍度、康僧淵、康法暢、竺法汰、于法開等人。

二、東晉南朝清談與玄學的衰微

　　東晉永和 （345～356）末年後，隨著殷浩等清談高手相繼去世，京師的談坐逐漸冷清下來，至太和初 （366）年支遁去世，東晉清談就真正呈現出一幅衰落的景象來了。當然，此時貴族的生活依舊，社會也沒有什麼大變化，且其時司馬昱、謝安等清談名士先後主政，可以推測當時清談的風氣應當還是一如往昔的。但說東晉後期清談衰落，不是說沒有清談，只是說熱潮不再，光輝不再。這主要表現在以下幾個方面：第一、沒有後起的清談高手出現，年輕一輩中以清談聞名的如謝朗、庾和、韓伯、王坦之，到更晚一點的如殷仲堪，沒有一個可以同從前的殷浩、支遁等人相提並論的；第二、沒有新的理論出現，如有，也只是在佛學之中，但那多少是有點離開玄學與清談的正軌了；第三、沒有大的論爭，像正始、元

康、咸康年間那種辯論激烈的清談盛會，再也沒有出現過了。

　　到了南朝，歷經宋、齊、梁、陳一百六十餘年間，做為一種歷史現象，仍然可看到不少關於清談的記載，然而從這些記載中更可看出清談已進入了「尾聲」，它充其量只不過是強弩之末，已經很難從中找出有價值的新東西了。到了隋朝併吞江南，清談之風也漸漸消亡了。

　　不過，若縱觀南朝時期的清談記載，也可歸納出以下幾個值得注意的趨向：第一、魏晉清談是從東漢的太學與講經中脫胎出來的，而南朝的清談則又逐漸往太學、國子學與講經中回復過去，如陳代周弘正與張譏在國子學談辯《周易》（《陳書‧張譏傳》）；第二、魏晉清談以《周易》、《老子》、《莊子》所謂「三玄」為主，南朝清談則在「三玄」之外，增加許多儒家的典籍，如《孝經》、《禮記》，乃至《毛詩》等都成為談論主題；第三、魏晉清談後期盛談佛理，這個傾向在南朝清談中有增無減，且南朝有價值有創見的清談成果都與佛理有關，如梁代范縝的《神滅論》（參見本書第十四章第二節佛教部分）。

　　從東晉後期到南朝，清談與玄學終於走向衰竭不振了，究其原因約有以下四點：第一、由於佛教的日漸發展，奪去一大部分學子的心智，佛學的研討不必再托附老莊而獨立成大國，其內涵之豐富、意境之清新超越，足於使學者埋首其中了。第二、由於經籍的傳授，儒家正統的地位漸形恢復，而極力排斥談風，以鞏固本身的地位，帝王為援儒術以為統治，亦多用經學之士，談論之士漸失其地位。第三、由於談論本身內容趨於空泛，多以言辭相尚，自難與儒釋相抗，且談論亦不再反映當時政治社會的背景，其生命力可謂消失殆盡了。第四、由於文學的漸受重視，有才力者漸轉向此方面，談論益不振作，蓋文學和談論是相反的兩種發展方向，一重辭

而一重理，故文學漸受重視的同時也看到談論轉向衰微，兩者實有某些關聯性。

三、「清談誤國」說之商榷

魏晉清談與玄學，乃因兩漢經學已無生命力而興起，清談與玄學為中國學術思想帶進一個嶄新的境界，在學術思想史上有很重要的地位。然而，後人囿於當時政治之紛亂與異族之侵擾，乃視此一時代為黑暗時代，並因而漠視此一時代在學術思想上之創造、貢獻，實非公允。更甚者，乃有把此一時代政治上之失政亡國全歸於學術思想，而有所謂「清談誤國」之說。

「清談誤國」之說，最早見於王衍臨死前的自責，說：「嗚呼！吾曹雖不如古人，向若不祖尚浮虛，戮力以匡天下，猶可不至今日」（《晉書・王衍傳》）。其後東晉明帝時，卞壺亦在朝廷中厲色批評貴族子弟的放蕩之風，曰：「悖禮傷教，罪莫斯甚！中朝（西晉）傾覆，實由於此」（《晉書・卞壺傳》）。到東晉中期清談再起，范甯痛恨當時「浮虛相扇，儒雅日替」的風氣，認為清談之風始於王弼、何晏，故著論批評他們「二人之罪深於桀紂」（《晉書・范甯傳》）。到東晉孝武帝時，謝安執政，有一次王羲之與謝安共登冶城，謝「悠然遠想，有高世之志」，王謂謝曰：「夏禹勤王，手足胼胝；文王旰食，日不暇給。今四郊多壘，宜人人自效；而虛談廢務，浮文妨要，恐非當今所宜」，謝答曰：「秦任商鞅，二世而亡，豈清言致患邪」（《世說新語・言語篇》）？蓋西晉的滅亡，使東晉儒學之士多批評清談誤國，謝安對王羲之的回答，可以說是對批評清談誤國者的一次有力的反駁。然而，清談亡國之論始終未曾止息，到明末清初顧炎武在《日知錄・夫子之言性與天道》裡，亦直言「劉、石亂華，本於清談之流禍」，甚至以「亡天下」

之罪歸之，此後清談亡國說幾成定論。

謂「清談誤國」者最常舉王衍之事為例。永嘉之亂，石勒寇京師，東海王越憂懼病死，王衍被推為元帥領兵拒之，兵敗被石勒所俘，石勒叫人在夜間「排牆填殺之」，王衍臨死前有上述自責之言。王衍為當時清談界之領袖，因此後人多用此事坐實「清談誤國」之說。然而，亦有學者認為，在晉室垂亡的關頭，王衍亦發揮其才華以救亡圖存，可是由於晉本身兵力之不足，兵敗之責豈能全歸之於他？況清談名士豈皆文武全才？其用兵失敗，亦朝廷任非其職之過也。至於王衍臨死自責，乃勇於承擔之言，據以定論，未必允當。

清談亡國之論，總其要義，謂談老莊者，廢世事而輕禮法。然而，如就消極之人生而言，天下無道則隱，懷才不遇者，獨善其身，足致亡國乎？況清談名士，多為名臣良吏。如何晏任吏部尚書，總選舉要務，「內外之眾職各得其才，粲然之美於斯可觀」（《晉書・傅咸傳》）；西晉開國名臣王詳、羊祜，皆善談理；東晉支持危局之重臣，如王導、庾亮、謝安，亦皆有清談高名；即如鍾會、桓溫、謝玄等軍事家亦皆為清談好手；可見清談名士未嘗廢世事也。至於說清談者輕禮法，恐亦未盡然，如何晏、王弼雖談老莊，卻未嘗詆毀周孔，仍尊孔為聖人，其行為亦無詆毀禮教之處。一般而言，魏晉清談名士多儒玄並綜，其修身之道傾向道家，故大都有清簡寡欲之操，而其處世行事，則遵依儒家，故無違背禮法之言。名士而故作悖禮言行者，蓋有如嵇康、阮籍者，然而嵇康、阮籍乃憤於司馬氏之虛偽、陰狠並倡名教以為飾，故特以詆毀禮教之言行以相抗議，其內心實則是真正守衛禮教者。

當然，我們也不能否認當時確有許多放誕之徒以名士相標榜，輕視禮法，敗壞風俗，而影響國運之盛衰。然則，此種風氣之造

成，執政者當負最大的責任，不能簡單的歸咎於清談名士。東漢之末，桓靈親小人遠君子，殺害名士，於是正直廢放，邪枉熾張，風氣之壞，自此開端；曹操乘時而起，施其權術智謀，竊取政柄，又復提倡「唯才是舉」，不避盜嫂、受金之徒，毀壞道德；曹丕繼之，公然篡君奪位；既而司馬氏再仿效之，而其盜權之手段更加殘酷，致天下名士少有全者。西晉初年，君主荒淫，權貴競奢，已無開國氣象可言。貴游子弟假名士而放誕亂行，實為此種敗壞風氣之擴散現象，何能歸咎於清談？

最後再以謝安之例言之，謝安當政，無為而治，以簡御繁，遊山賭棋，未嘗廢務，亦未嘗妨要，故能從容不迫，支撐危局，破強敵而安家邦。因此，姑無論清談之學術價值，亦無論諸名士清高之風，即就淺近之意義而言，玄理妙趣，良朋暢談，可以益智而怡心境，猶如勤勞之暇，藉歌詠游藝以陶情，何妨公務哉？謝安為清談名流，亦為東晉功臣，如此已為清談無關誤國做最有力之明證矣！

關 鍵 詞 彙

清談	玄學
才性論	竹林七賢
曹操求才令	王衍
荀粲	向秀
正始之音	郭象
何晏	裴頠
王弼	王導
嵇康	殷浩
阮籍	清談誤國

自 我 評 量 題 目

一、試論魏晉清談的涵意及其興起背景。

二、試論魏晉清談與玄學的演變。

三、試論魏晉清談與玄學衰落的原因。

四、請從檢討「清談誤國」說，重新給予清談與玄學在學術史上的地位。

第十四章　魏晉南北朝時期宗教的發展

學習目標

──詳細研讀本章之後，讀者應該能：

1.瞭解魏晉南北朝出現宗教熱潮的時代背景。

2.瞭解中國道教的形成，以及道教在魏晉南北朝時代的演變與發展。

3.瞭解佛教傳入中國的初期情形。

4.瞭解佛教在東晉五胡十六國時期快速發展的原因。

5.瞭解佛教在南北朝的發展與演變情形。

摘　　要

　　漢帝國的瓦解，同時也顯現以往的傳統文化無法解決新的時代問題。人們的心靈從儒教的束縛中解放出來，重新摸索生命的道路，在這種背景之下，新的宗教急速發展，道教與佛教即是當時的兩大宗教。

　　道教是由中國本土所發展出來的一種宗教，其內涵可說是中國文化各種要素的複合體，其最大的特色是追求「長生不死」、「肉體成仙」，其思想源自先秦時代，但自東漢末年出現「太平道」、「五斗米道」，走向學理化、組織化，成為苦難農民的救贖冀望。但由於其易於導向反政府團體組織，不易被統治者所接受，故常受政府的鎮壓與管制。東晉葛洪提倡神仙道教，使道教易於被知識分子與統治者所接受。其後東晉南朝的陸修靜與陶弘景，以及北朝的寇謙之都致力於改革道教，終使道教由民間信仰，發展成為官方可接受的官方宗教。

　　佛教在兩漢時期傳入中國，但起初傳播不廣，且多附和道教或老子思想學說以傳教。自五胡十六國時代以後，由於胡族君主的大力推廣，很快地成為北方苦難人民的主要信仰。同時東晉的佛教也由玄學清談的附庸地位，取而代之成為士大夫的主流思潮。南北朝時代，佛教更進一步的發展，為隋唐佛教的全盛奠立根基。不過，隨著佛教的過度發展，弊端亦層出不窮，因而有漢族士大夫的反佛、排佛言論，亦有胡族君主極烈的滅佛措施。但不論如何，佛教在南北朝時

代已奠立其深厚的根基，中國化的佛教已經成為中國文化很重要的一部分了。

中國歷史淵遠流長，中國人又是好鬼神信仰的民族，然而中國歷史發展出現大規模、有組織、有教理的宗教活動，卻要到東漢末、魏晉南北朝時期。在這一時期所發展而成的道教與佛教，成為後來中國人主要的宗教信仰。

道教與佛教何以能夠在東漢末、魏晉南北朝時期出現並廣為發展，這是一個極為複雜的問題，牽涉到政治、社會、經濟、思想各方面內在與外在的種種因素。簡單地說，漢帝國的瓦解代表中國古代帝國徹底的崩潰，顯現以往的傳統文化已無力解決新的時代問題。人們的心靈逐漸從儒教的束縛中解放出來，用心重新摸索一條生命的道路，道教與佛教的發展就是人們在心靈上找到的一條信仰之路。

本章擬從闡述道教與佛教在這一時期的發展情形，展現這一時期歷史性格的一面。

第一節　道教的形成與發展

道教是由中國本土所發展出來的一種宗教，它對中國的民族文化、民族心理、風俗習慣、科學技術、哲學思想、醫藥衛生等各方面都有很大的影響，其內涵可以說是中國文化各種要素的複合體。

道教的內涵既是如此龐雜，其定義遂紛歧不一，直到今日學界尚爭論不已。不過做為一種宗教，道教與其他宗教最不同的特色是：大部分的宗教都是側重於死後世界的追求，道教則是以追求「長生不死」與「肉體成仙」為目標。長生不死的神仙思想早在先秦時代就已流傳，但將此種思想學理化、活動組織化則是在東漢末年，尤其是魏晉南北朝時期更是道教由民間信仰演變發展為官方正統宗教最重要的時期。

一、早期道教的思想淵源

　　如果從後代流行的道教內容加以追察，早期道教的思想淵源極為複雜，主要包括：第一、古代的宗教和民間巫術。如對自然萬物的神靈崇拜和鬼神崇拜而發展出許多的巫術儀式和符咒等，後來都被道教所承襲。第二、戰國至秦漢的神仙傳說與方士方術。神仙傳說在戰國時代的荊楚、燕齊一帶都頗流行，秦漢時代許多方士亦多追求長生不死之藥或鍊丹，而長生成仙思想正是後代道教的核心教義。第三、先秦老莊哲學和秦漢黃老學說。先秦老莊哲學追求精神上的解脫和自由，與道教的長生本旨不同，但道教卻吸收老莊哲學中的「道」，加以神秘化，演化成為一種神學，並且極力拉攏與老子的關係。秦漢黃老之學至東漢末演變為黃老崇拜，而黃帝、老子後來也都轉化成道教的神祇。第四、儒學與陰陽五行思想。早期道教神學都把維護儒家禮教做為教戒，如《太平經》強調要忠君、孝親、敬長等。陰陽五行思想自戰國以至秦漢都極為流行，道教承襲這種思想，東漢黃巾之亂「蒼天已死、黃天當立」的口號即含有陰陽五行思想，又道教的內丹、外丹學也都以陰陽五行說為依據。第五、古代醫學與體育衛生知識。道教重修煉養生，故注意吸收古代以來的醫學與養生學，道士研習醫術或練氣功都來源於此。

　　總之，早期道教的思想淵源大多是承襲古代中國文化思想的各種成果，或者說道教是從古代中國文化的土壤中孕育出來的。

二、東漢末道教的產生背景

　　早期道教的思想淵遠流長，但道教正式的大規模組織化活動卻在東漢末年才產生，這當然是與東漢末年的社會背景有密切的關係，析而言之，大概有以下幾項：

　　第一、東漢末年的社會思想背景為道教思想提供發展的條件。相較於戰國時代理性主義為思想界主流，漢代則充滿著神秘主義。董仲舒天人災異說以及西漢後期廣為流傳的讖緯思想，都是社會思想轉向神秘主義的現象。秦始皇、漢武帝追求長生不死，使戰國時代的神仙方術更廣為流傳。結果，當東漢末年儒教經學日趨僵化，漢帝國又病態百出邁向崩潰之時，一種糅合道家理論、神仙方術及儒家改革的新信仰乃乘勢而起。

　　第二、東漢末年的政治社會背景為道教的發展提供成長的土壤。東漢自順帝以後，社會政治日益腐敗，外戚專政，宦官當權，農村階級分化和大土地所有制急速發展，飢饉和疾疫盛行，使貧苦農民陷入極端恐怖和痛苦之中，在這種政治社會背景之下，流亡人民很容易被宗教組織所吸收，東漢後期許多民變被稱為「妖賊」即顯示其宗教性。東漢末年的「太平道」、「五斗米道」，宣稱要建立太平社會，帶來長生和幸福，解救人民脫離苦難，自然很容易被接受而發展起來。

　　第三、佛教的傳入對道教的誕生有刺激和推動的作用。佛教自西漢末傳入中國，到東漢時雖然還未盛行起來，但也有部分的流傳，初期佛教都依道術而流傳，東漢明帝時楚王英對黃老和浮屠同樣禮拜，桓帝亦於宮中立黃老浮屠之祠。佛教有一套完整的教義，有固定的教會組織，有教規教儀和禮拜祠祀的對象等等，無形中為道教的創立提供一個模倣的樣板。不僅如此，佛教作為一種外來文化，其傳播與影響都易刺激本土文化的對抗，於是綜合整理傳統文化的信仰要素，形成與外來宗教競爭的道教組織應運而起。

三、太平道與五斗米道

　　現今流傳最早的道教經典是《太平經》，此書在東漢時稱《太

平清領書》，相傳是東漢順帝時道士于吉（或作干吉）所作，但據近代學者研究，該書內容非常龐雜，當非一人一時所作，大概于吉是綜合整理前此道士之著作而成的。順帝時于吉弟子宮崇獻上此書，被視為「妖妄不經」而收藏起來；桓帝時道士襄楷復獻此書，但仍未受到重視；不過民間已有流傳，後來創立「太平道」發動「黃巾之亂」的張角即以此書為教理依據。

靈帝時鉅鹿人張角創立太平道，自稱大賢良師，事奉黃老，宣稱人所犯罪過是其病苦之因，勸人悔過，並用符水咒語為人治病，很受歡迎，僅十餘年間就吸收信徒數十萬人，遍佈青、徐、幽、冀、荊、揚、兗、豫八州，於是張角置三十六方以統屬之，大方萬餘人，小方六、七千人。

靈帝中平元（184）年甲子年，張角率眾舉兵，宣稱「蒼天已死，黃天當立，歲在甲子，天下大吉」（《後漢書・皇甫嵩傳》），所到之處燒毀官府，攻佔州郡，旬日之間，天下響應，京師震動，其部眾皆頭戴黃巾，故後世稱之為黃巾之亂。東漢朝廷見情勢危急，大赦因「黨錮之禍」被捕的士人，並動員舉國之力加以鎮壓，最後張角戰死，其徒眾逐次被討平，但戰事持續十多年，漢王朝也隨之被新崛起的軍閥所瓜分。

張角太平道雖然說以《太平清領書》為理論依據，也提倡「太平」、「平均」的理想社會，但《太平清領書》的政治主張多傾向於改良主義，張角則實行革命路線。由於此一事件，後代的統治者多嚴加防範民間道教「聚眾作亂」。

在張角太平道流傳之前，巴蜀一帶就流行一種「五斗米道」。相傳五斗米道是順帝時沛國豐人張陵入蜀所創，他尊奉老子為太上老君，以《老子五千文》為主要經典，以有罪首過、符水治病為教義教規，設立二十四治為教區組織。入道者須交納五斗米，故俗稱

五斗米道；信徒又區別為鬼卒、鬼吏、姦令、祭酒等，張陵被尊稱為天師（一說張陵自稱），故此道又稱為天師道。據載張陵死後傳其子張衡，張衡死又傳其子張魯，祖、父、孫三代即後世所謂的三張。

但另有一種說法，認為東漢末有張修在漢中傳五斗米道，黃巾之亂時張修在漢中響應，後來張魯襲殺張修，奪其眾，據有漢中，仍傳五斗米教。不論如何，東漢末張魯據有漢中，以五斗米道治民，形成一個政教合一的政權近三十年（191～215）。

張魯的五斗米道，除承襲張陵的教法之外，又加以增飾，以祭酒代替官吏管理行政事務，設置義舍、義米以救濟流民，但只能「量腹取足」，宣稱「若過多，鬼道輒病之」，教民誠信不欺詐，有病自首其過。這樣，在漢末戰亂不息的歲月，巴、漢一帶借助五斗米道的勢力，形成一個和平安定的社會近三十年，很受百姓歡迎，所謂「民夷便樂之」（《三國志‧魏書‧張魯傳》）。

建安二十（215）年，曹操進兵漢中，張魯退入巴中，有人建議燒掉倉庫財寶，但張魯說：「寶貨倉庫，國家之有」（同上引），乃封藏而去。曹操攻入南鄭，張魯乃出降，被封為鎮南將軍，巴漢地區的人民則被北遷到關隴、洛陽、鄴城等地，五斗米道因而隨之擴散至各地。

四、魏晉之際道教的傳播

曹操乃是靠鎮壓黃巾軍而崛起，鑑於農民易受宗教利用的教訓，他對民間道教和一切巫祝祭祀活動採取嚴厲打擊和防範的措施。信奉太平道的黃巾軍被收編為青州軍，成為替他轉戰天下的勁旅，太平道的宗教組織則不復存在，此後史書未見有太平道之記載。五斗米道則雖有少數首領受禮遇，但亦不得再有公然之宗教組

織。魏文帝曹丕即位以後，對民間宗教活動仍嚴加禁止。西晉時代仍然承襲曹魏的政策，嚴厲禁止民間的宗教活動，但實際上未必能嚴格執行禁令，前述五斗米道信徒被北遷之後，仍繼續在民間流傳，只是無嚴密的組織，科律廢弛，勢力已大不如往昔。

西南巴蜀漢中地區，本為漢末五斗米道的發源之地。自張魯降曹操，五斗米道北遷後，大概因諸葛亮治蜀謹嚴之故，三國時蜀漢境內，未有公開的天師道組織活動見於記載。蜀漢滅後不久，西晉武帝時在巴蜀出現了由陳瑞領導的一支民間道團，但不久即遭受到鎮壓。陳瑞死後二十餘年，當西晉末天下大亂，由李特、李雄父子與范長生在蜀地建立的成漢政權，即以天師道為國教，此政權延續達四十餘年（304～347年），後來被東晉桓溫所滅。

江南地區在漢末也有太平道支派的于君道傳入，漢末至三國兩晉間，江南受到戰亂的波及較小，北方民眾為避難而遷居吳地，其中有些是道教信徒。統治江東的孫吳及後來的東晉政權，對民間的宗教活動不像曹魏西晉那樣嚴加控制，於是自三國以來，江南道教的發展逐漸擴張起來。漢末至兩晉間，先後傳入江東的有屬於太平道支派的于君道、帛家道，屬於五斗米道支派的李家道、清水道、杜子恭道團等等。此外，還有為數眾多被稱為「妖賊」的農民變亂活動於江南。

五、葛洪與神仙道教

漢末魏晉之際，社會上除了形形色色的民間道教組織外，還有眾多的方術之士。他們繼承戰國秦漢以來黃老神仙家的傳統，或潛伏民間、隱居山林，從事服餌煉丹、導引行氣、守一思神等道術修煉，幻想成為長生不死的神仙，或奔走權貴之門，詐稱數百歲人，以道術干動聽聞，誘人信從。這些人也稱道士，其道術及活動方式

都與民間道教有所區別。一般說來，他們大多注重個人修煉成仙，而不太重視齋祀廟會之類群眾性的宗教活動，也沒有嚴密的道團組織，只是在少數方士中因道術和經方祕訣的傳授而形成某種師承關係，近代學者稱這類道教為「神仙道教」或「丹鼎派道教」，以別於稱作「鬼道」、「左道」、「妖道」或「符籙派」的民間道教組織。最早對「仙道」與「鬼道」作較為明確的區分，並極力貶斥民間道教的是西晉末東晉初的葛洪。

　　葛洪（284～364年），自號抱朴子，丹陽句容（在今江蘇省）人，出身於江南士族，年輕時好仙道學說，師從鄭隱學道。晉惠帝泰安年間張昌利用宗教變亂，葛洪參加鎮壓有功，不久北上洛陽，卻遇八王之亂，回途又遇江東陳敏之亂，於是流徙漂泊各地。晉室南渡，為安撫江南士族，葛洪受追功敘賞，約在此時完成其名著《抱朴子》。當時江南士族受抑，葛洪仕途不遂，乃於咸和八（333）年南下廣州煉丹，終其一生。

　　《抱朴子》一書為葛洪思想的精華，該書分內外兩篇，內篇二十卷，宣揚長生成仙的理論以及達到長生成仙的各種方術；外篇五十卷，論述經國治世的儒術。可能是士族背景出身又曾參與鎮壓張昌的「妖賊」作亂，葛洪極力攻擊「妖言惑眾」的民間道教，尤其當時已是一個崇尚門第的士族社會，要爭取士大夫的信仰，必須提出一套成仙的理論與方法，《抱朴子・內篇》可以說是集神仙理論之大成，煉丹成仙的方法，更確立了丹鼎派道教的地位。

　　然而，葛洪太注重個人煉丹修行，其修行途徑、方式難以在群眾中普及，只能流傳於少數道士或士大夫之間，民間道教仍普遍流行。總之，葛洪全面總結了他之前的道教思想和方術，是神仙道教的集大成者，但要清整道教使民眾能廣為信從又能被官方所接受，則尚有待來者。

六、東晉南朝道教的變革與發展

東晉以後許多門閥士族都是信奉五斗米道（天師道）的世家，比較有名的北方大士族如清河崔氏、范陽盧氏；南方僑姓大士族如琅邪王氏、高平郗氏、殷川庾氏、陳郡殷氏、陽夏謝氏、譙國桓氏；吳姓士族如丹陽葛氏／許氏／陶氏、吳興沈氏、吳郡顧氏等等，這些家族中都有人信奉道教；琅邪王羲之一門更是有名的道教徒。這些門閥士族人物對道教的信仰，大多注重服餌養生、志山樂水的仙術，或一些治病廣嗣之術，對早期五斗米道的祭酒制度、救窮周急與均平的思想教養、原始巫術等則不能滿意，於是他們對五斗米道加以改造，使之蛻去鬼道的舊殼，而充實仙道的內涵。

東晉後期道教內部發生了兩件大事，一是孫恩、盧循利用五斗米道掀起的變亂；二是《上清》、《靈寶》等一批新的道教經典問世並廣泛傳播。前者使原始民間道教繼黃巾之亂後又一次遭受沈重的打擊，從此一蹶不振；後者是門閥士族接續葛洪對民間道教教義的進一步改造，開啟南朝道教變革發展之新機。

東晉中期民間最有影響力的五斗米道組織，是由錢塘杜子恭所領導的教團，該教團承襲漢末五斗米道的教法，如以符水治病、祭酒制度、道徒交納五斗米等等。杜子恭死後，該教團由孫泰、孫恩家族接掌教權。孫泰掌教後，其勢力漸往上流社會擴展。時值東晉末年，政事敗壞，統治集團內部鬥爭激烈。安帝隆安二（398）年，孫泰利用東晉統治集團內鬥之時，私集徒眾，準備起事，事發被誅，孫恩逃於海島。翌年，孫恩率徒眾襲擊會稽，殺內史王凝之，其勢力在旬日之中發展至數十萬，其徒眾除少數東土士族外，大多為不堪沈重賦役的貧苦道民。這次變亂先後由孫恩與盧循所領導，歷時十三年之久，最後被劉裕所鎮壓，其結果是導致劉裕的興起與

東晉王朝的覆亡。另一方面，對道教的發展而言，在動亂之中許多奉道的士族被殺，下層信徒死亡者更數以十萬計，五斗米道受此重創，從此一蹶不振。唯孫恩等人利用五斗米道所掀起的變亂，亦促使統治階級中的道教信徒加緊對民間道教組織的整頓和改革。

東晉以來，佛道二教的興盛，需要有大批新的經典傳播其教義。佛教的經典可以向西域和印度求取，透過翻譯引進中國。而道教的經典則要靠方士假托天神降授的形式來製作。抄襲或改造前代的道教、醫藥、方技著作、讖緯符圖，以及新引進的佛教經戒，是東晉道經製作的主要思想材料。

從對後世道教發展的影響來看，東晉以後新出的道經，以《三皇經》、《靈寶經》、《上清經》這三組道經最為重要，此即道教所謂的「三洞真經」。三皇系經典的主要內容是召神劾鬼、治病消災的符圖和存思神仙真形之術。靈寶類經典重符籙科教和齋戒儀軌，並重視勸善度人，因頗能吸引群眾，傳播極為廣泛。上清類經典重視存思服氣的修煉術，並重視誦經、修功德，但不重視符籙、齋醮和煉丹，貶斥房中術；因其簡化修行方法，頗能迎合士族的口味，使它在江南廣泛傳播於士族階層。

門閥士族改革民間道教在南朝達到了高潮，其中以陸修靜及陶弘景為最重要的人物。

陸修靜，出身於江南著名士族吳郡陸氏，生於晉安帝義熙二（406）年，卒於劉宋元徽五（477）年。少宗儒學，博通經籍，好天文象數之學，但對道書更感興趣。婚後不久即出家修行，廣遊國內名山，遍訪真人，修道三十餘年，聲名遠播，成為道教界一大法師，受宋文帝、宋明帝的尊寵，宋明帝在建康北郊天印山造崇虛館以奉之。陸修靜晚年在崇虛館居住十年，在此期間，他孜孜不倦於道教的改革，使道教逐漸由民間道教向官方道教轉化。

陸修靜對道教的改革主要有：第一、制訂完善的齋戒儀式。使道教齋醮儀式形成一套完整的體系。第二、全面整理道教的經典，創立了三洞四輔十二類的分類體系。隋唐以後歷代整理道書，編修《道藏》，均沿用此一分類體系。第三、確立道教的道館組織。東晉末道教的組織形式已有重大的變化，即早期五斗米道的祭酒統民制度逐漸衰落而新的道館制度興起。道館是道士集體進行宗教活動的場所，有如佛教的寺院，道館是純粹的宗教組織，與早期祭酒統民的政教合一組織不同。宋明帝為陸修靜建崇虛館為官方設置道館之始，此後歷代政府皆為道士修建道館。隋唐以後，道館改稱為觀，大的道觀稱作宮，宮觀制度確立後，一直沿襲到近代。總之，陸修靜對道教的改革，使道教更向官方道教轉化。

陶弘景（456～536 年）是繼陸修靜之後的道教改革集大成者。陶氏是江南的著名士族，同時也是奉道世家。陶弘景少好道書，三十歲拜陸修靜弟子孫游岳為師，得其真傳，但仍四處請謁居士和法師，廣搜道教經書。因仕途不得志，於齊永明十（492）年辭官入茅山歸隱修煉，時年三十六歲，從此不復出仕，過著四十餘年的隱居修道生涯，但仍關心山外政局的發展。梁武帝起兵，陶弘景派弟子奉表擁戴，並進國號為「梁」，為梁武帝定郊禪吉日，梁武帝對他「恩禮愈篤，書問不絕」，每有大事，必往詢問，時稱「山中宰相」（《南史‧隱逸下‧陶弘景傳》）。梁武帝於茅山為陶建朱陽館以居之，諸王公顯貴紛紛拜其門下，據云其弟子達三千餘人，梁大同二（536）年卒於茅山。

陶弘景博學多才，於儒道釋、陰陽五行、風角星算、山川地理、方圓產物、醫藥本草，無所不曉。他對道教的貢獻主要有：第一、總結發展上清派修煉方術，創立茅山宗。直到隋唐兩宋，茅山派道教皆為道教主流教派。第二、建立起道教的神仙譜系。總結道

教所拜的諸方神祇加以整理排座次，把現實社會的門閥等級制度反映在神仙世界裡。第三、吸收儒家與佛教的理論，鼓吹三教合流。有見於當時儒道佛之間的衝突日益激烈，陶弘景致力於創立一種以道教為主體，兼容釋、儒的新道教。

　　總之，東晉南朝的道教變革，從葛洪到陶弘景，基本上告一段落，道教經過此一時期門閥士族的改造，已有較為完備的教義理論和經典文獻，建立完善的科戒儀式和教團組織，豐富發展了修煉方術，形成獨特的神仙信仰體系，擴大其影響力，可說已完成了由民間宗教向官方宗教的轉化。

七、北朝道教的變革與發展

　　當東晉南朝進行道教改革之際，北朝道教也在寇謙之的改造之下，由民間宗教一躍成為官方宗教。

　　五胡十六國時期，由於胡族君主大多致力提倡佛教，佛教在北方得到廣泛的傳播：佛圖澄、道安、鳩摩羅什、曇無讖等名僧輩出，佛經的翻譯研究與佛教寺院的發展都空前興盛。相形之下，道教在五胡十六國時期的發展則遠不如佛教，但也並沒有完全中斷。在此一時期，北方仍有天師道組織活動於民間，在後趙石虎、後秦姚興統治時，都曾爆發以「李弘」為名的道教徒變亂。另一方面，也有些道士繼承東漢魏晉以來神仙方士的傳統，以清虛守志、修道養生為宗旨，隱居山林，招合徒眾，師徒間以神仙道術相傳承，結成一些鬆散的神仙道教集團，他們的活動對寇謙之早年修道及後來隱居嵩嶽改革天師道有重要的影響。

　　寇謙之，馮翊萬年人，生於前秦建元元（365）年，卒於北魏太平真君九（448）年。寇氏為關中士族，是信奉天師道世家。寇謙之早年傾心慕道，初修張魯之術無成，後遇成公興，隨其在華山

和嵩山修道七年，聲名漸著。成公興死後，寇謙之仍「守志嵩岳，精專不懈」（《魏書‧釋老志》），乃托稱天神降授新經典《雲中音誦新科之誡》及《錄圖真經》，依此改造道教教義。

　　寇謙之極力抨擊原始五斗米道的舊道法，他主張廢除五斗米道的祭酒制度及二十四治稱號，廢除五斗米道收取會費及為人治病所收的租米錢財，反對濫傳房中術及服食仙方，強調要以齋功為養生求仙之本。他並創立許多道教戒律和齋醮儀式，主張遵守儒家禮法，批評農民犯上作亂，並將佛教生死輪迴思想引入道教，強調積功德以成仙。在《錄圖真經》中，寇謙之整理以往道教祀奉的各種神祇，重新編排出一套神仙譜系，諸神之間有從屬等級關係，把世俗門閥制度反映到天國神仙世界。

　　北魏太武帝初即位，寇謙之奉其書而獻之，但並未受重視，唯崔浩「獨異其言，因師事之，受其法術」（同上引）。崔氏是當時北方第一士族，同時也是天師道世家，崔浩父崔宏曾助北魏道武帝定國號，崔宏、崔浩父子事北魏道武帝、明元帝、太武帝三代君主，為漢人士族的領袖。崔浩崇儒學，亦頗好方術，不喜老莊之書，痛惡佛教。崔浩本奉天師道，而寇謙之的道教又頗附合士族的要求，因此崔浩極力向太武帝推薦寇謙之的教義，並以太武帝有神人來助是應天受命，得到太武帝寵信。於是太武帝大事奉道，「崇奉天師，顯揚新法，宣布天下，道業大行」（同上引），在京城東南築天師道場，供給道士衣食，進行齋醮活動，並接受建議，改年號為太平真君，又於太平真君三（442）年，「親至道壇，受符籙」（同上引），以後北魏皇帝即位皆受此儀式。如此，寇謙之的道教成為北魏的國教。

　　十六國以來，佛教在動亂的北方社會中廣泛傳播，勢力漸盛，逐步擺脫漢魏時期依附於道教的狀況，並與中國傳統的儒道二教發

生衝突。寇謙之改革道教並得到崇奉，道教力量大為興盛，佛道之間以及儒佛之間的衝突更加激烈化。東晉南朝儒釋道的衝突形式多以筆舌之辯、義理之爭為主；北朝的儒釋道衝突則是藉由皇權的力量，採取激烈的滅佛或滅道措施，北魏太武帝奉道之後的激烈滅佛措施，即為佛教史上「三武法難」的第一次法難。

　　北魏初年道武帝、明元帝對於佛道二教均表示敬重，太武帝即位之初對佛教也並無惡感，然而隨著佛教勢力的擴張，逐漸引起太武帝的側目，加上崔浩的屢次譖毀，以及猜疑佛教徒參與叛亂，遂促使太武帝決心廢佛。事實上寇謙之並不贊成以毀滅性的手段消滅佛教，只是無力阻止，太平真君九（448）年，寇謙之在滅佛高潮中去世。太平真君十一（450）年，崔浩因國史事件遭受滅門之禍，再二年太武帝被刺身死，文成帝即位後下詔復興佛教，此後北魏歷代皇帝均佞信佛法，佛教在北方又空前興盛起來，道教則逐漸衰落了，不過終北魏之世，大概尚可維持官方宗教的地位。

　　北朝後期，東魏北齊高氏信奉佛教，對道教不太扶持，武定六（548）年高澄準備廢魏禪代，便先罷除了已存在百餘年的天師道壇，不再承認其為官方宗教。至北齊天保六（555）年，文宣帝集佛道二家論難於前，道教失利，於是下詔廢除道教，「敕道士皆剃髮為沙門」，有不從者，殺四人，乃奉命，據云：「齊境皆無道士」（《通鑑》卷一六六）。至此，寇謙之創立的新天師道團，大概便散亡了，此後不再有寇謙之一派道教的活動見於記載。隋唐時期所流行的道教，主要是南方的上清派及北朝後期興起於關中的樓觀道。

　　樓觀道較為可信的傳承，大概始於魏晉之際，此派道教是在漢末張魯五斗米道分散之後，在關中地區出現的一個神仙道教團體。在北魏太武帝大力奉道時，樓觀道也漸趨興盛，北魏孝文帝遷都洛

陽之後，樓觀道在關隴一帶廣為傳播。北朝後期樓觀道在關隴地區得到更為迅速的發展，這一方面與著名道士陳寶熾、韋節、王延、嚴達等人的活動有關，另一方面也與西魏文帝、北周太祖宇文泰、北周武帝、隋文帝等帝王的積極扶持有關。這些帝王不僅尊禮道士，賞賜錢物，熱心道經的整理與宮觀建設，且承襲北魏皇帝的傳統，親自接受道教經戒符籙。北周武帝為貫徹富國強兵的政策而採行廢除佛道二教措施，但另設置通道觀，選尚道教、好玄學、學經史、善談論者為通道觀學士，其中以道士人物居多。北周末楊堅執政，恢復佛道二教，仍為道士修建宮觀，並採用道教經典中的「開皇」為隋初年號。於是，樓觀道道教成為寇謙之一派道教式微後北朝道教的主流，並成為隋唐時代的主要道教教派之一。

　　樓觀道作為北朝後期新興的道教，在經典、教義、方術、戒規等方面均受到當時北方新天師道與南方上清派道教的影響，具有融合南北道教的特徵。

　　魏晉南北朝道教的變革與發展，至樓觀道的興起而告一段落。經過門閥士族的改造，道教從原始的五斗米道發展成為官方的宗教，從許多互無統屬的民間道團和分散的神仙方士組織，凝結為相對統一的新道教，製作了大批經典，發展教義方術，充實教戒儀式。可以說，中國的道教雖形成於東漢，但其基本格局的奠定，實完成於魏晉南北朝。

第二節　佛教的傳播與發展

　　佛教起源於印度，約在兩漢時期傳入中國。魏晉南北朝時期，佛教得到廣泛的傳播，成為當時許多王朝的「國教」，對當時的國家政治和社會文化思想各方面，都有深遠的影響。

　　從佛教的發展來看，中國佛教發展的全盛時代以及東亞佛教圈

的形成時代，是在隋唐時期，然而佛教由兩漢時期零星的傳播，演
變到隋唐時期的全盛情況，其中最關鍵的發展無疑是魏晉南北朝時
期的成果，本節即是要敘述這一時期佛教的傳播與其發展的情形。

一、佛教的傳入與早期的傳布

　　佛教是西元前六世紀左右由釋迦牟尼創立的，釋迦牟尼死後其
弟子四出傳其教義。紀元前三世紀，孔雀王朝的阿育王篤信佛教，
特遣傳道使遠赴各國傳教，據推論，西曆紀元前後，佛教業已跨越
帕米爾高原，經西域各國而傳入中國，此時約相當於西漢末年，距
釋迦牟尼死後已有五百年。在這段期間佛教演化分裂為許多不同教
義的教派，從印度到其四周地區各自信奉不同教義的佛教。中國民
眾由不同的管道接觸各種分歧的教義，未分辨其成立的歷史背景、
思想體系之差異，皆深信其為出自釋尊金口的教法，將此混合的佛
教體系化，此為中國佛教獨具的特色。

　　佛教何時傳入中原內地，說法不一。據《魏書‧釋老志》載，
漢武帝時，張騫出使西域諸國，從大月氏人那裡知道有身毒國（天
竺），「始聞有浮屠之教」。《三國志‧魏志‧東夷傳》注引魚豢
《魏略》，稱西漢末年哀帝時「博士弟子景盧，受大月氏王使伊存
口授浮屠經」，這是漢人開始接受佛教的記載。東漢時期，佛教漸
漸在中原地區傳播開來，光武帝子楚王劉英「喜黃老學，為浮屠齋
戒祭祀」，明帝給他的詔書裡有「誦黃老之微言，尚浮屠之仁祠」
的話（《後漢書‧楚王英傳》），可見當時已有人崇信佛教，但對佛
教的教義尚沒有足夠的認識，所以把黃老與浮屠並祠。東漢末年桓
帝、靈帝都喜好西域傳入的文物，佛教做為西域傳入的神也受到崇
拜，桓帝曾在宮中祠奉黃老與浮屠。另一方面，佛教也在民間逐漸
傳播，漢末討伐黃巾賊有功的徐州刺史陶謙，其下有一名部將笮

融，因任督運糧食之便，中飽私囊，積蓄財富建築寺廟，宣揚佛教，隨從者萬餘人，傳布地區以彭城為中心，遠達淮水及其支流所經的下邳、廣陵一帶。

東漢末年佛教在民間的流傳，可能和當時政治腐敗、社會動亂、人民流離失所的時代背景有關係。不過當時苦難人民信奉太平道或五斗米道者較多，佛教只能說還屬於零星的傳播。

曹魏時代，由於受漢末黃巾之亂的影響，採取禁教政策，不僅禁止道教，廢毀民間祠廟，也嚴禁民間奉祀佛像及寺廟。當時佛教大概只流行於外國商旅及少數上流社會之間。曹魏禁止漢人出家為僧，據說直到甘露年間（256～260 年），才有潁川人朱士行，第一個出家為和尚，此後漢人當和尚才漸漸多起來。

江南地區在漢末南下避難的流民中有不少佛教徒，另一方面由於海上交通的興盛，可能更早就由中南半島傳入佛教。孫吳時代首都建康有南下的大月氏高僧支謙，以及由交趾北上的康居人高僧康僧會的活動，皆受到吳主孫權的禮遇。但他們的活動多為譯經工作，而少有大規模的傳教活動。

魏晉時期，思想界的主流是玄學思想，佛教在這一時期的傳播，除了仍多附會黃老之外，佛經的翻譯亦多採玄學家的術語。

佛教的教義在印度和西域開始都沒有寫本，只靠口授，後來才編輯教義寫成梵文的傳教手冊，被譯成漢文後皆稱之為「經」，即尊之為永恒不滅的真理。早期傳譯佛經者多為胡僧梵客，一般都不帶經本，傳譯時多憑闇誦口授，時間稍久，錯誤自難避免；且他們對漢語的修養很淺，執譯筆傳寫的漢人對佛理的瞭解又很有限，因此譯出的佛經品質都很有問題。而且早期的譯經都是私家進行的，既沒有通盤的計畫，又沒有政府的財力支助，譯出的佛經數量有限，也很難自成系統。

　　據《洛陽伽藍記》的序言，西晉永嘉年間（307～312年），洛陽有四十二所佛寺，這雖然還不能說昌盛，但比丘及奉佛者必也隨著寺院的數量而驟增，較之於前代，佛教逐漸在發展起來了。

二、五胡國家與佛教的發展

　　永嘉之亂以後，晉室南遷，華北出現許多胡族所建立的國家，這些胡族國家大多崇奉佛教，胡族君主積極推動佛教的發展，佛教頓時成為許多胡族國家的「國教」，不論在上流社會或民間，都達到空前繁盛的地步。其中最積極奉佛的胡族國家，先後有後趙、前秦、後秦、北涼等等。

　　後趙（319～351年）是羯族石勒所建。石勒起初不信佛教，西元三一一年石勒攻掠豫州諸郡時「沙門遇害者甚眾」，這時有西域來的高僧佛圖澄見狀乃挺身而出，用神異術折服石勒，終使石勒戒殺奉佛。佛圖澄一方面勸阻石勒誅殺，一方面用醫術救治許多人，於是信徒大增，「中州胡晉略皆奉佛」（《高僧傳・竺佛圖澄傳》）。佛圖澄備受石勒禮遇，甚至參與後趙的軍政機要。石勒死後，石虎亦敬重佛圖澄，「衣以綾錦，乘以雕輦」，「朝會之日，和上昇殿，常侍以下悉助舉輿，太子諸公扶翼而上，主者喝大和上至，眾坐皆起，以彰其尊」（同上引）。在佛圖澄的極力推動之下，佛教大盛，但也造成社會問題：「民多奉佛，皆營造寺廟，相競出家，真偽混淆，多生愆過」。石虎見「沙門甚眾，或有姦宄避役」，曾想料簡淘汰，中書著作郎王度乘機上奏：「佛出西域，外國之神，……非天子諸華所應祀奉」，豈料石虎竟答稱：「朕生自邊壤，忝當期運君臨諸夏，至於饗祀應兼從本俗。佛是戎神，正所應奉」（同上引）。結果，後趙短短數十年間，在朝廷和各州郡的資助下，佛圖澄與其弟子建立佛寺八百九十三所，佛教達到空前的

發達，當時常隨佛圖澄受業者有數百人，前後門徒近萬人，佛圖澄所培養出來的弟子如僧朗、竺法雅、釋道安都成為中國佛教史上極重要的人物。

後趙滅亡之後，華北陷入十幾年的大混戰，最後由前秦苻堅所統一，佛教發展再出現高峰時期。

前秦（350～394 年）崇佛的君主以苻堅為代表。苻堅幼年時佛教已廣為流傳，寺廟幾乎已遍及華北各地，苻堅即位之後，隨著國力的擴張，四處迎請高僧，並用國家的力量推動譯經事業，這在當時頗有號召人心的作用。苻堅迎請的高僧中最重要的人物是釋道安。

釋道安（314～385 年），俗姓衛，常山扶柳人，十二歲出家，為佛圖澄弟子，初居河北，後移居東晉的襄陽，在襄陽傳教十餘年，聲名遠播。西元三七九年，苻堅攻陷襄陽，迎請道安入長安，為其主持譯經事業。道安是繼佛圖澄之後對佛教發展最有貢獻的高僧，他在佛圖澄死後，把佛圖澄門徒中對佛理有較深瞭解的僧侶組織起來，派他們四出傳教，其弟子慧遠因而南去荊州，對江南的佛教有重大的影響。道安又制訂清規戒律以約制僧制，當時僧侶都依師為姓，故姓各不同，道安認為僧侶既然崇奉釋迦，應該以「釋」為姓，從此僧侶都姓釋了。道安在襄陽時即著手整理佛經，撰寫佛經目錄，入長安之後更受苻堅支助主持大規模的譯經工作，對佛經的翻譯有很大的貢獻。

前秦在苻堅與釋道安推動之下，共譯出佛經四十部二三九卷，為五胡時代首次的譯經高峰時期，佛教的發展也由宣揚時期，進入佛理的探討時期。

西元三八三年，苻堅聽說西域有高僧鳩摩羅什，乃派遣呂光率遠征軍前往迎請，但不久因淝水之役失敗，前秦陷於混亂，鳩摩羅

什暫未入長安。西元三八五年釋道安死，前秦的佛教在混亂之中走入下坡，但不久後秦佛教繼之而起。

後秦佛教的頂盛時期是姚興在位（394～416年）的時代。姚興從小就信佛，本身有深厚的佛學素養。西元四○一年他派軍攻打後涼，把被呂光困留十八年的高僧鳩摩羅什迎入長安，待之以國師之禮。此後在姚興與鳩摩羅什的極力推動之下，佛教達到空前的盛況，《晉書‧姚興載記上》載：「興既託意於佛道，公卿已下莫不欽附，沙門自遠而至者五千餘人。……州郡化之，事佛者十室而九矣」。隨著僧尼人數的大增，後秦乃設立了管理全國僧尼的行政機構，任命僧䂮為僧正，是管理僧尼的最高僧官。

鳩摩羅什（343～413年），父為天竺人，母為龜茲人，七歲隨母出家，遍遊各國學得大小乘佛法，譽滿西域，道安聞其聲名，亟思與之交往，鳩摩羅什亦仰慕道安風範，道安請求苻堅迎接鳩摩羅什，可惜因戰亂，兩人終未得謀面。呂光破龜茲，得羅什，回師據有涼洲，羅什滯留涼州十八年，得以通曉漢文。姚興迎羅什入長安後，闢逍遙園為譯場，請羅什任譯主，並命僧肇等八百餘僧人襄助翻譯，共譯出佛經九十八部四百二十五卷，大乘小乘的主要經典已近於完備。

西元四○九年鳩摩羅什歿於長安，西元四一六年姚興死，繼立的姚泓雖亦奉佛，但次年即亡於東晉劉裕的北伐軍，北方佛教重心轉移到北涼。

北涼佛教的興盛得力於君主沮渠蒙遜與高僧曇無讖的推動。涼州佛教從前涼以來一直很發達，北涼是在現有的基礎上再向前推進。北涼君主及宗室大都奉佛。沮渠蒙遜的奉佛有頗多與石勒、石虎相似者，如特別尊奉有道術的高僧，重視佛教的神力等，但他積極推動譯經事業，則是石勒、石虎所沒有的。沮渠蒙遜的譯經事業

多得力於來自西域的高僧曇無讖。

　　曇無讖，中天竺人，於五世紀初來到敦煌，相傳他善解咒術，所向皆驗，西域號為「大咒師」，沮渠蒙遜攻佔姑臧後，迎入姑臧，待以上賓之禮，並勸請他即刻翻譯所帶來的各類經典，然而曇無讖認為自己不通漢語，又乏傳譯人才，不可輕率執筆，遂勤修漢文，三年後始審慎地開始譯經大業，譯出《大般涅盤經》等重要經典，其成就幾乎可以和鳩摩羅什相媲美。在其主持之下，河西成為翻譯佛經的重心。

　　沮渠蒙遜雖奉佛，但他本人似乎不太重視佛理，他對曇無讖的崇敬是折服於曇無讖的咒術。後來北魏向沮渠蒙遜索請曇無讖，沮渠蒙遜怕曇無讖的法力被北魏所用會對己不利，又迫於北魏的兵威，在進退為難之下竟害死曇無讖。

　　北涼被北魏滅後，涼州佛教大部分由北魏所接受，成為北魏平城佛教的重要基礎；另一部分則南徙到江南，影響到南朝的佛教發展。

　　綜而論之，五胡十六國時期是中國佛教發展史上的關鍵時期，在此之前，佛教尚只流行於少數外國商旅與上流社會之間，但到了這個時代，佛教被許多胡族國家所積極推動，幾可說已達到國教的地位，高僧名僧被奉為國師，參與朝政，人民可自由出家，教團紛立，教規教律更為嚴密，政府體制上甚至設立管理僧尼的僧官，佛寺佛塔林立，翻譯佛經成為國家所積極推動的事業。

　　五胡十六國時期佛教之所以能夠快速的發展，一方面與當時華北社會戰亂不已動盪不安有很大的關係，悲苦流離的人民，易於向宗教方面尋求解脫，當時像佛圖澄以方術救民的高僧，自然很受人民的崇敬，佛教因而廣為流傳。另一方面，佛教的發展亦多得力於胡族君主大力的推動，這些胡族君主既不受傳統漢人禮教的束縛，

又親見許多戰亂慘殺或骨肉政變的血腥悲劇,因而易受講求因果報應的佛教所感化。不僅如此,他們也冀望高僧能給予法術的相助,甚至為其提供政權合理化的基礎。而在佛教已在社會上廣為流傳的情況下,政府積極推動奉佛事業,也可達到維繫動亂時代的人心穩固統治的目的。最後,在文化心態方面,許多胡族君主面對文化上較高的漢族被統治者,不免在心理上有自卑心態,因此他們信奉同為外來的佛教,也可視為是一種做為與漢文化相抗衡的文化政策。

　　不論如何,五胡十六國時代佛教的蓬勃發展,為南北朝佛教以及隋唐佛教的進一步發展,奠立了深厚的根基。

三、東晉南朝佛教的發展

　　相對於華北佛教的興盛,南方佛教的發展則要艱辛得多。一般而言,東晉時代江南的佛教多流傳於貴族名士之間,隨晉室南渡的北人貴族名士,沿襲向來的清談風氣,沙門高僧也以清談而與名士相交遊,因此江南的佛教較重視佛理的談論,沙門對老莊、易學等貴族所喜好的思想也要有研究,藝術、書、畫等貴族文化也流傳於佛教界。

　　東晉元帝、明帝、哀帝、孝武帝等雖亦好佛,但其崇佛的方式和當時的貴族相似,好佛理的談論,未見如北方胡族君主用國家的力量推動佛教事業。另一方面,東晉士大夫也有許多反佛排佛的言論,以及沙門該不該敬王者的爭論,但大多止於言辭上的爭論,未見像後來北朝君主用國家權力進行激烈的廢佛滅佛措施。因此,南北佛教的差異,大致上說,北方佛教的保護者是胡族君主,南方則是有老莊教養的貴族;北方胡族所歡迎的是方術性的佛教,江南貴族則是喜歡思索性的佛理;沙門在胡族國家常以軍政顧問而受到仰望,在東晉則是做為貴族清談的對象而受到尊敬。

　　東晉初期沙門都以清談與名士相交遊，其中最負盛名者是支遁。

　　支遁字道林，本姓關氏，陳留人，永嘉年間隨家人避難過江，後出家為僧，他對玄學有很深的造詣，受到東晉名士的推崇。由於支道林常以佛理入玄言，故與玄學家辯難時，獨能揭標新理，使「四坐莫不厭心」（《世說新語・文學篇》），由此也引起一部分玄學家開始接觸佛經，名士如王羲之、謝安都與之交遊。佛教傳入以來，佛教僧人罕有受到名士推重者，東晉名士崇奉支道林可謂空前。

　　西晉的覆沒使玄學在思想界的統治地位受到挫折，東晉時玄學思想雖然在江南流行，但沒有新的發展，佛學思想則從玄學思想的附庸地位逐漸發展起來，最後取代玄學成為思想界的主流，其間轉變，不得不歸功於如支道林等高僧以玄學傳佛理於名士的貢獻。總之，佛教在東晉中後期逐漸在江南盛行起來了。

　　對東晉佛教發展有進一步貢獻的，是釋道安的大弟子釋慧遠。

　　釋慧遠（334～416 年），俗姓賈，雁門樓煩人。少為儒生，博綜詩禮，尤善老莊。年輕時出家為僧，拜釋道安為師。西元三七七年，道安在襄陽分遣弟子四出傳教，慧遠率領弟子十餘人南下荊州，其後又東適江州，住在廬山，在廬山東阜建立東林寺，此後東林寺便成為南方傳播佛教的中心。慧遠在廬山住了三十多年，直到死為止，未曾出山一步。但他卻能與各地的佛教徒互相交流，如鳩摩羅什到達關中，他就派遣弟子前往聽講，也屢次寫信向鳩摩羅什請益佛理。他又命弟子遠度蔥嶺，尋求佛經，凡是從關中南下的西僧，慧遠往往多方羅致，邀請他們翻譯佛經。不僅如此，慧遠和當時政治上的重要人物都有來往，如殷仲堪、桓玄、盧循、劉裕都和他有交往。慧遠交游既廣，手腕又圓滑，對於佛教的傳播提供許多

便利。

　　在佛理上，慧遠提倡淨土思想，他招集當時名士一百二十三人，成立「白蓮社」，宣傳為「來生之計」，以為只要念佛持禪，不出家也可以成佛，這對此後淨土學說有很大的影響。

　　慧遠不僅精研佛學，而且兼通經學和玄學，其作品中大量發揮三玄的玄義，可以說他一身兼儒、釋、玄三家。當時正盛行沙門該不該禮敬王者的爭論，慧遠主張沙門不向王者跪拜，想抬高僧侶的社會地位，以對世俗發生更大的影響作用。

　　慧遠在廬山傳教三十餘年，統領規模龐大的教團有條不紊，並致力於禪與律的傳譯工作，積極承繼並光大道安的遺志，且努力吸收北方佛教的新知識，對外則確保教團的獨立，對江南佛教的發展有重大的貢獻。

　　東晉後期，佛教史上值得重視的大事，是法顯自西方取經回來。

　　隨著佛教的盛行，佛教僧徒對佛理的見解不一，中土譯出的佛經又太少，因此當時僧侶迫切的任務是西行取經和大規模的從事傳譯。不僅如此，佛教僧徒在意識上奉釋尊所生的印度為上國，自覺居於邊異之國，無法滿足其求道求法的熱忱，高僧如釋道安且常自覺身居邊國，無法得釋尊真義而寢食難安，鎮日戒慎恐懼，甚至慨嘆揮淚不已！在這種背景之下，乃有發心不畏艱苦入印度求法取經者。

　　在取經的僧侶中，對佛教發展影響較大的是法顯。在法顯之前，已經有西行取經的僧侶了，如曹魏末年的朱士行、西晉時的竺法護、僧建等人，但皆未到達印度，法顯可謂是到印度取經回來的第一人。

　　法顯，俗姓龔，平陽武陽人。後秦初年居長安，當時佛教在中

原傳播，迫切要尋求戒律。法顯乃於西元三九九年三月中旬從長安出發，西元四○○年從敦煌出玉門關，到達鄯善，再西行，走南道經于闐越蔥嶺往印度前進，歷經十餘年，足跡遍達今日巴基斯坦、阿富汗、印度、尼泊爾、斯里蘭卡等地，在中天竺笈多王朝的都城學梵書、梵語，寫戒律，搜羅佛經，收穫豐碩。西元四一一年從今日斯里蘭卡搭商船返國，途中又漂泊到今爪哇，歷經千辛萬苦終於西元四一二年七月十四日到達長廣郡牢山（山東省青島市嶗山區）。

法顯從離開長安直到返國，前後歷十三年四個月，在這期間中原發生不少變化，東晉大權已落入劉裕手中，青州長廣郡此時由東晉統屬，以戒律馳名的北天竺僧佛馱跋陀羅也由長安渡江南下，在建康道場宣譯，而居留長安的譯經大師鳩摩羅什已在西元四○八年病死了，因此法顯遂南抵建康，與佛馱跋陀羅合作翻譯取歸的佛經。譯出的佛經以《泥盤經》最為重要，對後來佛教涅盤宗的發展有重大的影響。法顯除了譯經之外，又記載他的旅行經歷，寫成《佛國記》一卷（亦稱《法顯傳》），該書成為研究當時中外交通以及印度歷史的重要文獻。

東晉後期到南朝時期，佛教在南方迅速而廣泛的發展，當時帝王朝貴、世家大族有許多佞佛的事蹟。

在東晉南朝的皇帝中，佞佛達到極點的是梁武帝蕭衍，他大力鼓吹靈魂不滅、因果報應等佛理，他從天監（502～519 年）以後就長期吃齋事佛，每天只吃一頓蔬菜粗米飯，並曾四次捨身同泰寺為奴，每次由群臣出一億萬把他贖回。在他在位的時期，可說是南朝佛教達於頂盛的時期，據載東晉時全國佛寺有一千七百六十八所，梁時則增至二千八百四十六所，僅京師一地就有佛寺五百餘所，僧尼十餘萬人。

在佛教廣泛流傳之後，反對佛教的聲浪也隨之高漲起來。早期

反對佛教的言論，都集中於佛教為夷狄之俗，不合禮教等等，後來則以沙門不敬王者為攻擊目標，不過這些都還沒有引起世俗帝王的重視。但隨著僧尼人數大增，人民利用出家規避徭役，造成國家戶口的流失，就引起統治者的重視了，因此而有沙汰僧侶的政策被提出來。東晉末年執政的桓玄、南朝的宋文帝以及陳宣帝都曾想要執行沙汰僧侶政策，不過後來卻也都不了了之。

東晉南朝反佛言論較為突出的是，在思想上對神滅與否的爭論。佛教主張因果報應、輪迴轉生、精神不滅，反對佛教者則提出神滅論的主張，認為「形存則神存，形謝則神滅」（《梁書·儒林·范縝傳》）。當時主張神滅論的學者有孫盛、戴逵、何承天、范曄、劉峻、范縝等人。

《後漢書》的著者范曄，是個無神論者，他認為「死者神滅」，「天下決無佛鬼」，但到他將要被殺時，痛恨徐湛之出賣他，給徐湛之書云：「當相訟地下」，因而被人譏笑其神滅學說不徹底（《宋書·范曄傳》）。

主張神滅論最有名的是范縝。范縝約生於宋文帝元嘉二十七（450）年，卒於梁武帝天監十四（515）年。他年輕時仕齊為尚書殿中郎，受齊司徒竟陵王蕭子良延攬為西邸的賓客，竟陵王蕭子良是以佞佛出名的，范縝卻不相信因果報應說，因而引起爭論，為了進一步闡明他的觀點，他寫成〈神滅論〉，當初稿寫成時，「朝野諠譁」（《梁書·儒林·范縝傳》），蕭子良招集群僧難之而不能屈。梁武帝即位後，佛教更為興盛，但范縝也在此時將〈神滅論〉修訂定稿，在親友之間流傳開來，武帝雖欲用權力壓服范縝，但范縝堅持其說，不畏政治與輿論上的壓力與人論戰。雖然近代唯物主義史學家，極力推崇范縝為中國歷史上一位傑出的無神論者、唯物主義者，然而其學說終究無法改變當時朝野奉佛的大潮流，只做為

今日學術思想史研究上的一段插曲。

四、北朝佛教的發展與滅佛事件

北魏拓跋氏建國之初，對佛教所知甚少，當時華北佛教已大為盛行，北魏君主入境隨俗，對佛教僧侶寺廟皆施以禮敬。西元三九八年，拓跋珪建都平城，下令在城內興建佛寺，並任命高僧法果為「道人統」，統攝僧徒，這是北魏中央任命的第一位僧官。法果則稱道武帝為當今如來，沙門禮拜皇帝便如同禮佛。嗣後太宗明元帝繼位，仍承襲禮遇佛教政策，但道武帝與明元帝同時也「好黃老」，他們並無堅定的特定信仰，宗教只做為輔助教化天下之用。

西元四二三年世祖太武帝即位，仍遵行前兩代的佛教政策，禮遇高僧。但隨著北魏征服地區不斷地擴大，境內佛教徒勢力也愈大，西元四三九年滅北涼，統一華北，以佛圖澄及道安所傳布的中原佛教、鳩摩羅什所傳布的長安佛教，以及曇無讖所傳布的北涼佛教，皆納入北魏統治之內，當時沙門僧侶太多，已引起太武帝的側目。後來太武帝因猜疑佛教徒參與叛亂，並受宰相崔浩毀佛言論的影響，遂有佛教史上「三武法難」的首宗滅佛事件。

北魏征服華北的過程，引用許多漢人士族，其中許多漢人士族皆為儒學世家兼天師道徒，崔浩家族即為最典型的代表。太武帝即位之初，有天師道寇謙之獻書傳其道，初未受重視，但崔浩獨異其言，事以為師，受其法術，並極力向太武帝推薦寇謙之的教義。太武帝受其影響而供奉道教，建天師道場供養道士。寇謙之獻給太武帝「太平真君」稱號，西元四四〇年並把年號改元為太平真君元年，道教成為北魏的國教。但此時尚未有滅佛措施，不過由於崔浩屢次批評佛教，太武帝對佛教漸有排斥之心。

西元四三八年，太武帝曾下詔罷除五十歲以下的沙門，當時主

要是因僧侶太多，欲「罷使為民，以從征役」（《資治通鑑》宋文帝元嘉十五年春三月條胡注）。西元四四四年，詔禁民間私養沙門、巫覡。西元四四五年，關中發生蓋吳之亂，次年（四四六年），太武帝親征至長安，見一佛寺中藏有大量兵器，疑與蓋吳相通，又見許多寺院多財物與不法之事，崔浩乘機勸太武帝滅佛，於是太武帝下令全國沙門一律坑殺，經像悉毀。在詔令公布前，太子拓跋晃信佛，極力苦諫無效，乃緩宣詔書，使遠近僧侶獲得消息，先期逃匿，佛像和經卷也都藏起來了，所以這次的「法難」，事實上對佛教的打擊有限，受到破壞的主要是各地的佛寺。西元四五〇年，崔浩因國史事件遭受滅門之禍，佛教禁令也稍微鬆弛，西元四五二年，太武帝被宦官宗愛所弒，嫡孫文成帝拓跋濬即位，下詔復興佛教。

　　太武帝的廢佛，給予文成帝一個重新整建佛教的機會，在復佛詔書中限制出家人數大州五十，小州四十，各州郡縣人口稠密處只准建佛寺一所，又恢復僧官制度，以師賢為道人統。同年又營造和帝王等身的石佛像，兩年後，又在平城的五級大寺內，為道武、明元、太武、景穆、文成等五帝鑄造一丈六尺高的釋迦立像。後來師賢死後，曇曜代之，更名為沙門統，曇曜極力推動復佛運動，在平城西方開鑿石窟，即後世有名的雲岡石窟，每洞中有一大佛像，高六、七十尺，「彫飾奇偉，冠於一世」（《魏書·釋老志》）。像這種依帝王相貌來塑佛像，為以前所無，顯示帝王強調王政與佛法合一，彰顯「皇帝即如來」的觀念。文成帝死後，獻文帝繼位，仍然崇佛，營造佛寺佛像不遜於前代，孝文帝時代仍承襲此傳統。

　　隨著佛教的復興，全國寺院、僧尼人數急速擴張，佛教團體的花費以及連年營造石窟所需財源及人力，只靠朝廷和信徒的支援已不敷所需，於是遂有「僧祇戶」與「佛圖戶」的設立。西元四六九

年，獻文帝攻取南齊的青、齊地區，將該地人民強制移入平城，沒為生口，分賜百宮，稱之為「平齊戶」，由於常起變亂，沙門統曇曜乃奏請將一部分平齊戶及涼州軍戶撥歸「僧曹」（各地管轄寺院的機構），稱為僧祇戶，每戶每年納穀六十斛，稱為僧祇粟，用於荒年賑災之用，平時亦活用於資助平民或佛教事業上。又將一部分犯重罪的罪犯和官奴婢，充作「佛圖戶」，以供諸寺院灑掃及耕作。據塚本善隆的考證，僧祇戶與佛圖戶創立於孝文帝承明元（476）年，此後遍於諸州鎮。

　　孝文帝以後北魏佛教發展更興盛，孝文帝不僅造寺立塔，廣修功德，更重要的是獎勵譯經求法，並推動僧侶討論佛義，以致義學僧人輩出。西元四九四年，遷都洛陽，更開鑿另一佛教偉大藝術寶藏龍門石窟。再下傳至宣武帝、孝明帝，信佛愈深，寺院日愈增多，對僧團的管制也日愈廢弛，終於形成嚴重的社會與經濟問題。

　　據《魏書・釋老志》載，文成帝復佛之後，京師新舊寺百所，僧尼二千人，四方諸寺六千餘所，僧尼七萬七千人。至北魏末年，全國竟有寺院三萬餘所，僧尼二百多萬人。究其原因，一為皇帝及王公貴族以迄庶人，為建功德及廣結善緣，無限制的建寺塔、度人出家。另一重要原因為庶民逃稅而剃度出家，或將民宅改為寺廟。影響所及，一方面王室造寺，龐大的耗費造成民眾稅負增加；另一方面民眾造寺、出家，使納稅戶數減少；結果是國用民生兩皆困窘。

　　寺僧浮濫後，素質自然降低。西元五〇九年，沙門統惠深上書痛陳遷都洛陽以來二十年，寺院奪民居三分之一，甚至三五少僧即共為一寺，星羅棋布，無處不有。僧侶腐化，又依恃特權，侵奪細民，廣占田宅，如僧祇戶之設，原為供養寺院及災荒賑濟之用，但此時僧團擅將僧祇粟及僧祇戶據為己有，橫加壓榨，致「吁嗟之

怨，盈於行道，棄子傷生，自縊溺死五十餘人」（《魏書‧釋老志》）。此外，為了興建寺院、佛像，往往造成人民很大的勞費，如孝文帝時外戚馮熙廣建寺舍，所費不貲，其在諸州營塔寺多在高山秀阜，傷殺人牛，有沙門勸止之，熙曰：「成就後，人唯見佛圖，焉知殺人牛也」（《魏書‧外戚上‧馮熙傳》）。像這樣，帝王貴族只企求個人的求佛升天，而放鬆了對僧團的限制與監督，佛法逐漸喪失了輔佐王政、教化天下的作用，甚至反過來侵蝕了北魏政權的基礎。北魏末年佛教徒的變亂迭起，即有以上的社會經濟背景。

據研究，北魏時期史籍有記載的佛教徒變亂共有十二次，其中有八次集中於北魏末年的宣武帝、孝明帝兩朝二十餘年間，可見北魏末年佛教發展到最盛興時，其弊端也愈嚴重，遂有層出不窮的變亂發生。

北魏末年佛教徒的變亂，以五一五年沙門法慶在冀州所發動的大乘之亂規模最為壯大。法慶自稱「大乘」，以渤海豪族李歸伯為十住菩薩、平魔軍司、定漢王，李歸伯合家從之，招率鄉人，推法慶為主，宣稱「新佛出世，除去舊魔」，「殺一人為一住菩薩，殺十人為十住菩薩。又合狂藥，令人服之，父子兄弟不相知識，唯以殺害為事。於是聚眾殺阜城令，破勃海郡，殺害吏人」（《魏書‧京兆王子推附子遙傳》）。刺史蕭寶夤遣兼長史崔伯驎討之，敗於煮棗城，伯驎戰歿，「凶眾遂盛，所在屠滅寺舍，斬戮僧尼，焚燒經像」，顯示叛變者對現存僧團寺院的強烈不滿。此一動亂後來由都督元遙率步騎十萬才討平之，擒殺法慶及其妻尼惠暉，傳首京師，李歸伯亦戮於都市（《魏書‧京兆王子推附子遙傳》）。

法慶所領導的大乘之亂，宣稱「新佛出世，除去舊魔」，這是和北朝新興起的彌勒信仰有密切相關的。北魏時期許多與彌勒信仰

有關的經典相繼被譯出來，而且大為流行，這些經典都強調彌勒佛
將繼釋迦佛之後而降世，所謂「釋迦前有六佛，釋迦繼六佛而成
道，處今賢劫。文言將來有彌勒佛，方繼釋迦而降世」（《魏書·
釋老志》），宣揚信念彌勒，死後得以往生兜率天宮，免除輪迴，
永不退轉，還說不久彌勒將降生，那時世界變得非常美滿，人壽八
萬四千歲，安穩快樂，沒有水火刀兵饑饉之災，這些內容對飽受各
種災難的人民有很大的誘惑力。另一方面，在彌勒信仰的傳說中，
又說彌勒降世後有一輪轉王，為彌勒佛做「生身供養」的護法工
作，方能成就人間淨土，因此，北魏早期的帝王都只籠統地宣稱
「皇帝即如來」，後來帝王則多以彌勒信仰中的輪轉王自居。於
是，彌勒信仰在上層統治者與下層人民之中都極為流行，這可由北
魏佛教造像中以彌勒佛像為最多得到證明。然而，在現實的世界
中，隨著佛教的昌盛，人民所感受到的卻是負擔日益沈重，生活日
益艱苦，因此，人民不認為現世是彌勒降生輪轉王護法的時代，反
而認為要除去現世中的「舊魔」，以迎接即將降世的彌勒「新
佛」，這就是北魏末年發生許多與彌勒信仰有關的變亂的時代背
景。

　　在大乘之亂後不到十年，北魏政權也因六鎮之亂而瓦解。北朝
後期乃至隋唐時代，尚有數起與彌勒有關的佛教徒叛變，但都在政
府的鎮壓之下失敗，此後佛教弊端依然，現世生活亦未見改善，在
信仰者心中逐漸瀰漫著一股與釋迦、彌勒「無緣」的心理；統治者
也感到彌勒信仰的危險性，因此抬高、宣傳居於西方淨土的阿彌陀
佛（無量壽佛）及其侍者之一、接引人們前往淨土的觀世音菩薩。
於是在北朝後期以後，彌勒信仰逐漸衰落，代之而起的是對阿彌陀
佛及觀世音菩薩的信仰，據研究唐代的佛教造像以阿彌陀佛及觀世
音菩薩為最多，其道理即緣由於此。

　　北朝後期，東魏──北齊與西魏──北周基本上仍沿續北魏以來的奉佛政策。東魏遷都鄴城後，營造新宮城，把鄴城的舊宮作為天平寺，此天平寺從此成為東魏、北齊的佛教中心，東魏孝靜帝和之後北齊文宣帝、武成帝、後主都是佞佛之人，《續高僧傳・靖嵩傳》載北齊「都下大寺略計四千，見住僧尼僅將八萬，講席相距二百有餘，在眾常聽出過一萬」，《佛祖統紀》卷三七更載北齊天保二（551）年，「詔置昭玄上統，以沙門法上為大統，令史員置五十餘人，所部僧尼四百餘萬，四萬餘寺，咸稟風教」（《佛祖統紀》卷三十八），可見北齊佛教之昌盛較北魏末年有過之而無不及。北齊文宣帝高洋甚至禁絕道教，要道士皆剃髮為僧，有不從者，即刻斬首，於是境內沒有道教，專崇佛教。北齊佛教的腐敗也極為嚴重，武成帝皇后胡氏且私通沙門曇獻，淫亂不已。當時有人上書僧尼淫亂，盛行墮胎。北齊後主時代國力已衰，但後主乃揮霍無度，建造佛寺，史載：「又於晉陽起十二院，壯麗逾於鄴下。所愛不恒，數毀而又復。夜則以火照作，寒則以湯為泥，百工困窮，無時休息。鑿晉陽西山為大佛像，一夜然油萬盆，光照宮內。又為胡昭儀起大慈寺，未成，改為穆皇后大寶林寺，窮極工巧，運石填泉，勞費億計，人牛死者不可勝紀」（《北齊書・幼主紀》）。北齊這種無止境的揮霍佞佛，只有加速其敗亡。後來北周武帝滅北齊，即刻將北周的滅佛措施全面實行於北齊境內。

　　西魏──北周的君主雖亦奉佛，但與東魏──北齊比較起來相形見絀。西魏相宇文泰依據《周禮》進行官制改革，在大宗伯之下有典命，掌管沙門與道士，又有司寂統理佛教教團，司元統理道教教團（《西魏書・百官考四上》）。基本上，宇文泰是儒、釋、道三教並行，其接納佛教的意圖，只是用來鞏固、加強自己的權力地位而已。

　　北周前期宇文護專政，宇文護尊奉佛教，王公貴族也競相建造佛寺、寫經、造像、供養等奉佛行為，佛教大盛。但整體說來，北周佛教的昌盛情形比起北齊可說相差甚遠，宇文護晚年雖奉佛更盛，但尚未見如北齊君主之佞佛無度。而此時北周武帝致力於三教論爭，不久，武帝誅殺宇文護，二年後即全面廢佛。

　　北周武帝早年受父兄的影響，也信佛教。北周初年宇文護專政，弒殺孝閔帝與明帝，武帝為避免宇文護猜忌，整日談論儒玄，不問政事。西元五六七年有蜀地還俗僧衛元嵩上書，建議武帝廢佛，指現有的僧侶寺院皆陷佛於邪道，認為奉佛毋須大事興建寺院佛像，只要「利民益國」，便是「會佛心」，因佛心乃是以「大慈為本」，因此他說宜造「平延大寺」，容貯四海萬姓；他所設想的平延大寺是「無選道俗，罔擇親疏；……以城隍為寺塔，即周主是如來；用郭邑作僧坊，和夫妻為聖眾；……推令德作三綱，遵耆老為上座」（《廣弘明集》卷七〈敘列代王臣滯惑解下〉）。事實上「平延大寺」只是比喻一個儒佛融合的理想社會，這個上書給武帝思想很大的啟發，但當時是在宇文護掌權執政之時，廢佛之說自然不可能付之實行。當時又有個道士張賓也建議武帝廢佛，自然也是未被採納。在宇文護執政之下，武帝只能召集百官、僧、道論三教優劣。武帝本欲藉三教論爭，會通三教，以利於治國教民，但卻因佛道的互相攻擊而引起武帝的反感。西元五七二年三月，武帝在宮中狙殺宇文護，親攬政權，展開一系列銳意革新，勵行富國強兵政策。同年十二月，武帝又召開第七次的三教論爭，結果武帝定儒教為先，道教為次，佛教為後，此後部分僧侶還拼命攻擊道士。西元五七四年五月十六日，武帝又召開第八回合的三教論爭，翌日乃斷然實行廢絕釋道二教措施：「經像悉毀，罷沙門、道士，並令還民。並禁諸淫祀，禮典所不載者，盡除之」（《周書・武帝紀

上》）。

　　武帝廢絕佛教的政策可能醞釀已久，但其實行卻頗令人有措手不及之感，而且其執行亦極徹底，「融佛焚經，驅僧破塔，聖教靈跡削地靡遺，寶剎伽藍皆為俗宅，沙門釋種悉作白衣」（《歷代三寶紀》卷十二）。前此北魏太武帝的滅佛，僧侶事先已逃匿，經像亦已掩藏，此次北周武帝的滅佛，雖有少數僧侶避逃深山，但大多數被迫還俗充軍，亦有不少殉教者。總之，這是佛教一次巨大的「法難」浩劫，且持續數年，當時人以為「法末」，「人鬼哀傷，天神悲慘」（《歷代三寶記》卷一二）。

　　武帝滅佛值得留意的是並不殺害僧人，只是逼令僧尼還俗，武帝的動機是基於富國強兵的需要，他目睹擁有廣大田地的教團，築寺院、造佛像，耗費不貲，既無助於戰力，且多逃漏稅役，因此當時人認為武帝是要「求兵於僧眾之間，取地於塔廟之下」（《廣弘明集・諫周祖沙汰僧表》）。果然，武帝滅佛之後，「民役稍希，租調年增，兵師日盛，東平齊國，西定妖戎」（《廣弘明集》卷一〇〈周高祖巡鄴除殄佛法有前僧任道林上表請開法事〉）。武帝滅北齊之後，見北齊佛教昌盛腐敗，更堅定認為佛教為北齊敗亡之原因，因此亦立即在齊境實行滅佛措施，《廣弘明集・周祖平齊召僧敘廢立抗詔事》載：「帝已行虐三年，關隴佛法誅除略盡。既克齊境，還准毀之。爾時魏齊東川佛法崇盛，見成寺廟出四十千，並賜王公充為第宅。五眾釋門減三百萬，皆復軍民，還歸編戶。融刮佛像，焚燒經教」，可見當時滅佛之激烈情形。

　　當時曾有齊地高僧慧遠向武帝抗辯道：「陛下今恃王力，自在破滅三寶，是邪見人，阿鼻地獄不揀貴賤，陛下何得不怖」，武帝勃然作色大怒，回答：「但令百姓得樂，朕亦不辭地獄諸苦」（《廣弘明集・周祖平齊召僧敘廢立抗詔事》）。

　　武帝滅佛之初，設立通道觀，置學士一百二十人，取儒士及釋、道三方面的有名人物來充任，令他們研究有關釋、老方面的哲學著作。但他們是以官吏的身分來參加，因此皆須長髮留鬚，著衣冠。西元五七八年，武帝死，宣帝即位後，雖下詔復佛，但是有限制的，他設置菩薩僧，是帶髮僧人，不准剃髮，在舊沙門中選拔學德兼優者一百二十人，住於陟岵寺，為國行道，生活所需，悉由政府供應，且陟岵寺只在長安及洛陽各設一寺，其他州郡則尚未被准許。

　　武帝激烈的廢佛措施雖收到富國強兵之效，但亦招致廣大的民怨，後來隋文帝楊堅的興起，即曾利用民間這股反宇文氏的怨氣，全面復興佛教以收攬民心。《法苑珠林》載有下列一則傳說：隋開皇十一（591）年，有一文官趙文昌死後被引至閻羅王處，北周武帝在門東房內，頸著三重鉗鎖，見之即呼趙文昌說「你回去替我向隋文帝說，我因滅佛法罪重，在地獄受苦，請隋帝營修功德，為我贖罪」，趙文昌竟復活將此事具奏文帝，文帝出敕遍下國內，人出一錢，為周武帝轉《金剛般若經》，兼三日齋戒。按這一則傳說當為僧徒所造，以此洩憤，隋文帝遂假此僧尼之言，廣為傳播，藉機宣傳宇文氏之亡為武帝毀佛餘殃，而隋朝之興乃得到正當性基礎。

　　北周武帝的滅佛，對佛教而言毫無疑問是一次空前的浩劫，但卻無意間促進佛教教派的交流，許多北方的高僧逃往南朝，例如北齊僧曇遷、靖嵩等三百餘人南逃江左，為法相宗之先驅；智顗南下，亦為天台宗奠下基礎。

　　不僅如此，佛教史學者認為，北周武帝之廢佛，使得北朝以來壯麗的佛教文化受到毀滅，隋唐之後所再興起的佛教已有很大的不同，此再興起的佛教逐漸褪去印度色彩，而更富有中國佛教的特色，以此言之，北周毀佛卻正是促使中國佛教興起的契機。

關 鍵 詞 彙

道教	慧遠
太平道	鳩摩羅什
五斗米道	支道林
葛洪	法顯
陸修靜	北魏太武帝
陶弘景	北周武帝
寇謙之	神滅論
佛圖澄	彌勒信仰
釋道安	

自 我 評 量 題 目

一、魏晉南北朝道教與佛教盛行的原因為何？

二、道教從民間宗教發展成為官方宗教的發展歷程為何？

二、佛教的發展與五胡君主的統治有何關係？

四、南北朝的佛教發展有何不同的特色？

五、試比較北周武帝與北魏太武帝的滅佛措施。

六、北朝的彌勒信仰如何興起與轉變？

參 考 文 獻

一、文獻資料

1.新校標點本《史記》，北京，中華書局；台北，世界書局、鼎文書局、洪氏出版社景印。

2.新校標點本《漢書》，北京，中華書局；台北，世界書局、鼎文書局、洪氏出版社景印。

3.新校標點本《後漢書》，北京，中華書局；台北，世界書局、鼎文書局、洪氏出版社景印。

4.新校標點本《三國志》，北京，中華書局；台北，世界書局、鼎文書局、洪氏出版社景印。

5.新校標點本《晉書》，北京，中華書局；台北，鼎文書局、洪氏出版社景印。

6.新校標點本《宋書》，北京，中華書局；台北，鼎文書局、洪氏出版社景印。

7.新校標點本《南齊書》，北京，中華書局；台北，鼎文書局、洪氏出版社景印。

8.新校標點本《梁書》，北京，中華書局；台北，鼎文書局、洪氏出版社景印。

9.新校標點本《陳書》，北京，中華書局；台北，鼎文書局、洪氏出版社景印。

10.新校標點本《魏書》，北京，中華書局；台北，鼎文書局、洪氏出版社景印。

11.新校標點本《北齊書》，北京，中華書局；台北，鼎文書局、洪氏出版社景印。

12.新校標點本《周書》，北京，中華書局；台北，鼎文書局、洪氏出版社景印。

13.新校標點本《南史》，北京，中華書局；台北，鼎文書局、洪氏出版社景印。

14.新校標點本《北史》，北京，中華書局；台北，鼎文書局、洪氏出版社景印。

15.新校標點本《隋書》，北京，中華書局；台北，鼎文書局、洪氏出版社景印。

16.新校標點本《舊唐書》，北京，中華書局；台北，鼎文書局、洪氏出版社景印。

17.新校標點本《新唐書》，北京，中華書局；台北，鼎文書局、洪氏出版社景印。

18.《十六國春秋輯補》，北魏，崔鴻撰，清，湯球輯補，新校標點本《晉書》附編三。

19.《魏略輯本》，清，張鵬一輯，新校標點本《三國志》附編。

20.《西魏書》，清，謝啟昆撰，台北，世界書局影印，1962 年 10 月。

21.新校標點本《資治通鑑》，北京，中華書局，1956 年 6 月；台北，洪氏出版社景印。

22.《華陽國志》，晉，常璩撰，明，鐵毅鈔校，台北，世界書局，1967 年景印；劉琳校注，成都，巴蜀書社，1984 年 7 月；任乃強校注，上海，上海古籍出版社，1987 年 7 月。

23.《洛陽伽藍記》，東魏，楊衒之撰，楊勇校箋，台北，正文書局，1982 年 9 月；周祖謨校釋，上海，上海書店，2000 年 4 月。

24.《水經注疏》，北魏，酈道元注，清，楊守敬、熊會貞疏，段熙仲點校，陳橋驛復校，南京，江蘇古籍出版社，1989 年 6 月。

25.《顏氏家訓》（增補本），北齊，顏之推撰，王利器集解，北京，中華書局，1993 年 12 月。

26.《世說新語箋疏》，南朝宋，劉義慶撰，余嘉錫箋疏，台北，華正書局，1984 年 9 月。

27. 《高僧傳》，梁，釋慧皎撰，台北，台灣印經處，1958 年；湯用彤校注，北京，中華書局，1992 年 10 月。

28. 《歷代三寶記》，隋，費長房撰，《大藏經》史傳部一，大正原版，台北，新文豐出版公司，1983 年 1 月。

29. 《廣弘明集》，唐，釋道宣撰，台北，新文豐出版公司，1986 年 10 月。

30. 《法苑珠林》，唐，釋道世撰，台北，台灣商務印書館影印，文淵閣《四庫全書》本；周叔迦、蘇晉仁校注，北京，中華書局，2003 年 12 月。

31. 《續高僧傳》，唐，釋道宣撰，台北，文殊出版社，1988 年 6 月。

32. 《佛祖統紀》，宋，志磐撰，《大藏經》史傳部一，大正原版，台北，新文豐出版公司，1983 年 1 月。

33. 《通典》，唐，杜佑撰，王文錦等點校，北京，中華書局，1988 年 12 月。

34. 《日知錄集釋》，清，顧炎武撰，清，黃汝成集釋，奕保群、呂宗力校點，石家莊，花山文藝出版社，1991 年 8 月。

35. 《十七史商榷》，清，王鳴盛撰，台北，大化書局影印，1959 年；黃曙輝點校，上海，上海書店，2005 年 12 月。

36. 《廿二史劄記》，清，趙翼撰，杜維運考證，台北，華世出版社，1977 年；王樹民校證，北京，中華書局，1984 年 1 月。

37. 《廿二史考異》，清，錢大昕撰，收入《錢大昕讀書筆記廿九種》，台北，鼎文書局，1979 年 9 月；方詩銘、周殿傑校點，上海，上海古籍出版社，2004 年 4 月。

38. 《漢魏南北朝墓誌集釋》，趙萬里集釋，《石刻史料新編》第三輯，一般類，(四)，台北，新文豐出版公司，1986 年 7 月。

39. 《北京圖書館藏中國歷代石刻拓本匯編》，河南，中州古籍出版社，1989 年 5 月。

40.《匈奴史料彙編》，林幹編，北京，中華書局，1988 年 8 月。

41.《柔然資料輯錄》，中國科學院歷史研究所史料編纂組編，北京，中華書局，1962 年 12 月。

42.《魏晉南北朝農民戰爭史料彙編》，張澤咸、朱大渭編，北京，中華書局，1980 年 6 月。

二、近人論述

1.山崎宏，〈北魏の大人官に就いて〉（上）、（下），京都，《東洋史研究》9—5・6，1947 年 7 月、12 月。

2.川勝義雄，《中國の歷史 3　魏晉南北朝》，東京，講談社，1974 年 8 月。

3.川勝義雄，《六朝貴族制社會の研究》，東京，岩波書店，1982 年 12 月。

4.中村圭爾，《六朝貴族制研究》，東京，風間書房，1987 年 2 月。

5.中村元等著，余萬居譯，《中國佛教發展史》，台北，天華出版社，1984 年 5 月。

6.王伊同，《五朝門第》，成都，金陵大學中國文化研究所，1943 年 11 月；北京，中華書局，2006 年 3 月。

7.王仲犖，《魏晉南北朝史》，上海，人民出版社，2003 年 4 月。

8.王仲犖，〈鮮卑姓氏考〉（上）、（下），北京，《文史》30、31，1988 年 7 月、12 月。

9.王恢，《中國歷史地理》，台北，學生書局，1979 年 4 月修訂再版。

10.毛漢光，〈中國中古賢能觀念之研究—任官標準之觀察〉，台北，《歷史語言研究所集刊》第 48 本第 3 分，1977 年。

11.毛漢光，《中國中古社會史論》，台北，聯經出版事業公司，1988 年 2 月。

12.毛漢光，《中國中古政治史論》，台北，聯經出版事業公司，

1990 年 1 月。

13.欠端實，〈隋代の義倉〉，東京，《東方學》52 輯，1976 年 7
月。

14.內田吟風，《北アジア史研究　鮮卑柔然突厥篇》，京都，同朋
舍，1975 年 1 月。

15.內田吟風，《北アジア史研究　匈奴篇》，京都，同朋舍，1975
年 9 月。

16.矢野主稅，〈土斷と白籍─南朝の成立─〉，東京，《史學雜
誌》第 79 篇第 8 號，1970 年 8 月。

17.田余慶，《秦漢魏晉史探微》，北京，中華書局，1993 年 11 月。

18.田余慶，《東晉門閥政治》，北京，北京大學出版社，1989 年 1
月。

19.田村實造，《中國史上の民族移動期─五胡・北魏時代の政治と
社會─》，東京，創文社，1985 年 3 月。

20.布目潮渢，《隋唐史研究─唐朝政權の形成》，京都，同朋舍，
1968 年 10 月。

21.白鳥庫吉著，方壯猷譯，《東胡民族考》，上海，商務印書館，
1934 年 9 月。

22.古賀昭岑，〈北魏における徙民と計口受田について〉，福岡，
《九州大學東洋史論集》，1973 年 7 月。

23.古賀昭岑，〈北魏の部族解散について〉，東京，《東方學》
59，1980 年 1 月。

24.安田二郎，〈南朝の皇帝と貴族と豪族・上豪層〉──梁武帝の
革命を手かりに──〉，收入《中國中世史研究》，東京，東海
大學，1970 年。

25.任繼愈，《中國佛教史》，第 1～3 卷，北京，中國社會科學出
版社，1981 年～1988 年。

26.任繼愈主編，《中國道教史》（上），上海，上海人民出版社，

　　　1990 年 6 月；台北，桂冠圖書公司，1991 年 10 月。

27.呂春盛，《關隴集團的權力結構演變——西魏北周政治史研究》，台北，稻鄉出版社，2002 年 3 月。

28.呂春盛，《北齊政治史研究—北齊衰亡原因之考察》，台北，國立台灣大學出版委員會，1987 年 6 月。

29.呂春盛，〈五胡政權與佛教發展的關係〉，台北，《國立台灣大學歷史學系學報》，第 15 期，1990 年 12 月。

30.呂思勉，《兩晉南北朝史》，上海，開明書店，1948 年 10 月；台北，台灣開明書店，1977 年景印；上海，上海古籍出版社，2005 年 11 月。

31.呂思勉，《呂思勉讀史札記》，上海，上海古籍出版社，1982 年 8 月；台北，木鐸出版社，1983 年 9 月台北初版。

32.谷川道雄，〈五胡十六國〉，京都，《史林》46—6，1963 年 11 月。

33.谷川道雄，〈初期拓跋國家における王權〉，京都，《史林》46—6，1963 年 11 月。

34.谷川道雄，《隋唐帝國形成史論》，東京，筑摩書房，1998 年 1 月，增補一刷；李濟滄譯，上海，上海古籍出版社，2004 年 10 月。

35.谷川道雄，《世界帝國の形成》——新書東洋史② 中國の歷史 2，東京，講談社，1977 年 2 月。

36.谷川道雄等著，吳密察等譯，《中國通史》，稻鄉出版社，1990 年 9 月。

37.谷霽光，《府兵制度考釋》，上海，人民出版社，1962 年 7 月；台北，弘文館，1985 年 9 月。

38.谷霽光，《三國鼎峙與南北朝分立》，北平，《禹貢半月刊》第 5 卷第 2 期，1936 年 3 月。

39.何啟民，〈永嘉前後吳姓與僑姓關係之轉變〉，台北，《政治大

學學報》第 26 期，1972 年 12 月。

40.何啟民，〈中古南方門第—吳郡朱張顧陸四姓之比較研究〉，台北，《政治大學學報》第 27 期，1973 年 5 月。

41.何啟民，〈南朝的門第〉，台北，《食貨月刊》復刊第 3 卷 5 期，1973 年 8 月。

42.何啟民，〈南朝門第經濟之研究〉，台北，《大陸雜誌》48 卷 1 期，1974 年 1 月。

43.何啟民，《魏晉思想與談風》，台北，台灣學生書局，1981 年 4 月 4 刷。

44.何啟民，《竹林七賢研究》，台北，台灣學生書局，1984 年 2 月 4 刷。

45.余英時，《中國知識階層史論〈古代篇〉》，台北，聯經出版事業公司，1980 年 8 月。

46.杜士鐸主編，《北魏史》，太原，山西高校聯合出版社，1992 年 8 月。

47.杜正勝主編，《中國文化史》，台北，三民書局，1995 年 8 月。

48.佟柱臣，〈嘎仙洞拓跋燾祝文石刻考〉，北京，《歷史研究》1981—6，1981 年 6 月。

49.李劍農，《魏晉南北朝隋唐經濟史稿》，北京，三聯書店，1959 年；台北，華世出版社，1981 年 12 月。

50.吳慧蓮，《東晉劉宋時期之北府》，台北，台灣大學，1985 年 6 月。

51.吳慧蓮，〈六朝時期吏部人事權的消長〉，台北，《台大歷史學報》第 17 期，1992 年 12 月。

52.吳慧蓮，〈東晉南北朝時期嶺南地區的土豪酋帥及其與中央政府的關係—附論陳霸先崛起的原因與背景〉，台北縣，《淡江史學》，第 5 期，1993 年 6 月。

53.吳慧蓮，〈曹魏的考課法與魏晉革命〉，台北，《台大歷史學

報》，第 21 期，1997 年 12 月。

54.吳慧蓮，〈梁武帝的地方政策與梁陳變局〉，台北，台灣大學歷
　　史系，《史學：傳承與變遷學術研討會論文集》，1998 年 6 月。

55.周一良，《魏晉南北朝史論集》，北京，中華書局，1962 年；北
　　京大學出版社，1997 年 6 月。

56.周一良，《魏晉南北朝史論集續編》，北京，北京大學出版社，
　　1991 年 11 月。

57.周紹賢，《魏晉清談述論》，台北，台灣商務印書館，1972 年 4
　　月 2 刷。

58.周偉洲，《敕勒與柔然》，上海，上海人民出版社，1983 年 1
　　月。

59.周偉洲，《漢趙國史》，太原，山西人民出版社，1986 年 7 月。

60.林瑞翰，《魏晉南北朝史》，台北，五南圖書出版公司，1990 年
　　5 月。

61.林幹，《匈奴史》，呼和浩特，內蒙古人民出版社，1979 年 1 月
　　2 版。

62.林幹編，《匈奴史論文選集》，北京，中華書局，1983 年 8 月。

63.林幹，《匈奴通史》，北京，人民出版社，1986 年 8 月。

64.青山定雄編，《讀史方輿紀要索引・中國歷代地名要覽》，台
　　北，洪氏出版社，1975 年景印版。

65.河地重造，〈北魏王朝の成立とその性格について―徙民政策の
　　展開から均田制へ―〉，京都，《東洋史研究》12―5，1953 年
　　9 月。

66.松丸道雄等編，《世界歷史大系　中國史 2》，東京，山川出版
　　社，1996 年 7 月。

67.岡崎文夫，《魏晉南北朝通史》，東京，弘文堂，1932 年。

68.姚薇元，《北朝胡姓考》，北京，科學出版社，1958 年；台北，
　　華世出版社，1977 年 6 月。

69. 姚大中，《古代北西中國》，台北，三民書局，1981 年 5 月。

70. 段連勤，《丁零、高車與鐵勒》，上海，上海人民出版社，1988 年 6 月。

71. 宮崎市定，《九品官人法の研究》，京都，同朋舍，1977 年 3 月 第 3 版。

72. 宮川尚志，《六朝史研究・政治、社會篇》，東京，日本學術振 興會刊，1956 年。

73. 宮川尚志，《六朝史研究・宗教篇》，京都，平樂寺書店，1977 年 3 版。

74. 唐長孺，《魏晉南北朝史論叢》，北京，三聯書局，1955 年 7 月。

75. 唐長孺，《魏晉南北朝史論叢續編》，三聯書店，1959 年 5 月。

76. 唐長孺，《魏晉南北朝史論拾遺》，北京，中華書局，1983 年 5 月。

77. 唐長孺，〈北魏末期的山胡敕勒起義〉，收入《山居存稿》，北 京，中華書局，1989 年 7 月。

78. 唐長孺，〈北魏南境諸州的城民〉，收入《山居存稿》。

79. 唐長孺、黃惠賢，〈試論魏末北鎮鎮民暴動的性質〉，收入《山 居存稿》。

80. 唐翼明，《魏晉清談》，台北，東大圖書公司，1992 年 10 月。

81. 孫同勛，《拓跋氏的漢化》，台北，台大文史叢刊之 1，1962 年 12 月。

82. 馬長壽，《突厥人和突厥汗國》，上海，上海人民出版社，1957 年 5 月。

83. 馬長壽，《北狄與匈奴》，北京，三聯書店，1962 年 7 月。

84. 馬長壽，《烏桓與鮮卑》，上海，上海人民出版社，1962 年 11 月。

85. 馬長壽，《碑銘所見前秦至隋初的關中部族》，北京，中華書

局，1985 年 1 月。

86.馬植杰，《三國史》，北京，人民出版社，1993 年 10 月。

87.耿立群，《蜀漢對西南的統治與開發》，台北，台大歷史所碩士
論文，1984 年 6 月。

88.徐高阮，〈山濤論〉，台北，《歷史語言研究所集刊》第 41 本
第 1 分，1969 年 3 月。

89.陳學霖，〈北魏六鎮之叛變及其影響〉，香港，《崇基學報》
2-1，1962 年 11 月。

90.陳寅恪，《隋唐制度淵源略論稿》、《唐代政治史述論稿》，台
北，里仁書局，1980 年 9 月。

91.陳寅恪，《陳寅恪先生文集》1～5 冊，台北，里仁書局，1981
年 3 月～1988 年 5 月。

92.陳寅恪，《陳寅恪集》十三種十四冊，北京，三聯書店，2001 年
4 月

93.陳寅恪，《魏晉南北朝史講演錄》，萬繩楠整理，黃山書社，
1987 年 4 月。

94.陳連開，〈鮮卑山考〉，吉林，《社會科學戰線》1982—3，
1982 年 7 月。

95.陳連開，〈鮮卑史研究的一座豐碑〉，北京，《民族研究》
1982—6，1982 年 12 月。

96.陳華，〈王政與佛法—北朝至隋代帝王統治與彌勒下生信仰〉，
台北，《食貨月刊》16 卷 11、12 期，1988 年 3 月。

97.陳啟雲，〈兩晉三省制度之淵源、特色及其演變〉，香港，《新
亞學報》3 卷 2 期，1958 年 8 月。

98.崔瑞德（Denis Twitchett）編，中國社會科學院歷史研究所‧西
方漢學研究課題組譯《劍橋中國隋唐史》（The Cambridge History
of China, Volume3, Sui and Tang China, 589-906, Part Ⅰ），北京，
中國社會科學出版社，1990 年 12 月。

99.張繼昊，〈北魏的彌勒信仰與大乘之亂〉，台北，《食貨月刊》
　16 卷 3、4 期，1986 年 12 月。

100.張繼昊，〈北魏王朝創建歷史中的勳臣賀氏—北魏建國時期重
　　要氏族研究之一〉，台北縣，《空大人文學報》，第 5 期，1996
　　年 5 月。

101.張繼昊，〈北魏王朝創建歷史中的白部和氏—北魏建國時期重
　　要氏族研究之二〉，台北縣，《空大人文學報》，第 6 期，1997
　　年 5 月。

102.張繼昊，〈北魏王朝創建歷史中的匈奴劉氏—北魏建國時期重
　　要氏族研究之三〉，台北縣，《空大人文學報》，第 7 期，1998
　　年 5 月。

103.逯耀東，〈北魏與南朝對峙期間的外交關係〉，香港，《新亞
　　書院學術年刊》，第 8 期，1966 年 9 月。

104.逯耀東，《勒馬長城》，台北，言心出版社，1977 年 4 月。

105.逯耀東，《從平城到洛陽》，台北，聯經出版事業公司，1979
　　年 3 月。

106.船木勝馬，《古代遊牧騎馬民の國—草原から中原へ—》，東
　　京，誠文堂新光社，1989 年 2 月。

107.康樂，〈北魏的「河西」〉，台北，《大陸雜誌》84—4，1992
　　年 4 月。

108.許倬雲，〈三國吳地的地方勢力〉，台北，《歷史語言研究所
　　集刊》第 37 本上冊，1967。

109.傅樂成，〈荊州與六朝政局〉，台北，《台灣大學文史哲學
　　報》，第 4 期，1952。

110.傅樂成，《中國通史》，台北，大中國圖書公司，1976 年 8 月
　　增訂 13 版。

111.湯承業，《隋文帝政治事功之研究》，台北，中國學術著作獎
　　助出版委員會，1967 年 8 月。

112.湯一介，《郭象與魏晉玄學》，北京，北京大學出版社，2000
　　年7月；台北，谷風出版社，1987年3月。

113.湯一介，《魏晉南北朝時期的道教》，台北，東大圖書公司，
　　1988年12月。

114.湯用彤，《漢魏兩晉南北朝佛教史》，長沙，商務印書館，1938
　　年；台北，鼎文書局，1982年9月。

115.萬繩楠，《魏晉南北朝史論稿》，合肥，安徽教育出版社，1983
　　年8月。

116.萬繩楠，《魏晉南北朝文化史》，合肥，黃山書社，1989年12
　　月；台北，雲龍出版社，1995年6月。

117.勞榦，《魏晉南北朝史》，台北，中國文化大學出版部，1980
　　年8月新一版。

118.塚本善隆，《塚本善隆著作集》，第2卷，東京，大東出版社，
　　1973年10月。

119.塚本善隆著，周朝榮譯〈北魏之僧祇戶與佛圖戶〉，台北，《食
　　貨》5-2，1937年6月。

120.越智重明，《魏晉南北朝の政治と社會》，東京，吉川弘文館，
　　1963年6月。

121.越智重明，《魏晉南朝の貴族制》，東京，研文出版，1982年
　　10月。

122.越智重明，《魏晉南朝の人と社會》，東京，研文出版，1985
　　年10月。

123.楊筠如，《九品中正與六朝門閥》，上海，上海商務印書館，
　　1930年。

124.福井康順等監修，朱越利譯，《道教》第一卷，上海，古籍出
　　版社，1990年6月。

125.鄒紀萬，《魏晉南北朝史》，台北，長橋出版社，1979年3月。

126.劉精誠，《中國道教史》，台北，文津出版社，1993年7月。

127.劉淑芬，《六朝的城市與社會》，台北，台灣學生書局，1992
年 10 月。

128.鄭欽仁，《立國的宏規》，台北，聯經出版事業公司，1982 年
6 月。

129.鄭欽仁，《北魏中書省考》，台北，台灣大學文學院，1965 年
2 月。

130.鄭欽仁，《北魏官僚機構研究》，台北，稻禾出版社，1995 年
4 月。

131.鄭欽仁，《北魏官僚機構研究續篇》，台北，稻禾出版社，1995
年 4 月。

132.鄭欽仁，《中國政治制度與政治史》，台北，稻禾出版社，1996
年 12 月。

133.鄭欽仁，《歷史文化意識對我國政策之影響》，台北，國家政
策研究中心，1989 年 4 月初版，1991 年 6 月 3 刷。

134.潘國鍵，《北魏與蠕蠕關係研究》，台北，台灣商務印書館，
1988 年 3 月。

135.繆鉞，《讀史存稿》，香港，三聯書店，1978 年 12 月。

136.謝劍，〈匈奴政治制度的研究〉，台北，《史語所集刊》
41—2，1969 年 6 月。

137.謝劍，〈匈奴社會組織的初步研究—氏族、婚姻、和家族的分
析〉，台北，《史語所集刊》40 下，1969 年 11 月。

138.薩孟武，〈晉隋之間的南北形勢〉，台北，《台大社會科學論
叢》3，1952 年 5 月。

139.薩孟武，《中國社會政治史》(二)，台北，三民書局，1975 年 7
月。

140.薩孟武，〈南北朝佛教流行的原因〉，收於《中國佛教史論集》
(一)，台北，大乘文化出版社，1977 年 6 月。

141.鎌田茂雄著，關世謙譯，《中國佛教通史》第三卷，高雄，佛

光出版社，1986 年 12 月。

142.韓國磐，《魏晉南北朝史綱》，北京，人民出版社，1983 年 4 月。

143.羅宏曾，《魏晉南北朝文化史》，成都，四川人民出版社，1989 年 8 月。

144.譚其驤主編，《中國歷史地圖集》，上海，地圖出版社，1982 年 10 月。

145.嚴耀中，《北魏前期政治制度》，吉林教育出版社，1990 年 7 月。

146.嚴耕望，〈北魏軍鎮制度考〉，台北，《史語所集刊》34 上，1962 年 12 月。

147.嚴耕望，《中國地方行政制度史上編—卷中：魏晉南北朝地方行政制度》，台北，歷史語言研究所專刊之 45，1963 年 7 月。

148.嚴耕望，《唐代交通圖考》第五卷《河東河北區》，台北，中研院史語所，1986 年 5 月。

149.蘇慶彬，《兩漢迄五代入居中國之蕃人氏族研究—兩漢至五代蕃姓錄》，香港，新亞研究所，1967 年 9 月。

150.護雅夫，〈ぶたたび征服王朝につて〉，《月刊シルクロード Silkroad》，1980 年 2、3 月合併號。

151.護雅夫，神田信夫編，《北アジア史》，東京，山川出版社，1981 年 8 月

152.Arthur. F. Wright 著，段昌國譯，〈隋代思想意識的形成〉，收入《中國思想與制度論集》，台北，聯經出版事業公司，1976 年 9 月。

153.Arthur F. Wright 著，布目潮渢、中川努譯《隋代史》（The Sui Dynasty: The Unification of China, A.D. 581-617），東京，法律文化社，1982 年 11 月。

154.北京大學中國文學史教研室選注，《魏晉南北朝文學史參考資

料》，北京，中華書局，1961 年 12 月；台北，里仁書局，1992
年 3 月景印。

155.《岩波講座　世界歷史 5 東アジア世界の形成Ⅱ》，東京，岩
波書房，1970 年 9 月。

里 仁 書 訊

BOOKLIST OF LE JIN BOOKS LTD.

2016 / Spring

目 次

紅樓夢詩學精神

作者：王懷義

初版日期：2015/3/10

ISBN：978-986-6178-91-7（漆布精裝）

ISBN：978-986-6178-92-4（平裝）

參考售價：750元／25開漆布精裝

　　　　　500元／25開平裝

　　本書在反思王國維開創的《紅樓夢》研究範式的基礎上，以《紅樓夢》中的詩學問題為切入點，揭櫫了《紅樓夢》暗含的詩學體系及其與中國古典紀事詩學之間的承續關係，對與之緊密相關的戲劇演出、夢境指迷、神仙思想、死亡意識等問題進行剖析，凸顯出《紅樓夢》所蘊含的詩性精神及其當代價值。

　　王懷義，江蘇師範大學文學院副教授，中國社會科學院文學研究所博士後，臺灣大學中國文學系訪問學者。從事中國神話和《紅樓夢》研究，在《文學評論》、《文藝理論研究》、《民族藝術》等刊物發表論文三十篇，出版《從實踐美學到實踐存在論美學》等。

紅樓夢新視野

主編：王萬象
初版日期：2015/5/25
ISBN：978-986-6178-96-2
參考售價：500元／25開平裝

臺東大學華語文學系執行103學年度教育部經典研讀課程計畫：「眞實與虛構：敘事經典的現代詮釋」，本書九篇論文即爲其子計畫《紅樓夢》課程，執行後的學術研究成果。書中論者各有新角度的觀看和談論《紅樓夢》，慧解精撰，力透紙背，可命名爲《紅樓夢新視野》，而與愛好《紅樓夢》者共解頤心。

王萬象，美國亞利桑那大學東亞研究所中國文學博士，國立臺東大學華語文學系專任副教授。主要從事中西比較詩學、古典詩詞、文學理論與批評等相關研究。著有《中西詩學的對話──北美華裔學者中國古典詩研究》（本書已由里仁書局出版）、《閱讀文學經典》（合著）、《新詩寫作》（合著）。

西遊記考論：
從域外文獻到文本詮釋

作者：謝明勳
初版日期：2015/11/30
ISBN：978-986-92342-2-1
參考售價：550元／25開平裝

本書凡分四篇：一是與「域外」新史料及研究者相關者。二是在「文學反映社會」觀點下審視書中文字敘

述可能潛藏的深層寓意。三是針對文本意義與資料來源進行考索。四是從文本內容「敘事矛盾」現象審視《西遊記》一書之成因。全書分八章進行論述，其中第一章提出之《西遊》新史料：現存韓國之元代佛教石塔（敬天寺）「西遊」故事浮雕，值得特別注意。先此之前，學界並未提及此一資料，此二十幅浮雕在西遊源流史上實具有不容輕忽之重要性，相信對於未來西遊源流之討論，必定會引起高度迴響。

謝明勳，中國文化大學中國文學研究所文學博士。曾任東華大學中文系教授兼系主任暨學務長、中正大學中文系教授兼系主任，及（韓國）崇實大學中語中文學科客座教授，現任中正大學中文系教授。學術專長：六朝志怪、古典小說、民間（俗）文學、故事學、敘事學、神話學。著有：《六朝志怪小說變化題材研究》、《六朝志怪小說他界觀研究》、《古典小說與民間文學：故事研究論集》、《六朝志怪小說故事考論》、《六朝志怪小說研究述論：回顧與論釋》、《六朝小說本事考索》（以上三書已由里仁書局出版）等專書，及學術論文六十餘篇。

釋古疑今——
甲骨文、金文、陶文、簡文存疑論叢

作者：朱歧祥
初版日期：2015/5/31
ISBN：978-986-6178-93-1
參考售價：600元／18開平裝

本書主要收錄作者近年針對存疑的古文字，包括陶文、甲骨文、金文和竹簡文字等

所撰寫的研究成果，特別是對於文史學界熱烈討論和引用的浙大簡、北大簡、中大簡，甚至清華簡和上博簡，作者嘗試由文例、字形、史料對比等不同角度提出異議，認爲這些沒有考古記錄的材料或都有商榷的可能。本書企圖建立審視地下材料的客觀方法，由破而立，權作爲今後古文字學研究方法的參考。

朱歧祥，現職臺灣東海大學中文系教授。著有《甲骨文研究——中國古文字與文化論稿》、《甲骨文讀本》、《甲骨文字學》、《圖形與文字——殷金文研究》、《殷墟花園莊東地甲骨論稿》、《甲骨文詞譜》（以上已由里仁書局出版）、《殷墟花園莊東地甲骨校釋》、《中山國古史彝銘考》、《殷墟卜辭句法論稿》、《殷墟甲骨文字通釋稿》、《甲骨學論叢》、《王國維學術研究》、《周原甲骨研究》、《朱歧祥學術文存》等書，並編有《甲骨文四堂論文集》、《文字學學術論文集》等論文集。

詩學正蒙——
明代詩歌啓蒙教習研究

作者：連文萍
初版日期：2015/7/20
ISBN：978-986-6178-98-6
參考售價：660元／25開平裝

明代科舉不以詩賦取士，導致許多士人「目不知詩」，但詩歌始終是傳統古學的代表，足以立言不朽，仍帶來對詩藝的多方習仿與研求。本書分兩部分，〈上編〉爲「教習論述」，由兒童到成年士人，由眾庶到皇族，一窺明代詩歌啓蒙傳承的多元面向；〈下編〉爲「教材論述」，討論民間及宮廷傳刊習用的

詩學讀物，以見明人擘畫的學詩進程與詩學理想。最後分述明代詩歌啓蒙教習反映的詩學與文化意義，呈現明人對詩歌本質、功能、美感等的探索。

連文萍，東吳大學中國文學研究所博士，現任東吳大學中文系副教授。著有專書《明代茶陵詩派詩論研究》、《明代詩話考述》，及單篇論文〈詩史可有女性的位置──以兩部明代詩話爲論述中心〉、〈以詩學著述建構自我價值──論梁橋《冰川詩式》與明代詩學面相〉、〈明代翰林院的詩歌館課研究〉、〈明神宗與《詩經》講習〉等。

東西博雅道殊同──
國際漢學與易學專題研究

作者：賴貴三
初版日期：2015/6/20
ISBN：978-986-6178-97-9
參考售價：1200元／18開漆布精裝

本書爲作者客座於荷蘭萊頓大學（2003-2004）與講學於韓國外國語大學（2011-2012）及其前後期間，游學考察、讀書研討於歐洲、日本、韓國與海峽兩岸三地的心得總成之作。全書五編22篇論文（附參考文獻），有雪泥鴻爪的觀光經驗、豐富篤實的傳習歷程，也有從30年前中外文學啓蒙少作，以迄近10年間國際漢學與《易》學的舊稿新論，各編附以〈萃〉、〈賁〉，〈兌〉、〈晉〉，〈履〉、〈益〉六卦，以寓《易》道生生返本與文華時化開新之義。

賴貴三（屯仁，1962-），臺灣師範大學國文學系教授，曾兼任

國際漢學研究所所長，客座荷蘭萊頓大學、韓國外國語大學。專志《易》學、經學、文獻學，並旁涉古典文學、國際漢學。

府城大觀音亭與觀音信仰研究

主編：陳益源
初版日期：2015/4/28
ISBN：978-986-6178-94-8
參考售價：1200元／18開紙皮精裝

　　成大人社中心與臺南市大觀音亭合辦「觀音信仰國際學術研討會」，已順利取得以下三方面的具體效益：（一）深耕臺灣在地的宗教文化，突顯臺灣各地觀音信仰的特色，協助民眾認識並維護臺灣寺廟古蹟文化資產。（二）加強海峽兩岸的學術交流，明察兩岸（特別是閩、臺二地）觀音信仰的異同，有助於彼此的相互了解。（三）經由東亞各國觀音信仰的比較分析，知己知彼，可以拓展宗教研究的廣度與深度。現在，每一篇都經二位委員審查通過的「觀音信仰國際學術研討會」論文，又結集成《府城大觀音亭與觀音信仰研究》一書。

實用中文寫作學（五編）

主編：張高評
初版日期：2015/10/20
ISBN：978-986-92342-0-7
參考售價：650元／25開平裝

　　成功大學張高評教授，很早就注意到中

文寫作的實用問題，提倡「務實固本，學以致用」，從二〇〇四年起，召開「實用中文與寫作策略學術研討會」，前後五年。並邀本局合作出版本系列研討會論文共六部，此爲第五編。

本編共收〈傾聽的藝術〉、〈語言學結構寫作〉、〈談說的藝術〉、〈傳記寫作的理論基礎與寫作方法〉、〈書評寫作〉、〈市場研究報告的書寫〉、〈新聞、動不動、有沒關係？──試探當代「立即新聞」的中文書寫（呈現）策略與實務〉、〈飲料行銷與文學〉、〈醫學人文的科普寫作〉、〈科普化科技論文寫作〉、〈科技論文摘要寫作〉、〈文學動畫與電玩腳本創作〉、〈從紙本到網路──談影評寫作〉、〈歌詞的發生之路〉、〈商用文書寫作〉、〈會議文書寫作〉，共十六篇，十分可觀。

第四屆文學藝術與創意研發學術研討會論文集

主編：張高評
初版日期：2014/11/30
ISBN：978-986-6178-89-4
參考售價：1200元／18開紙皮精裝

「文學藝術與創意研發」計畫，於2008年6月舉辦學術研討會，歲月悠忽，不覺已過了六個寒暑。爲推廣理念，切磋交流，仍決定出版論文集。這16篇論文，兼含東方與西方的元素，有書法、彩繪，有歷史、文學。文學類別較多，從辭賦、古文、寓言、小說、日記，到樂府、陶詩、宋詩、宋詞、清詩、新詩，琳琅滿目，要階聚焦於創意之研發。今創意研發告一段落，創意研發能否再開枝散葉？正期待有緣人。

東亞海域網絡與港市社會

主編：鄭永常

初版日期：2015/11/30

ISBN：978-986-92342-3-8

參考售價：1200元／18開紙皮精裝

　　海洋文化研究，向來是成功大學人文社
會科學中心的一大主軸，在其計畫大項中，
於2011成立「近世東亞海港城市研究」整合型計畫，以近世東亞海
港城市為焦點。從東亞整體回頭來觀察臺灣，才能得知臺灣在東亞
歷史變遷中的地位和意義，了解海洋文化對臺灣的重要性。

　　為提昇研究成果和學術水準，加強國際交流，人社中心於2013
年主辦「海洋文化學術研討會：東亞海港城市與文化」研討會，是
次會議除邀請臺灣從事海洋文化研究相關學者外，還有包括中國大
陸、日本、澳門、加拿大、新加坡等地具有相關專長之學者參與，
討論的議題包括海洋功能與貿易結構、海域貿易、港市口岸、華人
移民、文化意象等議題。是次發表的論文，經過一年的審查及修
改，由鄭永常教授組成編輯委員會主編成本書以饗讀者。

第五屆中國小說戲曲
國際學術研討會論文集

主編：康世昌

初版日期：2015/10/20

ISBN：978-986-6178-99-3

參考售價：1200元／18開紙皮精裝

嘉義大學中文系曾於2002、2004、2007

及2009年舉辦第一、二、三、四屆「中國小說與戲曲國際學術研討會」，不僅鍾聚海外中國小說與戲曲學界的精英碩耆，也啟發了嘉義大學中國文學系師生的視野與思維。第五屆亦邀請海內外知名學者，總計宣讀學術論文二十四篇，討論主題包含了中國小說專書、海外中國小說研究、中國戲曲專書、知名劇作等諸多面相。

王佩璋與紅樓夢
：一代才女研紅遺珍

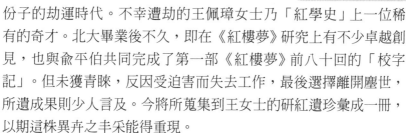

編者：劉廣定
初版日期：2014/11/20
ISBN：978-986-6178-86-3
參考售價：450元／25開平裝

　　一九五零年起約有三十年，是中國知識份子的劫運時代。不幸遭劫的王佩璋女士乃「紅學史」上一位稀有的奇才。北大畢業後不久，即在《紅樓夢》研究上有不少卓越創見，也與俞平伯共同完成了第一部《紅樓夢》前八十回的「校字記」。但未獲青睞，反因受迫害而失去工作，最後選擇離開塵世，所遺成果則少人言及。今將所蒐集到王女士的研紅遺珍彙成一冊，以期這株異卉之丰采能得重現。

　　劉廣定，臺灣大學化學系名譽教授。專業之外，喜愛研紅。著有《化外談紅》與《讀紅一得》等，近之論文多載於《紅樓夢研究輯刊》與《曹雪芹研究》等刊物。

紅樓夢何夢──
小說的自我敘事與治療

作者：林素玟
初版日期：2014/7/10
ISBN：978-986-6178-80-1
參考售價：550元／25開平裝

　　本書題名一指《紅樓夢》乃作者歷經人
世滄桑與心理創傷之後，所述說「人生如夢」的文學作品；二指
作者所書寫的三十多個「到頭一『夢』」，其思想內涵為儒釋道者
何？三指世間男女情感與富貴繁華，終歸「紅塵如夢」；四指《紅
樓》愛好者，從小說文本的敘事中，「紅樓猜夢」所得的人生哲理究
竟為何？

　　林素玟，國立臺灣師範大學國文研究所博士，現任華梵大學中
文系副教授兼系主任。近年來從佛法及治療學角度研究《紅樓夢》。

清平山堂話本研究──
以日本內閣文庫藏本為主

作者：李　李
初版日期：2014/3/10
ISBN：978-986-6178-75-7
參考售價：500元／25開平裝

　　本書先概述白話小說之崛起，說明《六
家小說》、《六十家小說》與《清平山堂話
本》的關係；再介紹《清平山堂話本》研究現況、輯印之人及話本

小說體制。繼而研析日本內閣文庫所藏作品，以彰顯《清平山堂話本》的地位與特色。最後就角色臉譜、市井風情、時代思想、地域景觀、詞語結構、藝術美學六端，統合論說之。

李李，中國文化大學中國文學研究所博士，現任教於中國文化大學中國文學系文藝創作組。著有《三蘇散文研究及其他》等書。

甲骨文詞譜

編撰：朱歧祥
初版日期：2013/12/30
ISBN：978-986-6178-74-0
參考售價：10000元／16開漆布精裝共5冊

《甲骨文詞譜》是一套全面分析殷商甲骨和早周甲骨的詞典。本書利用自然分類法，窮盡的網羅可理解的成詞甲骨，掌握每一甲骨文字的所有用法和成詞的客觀通讀，並充份的系聯甲骨文中詞與詞的關係，對了解上古漢語語料和研究殷周文明有一定的幫助。

朱歧祥，現任東海大學中文系教授。著有《甲骨文研究》、《甲骨文讀本》、《甲骨文字學》、《圖形與文字》、《殷墟花園莊東地甲骨論稿》（以上五本已由本書局出版）等書。

里仁叢書總目

下列價格為現今定價，若有調整，則以新價為準。倘有疑問，請來信或電話詢問。

※①表內價格全係優待價（含稅），書後括號為初版年度（西元紀年）。

※②所有訂單一律免郵資（海外地區除外，外版書另有說明）。

※③您可選擇郵局宅配貨到立即付款或先自行劃撥（匯款）。

※④郵政劃撥、支票、電匯等相關資訊請見本書訊p.32。

一、總論

①碩堂文存五編　何廣棪著　25開平裝　特價360元(2004)

②吳宏一教授六秩晉五壽慶暨榮休論文集　論文集編輯小組編輯　18開精裝　特價1280元(2008)

③魏晉南北朝文學與思想學術研討會論文集（第五輯）　成功大學中文系主編　18開精裝　特價1000元(2004)

④魏晉南北朝文學與思想學術研討會論文集（第六輯）　成功大學中文系主編　18開精裝　特價1300元(2010)

⑤唐代學術研討會論文集　謝海平主編　18開精裝　特價1000元(2008)

⑥2004臺灣書法論集　張炳煌‧崔成宗合編　18開精裝　特價800元(2005)

⑦2004年文字學學術研討會論文集　王建生‧朱歧祥合編　18開平裝　特價800元(2005)

⑧語文迴旋圈——101年度臺灣南區大學中文系聯合學術會議語言文字學術專業會後論文集　沈寶春主編　18開精裝　特價1000元(2012)

⑨傳播與交融——第二屆中國小說戲曲國際學術研討會論文集　徐志平主編　18開精裝　特價1000元(2006)

⑩第三屆中國小說戲曲國際學術研討會論文集　蔡忠道主編　18開精裝　特價1000元(2008)

⑪第四屆中國小說戲曲國際學術研討會論文集　蘇子敬主編　18開精裝　特價1200元(2013)

⑫第五屆中國小說戲曲國際學術研討會論文集　康世昌主編　18開精裝　特價1200元(2015)

⑬典範與創意學術研討會論文集　張高評主編　18開精裝　特價1000元(2007)

⑭人文與創意學術研討會論文集　張高評主編　18開精裝　特價800元(2008)

⑮傳統文化與經營管理研究論文集　張高評主編　18開精裝　特價800元(2009)

⑯文學藝術與創意研發研究論文集　張高評主編　18開精裝　特價1000元(2011)

⑰第四屆文學藝術與創意研發學術研討會論文集　張高評主編　18開精裝　特價1200元(2014)

⑱花開的樹──陳之藩先生學術研討會論文集　陳昌明主編　18開精裝　特價800元(2012)

⑲時尚文化的新觀照──第二屆古典與現代學術研討會論文集　余美玲主編　18開精裝　特價700元(2012)

⑳中孚大有集──黃慶萱教授八艷嵩壽論文集　賴貴三主編　18開精裝　特價1200元(2011)

㉑書畫藝術與生活空間國際學術研討會論文集　張炳煌・崔成宗主編　18開精裝　特價800元(2011)

㉒從近現代到後冷戰：亞洲的政治記憶與歷史敘事國際學術研討會論文集　徐秀慧・吳彩娥主編　18開精裝　特價1000元(2011)

㉓海港・海難・海盜：海洋文化論集　鄭永常主編　18開精裝　特價800元(2012)

㉔東亞海域網絡與港市社會　鄭永常主編　18開精裝　特價1200元(2015)

㉕2012台灣金瓶梅國際學術研討會論文集　陳益源主編　18開精裝　特價1200元(2013)

㉖科舉制度在台灣　陳益源・鄭大合編　18開精裝　特價800元(2014)

㉗府城大觀音亭與觀音信仰研究　陳益源主編　18開精裝　特價1200元(2015)

㉘筆的力量：成大文學家論文集　賴俊雄主編　18開精裝二冊　特價2000元(2013)

㉙千里風雲會—2010兩岸八校師生崑曲學術研討會論文集　洪惟助主編　18開精裝　特價1200元(2014)

二、中國哲學‧思想

①論語今注　潘重規著　25開平裝　特價360元(2000)

②老子校正　陳錫勇著　25開平裝　特價300元(1999)

③郭店楚簡老子論證　陳錫勇著　25開平裝　特價450元(2005)

④北宋中期儒學道論類型研究　林素芬著　25開平裝　特價600元(2008)

⑤王船山哲學　曾昭旭著　25開漆布精裝　特價600元(2008)

⑥清代義理學新貌　張麗珠著　25開平裝　特價360元(1999)

⑦清代新義理學——傳統與現代的交會　張麗珠著　25開平裝　特價300元(2003)

⑧清代的義理學轉型　張麗珠著　25開平裝　特價400元(2006)

⑨清初理學思想研究　楊菁著　25開平裝　特價500元；25開漆布精裝　特價700元(2008)

⑩聖賢典型的儒道義蘊試詮　吳冠宏著　25開平裝　特價300元(2000)

⑪竹林名士的智慧與詩情　江建俊主編　25開平裝　特價450元(2008)

⑫竹林學的形成與域外流播　江建俊主編　25開平裝　特價600元(2010)

⑬竹林風致之反思與視域拓延　江建俊主編　25開平裝　特價700元(2011)

⑭理氣與心性：明儒羅欽順研究　鄧克銘著　25開平裝　特價400元(2010)

⑮晚明四書說解研究　鄧克銘著　25開平裝　特價500元(2013)

⑯莊子生命情調的哲學詮釋　王志楣著　25開平裝　特價450

元(2009)

⑰莊子道　王邦雄著作系列①　25開平裝　特價350元(2010)

⑱莊子的道──逍遙散人　趙衞民著　25開平裝　特價300元(2011)

⑲老子的道──谷神與玄牝　趙衞民著　25開平裝　特價300元(2012)

⑳中國哲學史　王邦雄・岑溢成・楊祖漢・高柏園合著　18開平裝　上下各特價350元(2005)

㉑中國哲學史三十講　張麗珠著　18開精裝　特價550元(2007)

㉒Thirty Chapters on the History of Chinese Philosophy（《中國哲學史三十講》英譯本）　18開精裝　特價1200元(2011)

㉓理學方法論　劉昌佳著　25開平裝　特價600元(2010)

㉔淮南鴻烈論文集　于大成著　25開精裝二大冊　特價1800元(2005)

㉕朱熹學術考論　董金裕著　25開平裝　特價400元(2008)

㉖孔子哲學傳統──理性文明與基礎哲學　盧雪崑著　25開精裝　特價1000元(2014)

㉗孟子與象山心性學之詮釋意涵　黃信二著　25開平裝　特價750元(2014)

三、西洋哲學

①康德的自由學說　盧雪崑著　25開平裝　特價650元(2009)

②物自身與智思物：康德的形而上學　盧雪崑著　25開平裝　特價650元(2010)

③康德的批判哲學：理性啓蒙與哲學重建　盧雪崑著　25開精裝兩冊　特價1500元(2014)

四、美學

①六朝情境美學　鄭毓瑜著　25開平裝　特價450元(1997)

五、經學

①周易大傳新注　徐志銳著　25開平裝二冊　特價400元(1995)

②詩本義析論　車行健著　25開平裝　特價350元(2002)

③釋經以立論——漢代毛鄭詩經經解的思想探索　車行健著　25開平裝　特價450元(2011)
④儀禮沃盥禮器研究　姬秀珠著　18開精裝　特價800元(2011)
⑤臺灣易學史　賴貴三主編　18開精裝　特價800元(2005)
⑥臺灣易學人物志　賴貴三著　18開精裝　特價1300元(2013)
⑦東西博雅道殊同——國際漢學與易學專題研究　賴貴三著　18開漆布精裝　特價1200元(2015)
⑧易傳與儒道關係論衡　顏國明著　25開平裝　特價800元(2006)
⑨清代漢學與左傳學——從「古義」到「新疏」的脈絡　張素卿著　25開平裝　特價600元(2007)
⑩詩經問答　翁麗雪著　25開平裝　特價450元(2010)
⑪春秋書法與左傳史筆　張高評著　25開精裝　特價700元(2011)

六、中國歷史

①秦漢史　韓復智‧葉達雄‧邵台新‧陳文豪編著　18開精裝　特價450元(2007)
②魏晉南北朝史　鄭欽仁‧吳慧蓮‧呂春盛‧張繼昊編著　18開精裝　特價450元(2007)
③隋唐五代史　高明士‧邱添生‧何永成‧甘懷眞編著　18開精裝　特價450元(2006)
④國史論衡（一）　鄺士元著　25開精裝　特價400元(1992)
⑤國史論衡（二）　鄺士元著　25開精裝　特價450元(1992)
⑥中國學術思想史　鄺士元著　25開精裝　特價400元(1992)
⑦司馬遷之人格與風格　李長之著　25開平裝　特價200元(1999)
⑧中國歷史研究法（正補編及新史學合刊）　梁啓超著　25開平裝　特價180元(1984)
⑨明清史講義　孟森（心史）著　25開精裝　特價500元(1982)
⑩秦始皇評傳　張文立著　25開精裝　特價600元；25開平裝　特價450元(2000)
⑪中國近三百年學術史（附：清代學術概論）　梁啓超著　25開精裝　特價400元(1995)
⑫史記選注　韓兆琦選注　25開精裝一大冊　特價500元(1994)

七、文學概論‧文學史

①文學概論　朱國能著　25開平裝　特價300元(2003)

②文學理論　羅麗容著　18開平裝　特價400元(2010)

③文學詮釋學　周慶華著　25開平裝　特價450元(2009)

④中國文學史　龔鵬程著　18開精裝　上下各特價500元(2009-2010)

⑤嘉義地區古典文學發展史　江寶釵著　18開平裝　特價300元(1998)

八、文學評論

①香草美人文學傳統　吳旻旻著　25開平裝　特價450元(2006)

②文心雕龍注釋（附：今譯）　周振甫著　25開精裝　特價500元(1984)

③沈迷與超越——六朝文學之感官辯證　陳昌明著　25開平裝　特價400元(2005)

④王昭君形象之轉化與創新——史傳、小說、詩歌、雜劇之流變　張高評著　25開精裝　特價700元(2011)

⑤唐宋古文論集　王基倫著　25開平裝　特價300元(2001)

⑥歷史‧空間‧身分——洛陽伽藍記的文化論述　王美秀著　25開平裝　特價450元(2007)

⑦流變中的書寫——祁彪佳與寓山園林論述　曹淑娟著　25開平裝　特價600元(2006)

⑧儒者歸有光析論——以應舉爲考察核心　黃明理著　25開平裝　特價500元(2009)

⑨寓莊於諧：明清笑話型寓言論詮　林淑貞著　25開平裝　特價450元(2006)

⑩尚實與務虛：六朝志怪書寫範式與意蘊　林淑貞著　25開平裝　特價700元(2010)

⑪清代才媛沈善寶研究　王力堅著　25開平裝　特價450元(2009)

⑫溪聲便是廣長舌　王保珍著　25開平裝　特價300元(2003)

⑬文學詮釋新視野　賴芳伶著　25開平裝　特價650元(2014)

九、文學別集・選集

①歷代散文選注　張素卿・詹海雲・廖棟樑・方介・周益忠・黃明理選注　18開精裝　上下各特價450元(2009)

②陶淵明集校箋（增訂本）　龔斌校箋　25開軟皮精裝　特價450元；25開漆布精裝　特價600元(2007)

③謝靈運集校注　顧紹柏校注　25開漆布精裝　特價600元(2004)

④中國文學名篇選讀　林宗毅・李栩鈺選注　18開平裝　特價350元(2002)

十、詩

①唐宋詩舉要　高步瀛選注　18開精裝　特價475元(2004)

②歷代詩選注　鄭文惠・歐麗娟・陳文華・吳彩娥選注　18開精裝一大冊　特價600元(1998)

③袖珍詩選　吳彩娥選注　18開平裝　特價380元(2004)

④唐詩選注　歐麗娟選注　25開精裝　特價500元(1995)

⑤唐代詩歌與性別研究——以杜甫為中心　歐麗娟著　25開平裝　特價500元(2009)

⑥唐詩論文集及其他　方瑜著　25開精裝　特價400元(2005)

⑦唐詩二十講　翁麗雪著　25開平裝　特價450元(2011)

⑧杜甫自秦入蜀詩歌析評　黃奕珍著　25開平裝　特價360元(2005)

⑨清代詩論與杜詩批評——以神韻、格調、肌理、性靈為論述中心　徐國能著　25開平裝　特價470元(2009)

⑩臺灣師大圖書館鎮館之寶：翁方綱《翁批杜詩》稿本校釋　賴貴三校釋；國立編譯館出版　25開精裝　特價1200元(2011)

⑪賈島詩集校注　李建崑校注　25開精裝　特價600元(2002)

⑫田園詩派宗師——陶淵明探新　陳怡良著　25開平裝　特價500元(2006)

⑬南朝山水與長城想像　王文進著　25開精裝　特價600元(2008)

⑭回車：中古詩人的生命印記　廖美玉著　25開平裝　特價500元(2007)

⑮夢機六十以後詩　張夢機著　25開平裝　特價300元(2004)

⑯王東燁槐庭詩草　鄭定國編注　25開平裝　特價350元(2004)

⑰日治時期雲林縣的古典詩家　鄭定國主編　25開平裝　特價400元(2005)

⑱李商隱詩箋釋方法論——中國古典詮釋學例說　顏崑陽著　25開平裝　特價380元(2005)

⑲李商隱詩選註　黃盛雄編著　18開平裝　特價380元(2006)

⑳表意‧示意‧釋義——中國寓言詩析論　林淑貞著　25開平裝　特價450元(2007)

㉑絕唱——漢代歌詩人類學　高莉芬著　25開平裝　特價450元(2008)

㉒中西詩學的對話：北美華裔學者中國古典詩研究　王萬象著　25開平裝　特價700元(2009)

㉓漢魏六朝樂府詩新論　劉德玲著　25開平裝　特價450元(2011)

㉔元代上京紀行詩的空間書寫　李嘉瑜著　25開平裝　特價500元(2014)

㉕詩學正蒙——明代詩歌啓蒙教習研究　連文萍著　25開平裝　特價660元(2015)

十一、詞

①人間詞話新注　王國維著　滕咸惠校注　25開平裝　特價170元(1994)

②人間詞話之審美觀　蘇珊玉著　25開平裝　特價450元；25開精裝　特價500元(2009)

③歷代詞選注（附「實用詞譜」、「簡明詞韻」）　閔宗述‧劉紀華‧耿湘沅選注　18開精裝　特價500元(1993)

④蘇辛詞選釋　顏崑陽著　25開平裝　特價350元(2012)

⑤讀寫之間－－學詞講義　劉少雄著　25開平裝　特價400元(2006)

⑥詞學文體與史觀新論　劉少雄著　25開平裝　特價450元(2010)

⑦會通與適變——東坡以詩爲詞論題新詮　劉少雄著　25開平裝　特價400元(2006)

⑧唐宋名家詞選（增訂本） 龍沐勛編選・卓清芬注說 18開
紙皮精裝 特價600元；18開漆布精裝 特價800元(2007)
⑨唐宋詞格律 龍沐勛著 25開平裝 特價200元(1995)
⑩倚聲學（詞學十講） 龍沐勛著 25開平裝 特價180元(1996)
⑪袖珍詞學 張麗珠著 25開平裝 特價380元(2001)
⑫袖珍詞選 張麗珠選注 18開平裝 特價350元(2003)
⑬湖海樓詞研究 蘇淑芬著 25開平裝 特價450元(2005)
⑭詩詞越界研究 王偉勇著 25開平裝 特價500元(2009)
⑮清代論詞絕句初編 王偉勇著 25開平裝 特價500元(2010)
⑯詞學面面觀（上） 王偉勇、薛乃文合著 25開平裝 特價
400元(2012)

十二、戲曲

①西廂記 王實甫著 王季思校注 25開平裝 特價225元(1995)
②牡丹亭 湯顯祖著 徐朔方等校注 25開平裝 特價220元
(1995)
③《牡丹亭》錄影帶 張繼青主演 VHS二捲一套 特價600元
(1997)
④長生殿 洪昇著 徐朔方校注 25開平裝 特價200元(1996)
⑤桃花扇 孔尚任著 王季思等校注 25開平裝 特價250元
(1996)
⑥琵琶記 高明著 錢南揚校注 25開平裝 特價200元(1998)
⑦關漢卿戲曲集 吳國欽校注 25開平裝二冊 特價500元
(1998)
⑧王國維戲曲論文集（宋元戲曲考及其他） 25開平裝 特價
300元(1993)
⑨戲文概論 錢南揚著 25開平裝 特價300元(2000)
⑩歷代曲選注 朱自力・呂凱・李崇遠選注 18開精裝 特價
450元(1994)
⑪袖珍曲選 沈惠如選注 18開平裝 特價350元(2004)
⑫傳統戲曲的現代表現 王安祈著 25開平裝 特價300元(1996)
⑬由申報戲曲廣告看上海京劇發展（1872至1899） 林幸慧著
25開平裝 特價700元(2009)

⑭戲曲批評概念史考論　李惠綿著　25開平裝　特價500元(2002)

⑮曲學概要　羅麗容著　18開平裝　特價400元(2003)

⑯中國神廟劇場史　羅麗容著　18開平裝　特價500元(2006)

⑰元雜劇的聲情與劇情　許子漢著　25開平裝　特價250元(2003)

⑱崑曲中州韻教材（附DVD）　石海青編著　16開精裝　特價880元(2007)

⑲臺灣歌仔戲史論與演出評述　蔡欣欣著　25開精裝　特價600元(2005)

⑳廿世紀初中國俗曲唱述人物　林仁昱著　25開精裝　特價800元(2011)

十三、辭賦

①楚辭註繹　吳福助著　25開精裝　上下各特價400元(2007)

②楚辭文心論——諷諫抒情與神話儀式　魯瑞菁著　25開平裝　特價550元(2002)

③倫理‧歷史‧藝術：古代楚辭學的建構　廖棟樑著　25開平裝　特價600元(2009)

④靈均餘影：古代楚辭學論集　廖棟樑著　25開平裝　特價600元(2010)

⑤風景‧夢幻‧困境：辭賦書寫新視界　許東海著　25開平裝　特價450元(2008)

⑥經典與世變的辭賦書寫　許東海著　25開平裝　特價500元(2013)

⑦全唐賦　簡宗梧‧李時銘主編　25開精裝　全套8冊　特價10000元(2011)

十四、俗文學‧神話

①高雄遊憩名山傳說研究——以大崗山、半屏山、打狗山為對象　彭衍綸著　25開精裝　特價1200元(2011)

②台灣民間文學採錄　陳益源著　25開平裝　特價300元(1999)

③俗文學稀見文獻校考　陳益源著　25開平裝　特價450元(2005)

④蔡廷蘭及其海南雜著　陳益源著　25開平裝　特價450元(2006)

⑤周成過台灣的傳述　王釗芬著　25開平裝　特價450元(2007)

⑥澎湖民間故事研究　姜佩君著　25開平裝　特價550元；25開漆布精裝　特價800元(2007)

⑦敘事性口傳文學的表述　巴蘇亞・博伊哲努（浦忠成）著　25開平裝　特價300元(2000)

⑧台灣原住民族文學史綱（上）（下）浦忠成著　18開漆布精裝　特價上下各600元(2009)

⑨Literary History of Taiwanese Indigenous Peoples (Volume I)（《台灣原住民族文學史綱》（上）英譯本）　18開精裝　特價1000元(2012)

⑩中國民間文學　鹿憶鹿著　25開平裝　特價380元(1999)

⑪台灣民間文學　鹿憶鹿著　25開平裝　特價375元(2009)

⑫中國神話傳說　袁珂著　25開平裝三冊　特價550元(1987)

⑬山海經校注　袁珂校注　25開漆布精裝　特價600元(1982)

⑭中國古代神話選注　徐志平編著　18開平裝　特價380元(2006)

⑮蓬萊神話──神山、海洋與洲島的神聖敘事　高莉芬著　25開平裝　特價450元(2008)

⑯民間文學與民間文化采風　鍾宗憲著　25開平裝　特價400元(2006)

⑰台灣民間故事類型（含母題索引）　胡萬川編著　25開漆布精裝附光碟　特價500元(2008)

⑱民間風景：臺灣傳說故事的地方敘述　簡齊儒著　25開平裝　特價600元(2014)

⑲眞實與想像──神話傳說探微　胡萬川文集①　18開平裝　特價450元；18開精裝　特價650元(2010)

⑳民間文學的理論與實際　胡萬川文集②　18開平裝　特價400元；18開精裝　特價600元(2010)

㉑認識客家文化──美濃祠堂走一走　許秀霞著　菊12開精裝　特價500元(2014)

十五、筆記・小說

①革新版彩畫本紅樓夢校注　馮其庸等注　汪惕齋畫　25開精裝三冊　特價1000元(1984)

②彩畫本水滸全傳校注　李泉・張永鑫校注　戴敦邦等插圖　25開精裝三冊　特價1200元(1994)

③三國演義校注　吳小林校注　附地圖　25開精裝二冊　特價700元(1994)

④西遊記校注　徐少知校　朱彤・周中明注　25開精裝三冊　特價1000元(1996)

⑤〔夢梅館校本〕金瓶梅詞話　梅節校注　25開軟皮精裝三冊　特價1000元；25開漆布精裝　特價1260元(2007)

⑥〔株式会社大安本〕金瓶梅詞話　蘭陵笑笑生原著　菊8開線裝書2函21卷　特價20000元(2012)

⑦儒林外史新注　吳敬梓原著　徐少知新注　25開漆布精裝　特價450元(2010)

⑧老殘遊記新注　劉鶚原著　徐少知新注　25開精裝　特價500元(2013)

⑨魯迅小說史論文集（中國小說史略及其他）　25開平裝　特價250元(1992)

⑩古典短篇小說之韻文　許麗芳著　25開平裝　特價300元(2001)

⑪冒襄和影梅庵憶語　大木康著　25開精裝　特價500元(2013)

⑫通讀紅樓　萬愛珍著　25開平裝　特價450元(2013)

⑬紅樓夢的語言藝術　周中明著　25開平裝　特價300元(1997)

⑭紅樓夢學——從脂硯齋到張愛玲　郭玉雯著　25開平裝　特價400元(2004)

⑮金瓶梅與紅樓夢　王乃驥著　25開平裝　特價260元(2001)

⑯紅樓夢解紅樓夢——後四十回非高鶚續著　王乃驥著　25開平裝　特價600元；25開漆布精裝　特價800元(2010)

⑰紅樓夢指迷　王關仕著　25開平裝　特價400元(2003)

⑱紅樓搖夢　周慶華著　25開平裝　特價450元(2007)

⑲紅樓夢何夢——小說的自我敘事與治療　林素玟著　25開平裝　特價550元(2014)

⑳王佩璋與紅樓夢：一代才女研紅遺珍　劉廣定編著　特價450元(2014)

㉑紅樓夢詩學精神　王懷義著　25開平裝　特價500元；25開漆布精裝　特價750元(2015)

㉒紅樓夢新視野　王萬象主編　25開平裝　特價500元(2015)

㉓聊齋誌異癡狂士人類型析論　陳葆文著　25開平裝　特價400元(2005)

㉔身體・性別・階級──六朝志怪的常異論述與小說美學　劉苑如撰　特價220元(2002)（經售）

㉕六朝志怪小說研究述論：回顧與論釋　謝明勳著　25開平裝　特價550元(2011)

㉖西遊記考論：從域外文獻到文本詮釋　謝明勳著　25開平裝　特價550元(2015)

㉗歷代短篇小說選注　劉苑如・高桂惠・康韻梅・賴芳伶選注　18開精裝　特價600元(2003)

㉘金瓶梅藝術論　周中明著　25開平裝　特價300元(2001)

㉙金瓶梅到紅樓夢──明清長篇世情小說研究　胡衍南著　25開平裝　特價500元(2009)

㉚金瓶梅餘穗　魏子雲著　25開平裝　特價450元(2007)

㉛三國演義的美學世界　廖瓊媛著　25開平裝　特價300元(2000)

㉜觀三國　羅盤著　25開平裝　特價350元(2010)

㉝古典小說的人物形象　張火慶著　25開平裝　特價600元(2006)

㉞余象斗小說評點及出版文化研究　林雅玲著　25開平裝　特價600元(2009)

㉟王翠翹故事研究　陳益源著　25開平裝　特價350元(2001)

㊱唐人小說選注　蔡守湘選注　25開平裝三冊　特價600元(2002)

㊲唐傳奇名篇析評　楊昌年著　25開平裝　特價300元(2003)

㊳清平山堂話本研究──以日本內閣文庫藏本爲主　李李著　25開平裝　特價500元(2014)

十六、近現代文學

①魯迅小說合集（吶喊・彷徨・故事新編）　25開平裝　特價250元(1997)

②魯迅散文選集──《野草》《朝花夕拾》及其他　徐少知編

25開平裝　特價350元(2002)

③呼蘭河傳　蕭紅著　25開平裝　特價180元(1998)

④報導文學的核心價值——析論《人間》雜誌　阮桃園著　25開平裝　特價550元(2011)

⑤人間花草太匆匆——卅年代女作家美麗的愛情故事　蔡登山著　25開平裝　特價200元(2000)

⑥水晶簾外玲瓏月——近代文學名家作品析評　楊昌年著　25開平裝　特價300元(1999)

⑦兩岸小說中的少年家變　石曉楓著　25開平裝　特價400元(2006)

⑧七等生及其作品詮釋：藝術‧家園‧自我認同　蕭義玲著　25開平裝　特價550元(2010)

⑨狂歡之聲與冷酷之眼：文革小說中的身體書寫　石曉楓著　25開平裝　特價500元(2012)

⑩南社文學綜論　林香伶著　25開平裝附光碟　特價700元(2009)

⑪反思‧追索與新脈：南社研究外編　林香伶著　25開平裝　特價700元(2013)

⑫南社詩話考述　林香伶著　25開平裝　特價500元(2013)

⑬新詩啟蒙　趙衛民著　25開平裝　特價400元(2011)

⑭馬華文學類型研究　許文榮著　25開平裝　特價500元(2014)

⑮晚清海外遊記的物質文化　陳室如著　25開平裝　特價500元　(2014)

十七、近現代學人文集

①聞一多全集（一）　神話與詩　25開精裝　特價450元(1993)

②聞一多全集（二）　古典新義　25開精裝　特價400元(1996)

③聞一多全集（三）　唐詩雜論　25開精裝　特價450元(2000)

④聞一多全集（四）　詩選與校箋　25開精裝　特價450元(2000)

⑤廖蔚卿先生文集①　中古詩人研究　25開精裝　特價400元(2005)

⑥廖蔚卿先生文集②　中古樂舞研究　25開精裝　特價450元

(2006)

⑦王夢鷗先生文集① 中國文學理論與實踐 18開平裝 特價375元(2009)

⑧王夢鷗先生文集② 文藝美學 18開平裝 特價400元(2010)

十八、臺灣文學

①臺灣古典文學大事年表・明清篇 施懿琳・廖美玉主編 18開漆布精裝 特價800元(2008)

②臺語詩的漢字與詞彙：從向陽到路寒袖 林香薇著 25開平裝 特價450元(2009)

十九、教學與寫作

①創意與非創意表達 淡江大學語文表達研究室編 25開平裝 特價250元(1997)

②文學論文寫作講義 羅敬之著 25開平裝 特價300元(2001)

③論亞里斯多德《創作學》 王士儀著 25開平裝 特價360元(2000)

④實用中文寫作學 張高評主編 25開平裝 特價400元(2004)

⑤實用中文寫作學（續編） 張高評主編 25開平裝 特價400元(2006)

⑥實用中文寫作學（三編） 張高評主編 25開平裝 特價800元)(2009)

⑦實用中文寫作學（四編） 張高評主編 25開平裝 特價800元(2013)

⑧實用中文寫作學（五編） 張高評主編 25開平裝 特價650元(2015)

⑨傾聽語文──大學國文新教室 謝大寧主編 18開平裝 特價400元(2005)

⑩中文創意教學示例 謝明勳、陳俊啓、蕭義玲合編 18開平裝 特價450元(2009)

⑪語文教學方法 周慶華著 25開平裝 特價400元(2007)

⑫論文選題與研究創新 張高評著 25開精裝 特價700元(2013)

二十、語言文字‧文法

①甲骨文研究（中國古文字與文化論稿）　朱歧祥著　18開平裝　特價500元(1998)

②甲骨文讀本　朱歧祥著　18開平裝　特價450元(1999)

③甲骨文字學　朱歧祥著　18開平裝　特價500元(2002)

④圖形與文字——殷金文研究　朱歧祥著　18開平裝　特價600元(2004)

⑤殷墟花園莊東地甲骨論稿　朱歧祥著　18開平裝　特價600元(2008)

⑥甲骨文詞譜　朱歧祥編撰　16開精裝五冊　特價10000元(2013)

⑦釋古疑今——甲骨文、金文、陶文、簡文存疑論叢　朱歧祥著　18開平裝　特價600元(2015)

⑧甲骨文考釋　魯實先講授‧王永誠編　18開平裝　特價600元(2009)

⑨殷卜辭先王稱謂綜論　吳俊德著　18開平裝　特價600元(2010)

⑩漢語語言結構義證——理論與教學應用　許長謨著　25開平裝　特價700元(2010)

⑪桂馥的六書學　沈寶春著　18開平裝　特價450元(2004)

⑫辭章學十論　陳滿銘著　25開平裝　特價500元(2006)

⑬新校互註宋本廣韻　余迺永校註　16開精裝　特價500元(2010)

⑭戰國策之語用與說服　陳致宏著　25開平裝　特價600元(2014)

二十一、圖書文獻

①圖書文獻學考論　趙飛鵬著　25開平裝　特價400元(2005)

②印刷傳媒與宋詩特色——兼論圖書傳播與詩分唐宋　張高評著　25開平裝　特價700元(2008)

二十二、藝術

①詩歌與音樂論稿　李時銘著　25開平裝　特價350元(2004)

②遊目騁懷——文學與美術的互文與再生　衣若芬著　25開平裝　特價700元(2011)

③雲影天光：瀟湘山水之畫意與詩情　衣若芬著　25開精裝
　特價800元(2013)

二十三、宗教

①中國佛寺詩聯叢話　董維惠編著　25開精裝三大冊　特價
　2000元(1994)
②佛教與文學的系譜　周慶華著　25開平裝　特價240元
　(1999)
③後佛學　周慶華著　25開平裝　特價280元(2004)
④禪學與中國佛學　高柏園著　25開平裝　特價280元(2001)
⑤佛教文化哲學　郭朝順著　25開平裝　特價450元(2012)
⑥鳩摩羅什般若思想在中國　涂艷秋著　25開平裝　特價400
　元(2006)
⑦大智度論初品的結構與意義──菩薩・具足・一切法　張慧
　芳著　25開平裝　特價550元(2013)

二十四、兩性研究

①不離不棄鴛鴦夢──文學女性與女性文學　李栩鈺著　25開
　平裝　特價450元(2007)
②婦女與宗教：跨領域的視野　李玉珍、林美玫合編　18開平
　裝　特價400元(2003)
③婦女與差傳：十九世紀美國聖公會女傳教士在華差傳研究
　林美玫著　25開平裝　特價500元(2005)
④現代文學的女性身影　林秀玲著　25開平裝　特價300元(2004)
⑤結構與符號之間：台灣現代女性詩作之意象研究　李癸雲著
　25開平裝　特價400元(2008)
⑥女性書寫的多元呈現：清末民初女作家小說研究　黃錦珠著
　25開平裝　特價500元(2014)

二十五、集刊

①臺灣古典文學研究合集　18開平裝5冊　特價2700元(2011)
　集刊單行本一～三號各500元；四～五號各600元
②宋代文哲研究集刊　18開平裝　第一期　600元

二十六、通識叢書

①成大中文寫作診斷書（成語篇）　王偉勇主編　25開平裝
　特價300元(2009)
②成大中文寫作診斷書（用語篇）　王偉勇主編　25開平裝
　特價300元(2010)
③成大傳奇　王偉勇主編　25開平裝　特價400元(2010)
④寫出精采的人生──生命傳記與心靈書寫　林美琴著　25開
　平裝　特價300元(2010)
⑤藝術欣賞與實務　王偉勇主編　25開平裝　特價300元(2011)
⑥人文經典與創意開發　王偉勇主編　25開平裝　特價450元
　(2011)
⑦通識領袖論壇選輯　王偉勇主編　25開平裝　特價400元(2012)
⑧實用中文與寫作要領　王偉勇主編　25開平裝　特價450元
　(2012)
⑨科技論文寫作　王偉勇主編　25開平裝　特價350元(2012)
⑩臺灣經濟發展與政策建議　謝文眞著　25開平裝　特價450
　元(2012)
⑪哲學初步　王偉勇主編　25開平裝　特價350元(2013)
⑫生物資源與生物多樣性　王偉勇主編　25開平裝　特價400
　元(2013)

二十七、總編輯推薦精選外版圖書

①化外談紅　劉廣定著　平裝　大安出版社　售價600元
　(2006)
②李夢陽的詩學與和同文化思想　侯雅文著　平裝　大安出版
　社　售價400元(2009)
③中國文學流派學初論──以常州詞派爲例　侯雅文著　平裝
　大安出版社　售價550元(2009)

本書局各地經銷處

（有☆符號者，書較齊整；有☆☆者書最齊整）

台北市：
 ①重慶南路──☆☆三民書局、☆建宏書局、☆建弘書局。
 ②台大附近──☆聯經出版公司、☆☆唐山出版社、女書店、台灣个店、南天書局、政大書城（台大店）、五南文化（台大店）
 ③師大附近──☆☆學生書局、☆☆樂學書局（金山南路）。
 ④復興北路（民權東路口，捷運中山國中站）──☆☆三民書局。
 ⑤木柵──☆巨流政大書城（政治大學內）。
 ⑥中正紀念堂──中國音樂書房。
 ⑦陽明山──尚書房（文化大學外）。
 ⑧外雙溪──學連圖書有限公司（東吳大學內）。
 ⑨北投──藝大書店（國立台北藝術大學內）。
淡水：淡大書城（淡江大學內）。
新莊：敦煌書局（輔仁大學內）。
中壢：敦煌書局（中央大學內、元智大學內、中原大學內）。
新竹：☆水木書苑（清華大學內）、全民書局（新竹教育大學外、交通大學內）。
台中：☆五楠圖書公司、敦煌書局（逢甲大學內、東海大學內、靜宜大學內、中興大學內）、☆闊葉林書店（中興大學附近）。
南投：暨南大學圖書文具部。
彰化：復興書局（彰師大外）。

嘉義：☆復文書局（中正大學內）、滴水書坊（南華大學內）、紅豆書局。

台南：復文書局（台南大學圖書文具部）、敦煌書局、超越書局、金典書局、成功大學圖書部（成功大學勝利校區）、政大書城（台南店）。

高雄：☆政大書城光華店（光華一路）、☆復文書局（高雄師大內、中山大學內）、五楠圖書公司（中山一路）。

花蓮：瓊林圖書事業有限公司、☆東華大學校本部東華書坊、政大書城（花蓮店）。

台東：銓民書局台東店（新生路）。

連鎖店：全省誠品書店、金石文化廣場、建宏書局。

網路書店：☆☆里仁書局（網址：http://lernbook.webdiy.com.tw）
　　　　　　☆☆博客來網路書店（網址：http://www.books.com.tw）
　　　　　　☆☆三民網路書店（網址：http://www.sanmin.com.tw）
　　　　　　☆☆誠品網路書店（網址：http://www.eslite.com.）
　　　　　　☆金石堂網路書店（網址：http://www.kingstone.com.tw）
　　　　　　華文網股份有限公司（網址：http://www.book4u.com.tw）

北京市：☆王府井大街新華書店、西長安街西單圖書大廈

廈門市：☆廈門外圖台灣書店有限公司

香港：☆香港聯合書刊物流有限公司

新加坡：草根書室

里 仁 書 局

http://lernbook.webdiy.com.tw/

台北市仁愛路二段98號5樓之2

TEL：(02)2321-8231,2391-3325,2351-7610

FAX：(02)3393-7766

郵政劃撥：01572938「里仁書局」帳戶

E-mail：lernbook@ms45.hinet.net

QQ：2562105961

銀行匯款：華南商業銀行信義分行

帳號：119-10-003493-8「里仁書局」帳戶

ATM轉帳銀行代碼：008華南銀行

LE JIN BOOKS LTD.

5F-2, NO. 98, Jen Ai Road, Sec. 2,

Taipei, Taiwan, R. O. C.

Please T/T To Our Account:

（外幣匯款帳號）

HUA NAN COMMERCIAL BANK LTD.

SHIN YIH BRANCH

No. 183, Sec. 2, Shin Yih Road,

Taipei, Taiwan, R.O.C.

Swift Address: HNBK TW TP

A/C NO:102-97-002651-1

（人民幣匯款帳號）

中國工商銀行

帳號：6212260200091056800

戶名：徐秀荣

國家圖書館出版品預行編目資料

魏晉南北朝史／鄭欽仁等編著. －－增訂一版.
－－臺北市：里仁，2007.09
　　面；　公分
　　參考書目：面
　　ISBN 978-986-6923-21-0（精裝）
1.魏晉南北朝

623　　　　　　　　　　　　　　　　96017619

·本書經編著者授權在全世界出版發行·

魏晉南北朝史（增訂本）

鄭欽仁・吳慧蓮
呂春盛・張繼昊　編著

校讎者：張容寧・陳溫如

史圖製作：文化大學地理系
　　　　　徐少知・作者自校

指導：高慶珍

執行：（彩色）許　瑄・邱冠如
　　　（黑白）賈繼翔

發行所：里仁書局（請准註冊之商標）

發行人：徐　秀　榮

臺北市仁愛路二段 98 號五樓之 2

電話：(886-2) 2391-3325・2351-7610・
　　　2321-8231

FAX：(886-2) 3393-7766

網站：http://lernbook.webdiy.com.tw/

QQ：2562105961

郵政劃撥：01572938「里仁書局」帳戶

西元二〇〇七年九月十日增訂一版
西元二〇一六年九月十日增訂一版三刷

參考售價：精裝 500 元
ISBN：978-986-6923-21-0（精裝）